城市轨道交通网络运营组织理论与方法

Operational Theory and Methodology
of Urban Rail Networks

毛保华　高自友　柏　赟　等　著

人民交通出版社股份有限公司
China Communications Press Co.,Ltd.

内容提要

本书系统阐述了城市轨道交通网络格局与管理模式、网络需求的时间与空间规律、网络列车运行组织优化、网络换乘组织与管理等城市轨道交通网络运营组织的相关理论与方法。全书共16章，内容包括：网络化运营的基本特征与客流特征、运营管理模式、多运营商票务清分办法、运营补贴理论与方法、运营指标分析、网络资源共享方法、网络调度指挥与应急处理方法、快慢列车结合运行组织方法、多编组与变编组列车运行组织方法、列车过轨运行组织方法、网络客流预测方法与限流技术、网络列车运行计划编制与协调方法等方面。

本书可供城市轨道交通行业管理人员、学术研究人员以及高等学校相关专业研究生参考使用。

图书在版编目（CIP）数据

城市轨道交通网络运营组织理论与方法 / 毛保华等著.
-- 北京：人民交通出版社股份有限公司，2018.7
ISBN 978-7-114-14814-9

Ⅰ.①城… Ⅱ.①毛… Ⅲ.①城市铁路—交通网—交通运输管理—研究 Ⅳ.①U239.5

中国版本图书馆CIP数据核字（2018）第134376号

书　　名：	城市轨道交通网络运营组织理论与方法
著 作 者：	毛保华　高自友　柏赟　等
责任编辑：	吴燕伶
责任校对：	刘　芹
责任印制：	张　凯
出版发行：	人民交通出版社股份有限公司
地　　址：	(100011)北京市朝阳区安定门外外馆斜街3号
网　　址：	http://www.ccpress.com.cn
销售电话：	(010) 59757973
总 经 销：	人民交通出版社股份有限公司发行部
经　　销：	各地新华书店
印　　刷：	北京印匠彩色印刷有限公司
开　　本：	787×1092　1/16
印　　张：	21.75
字　　数：	502千
版　　次：	2018年7月　第1版
印　　次：	2018年7月　第1次印刷
书　　号：	ISBN 978-7-114-14814-9
定　　价：	68.00元

（有印刷、装订质量问题的图书由本公司负责调换）

前言

我国城市化与机动化在过去 20 年中发展迅速,城市地区道路交通拥挤已从一线城市蔓延到了许多二、三线城市。据统计,我国城市化水平从 2000 年的 36.2% 增长到了 2017 年年末的 58.5%(不含港澳台数据)。2017 年年底,全国机动车保有量达 3.10 亿辆,其中汽车保有量达 2.17 亿辆;机动车驾驶员达 3.85 亿人。2017 年新注册登记机动车 3352 万辆,增长率超过 10%。从分布情况看,全国有 53 个城市的机动车保有量超过百万辆,24 个城市超过 200 万辆,北京、成都、重庆、上海、苏州、深圳、郑州 7 个城市机动车超过了 300 万辆。为应对道路交通拥挤带来的城市地区交通服务水平的下降,"十二五"以来,交通运输部出台了多项鼓励发展城市公共交通、打造公交都市的文件;各大城市纷纷将发展城市轨道交通作为提升城市公共交通效率的重要手段。

根据中国城市轨道交通协会的统计,2017 年年末,我国有 34 个城市开通了城市轨道交通运营服务,各类线路合计 165 条,总里程达 5032.7km(未含港澳台数据),这个规模超过了全球总规模 14083km 的三分之一。在 34 个运营城市中,14 个城市的运营里程超过了 100km,不同程度地形成了网络格局。总体上,我国城市轨道交通的发展已经进入网络特征明显的时代。经验表明,城市轨道交通的成网运营不仅可以显著改善网络的可达性,而且在提升整个公交系统运行效率和公交吸引力的贡献上具有倍增效果。

作为城市最重要的基础设施,城市轨道交通不仅是城市公共交通的骨干,也是衔接城市对外交通的重要方式,深刻影响着城市综合交通系统的运行效率与服务质量。一般来说,成网后的城市轨道交通系统在城市交通尤其是城市通勤交通中占据主要地位。据统计,2017 年,我国上海、广州、北京、南京、深圳等多个城市的城市轨道交通系统承担的客运量占整个公共交通系统的比重接近抑或超过了 50%。由于公共交通难以满足乘客出行"门到门"的需求,做好包括城市轨道交通在内的整个公共交通系统的一体化运行工作,对于改善城市社会与经济系统的运行具有重要意义。

本书作者团队长期从事城市轨道交通的研究。2006 年以来,作者们先后开展了国家 973 计划项目课题"典型大城市交通疏堵问题的综合实证研究 (2006CB705507)""公交主导型大城市综合交通系统的实证研究 (2012CB725406)"以及国家自然科学基金重点项目"区域综合交通系统运行管理及建模方法 (71131001)"、创新团队项目"城市交通管理理论与方法 (71621001)"的研究。2007 年由科学出版社出版的《城市轨道交通网络管理及收入分配理论与方法》，阐述了城市轨道交通网络管理的模式以及多运营商条件下的票务清分方法，这可以说是团队关于城市轨道交通网络运营管理研究成果的 1.0 版。在前述研究的基础上，2011 年由科学出版社出版了 2.0 版的《轨道交通网络化运营组织理论与关键技术》，该书比较全面地阐述了网络化运营组织技术与方法，2014 年以来该书被作为北京交通大学交通运输规划与管理等专业硕士生学位课"轨道交通网络化运营组织理论与技术"的参考教材。2017 年，该书荣获第七届钱学森城市学金奖。本书为作者们研究成果的 3.0 版，系统地阐述了作者们近年来在城市轨道交通网络格局与管理模式、城市轨道交通网络需求的时间与空间规律、网络列车运行组织优化理论、网络换乘组织与资源共享以及城市轨道交通网络复杂性分析等方面的研究成果。本版书稿注重对城市轨道交通网络运营管理相关重要问题的系统分析与评述，更加适合作为城市轨道交通行业管理、学术研究以及高等学校相关专业研究生在城市轨道交通领域深化学习的参考书。

本书由毛保华撰写前言、第 1 章 1.1 节与 1.4 节、第 3 章、第 8 章、第 10 章以及第 15 章 15.1 节与 15.2 节，冯佳撰写第 1 章 1.2 节与 1.3 节，许奇撰写第 2 章、第 11 章，刘智丽撰写第 4 章，柏赟撰写第 5 章、第 7 章、第 12 章，贾文峥撰写第 6 章，杨远舟撰写第 9 章，李明高、杜鹏撰写第 13 章，陈志杰撰写第 14 章，陈垚撰写第 15 章 15.3 节，高自友和杨立兴撰写第 16 章。全书由毛保华、高自友审定。

本书是在北京交通大学城市交通复杂系统理论与技术教育部重点实验室完成的，并得到了国家自然科学基金创新研究群体项目"城市交通管理理论与方法"（71621001）的资助。在著述出版过程中，得到了中国城市轨道交通协会运营管理专业委员会、交通运输部科学研究院城市交通中心、北京交通大学城市轨道交通系、人民交通出版社股份有限公司各位同仁的大力支持；书稿著述参考了国内外同行的许多成果；团队研究生王敏、杨彦强、肖中圣、张研、刘君君、张泽英、孟冉、王蓉、刘岩松参与了本书书稿的整理与插图绘制工作。作者在此一并表示衷心感谢。

作　者

2018 年 5 月

目 录

第1章 城市轨道交通网络化运营的基本特征 ········· 1
    1.1 网络化运营的概念 ········· 2
    1.2 轨道交通线网形态分析 ········· 5
    1.3 网络拓扑结构复杂性分析方法 ········· 14
    1.4 网络运营负荷的分布特征 ········· 19

第2章 网络化运营组织的客流特征 ········· 31
    2.1 网络环境下的客流特征 ········· 32
    2.2 客流分布的数量特征 ········· 35
    2.3 客流分布的时间特征 ········· 36
    2.4 客流分布的空间特征 ········· 39
    2.5 客流分布的流向特征 ········· 45

第3章 城市轨道交通网络管理模式 ········· 49
    3.1 网络管理模式分类 ········· 50
    3.2 单运营商管理模式 ········· 56
    3.3 多运营商管理模式 ········· 58

第4章 多运营商票务清分方法 ········· 67
    4.1 票务清分的概念 ········· 68
    4.2 多运营商环境下的票款清算方法 ········· 75
    4.3 过轨模式下的票款清算方法 ········· 78
    4.4 票务清分的 AFC 系统 ········· 82

第5章 运营补贴理论与方法 ········· 89
    5.1 运营补贴的理论与实践基础 ········· 90
    5.2 城市轨道交通运营补贴方法 ········· 97

5.3 运营补贴的实证研究 104

第6章 城市轨道交通网络化运营指标分析 111
6.1 网络化运营指标的分类 112
6.2 城市轨道交通运营指标分析 113
6.3 小结 123

第7章 换乘站组织与管理 125
7.1 换乘概述 126
7.2 换乘站类型及换乘组织形式 130
7.3 换乘流线设计与客运管理方法 135
7.4 换乘站管理模式与资源共享 144

第8章 城市轨道交通网络化运营资源共享技术 149
8.1 网络化运营前期的运行管理技术 150
8.2 基于客流时空不均衡特性的网络负荷均衡技术 154
8.3 基于共享的网络资源管理技术 155
8.4 小结 161

第9章 网络调度指挥与应急处置方法 163
9.1 网络调度指挥功能与模式 164
9.2 应急处置方法 165
9.3 国内外案例分析 175

第10章 多交路列车运营组织方法 181
10.1 多交路的概念 182
10.2 多交路运营组织模式 185
10.3 多交路列车运营组织方法 188
10.4 多交路方案的优化模型 190
10.5 小结 202

第11章 快慢列车结合运行组织方法 203
11.1 快慢车结合运行组织概念 204
11.2 开行快慢车的社会经济效益分析 208
11.3 快慢车开行方案的优化方法 210
11.4 案例研究 226

第 12 章 多编组与变编组列车运行组织方法 ·············· 233

- 12.1 多编组与变编组的概念及作用 ·············· 234
- 12.2 多编组运行组织方法及案例分析 ·············· 237
- 12.3 变编组运行组织方法及案例分析 ·············· 241
- 12.4 多编组与变编组的适用性 ·············· 247

第 13 章 列车过轨运行组织方法 ·············· 251

- 13.1 列车过轨的概念 ·············· 252
- 13.2 过轨运输组织模式 ·············· 253
- 13.3 案例分析 ·············· 258

第 14 章 网络客流预测方法与限流技术 ·············· 271

- 14.1 网络条件下线路与车站客流的相互影响 ·············· 272
- 14.2 线路客流推算方法 ·············· 281
- 14.3 网络负荷均衡方法 ·············· 282
- 14.4 案例分析 ·············· 287

第 15 章 网络列车运行计划编制与协调方法 ·············· 295

- 15.1 列车运行计划编制的历史沿革 ·············· 296
- 15.2 列车运行计划集成编制方法 ·············· 297
- 15.3 城市轨道交通网络末班车时刻表协调编制方法 ·············· 301

第 16 章 城市轨道交通节能优化 ·············· 311

- 16.1 概述 ·············· 312
- 16.2 城市轨道交通系统能耗分析 ·············· 313
- 16.3 城市轨道交通列车节能速度曲线优化 ·············· 313
- 16.4 城市轨道交通再生能量的优化利用 ·············· 320
- 16.5 基于系统节能的列车运行图与速度曲线协同优化 ·············· 327

参考文献 ·············· 334

第 1 章

城市轨道交通网络化运营的基本特征

作为城市交通的骨干，城市轨道交通是解决大城市居民通勤出行的重要手段。城市轨道交通网络的建设与发展以由城市空间布局及其活动分布决定的出行需求为依据，而运营组织方案又是在一定的物理网络基础上，通过考虑不同时期需求的时空分布来决定的。本章以城市轨道交通网络（供给）与城市交通出行时空分布（需求）的基本特性为对象，探讨其基本特征，为做好网络化运营管理工作奠定基础。

1.1 网络化运营的概念

进入21世纪以来，随着我国城市化与机动化水平的提高，城市地区轨道交通发展迅速。根据中国城市客运发展报告：到2017年12月，我国已有34个城市（不含港澳台数据）124条线路投入运营，总里程达3727.5km；9座城市里程超过120km，15座城市有3条及以上线路。据不完全统计，2016年4月，我国有9座城市、23条城市轨道交通线路开行了多交路列车。关于网络化条件下的城市轨道交通运营组织技术的研究已经成为各城市轨道交通运营部门关注的重要领域。

作为重要的城市基础设施，城市轨道交通的公益性具有以下三个标志：第一，城市轨道交通是为城市居民通勤出行提供普遍服务的重要手段，这决定了我国城市轨道交通建设与运营工作的目标必须面向广大居民。第二，城市轨道交通企业不能以盈利为目的，其价格所能维持的利润率应低于行业的社会平均利润率（实际上多数是亏损的），或需要通过政府补贴才能达到社会平均利润率。第三，城市轨道交通的资产一般属于国有资产，或虽非国有资产，但城市轨道交通相关企业作为提供公益性服务的企业，享有政府提供的各类政策优惠。

城市轨道交通网络化运营技术是指城市轨道交通成网条件下为提高运营企业工作效率、改善系统运行安全性、提高客运服务水平所采取的所有运输组织方法与措施的总称。城市轨道交通成网给运营组织与管理带来的变化包括以下几方面：

①网络规模扩大，客运需求总量不断增长。城市轨道交通承担的客运量及其在公交的占比增加，城市轨道交通行业在城市运行中的地位提高，交通（尤其是城市轨道交通）的组织与管理受公众关注程度增加，行业管理者的责任更大。

②规模增加后，网络覆盖的空间范围扩大。由于城市发展不均匀，城市活动分布更加发散，轨道交通客流需求的时间、空间不均衡性更强，相关特征更加复杂。

③城市轨道交通具有公共交通系统的特征，不能完全按照需求的时间与空间来分配运力，这使得城市轨道交通成网后能力与需求时空分布的矛盾更加突出。

城市轨道交通网络化运营管理的标志可以从三个方面来认识。一般认为，成网运营的物理条件应该包括：一是物理网络架构，一般有3条及以上线路、有3个及以上换乘站、有由2条及以上线路构成且存在环状出行路径的网络。二是构成网络的不同线路之间出现可影响运营效率的组织因素。例如，站点间的旅行速度、列车拥挤程度、换乘效率等影响乘客的出行选择。三是网络出现各线路共用的、影响各线路运营方案的资源。例如，车辆基地、调度指挥中心、多线共用的综合换乘枢纽直接影响网络运行组织方案与运输成本。

因此，关于城市轨道交通网络运营管理技术的研究可分为三个领域：

第一个领域是与线路物理架构设计相关的运营前期管理方法与技术，重点体现在换乘站规划、设计与运行组织，包括换乘点的选择、线路换乘站类型的选择、换乘站设计以及换乘站流线设计与管理。

第二个主要领域兼顾供需双方的网络负荷均衡技术，主要涉及网络运行效率的改善以及出行服务水平的提高两个目标；重点要针对网络客流时空不均衡性特征研究运力配置方案，其具体内容如与列车交路和编组相关的列车开行方案设计、可改善乘客可达性的线路间列车过轨技术应用、考虑线路间接续的列车时刻表优化编制、换乘站的运行管理等。

第三个领域是网络条件下运营资源共享与管理技术，重点涉及车辆基地、调度指挥中心、安全应急管理资源的优化配置方法等。这一领域研究的主要目标是提高运营企业的组织管理效率，降低运输成本，减轻政府补贴压力。

目前，关于前两个领域的研究已有较多成果，而对第三大领域的研究还亟待深化。网络条件下运营资源共享技术是从运营资源共享角度研究提高网络运行效率的技术，由于城市轨道交通系统的盈利能力普遍较差，这方面的研究对于提高城市轨道交通的可持续发展能力具有尤为重要的现实意义。

1.1.1 国内外网络化运营组织实践

针对城市轨道交通成网对运营组织与管理工作带来的要求，国内外研究采用了一系列组织方法。下面以上述第二领域为例，简要概述国内外开展的旨在提高城市轨道交通公共交通出行服务水平的理论研究与实践成果。

作为城市公共交通的重要组成部分，城市轨道交通成网后运营的许多技术源于地面公共交通的实践。同时，城市轨道交通线路能力大的骨干特性增加了城市公交系统的复杂性，助推了公交供给技术的深化研究。Black（1962）与 Eisele（1986）在 20 世纪 60 年代研究了城市轨道交通服务（停站）分区问题，为后来的城市轨道交通快慢车时刻表、开行方案以及多交路的研究奠定了基础。

多交路是满足差异化空间需求的一种战术策略，它可以提高高需求区域的服务频率，缩短这部分车站的出行者等待时间（Furth，1986）。研究多交路的文献很多，例如，Furth（1987）研究了有公共汽车和轨道交通的公交通道的运输组织问题，提出了在需求差异大的公共汽车线路上开行区间车的方法，建立了公共汽车车队需求规模计算模型；提出了通过列车越行来平衡区间负荷的方案。Coor（1997）对多交路方法在铁路网络上的应用进行了评述。Canca 等（2016）研究了大客流条件下短交路设置的方法及其运行组织的客流效果。

快慢车运营于20世纪上半叶在巴黎RER、马德里RENFE、悉尼与墨尔本的市郊线上实践，后来推广到地铁系统。如1947年开始实施的芝加哥地铁系统，后来推广到费城地铁与纽约地铁。近年有影响的例子是2007年采用快慢车运营的智利圣地亚哥地铁，其背景是车辆不足导致的运力严重不足问题，高峰期列车车内拥挤，密度达到7人$/m^2$。圣地亚哥的实践经验表明：每减停一站可节省47s；由于加快了周转，在动车组数量不变的条件下，高峰期行车频率可提高10%；列车公里和维修费用也有所下降。不过，为不增加成本，圣地亚哥没有将其用于非高峰期。在研究层面，Vuchic（1973）分析了快慢车对提高旅行速度的效果。Freyss等（2013）研究了车站密度有差异线路上考虑越行条件的快慢车开行方案。

改善城市轨道交通车站服务质量、提高旅客在换乘站的换乘效率是网络化运营组织工作的重要内容。改善车站工作的方法有很多：如在需求低的车站不停车，在车站预存车辆，加车，改变（拆分）列车编组等。Wilson等（1992）研究建立了一个可以评估麻省湾交通局（MBTA）地铁绿线上不同行车策略的效率模型，这些策略包括放空（越行）、快车、短交路，其目标是减少旅客出行的在车时间与在站等待时间。Wong等（2008）研究了通过调整列车运行时间、停站时间、出发时间、枢纽的周转时间及站间行车间隔来实现网络乘客中转等待时间最小化的方法，并在香港6条线路上实施。在提高换乘效率方面的另一项技术是组织过轨运营（部分文献称为共线），即一条线路上的列车直接行驶到相连接的另一条线路与车站上，以方便乘客乘降的组织方法。该方法最早的例子可追溯到20世纪初德国卡尔斯鲁厄市在城市扩张过程中，交通运营部门为适应城市发展，在轻轨、市域铁路及城际铁路之间组织的过轨运营方式，该方式取得了良好效果。东京在20世纪50年代以后考虑改善不同类型城市轨道交通间的衔接，大范围组织地铁、私铁与国铁的过轨运营，显著改善了乘客的出行条件，提高了城市轨道交通系统的服务水平。

我国城市轨道交通21世纪以来进入发展的快车道，北京、上海等城市的城市轨道交通系统相继进入网络化运营时期。早期的研究集中在能力、列车运行过程仿真以及运行图铺画对设备需求、能力及列车运用的影响等方面（Canca，2016）。近年来，研究重点转向网络化运营技术的综合运用与评估领域，如徐锦帆等（2007）研究了地铁列车编组分期实施的合理性及扩编的可行性，论证了多编组技术不仅技术上可行，还可以提高列车满载率、节省运营费；Niu等（2013）研究了时变需求与过饱和条件下的列车时刻表编制优化问题；李明高等（2015）研究了成网条件下网络效率与换乘设计的关系；Zhu等（2017）研究建立了供需匹配原则下的时刻表编制的双层规划模型；陈垚等（2017）研究了多交路模式下中间站折返对能力影响的计算方法。

1.1.2　网络化运营组织工作的目标

如前所述，成网后运营环境的显著特征是客流时空差异程度的不断增加。作为一种大容量公共交通，轨道交通系统很难做到根据各区段的个性化需求特征来分配运力。因此，如何在可能的范围内，综合运用网络化运营组织技术来平衡轨道交通成网后引发的供需不均衡性，是城市轨道交通网络化运营组织理论与应用研究的重要课题。

作为城市公共交通系统的组成部分，城市轨道交通要为居民出行提供公益性服务，其组织与管理涉及政府、企业、旅客三个方面。政府是城市轨道交通系统投资建设的主体。城市轨道交通系统作为城市重要的基础设施与公益事业，其运营绩效是体现政府形象与治理能力的载体。因此，城市轨道交通的发展水平与运营效率，一定程度上反映了政府在公众心目中的形象以及对城市运行与发展的治理能力。随着网络规模的扩大，城市轨道交通在城市运行中的作用不断增大，社会影响也越来越深远。

乘客是城市轨道交通直接服务的群体。乘客的目标主要是出行过程的安全、高效与出行服务的舒适性，具体涵盖出行速度、换乘便捷性、在车舒适度等。与其他公共交通方式相比，城市轨道交通由于具有专用路权，能提供更加准时、可靠的出行服务，是大城市通勤、通学出行的主要公交方式。在一些国际化的大都市，如东京、伦敦，轨道交通通勤出行在中心城区机动化通勤出行方式总量中的占比超过70%。城市轨道交通网络的扩大，加速了城市空间的扩张，乘客的平均出行距离也不断增加。在列车旅行速度难以迅速提高的前提下，提高出行过程中换乘的便捷性、提高在车服务水平成为乘客关注的重要问题。

城市轨道交通运营企业是为乘客提供运输服务的主体，也是做好城市轨道交通系统运输组织与管理工作的核心。作为公益性国有企业，城市轨道交通运营部门需要在确保运输安全、做好运输服务工作的同时，兼顾企业经营效率提高与员工能力激励。总的来看，运营企业的目标主要涉及三方面：一是运营安全。城市轨道交通设施多数位于对城市有重要影响的区域，客流密集度高，安全是不可回避的组织与管理目标。二是满足国家与行业对城市轨道交通客运服务的要求，包括引导城市规划目标的实现，扩大对城市居民的覆盖度，获得乘客的好评等。三是要适当控制运输组织和管理工作的难度以及在实施过程中的不确定性，使运营管理风险处于可控范围。由于我国多数城市的轨道交通发展速度快，开通运营时间短，运营经验增长往往跟不上城市轨道交通网络发展的速度。

上述三方面的目标是研究城市轨道交通网络各种运营技术及其实施方案、提高当前我国城市轨道交通成网条件下运输组织工作质量的重要出发点。

1.2 轨道交通线网形态分析

每个城市具有独特的发展历史，其城市功能、区位、用地布局、人口分布等均存在差异，因此，其城市轨道交通线网的规模、线路走向、布局特点各有不同，所呈现出的整体结构形态也不尽相同。可以说，世界上任何一个城市的轨道交通线网形态和规模都是独一无二的，鉴于此，本节不考虑线网规模、线路走向、车站设置等因素，单纯从线网几何形态角度探讨网络化运营环境下城市轨道交通线网的特征。

1.2.1 线网基本形态及特点

轨道交通线网结构的几何形态，是轨道交通系统在城市空间布局中的点、线、面的组合。线路是最基本的要素，线路越长，线路数越多，所构成的线网形态就越复杂。若干条线路交汇、衔接所形成的节点，一般就是线网的换乘枢纽，交织成"网"的轨道交通线路所覆盖的区域，决定了线网的服务和辐射范围。

将轨道交通线网的形态抽象化，可以得到最常见、最基本的线网整体形态结构种类，即网格型（棋盘型）结构和放射型结构。在此基础上，考虑增加环线，则又可形成"环线+网格型"和"环线+放射型"两类形态。轨道交通线网基本类型如图1-1所示。

a) 网格型　　b) 放射型　　c) 三角放射型　　d) 环线+网格型　　e) 环线+放射型

图1-1　轨道交通线网基本类型

（1）网格型线网

线网由两组或两组以上的平行线正交而成，得到多个交叉点，基本几何形态为"#"形 [图1-1a)]。

这种线网形态的特点是多点四方向，在每个交叉点上均有可通往四个方向的路径；平行线之间的点一般需要两次换乘到达，而任意两点之间也最多仅需两次换乘。

（2）放射型线网

放射型线网自某中心点（从城市空间布局上看，一般位于市中心区）出发，向周边放射伸展，基本几何形态为"*"形 [图1-1 b)]。这种形态的特点是中心向各处的出行便捷；而交叉点以外各点到其余各处都需要到中心点换乘，因此中心点换乘压力很大，为解决此问题，通行做法是将一个中心分散为几个连接点。

由于城市布局、道路分布、施工难度等原因，多条线路一般难以集中相交于一个节点，而是在多个节点相交，形成一个多边形的放射中心，如图1-1 c) 所示。

（3）增加环线线网

上述两种基本形态，存在一个共同的弊端：任意两条线路的远中心端之间的OD（起讫点）对必须通过迂回路径才能到达，为提高线网的便捷性，一般在两种基本形态上增加弧线或环线 [图1-1d)、图1-1e)]。

远中心端往往位于城市边缘地区，只有当远中心端之间的客流数量达到一定程度时才考虑增加相应的弧线或环线，以便适应这些地区之间的交通需求。

1.2.2　换乘便捷性

城市轨道交通线网的形态决定了乘客能否通过轨道交通线路完成出行以及是否需要换乘。随着城市轨道交通线网规模的扩大，线网内换乘总量大幅增加，由此对乘客的出行时间效益及线网的服务水平造成的影响随之增大。从乘客的个体出行行为上看，随着出行距离的增大，换乘次数对于路径选择的影响也随之增大。因此，从线网层面考察换乘能力的优劣应成为选择线网形态的一个重要依据。

一般而言，城市轨道交通线网敷设于城市地下，一旦建成，线网形态难以改变。因此，不同形态线网换乘功能的差异，必须在线网规划阶段予以充分考虑，通过合理地选择线网形态，尽可能地减少乘客的换乘次数，达到提高线网换乘能力的目的。

线路之间换乘能力的评价，一般可通过一定换乘组织方式下完成的换乘客流量（数量）以及考虑时间价值的出行者总广义费用（质量）来实现。不过，在线网规划阶段探讨这些问题似乎并不现实。

对于城市轨道交通的规划线网，线网换乘节点越多，乘客可选择的出行路径就越多，相应可减少线网的总换乘次数。这里，引入"线网换乘便捷性"的概念以探讨规划线网换乘能力的差异性，与之直接相关联的是线网中的换乘节点数。

线网中两两线路间的换乘节点数可定义线网的换乘便捷性矩阵，即：

$$D_{m \times m} = (d_{ij}) \tag{1-1}$$

$$d_{ij} = \begin{cases} \lambda_{ij} & (i \neq j) \\ 0 & (i = j) \end{cases} \quad (i = 1, 2, \cdots, m ; j = 1, 2, \cdots, m) \tag{1-2}$$

式中：m——线路条数，条；

λ_{ij}——线路 i 可换乘到线路 j 的站点数，个；

d_{ij}——线路 i 和线路 j 之间的直接换乘节点的数目，个，当两条线路不存在直接换乘关系时，$d_{ij} = 0$。

以矩阵元素和与线路数量的比值，即线网中每条线路与其他线路的换乘点数量的平均值，可定义线网的换乘便捷性（可称之为线网换乘便捷性指数 K）：

$$K = \sum_{i=1}^{m} \sum_{j=1}^{m} \frac{d_{ij}}{m} \tag{1-3}$$

显然，当线网的规模一定时，换乘便捷性指数 K 的值越大，旅客的平均换乘次数越少，即线网的换乘便捷性越好。

假设一个由 5 条线路组成的简单线网如图 1-2 所示，统计得到线网的换乘便捷性矩阵见表 1-1，矩阵的行标与列标表示对应的线路标号，行数与列数均等于线网内的线路数目，得到的线网换乘便捷性矩阵是一个对称矩阵，$d_{ij} = d_{ji}$。因此，线网的换乘便捷性为：$K = 3.2$。

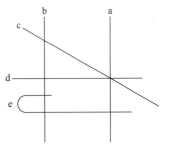

图 1-2　某简单线网示意图

某简单线网的换乘便捷性矩阵　　　　　表 1-1

线　路	a	b	c	d	e	合计
a		1	1	1		3
b			1	1	2	4
c	1	1		1		3
d	1	1	1			3
e		1	2			3
合计	3	4	3	3	3	16

1.2.3 不同类型线网换乘便捷性分析

基于上述换乘便捷性和换乘节点数量，下面选取国内外两个典型的城市轨道交通线网（日本东京的营团地铁线网和中国北京的城市轨道交通线网）为案例进行对比研究，探讨两者的换乘便捷性差异。

（1）东京营团地铁线网

2017 年，日本东京营团地铁线网由 9 条线路组成，运营里程全长 195.1km。不考虑营团地铁线网与外部轨道交通线网（东京都营地铁及 JR 铁路、民营铁路）的换乘连接，线网的线路与换乘节点分布如图 1-3 所示。其中，大节点表示 3 线及 3 线以上的多线换乘节点。

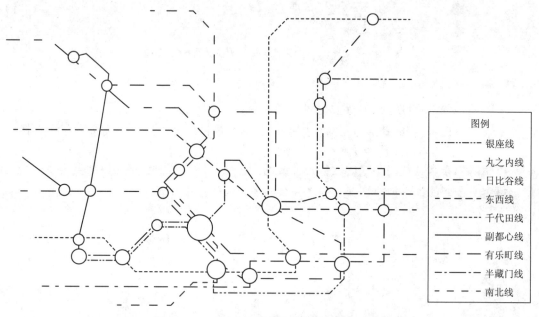

图 1-3 2017 年东京营团地铁线网与换乘节点分布

东京营团地铁线网共有 25 个换乘站，即 $N=25$。由换乘站的情况计算线网的换乘便捷性矩阵，如表 1-2 所示。

东京营团地铁线网的换乘便捷性矩阵　　　　表 1-2

线 路	日比谷	银座线	丸之内	东西线	南北线	有乐町	千代田	半藏门	副都心	合 计
日比谷		3	2	1	1	1	2			10
银座线	3		3	1	2	1	2	5	1	18
丸之内	2	3		1	4	2	4	2	2	20
东西线	1	1	1		1	1	1	2		8
南北线	1	2	4	1		3	1	1		13
有乐町	1	1	2	1	3		1	1	2	12
千代田	2	2	4	1	1	1		2	1	14

续上表

线　路	日比谷	银座线	丸之内	东西线	南北线	有乐町	千代田	半藏门	副都心	合　计
半藏门		5	2	2	1	1	2		1	14
副都心		1	2			2	1	1		7
合　计	10	18	20	8	13	12	14	14	7	116

根据上表可计算出东京营团地铁线网的换乘便捷性为：$K_{东}=12.9$。

可以看出，东京营团地铁线网 25 个换乘节点中，有 6 个节点是 3 线换乘，2 个节点是 4 线换乘，1 个节点是 5 线换乘，其余 16 个节点是 2 线换乘；很多线路间存在多个换乘节点。因此，多线换乘站对线网换乘便捷性的提高具有积极贡献。

（2）北京城市轨道交通线网

以 2017 年的北京轨道交通线网为背景，网络由 21 条线路组成（由于 14 号线暂不连通，按两条线计算），运营里程 588.5km（不包括市域快轨、有轨电车及磁浮等其他制式）。线网的线路与换乘节点分布如图 1-4 所示。其中，大节点表示 3 线换乘节点。

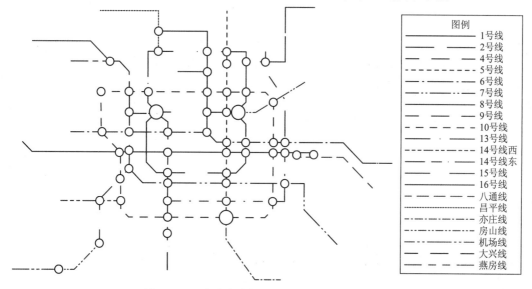

图 1-4　2017 年北京城市轨道交通线网与换乘节点分布

北京轨道交通线网共有 55 个换乘站，即 $N=55$。由换乘站的情况计算线网的换乘便捷性矩阵，如表 1-3 所示。

计算北京城市轨道交通线网的换乘便捷性为：$K_{北}=5.5$。

55 个换乘节点中，仅有 3 个节点是 3 线换乘，其余 52 个节点均是 2 线换乘；且大部分线路走向呈平行线线形，仅有 1 条斜线、2 条环线、2 条大弧度曲线，2 线间最多仅有 2 个换乘节点连接，大部分线间仅有 1 个换乘节点。

北京轨道交通线网与东京营团地铁线网的线网规模，如表 1-4 所示，线路数量分别为 9 条和 22 条，由于线网形态的差异，换乘便捷性差距显著。北京轨道交通线网换乘便捷性（$K_{北}=5.5$）大大低于东京营团地铁线网，换乘便捷性仅为后者（$K_{东}=12.9$）的 44%。

表 1-3 北京轨道交通线网的换乘便捷性矩阵

线路	1号线	2号线	4号线	5号线	6号线	7号线	8号线	9号线	10号线	13号线	14号线西	14号线东	15号线	16号线	八通线	昌平线	亦庄线	房山线	机场线	大兴线	燕房线	合计
1号线		2	1	1	2		1	1	1			1										10
2号线	2		2	1	2	1	1	1	2													12
4号线	1	2		1	1	1	1	1	2	1		1	1						1			12
5号线	1	1	1		1	1		1	2	1	1	1	1				1					11
6号线	2	2	1	1			1	1	1		1											9
7号线		1	1	1					1													4
8号线	1	1	1		1				1				1			1						6
9号线	1	1	1	1	1				1		1							1				7
10号线	1	2	2	2	1	1	1	1			1		1		1	1	1	1				17
13号线			1	1					2							1			1			10
14号线西				1	1			1	1				1					1				2
14号线东	1		1	1					1				1		1		1					7
15号线			1	1			1		1			1										4
16号线													1									1
八通线	2																					2
昌平线							1		1													2
亦庄线				1					1													2
房山线								1	1													2
机场线										1		1									1	3
大兴线			1																			1
燕房线																						1
合计	10	12	12	11	9	4	6	7	17	10	2	7	4	1	2	2	2	2	3	1	1	125

案例线网的比较数据 表 1-4

城　　市	线路数（条）	运营里程（km）	换乘车站数（个）	多线换乘车站数（个）	换乘便捷性
东京	9	195	25	9	12.9
北京	21	588.5	55	3	5.5

分析两个网络换乘便捷性差异的原因，可以得到以下几点结论：

①两个线网的换乘节点分别为 55 个和 25 个。北京轨道交通线网基本属于网格型结构，多为纵横方向的平行线，故线路间的换乘节点较少；而东京营团地铁线网的大部分线路走向呈大弧度曲线线形，存在两线间通过多个换乘节点连接的情况。

②北京轨道交通的中心区线网中缺少有效率的对角形态的线路，这是形成换乘差异的重要结构原因。

③北京轨道交通线网只有 3 个换乘节点实现了 3 线换乘，仅占全部换乘节点的 5%，其余换乘节点均为 2 线换乘，连通功能较差；而东京营团地铁线网的多线换乘节点占全部换乘节点的 36%。

综上所述，以网格型结构为基础的线网，换乘便捷性较低是其突出的缺陷所在，直接影响了网络化运营的效率。

随着北京轨道交通线网的发展，在规划与建设阶段注重提高轨道交通的换乘便捷性具有重要意义。一方面应当在线网规划中注重研究换乘站本身的结构，适时地选择适宜的地点增加 3 线、多线换乘站的设置；另一方面，注意线网形态对换乘便捷性的影响，加强对对角线、大弧度曲线、环线线形的研究，在工程技术允许的条件下，在线网中增加这三种线形的线路，从本质上提高轨道交通线网的换乘便捷性。

1.2.4 换乘便捷性的影响因素分析

选取国内外 19 个城市的城市轨道交通线网作为研究对象，为保证代表性，所选取城市轨道交通线网的车站数均大于 100 个或线路里程在 100km 以上（2013 年线网规模）。首先将换乘站抽象为网络节点，而连接换乘站之间的轨道线路为网络的边。计算得到的换乘便捷性指数如表 1-5 所示。

国内外主要城市轨道交通网络形态及换乘便捷性 表 1-5

网络形态	城市	线路数（条）	车站数（个）	换乘车站数（个）	换乘便捷性指数	同一形态平均值
网格型	德里	6	140	2	0.67	3.33
	波士顿	4	124	2	1.00	
	釜山	5	121	8	3.20	
网格型	广州	8	130	14	3.50	3.33
	圣地亚哥	7	120	16	4.57	
	北京	17	229	38	5.18	
	深圳	5	118	13	5.20	
放射型	香港	10	82	18	4.60	5.46
	圣保罗	11	141	16	5.45	
	巴伦西亚	5	156	10	5.60	
	墨西哥	12	163	28	6.17	

续上表

网络形态	城市	线路数（条）	车站数（个）	换乘车站数（个）	换乘便捷性指数	同一形态平均值
放射+环线型	莫斯科	11	146	26	8.18	14.19
	上海	12	253	34	8.83	
	马德里	12	240	38	9.83	
	首尔	16	492	70	11.50	
	巴黎	14	292	54	16.43	
	伦敦	11	270	35	18.00	
	东京	13	205	56	19.23	
	芝加哥	8	160	16	21.50	

资料来源：李明高，毛保华，蒋玉琨，等.城市轨道交通网络换乘便捷性研究[J].中国铁道科学，2015，36（3）：113-118.

从表 1-5 可以看出，各城市轨道交通线网的换乘便捷性指数具有较大差异，在 [0.67, 21.5] 的范围内波动，最高值与最低值相差接近 32 倍。三种网络形态中，网格型网络的平均换乘便捷性指数最低，为 3.33；放射型网络居中，为 5.46；放射+环线型网络的换乘便捷性指数平均值最高，为 14.19。这体现了不同网络形态对轨道交通网络换乘便捷性的影响。而网络形态相同的城市轨道交通网络的换乘便捷性指数也不尽相同，这是由于换乘站设置情况不同导致的。

（1）换乘站对换乘便捷性的影响

换乘站总数是换乘便捷性指数最直观的影响因素，换乘站的数量越多，衔接不同线路之间的换乘节点也越多，乘客可选择的出行路径就越多，换乘便捷性越好。而一个换乘站衔接的线路数越多，则其在网络中的节点度就越大，表现为节点之间的连通性增加，换乘便捷性越好。此处定义衔接 3 条及以上线路的换乘站为多线衔接换乘站。图 1-5 为换乘便捷性指数与多线衔接换乘站数量的关系。

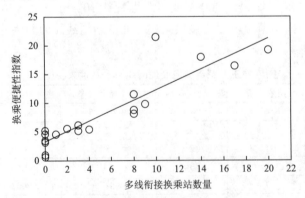

图 1-5 换乘便捷性指数与多线衔接换乘站数量的关系

从图 1-5 可以看出，多线衔接的换乘站数量越多，换乘便捷性指数越大，且通过拟合得到换乘便捷性指数与多线衔接换乘站数量之间呈现出 $y=0.9011x+3.275$ 的线性关系（$R^2=0.8012$），每增加 1 个多线衔接换乘站，换乘便捷性指数便增加 0.9 左右。

（2）网络形态对换乘便捷性的影响

为进一步研究网络形态对换乘便捷性的影响，从不同网络形态的轨道交通线网中移除不同比例的换乘站后，分析换乘便捷性的变化。每移除 1 个最大换乘站（简称移除点）后计算 1 次剩余网络的换乘便捷性指数，如此反复，直至网络换乘便捷性指数为 0。由此得到不同网络形态下换乘便捷性指数与移除点比例（即移除的换乘站数量占全部换乘站数量的比例）的关系，如图 1-6 所示。

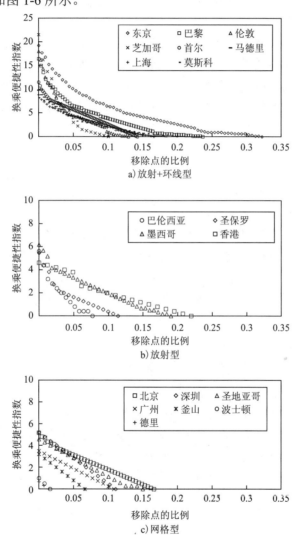

图 1-6　不同网络形态下换乘便捷性指数与移除点比例的关系

从图 1-6 a) 可以看出，当城市轨道交通线网为放射 + 环线型网络形态时，其换乘便捷性指数较大，基本上在 10 以上；当移除点比例增加到 0.25 时，换乘便捷性指数基本降为 0；随着移除点比例的增加，换乘便捷性指数的下降幅度逐渐减小，在移除点比例较小（< 0.1）时，移除点比例的增加对换乘便捷性指数的影响较大，移除 10% 的节点后，换乘便捷性指数下降约 90%。

从图 1-6 b）可以看出，当城市轨道交通线网为放射型网络形态时，其换乘便捷性指数一般低于放射+环线型网络形态的城市轨道交通线网，基本在 5～7 之间；当移除点比例提高至 0.2 左右后，换乘便捷性指数基本降至 0，且移除点比例对换乘便捷性指数的影响相对较小。

从图 1-6 c）可以看出，在 3 种网络形态中以网格型网络形态的换乘便捷性指数最小，基本在 5 以下；移除点比例增至 0.15 左右后，换乘便捷性指数基本降为 0，且移除点比例对换乘便捷性指数影响小。

总之，不同网络形态轨道交通线网的换乘便捷性指数差异较大。在放射+环线型网络形态下，换乘站（包括多线换乘站）的数量较多，而按照"依次移除度数最大的节点（换乘站）"原则，所移除的是衔接线路数多的换乘站，该类换乘站对换乘便捷性指数的贡献大，因此移除这类换乘站对放射+环线型网络形态轨道交通线网的换乘便捷性的破坏性最大，仅移除 10% 的换乘站，该类线网的换乘便捷性指数就下降约 90%。在网格型网络形态下，由于换乘站数量少，而且换乘站基本上为 2 线换乘，因此这类网络的换乘便捷性指数对于移除换乘站具有鲁棒性，且基本随移除换乘站比例的增加呈缓慢线性下降趋势。属于放射型网络形态的城市轨道交通线网，其换乘便捷性指数受移除换乘站比例的影响，介于放射+环线型网络形态和网格型网络形态之间。

为进一步探讨网络形态对换乘便捷性指数的影响，由式（1-3）计算得到新增 1 条新线后，放射+环线型、放射型和网格型 3 种网络形态的换乘便捷性指数的理论增加值，计算结果如图 1-7 所示。图中 L_m 和 L_n 分别为网络中横、纵线路的条数，ΔK_1、ΔK_2 和 ΔK_3 分别为放射+环线型、放射型和网格型 3 种网络形态下增加 1 条线路后换乘便捷性指数的增加值。

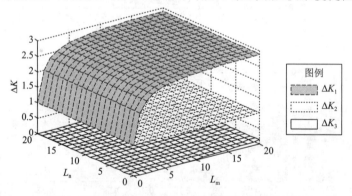

图 1-7　不同网络形态下新增线对换乘便捷性指数的贡献

从图 1-7 可以看出，每增加 1 条新线，3 种网络形态对换乘便捷性指数贡献的大小依次为放射+环线型＞放射型＞网格型，验证了放射+环线型网络形态的换乘便捷性比其他 2 种网络形态具有明显优势。

1.3　网络拓扑结构复杂性分析方法

网络复杂性分析是 20 世纪末以来的科学研究热点。通过严格选定的抽象关系，定义并推演出具有典型特性的网络模型,目前已取得了一系列令人瞩目的成就。轨道交通网络作为一种人造复杂网络,其网络规划和建设与社会经济诸多因素间存在紧密联系和耦合作用,其线网结构呈现出丰富的网络拓扑特性。从 Latora 和 Marchiori(2001)利用复杂网络方法研究波士顿地铁系统开始,世界各地学者针对世界主要城市轨道交通系统以及各国(地区)铁路交通系统,利用实际线网基础数据,较为深入地研究了静态基础设施网络的拓扑结构,其统计特征主要包括节点中心性、小世界特征、无标度特征、权重与强度分布、社区结构等。

1.3.1 轨道交通拓扑结构表示方法

网络拓扑表示方法是研究拓扑结构统计特征的基础,目前轨道交通拓扑结构的主要表示方法有两种:L 型空间和 P 型空间。基于 L 型空间的网络表述将轨道交通车站作为节点,若两节点在某一轨道交通线路上是相邻的,则两节点间存在链路。基于 P 型空间的网络表述在节点定义上与基于 L 型空间的表述相同,而链路存在的条件更为宽松,若两节点间有直达交通线路,两者间就存在链路。在 P 型空间内两节点间的路径长度可被认为是出行必需的换乘次数,因此,P 型空间也被称作换乘空间,具体表述如图 1-8 所示。除此之外还有 B 型空间、C 型空间、G 型空间、信息空间等。

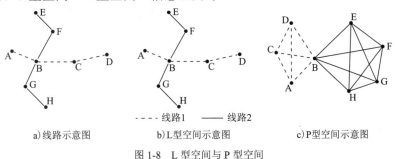

图 1-8　L 型空间与 P 型空间

B 型空间是一种二分图,将原节点和链路表示为不同类型的节点所描述的开环;B 型空间投影到车站节点即回到 P 型空间的表述,而相应投影的路线的补集为 C 型空间。这两种表示方法与 L 型和 P 型的对比如图 1-9 所示。

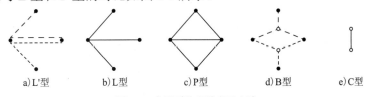

图 1-9　交通系统多种表示方法

以武汉轨道交通线网为例,当采用 L 型空间和 P 型空间两种表述方法研究武汉轨道交通线网时,在 L 型空间下,武汉轨道交通线网度取值范围为 [1, 4],平均度 $<k> = 2.321$;在 P 型空间下的取值则远大于 L 型空间。

总体而言,不同的网络拓扑结构表述方法会对网络性质造成极大影响。不同轨道交通网络从覆盖范围、线路密度、布局方式上存在差异,在对比分析时应首先注意其是否基于相同的拓扑表述方法。

1.3.2 拓扑特性基本统计指标

网络特性统计指标从不同侧重点对网络的便捷性、可达性、运营效率等进行定量分析与评估。在轨道交通拓扑特性研究中，主要采用节点中心性、集聚特征以及全局性指标3类。

1）节点中心性

中心性研究是网络拓扑分析的基本概念之一，最早是 Freeman 在 20 世纪 70 年代研究社交网络时提出的，其应用广泛且迅速地发展出了其他相关评价指标。

(1) 度中心性 [degree，$k(i)$]

度中心性是衡量一个节点的中心性特征最直观的评价指标，其重要性体现在节点在网络中与其他节点的相关性上，定义如下：

$$k(i) = \sum_{j \in V} a_{ij} \tag{1-4}$$

式中：V——节点 i 相邻节点的集合；

a_{ij}——邻接矩阵中的入值。

当将轨道交通系统看作有向网络时，将入度 $k_{\text{in}}(i)$ 和出度 $k_{\text{out}}(i)$ 定义如下：

$$k_{\text{in}}(i) = \sum_{j \in V} a_{ji} \tag{1-5}$$

$$k_{\text{out}}(i) = \sum_{j \in V} a_{ij} \tag{1-6}$$

此时，$k(i) = k_{\text{in}}(i) + k_{\text{out}}(i)$。

基于节点度的定义，Barabási 和 Albert 提出了著名的无标度网络的定义：若网络中度分布服从幂律分布，则该网络为无标度网络。无标度网络具有很大的异质性，少数节点为高连通性枢纽，而大多数节点具有极低的连通性。

(2) 介数中心性 [betweenness centrality，$b_c(i)$]

介数中心性的概念是 Freeman 在 20 世纪 70 年代研究社交网络时提出的，其重要性不体现在节点本身的地理区位条件上，而是侧重于节点是否处于其他两节点间的最短路径上。介数中心性在交通网络中具有极大意义：某车站被频繁使用，因其处于重要的位置附近（例如中央商务区、娱乐区等），但另一个车站可能会被更频繁地使用，因为其作为一个中转站以抵达其他许多地点。介数中心性 $b_c(i)$ 表述如下：

$$b_c(i) = \sum_{s,t \in V, s \neq t} \frac{\sigma(s \to t | i)}{\sigma(s \to t)} \tag{1-7}$$

式中：$\sigma(s \to t)$——所有从节点 s 到节点 t 的最短路；

$\sigma(s \to t | i)$——从节点 s 到节点 t 并经过节点 i 的最短路。

由于交通系统中完成出行需通过多个车站（节点）及区段（链路），因此所有介数中心性之和远小于 1，因此，提出标准化介数中心性 $\hat{b}_c(i)$ 的概会，可表述为：

$$\hat{b}_c(i) = \frac{b_c(i)}{\sum_{i \in V} b_c(i)} \tag{1-8}$$

（3）紧密度中心性 [closeness centrality, $c_c(i)$]

紧密度中心性与地理距离相关，其计算的是给定节点与网络中其他节点之间的距离。表述如下：

$$c_c(i) = \frac{1}{\sum_{j \neq i} d_{ij}} \tag{1-9}$$

式中：d_{ij}——节点 i 与节点 j 间的最短路，在没有特殊规定时为地理距离。

该指标只在连通图中有效，从定义可知，当两节点间距离为零时，紧密度趋近无穷大。

（4）权重和强度 [weight and strength, w_{ij} and $s(i)$]

轨道交通网络链路上的权重值往往用于衡量两个节点之间的连接中心性，实际网络中，权重可为地理距离、出行所需时间、交通流量等。而节点强度则为节点度的定义的延伸定义。

$$s(i) = \sum_{j \in V} w_{ij} \tag{1-10}$$

式中：w_{ij}——节点 i 与节点 j 之间链路上的权重值。

对有向网络来说，w_{ij} 与 w_{ji} 则分别表示从 i 到 j 的链路权重和从 j 到 i 的链路权重。则节点入强度和出强度的定义可用式（1-11）、式（1-12）表述。

$$s_{in}(i) = \sum_{j \in V} w_{ji} \tag{1-11}$$

$$s_{out}(i) = \sum_{j \in V} w_{ij} \tag{1-12}$$

带有权重值的网络为有权网络，一般而言，轨道交通拓扑网络为有权无向网络，可用于分析真实轨道交通网络的网络结构特征；而考虑交通流量的轨道交通网络为有权有向网络，可对真实交通网络丰富的动态特征进行有效刻画。

2）集聚特征

（1）群聚系数（clustering coefficient, c_i）

群聚系数一般用于定量刻画节点度的集聚现象，具体定义可用式（1-13）表达。

$$c_i = \frac{2m_i}{k_i(k_i - 1)} \tag{1-13}$$

式中：m_i——节点 i 的相邻节点；
k_i——节点 i 的度。

该定义针对的是节点 i 最近的邻接节点，若需考虑节点 i 的第 n 个邻接节点，定义 n 层群聚系数如式（1-14）所示。

$$c_i^{(n)} = \frac{2m_i^{(n)}}{k_i^{(n)}(k_i^{(n)} - 1)} \tag{1-14}$$

式（1-13）可看作式（1-14）当 $n=1$ 时的特例。

在有权网络中，加权群聚系数可表示为：

$$c_i^w = \frac{1}{s_i(k_i-1)} \sum_{j,h \in V} \frac{w_{ij}+w_{ih}}{2} a_{ij}a_{ih}a_{jh} \qquad (1\text{-}15)$$

式中：a_{ij}——邻接矩阵中表征节点 i 和节点 j 关系的元素值；

s_i——节点 i 的强度。

（2）度-度关联性 [degree-degree correlation，$k_{nn}(i)$]

度-度关联性是用于衡量网络中局部特点的指标，可表示为相邻节点度的平均值。

$$k_{nn}(i) = \frac{1}{k_i} \sum_{j \in V} k_j \qquad (1\text{-}16)$$

式中：k_i——节点 i 的度。

3）全局性指标

首先给出几个定义：两个节点 i 和 j 之间的最短路径（shortest path）定义为所有连通 i 和 j 的通路中，所经过的其他节点最少的一条或几条路径。两个节点间的距离 d_{ij} 定义为 i 和 j 之间最短路径上的链路数。网络的直径（diameter）定义为网络中任意两个节点之间距离的最大值。

（1）平均路径长度（average path length，L）

$$L = \frac{1}{N(N-1)} \sum_{i \neq j} d_{ij} \qquad (1\text{-}17)$$

式中：N——节点个数；

d_{ij}——两相邻节点间的距离。

一般而言，小世界网络可定义为较大的集聚系数和较短的平均路径长度。

（2）网络效率（efficiency，E）

网络效率最早是 Latora 和 Marchiori 在 2001 年研究波士顿地铁网络时提出的评价指标，体现了最短路径规则下网络的交流效率，定义如下：

$$E = \frac{1}{N(N-1)} \sum_{i \neq j} \frac{1}{d_{ij}} \qquad (1\text{-}18)$$

上述指标计算的是节点间距离的倒数，因此对非连通图是没有意义的。另外，该指标可被分为针对全图中所有节点的全局性效率，以及针对子图的部分网络效率。

交通网络实际运营中往往出现拥堵现象，乘客会依据交通系统的实时流量和费用选择自己出行的最优路径。因此，提出基于网络均衡的效率评价指标：

$$E' = \frac{\sum_{r \in R} \frac{f_r}{\eta_r}}{N_r} \qquad (1\text{-}19)$$

式中：R——所有 OD 对的集合，集合内共有 N_r 个 OD 路径；

f_r——每个路径 r 上的实时需求；

η_r——均均衡负效用（equilibrium disutility），表示网络均衡时路径上的最小出行费用。

该指标可用于评价一个拥堵网络的鲁棒性，但其对具体交通观测数据的需求限制了该评价指标的使用范围。

（3）信息中心度（information centrality，C_i^I）

Latora 和 Marchiori 在网络效率的基础上，定义了信息中心度，该指标反映的是从图 g 中移走一个节点 i 后的网络效率变化，定义如式（1-20）所示。

$$C_i^I = \frac{E(g) - E(g')}{E(g)} \tag{1-20}$$

式中：g'——移走节点 i 以及相关链路后的网络。

该指标可用于寻找全局性交通网络的关键区段，提高网络的抗毁性。

随着复杂网络理论的发展，人们从不同角度提出了估计节点、链路的重要度以及网络直径、效率的方法，在实证分析中应注重贴合实际网络特点进行有意义的探讨。

1.4 网络运营负荷的分布特征

城市轨道交通运营负荷包括线路运营负荷和车站运营负荷两部分。线路和车站的运营负荷是评价城市轨道交通系统运用效率、乘客服务水平的重要指标，也是指导运营企业制订列车和车站运行组织方案的重要依据。线路运营负荷一般是指列车载客能力利用率（列车满载率），反映线路输送能力与乘客需求的匹配程度。车站运营负荷一般是指车站的出入口、人工售检票处、安检处、闸机口、楼扶梯、通道和站台的集散量与设施设备最大设计集散能力的比值，反映了车站设施设备的集散能力与乘客需求的匹配程度。

下面主要从宏观层面探讨城市轨道交通线网列车运营负荷分布特征，重点分析轨道交通网络各线路各列车在各断面的运营负荷分布特征，评价各线路的列车载客能力利用率。这里暂不考虑车站内部各个设施设备的运营负荷分布等微观问题。

1.4.1 网络运营负荷的评价指标

城市轨道交通网络运营负荷反映了一定时间和空间范围内的能力供给与需求的匹配程度。不同时间和空间范围内，城市轨道交通运营负荷的评价指标存在差异。

1）运营负荷的分类

首先，城市轨道交通线路是双向运营，可以区分为上行方向、下行方向、上下行方向的运营负荷；其次，运营负荷在时间范围上可以以小时、时段、天来分别计算；再次，按照空间范围的大小，又可以区分为断面、单线、网络的运营负荷。

（1）断面平均负荷

城市轨道交通系统中某断面平均负荷的计算方法为：统计期 $[t_1, t_2]$ 内，由车站 i 发往 $i+1$ 站的各次列车载客能力利用率的平均值。

（2）线路平均负荷

城市轨道交通系统某线路平均负荷计算方法为：统计期 $[t_1, t_2]$ 内，线路上各次列车在各区间的载客能力利用率的平均值。

(3) 网络平均负荷

城市轨道交通系统网络平均负荷的计算方法为：统计期 $[t_1, t_2]$ 内，网络中所有线路上，各列车在各断面载客能力利用率的平均值。

2) 运营负荷的评价指标

受乘客出行需求影响，城市轨道交通运营负荷具有明显的时空特性，单一指标难以全面反映系统运营负荷特征，因此本章在已知各断面列车载客能力利用率的情况下，提出城市轨道交通的断面、单线、网络运营负荷的评价指标。

假定已知线路列车开行方案、列车时刻表和乘客出行需求，以上行方向为例，列车在断面的运营负荷计算方法如下：

$$w_{im}^{n+} = \frac{q_{im}^{n+}}{b^n C} \tag{1-21}$$

式中：w_{im}^{n+}——线路 n 上行方向，列车 m 在车站 i 到车站 $i+1$ 区间的载客能力利用率；

q_{im}^{n+}——线路 n 上行方向，列车 m 在车站 i 到车站 $i+1$ 区间的载客量；

b^n——线路 n 上列车编组数；

C——车辆定员。

选取列车在各断面运营负荷的加权平均值和标准差率两类指标，来分别表示系统全局或局部范围内的运营负荷水平及均衡程度。

(1) 加权平均值

加权平均值是在统计学中非常重要的统计值，用于反映一组数据的一般水平。本章采用加权平均值用以反映城市轨道交通系统全局或局部的线路运营负荷水平。加权平均值越大，表明运营负荷越高。考虑到在计算运营负荷时，列车在不同断面运行距离不同，为更加真实反映整体的运营负荷，这里将各区间列车运行距离作为运营负荷的权重。加权平均值的计算方法表示如下：

$$\bar{w} = \frac{1}{N' \sum_{i=1}^{N'} L_i} \sum_{i=1}^{N'} x_i L_i \tag{1-22}$$

式中：N'——观测值的数量；

x_i——第 i 个观测值的取值；

L_i——观测值的权重，本章用区间运行距离表示。

(2) 标准差率

标准差率（Coefficient of Variance，CV）是标准差与期望的比值。标准差率是相对指标，通常在进行方案决策时，可以用于比较期望值不同的方案的风险程度。取值越大，表明方案的相对风险越大；取值越小，相对风险越小。

为此，引入标准差率概念，用以衡量城市轨道交通网络全局或局部负荷的均衡性特征。该值越大，表明各断面列车载客能力利用率差异越大，系统能力利用越不均衡；数值越小，表明差异越小，能力利用越均衡。标准差率计算方法如下：

$$CV = \frac{\sigma}{E(X)} = \frac{\sqrt{\frac{1}{N'}\sum_{i=1}^{N'}[x_i - E(X)]^2}}{E(X)} \quad (1\text{-}23)$$

式中：$E(X)$——观测值的数学期望，即算术平均值；

σ——观测值的标准差。

1.4.2 城市轨道交通列车负荷分析

下面以某市城市轨道交通系统6条代表性线路为对象，包括两条直径线（1号线和5号线）、两条郊区线（BT线和CP线）、一条环线（2号线）和一条半环线（13号线）。以2014年某工作日5～24时轨道交通线路分时断面客流统计数据以及列车时刻表为基础，研究6条线路各断面、各线路及整体网络的负荷分布特征。

（1）各线路全日客流特性分析

图1-10给出了以半小时为间隔统计的断面客流数据。从图中可以看出：

①各线全日客流分布具有明显的时空不均衡性。各线早晚高峰断面客流需求较大，平峰时段需求较少；换乘节点相邻区段断面客流较大，市中心连续非换乘站相邻断面和郊区线距离市中心较远断面客流较少。受该市职住结构不平衡特征影响，城市外围居住区较多，而就业岗位多分布于中心地带，造成客流形成从远端向近端逐步聚集态势。

②1号线和5号线早晚高峰上下行方向断面客流差异较小，且客流呈单峰分布；2号线和13号线早晚高峰客流呈多峰分布，大客流断面主要集中在换乘站相邻断面；BT线和CP线的上下行方向早晚高峰断面客流差异显著，早高峰进城方向客流较大，晚高峰出城方向客流较大，其他时段客流整体偏小。

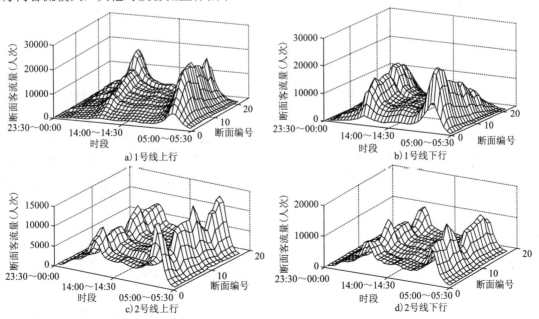

图 1-10

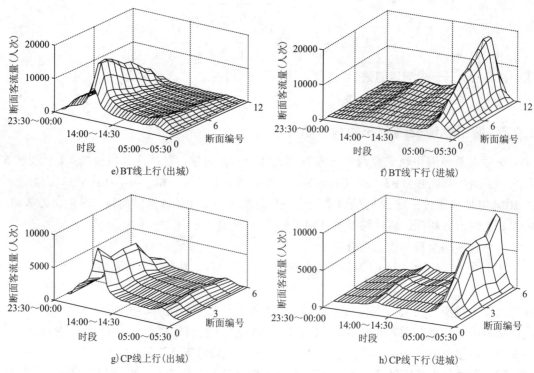

图 1-10 各线全日断面客流

（2）线路各断面运营负荷分析

线路各断面全日运营负荷的加权平均值如图 1-11 所示。其中，1 号线 1～22 断面为苹果园—四惠东方向各断面，2 号线 1～18 断面为西直门—车公庄—西直门方向各断面，5 号线 1～22 断面为宋家庄—天通苑北方向各断面，13 号线 1～15 断面为东直门—西直门方向各断面，BT 线 1～12 断面为四惠—土桥方向各断面，CP 线 1～6 断面为西二旗—南邵方向各断面。由图 1-11 可以看出：

①与断面客流分布类似，全日运营负荷较高的断面主要集中于市中心地区断面客流较大区段，以及郊区线与市内线路换乘站点相邻区段。如 1 号线军事博物馆至国贸段和 5 号线蒲黄榆至大屯路东段，全日运营负荷达到 40% 以上；BT 线四惠东站，CP 线西二旗和宋家庄站，13 号线知春路、立水桥和望京西站是外围线路与市内线路的换乘站，站点相邻区段的运营负荷较高。2 号线也呈现出明显的换乘站相邻区段的运营负荷较高的特点。

②全日运营负荷较低的断面主要集中于市中心连续非换乘站的相邻断面以及郊区线距离市中心较远断面。受城市轨道交通网络化优势显现影响，客流在到达换乘站后，会有部分客流选择换乘，造成断面客流的显著下降，从而在非换乘站的相邻区段断面的运营负荷偏低。

③在郊区线上，断面距离市中心越远，运营负荷越低。该市客流从远郊端向市中心逐步聚集的态势，造成了各线断面运营负荷的递增趋势。

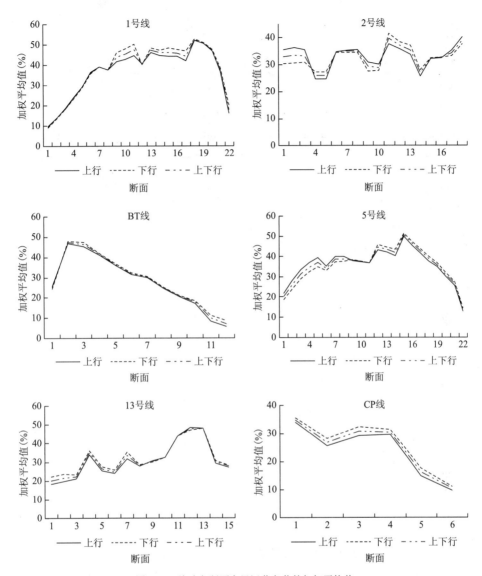

图 1-11 线路各断面全日运营负荷的加权平均值

线路各断面全日运营负荷的标准差率如图 1-12 所示。由图可以看出：

①城市中心地区线路区间断面的运营负荷较为均衡，郊区线以及直径线的外围断面的运营负荷的不均衡性较大。其原因在于，市中心地区客流需求较为稳定，而郊区客流需求全日差异较大。这也造成运营负荷较高的断面的列车载客能力利用率整体较高且均衡；而运营负荷较低的断面部分列车载客能力利用率极低，从而产生较大能力损失。

②各线路进城方向的断面的全日运营负荷较出城方向不均衡性较高。各断面的全日运营负荷受客流需求的时间分布特征影响，进城方向在早高峰时段客流较为集中，而之后客流需求迅速下降；出城方向受晚高峰时段较长影响，客流分布较为均衡，因而其运营负荷也较为均衡。

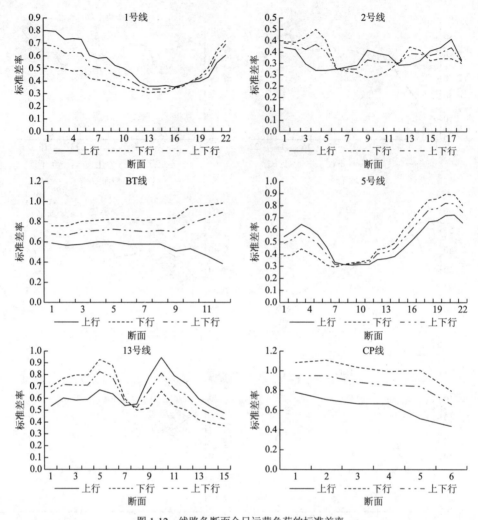

图 1-12 线路各断面全日运营负荷的标准差率

综上所述，某市轨道交通系统中线路各断面的运营负荷主要具有以下特征：

①各断面的运营负荷差异性较大。中心地区断面的运营负荷能达到 40%～50%，而外围地区断面的运营负荷多在 30% 以下。

②城市外围地区断面的全日运营负荷波动性较大，且各断面的进城方向的运营负荷较出城方向的运营负荷的不均衡性较大。

③断面运营负荷的趋势性变化特征与客流需求特征具有高度的吻合性。其主要原因在于，大部分线路采取单一交路运营模式，各断面通过列车数量接近。在同等输送能力供给情况下，客流与运营负荷变化趋势相同。

(3) 线路分时段运营负荷分析

各线路分时段运营负荷的加权平均值如图 1-13 所示。由该图可以看出：

①各线早晚高峰小时运营负荷较高，且郊区线尤为明显；直径线和郊区线在午平峰时段运营负荷偏低，多在 35% 以下，能力浪费严重。BT 线和 CP 线早高峰以半小时为间隔，

下行方向最大运营负荷分别为 89.52% 和 92.16%；1 号线、5 号线、13 号线早高峰半小时最大运营负荷分别为 68.52%、74.66% 和 74.30%；2 号线全日各时段运营负荷较为均衡，高峰小时半小时最大运营负荷为 54.80%。

② BT 线进城方向早高峰小时负荷较高，且早高峰向平峰过渡时段的负荷要高于其他线路。BT 线 9:00～11:00 平均负荷为 27.70%，而同时段 CP 线平均负荷为 18.83%。其主要原因在于，BT 线在早高峰小时按照 3∶1 的比例开行了四惠站至果园站的小交路列车，从而降低了运营负荷峰值，并提升了线路整体的运营负荷。

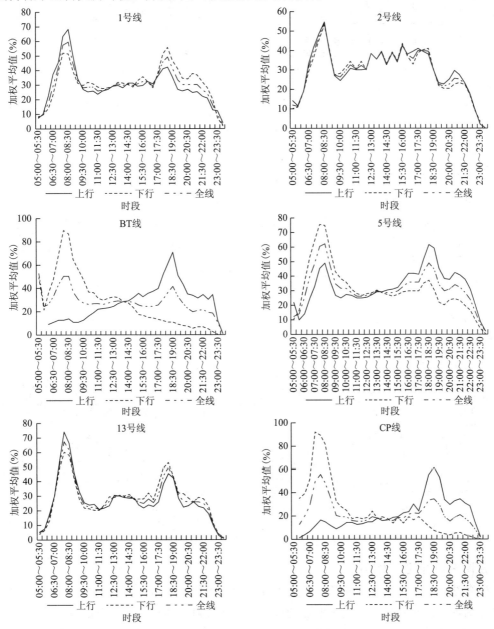

图 1-13 各线路分时段运营负荷的加权平均值

图1-14描述了不同类型线路分时段运营负荷的标准差率。

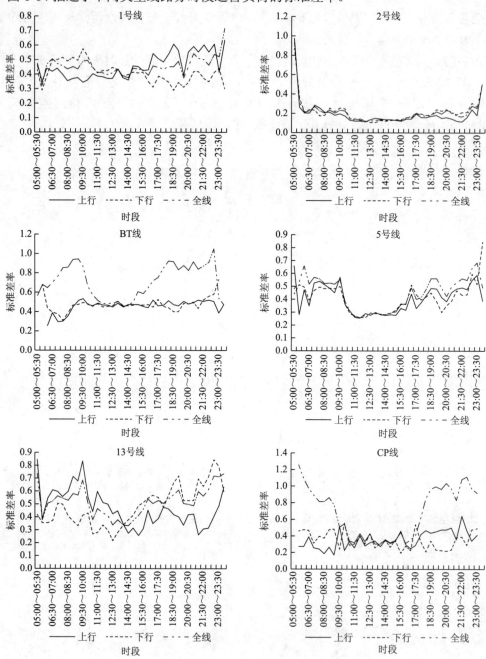

图1-14　各线路分时段运营负荷的标准差率

从图1-14中可以看出：

①各线路运营负荷在中午和下午的平峰时段均衡程度较高，而早晚时段不均衡性较大，且各小时的不均衡程度存在较为明显的波动性。平峰时段线路各次列车的运营负荷较为均衡，稳定在20%～30%；而高峰时段线路断面运营负荷差异较大。

②直径线、市内环线及郊区线的上行和下行方向的负荷不均衡特征较为接近，而 13 号线上行和下行方向的负荷的均衡性差异较大，且 13 号线上行和下行方向负荷的均衡性具有明显的潮汐特性。其主要原因在于 13 号线东北段连接多个住宅区并衔接 CP 线，客流需求较大，而线路西段有 5 号线分流，客流需求较少。断面间客流需求的较大差异，增加了高峰时段负荷的不均衡性。

整体来看，该市轨道交通系统中线路分时段运营负荷具有以下特征：

①各条线路的运营负荷均具有明显的潮汐特性，其中郊区线的潮汐特性尤为明显，平峰时段各线运营负荷远低于高峰时段。直径线的早低峰和晚低峰时段以及郊区线的午平峰时段运营负荷大多在 35% 以下；郊区线的早高峰出城方向、晚高峰进城方向也同样运营负荷较低。

②受客流需求差异影响，各线运营负荷在中午和下午的平峰时段均衡程度较高，而早晚各时段运营负荷的不均衡性较大。高峰小时部分线路平均运营负荷偏高且不均衡性较大，表明运营负荷过大和过小断面同时存在，即部分列车服务水平偏低，而部分列车能力存在浪费。

（4）网络运营负荷分析

以某市轨道交通 6 条线路全日各线路各断面各次列车载客能力利用数据为基础，其加权平均值与标准差率如图 1-15 所示。

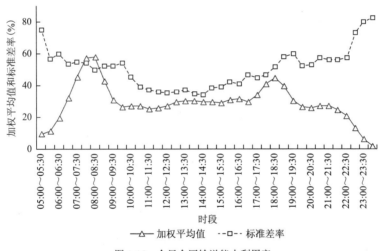

图 1-15　全日全网输送能力利用率

从图 1-15 中可以看出：

①全网运营负荷具有明显时间分布不均衡特征。早高峰全网运营负荷最高达 62.95%，晚高峰最高达 48.66%；9:00～17:00 全网运营负荷保持在 23%～34% 之间；6:00 以前和 23:00 以后，全网运营负荷少于 8%。

②全网运营负荷在早晚发车时段、收车时段和高峰时段具有明显的空间不均衡性，而平峰时段能力利用较为均衡。

1.4.3　列车负荷与舒适度级别划分方法

由于客流分布的时空差异，各列车在各断面的负荷是有差异的，这种差异也与列车开行方案及其合理性有关。

以 B 型车为例，结合我国《地铁设计规范》（GB 50157—2013）中推荐的车辆站立人员密度评价标准，计算各立席密度所对应的车厢满载率如图 1-16 所示。当车厢满载率小于等于 18.4% 时，车厢内无站立乘客，座位有空缺或全满；当车厢满载率为 59.2% 时，车厢内立席密度为 3 人 $/m^2$，为乘客感受舒适和拥挤的临界状态；当车厢满载率为 100% 时，车厢内立席密度为 6 人 $/m^2$，车厢内比较拥挤；当车厢满载率为 140.8% 时，车厢内立席密度为 9 人 $/m^2$，车厢内非常拥挤。

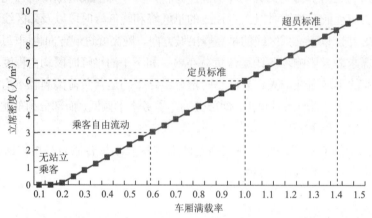

图 1-16　车厢满载率与立席密度的关系

根据车辆立席密度评价标准，以 B 型车为例，将列车载客能力利用率与立席密度和乘客舒适度相结合，划分为 5 个级别，如表 1-6 所示。

载客能力利用率、立席密度和舒适度级别　　　　　表 1-6

级别编号	1	2	3	4	5
列车载客人数	(0, 256]	(256, 876]	(876, 1168]	(1168, 1460]	(1460, 2044]
列车负荷	(0, 18.4%]	(18.4%, 60%]	(60%, 80%]	(80%, 100%]	(100%, 140%]
立席密度	0	(0, 3]	(3, 4.5]	(4.5, 6]	(6, 9]
舒适度级别	舒适	良好	有些拥挤	比较拥挤	非常拥挤

资料来源：史芮嘉. 城市轨道交通系统输送能力利用率测算及优化研究 [D]. 北京：北京交通大学，2017.

①列车载客能力利用率为（0, 18.4%]，座位有空缺或刚好全部坐满，该情况对乘客而言为理想状态，乘客舒适度最高。

②列车载客能力利用率为（18.4%, 60%]，车厢内开始有站立乘客，车厢立席密度≤3 人 $/m^2$，乘客有较大宽松度，较为舒适。

③列车载客能力利用率为（60%, 80%]，车厢内立席密度为（3, 4.5]，乘客有一定宽松度，稍可活动，感觉有些拥挤。

④列车载客能力利用率为（80%, 100%]，车厢内立席密度为（4.5, 6]，乘客活动空间受限，感觉比较拥挤。

⑤列车载客能力利用率为（100%, 140%]，车厢内立席密度为（6, 9]，乘客身体有接触，

需错位排列,并突破站席范围,非常拥挤。

以线路全日各时段各列车载客能力利用率为基础,可计算某方向列车分区间负荷以及对应的舒适度分布。图1-17是某市5号线(上)与13号线(下)2014年某工作日列车分区间负荷分布。

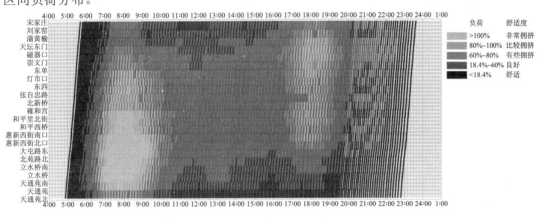

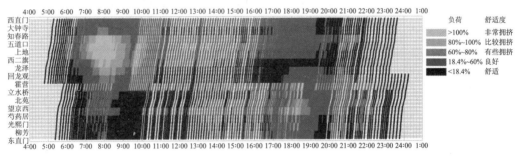

图1-17 某市5号线(上)与13号线(下)2014年某工作日列车分区间负荷分布

从图1-17中可以看出:

①从全日看,两条线路的负荷分布均存在明显的潮汐特性,且以5号线尤为明显。两条线路各断面全日大部分通过列车的服务水平以舒适和良好为主,既有利于乘客出行,也较好利用了列车载客能力。

②从高峰小时来看,两条线路的列车均出现不同程度拥挤,且舒适度差异较大。车厢内拥挤主要出现在早高峰的7:00~9:00。5号线早高峰拥挤路段在东单站以北,晚高峰拥挤程度略低,主要分布在惠新西街北口以南。13号线早高峰拥挤段集中在回龙观到知春路,服务水平较好于5号线。

第 2 章
网络化运营组织的客流特征

客流是城市轨道交通运营组织的基础，掌握城市地区旅客出行的时间与空间规律对于做好城市轨道交通网络的运输服务至关重要。本章从城市轨道交通运营组织方法出发，结合我国部分城市的实际数据给出了城市轨道交通客流时空规律分析的定量方法与主要指标，相关方法与结论可为研究制定网络运营组织方案提供支撑。

2.1 网络环境下的客流特征

优先发展以城市轨道交通为骨架的公共交通，已经被许多大城市作为提高土地利用效率、缓解交通拥堵、控制能源消耗与噪声污染的有效途径之一。我国城市轨道交通网络化建设正处于方兴未艾的发展阶段。随着城市轨道交通建设的迅猛发展，系统的网络化特征日益显现，交通吸引力不断提高。特别地，随着城市轨道交通线网的不断完善，特大城市已开启城市轨道交通网络化运营时代。

在建设面向绿色出行的综合交通体系过程中，城市人口特征、土地利用、产业结构和综合交通的相互作用导致城市居民出行特征变化显著。在上述复杂动态过程中，城市轨道交通的网络化运营显著地影响了城市居民的出行选择行为以及由此导致的网络客流时空分布特征与演化规律。具体而言，网络化运营条件下，城市轨道交通的客流特征将随着线路的增加、沿线土地利用强度的改变、运营组织方式的变化等因素而呈现新的特点（毛保华，2011；刘剑锋，2013）。然而，既有运营实践和学术研究多局限于单一线路的分析框架，更多地关注线网中各线路的客流特征及其差异，未充分考虑系统所涌现出的全局特征（Xu，2016），造成以此为基础的列车开行方案、系统运能配置等运营规划与实际客流需求的匹配程度较差。例如，在城市轨道交通网络化进程中，线网结构的改变以及沿线土地利用的不同将导致客流断面分布形态的差异显著。然而，对比分析不同类别线路高峰小时与全天客流断面分布形态的差异性不能直观地反映上述影响因素的变化，以及由此导致的客流时空分布特征。

因此，针对城市轨道交通网络化运营中时空资源的共享与运行过程的协调，研究城市轨道交通系统的网络客流特征，即全网乘客的流量和流向随时间、地点不同而呈现出的时空分布特征，将有助于分析城市轨道交通客流需求的时空规律，为网络化条件下的列车运行组织与优化提供理论依据。

2.1.1 概述

城市轨道交通运输能力，必须与其服务区域内的客流相适应，同时兼顾地域空间、时间的适配。城市轨道交通网络运营组织方法也需要与城市空间、土地利用、客流分布等相适配，以保障各条线路组合或合作形成统一的高效运营整体。

复杂网络基本理论与建模技术是研究交通运输网络拓扑结构的重要方法（高自友，

2005）。城市轨道交通网络的增长是社会—经济—环境相关的复杂动态过程，其线网结构呈现了丰富的网络拓扑特征。从 Latora 和 Marchiori 利用复杂网络方法研究波士顿地铁系统开始，世界各国学者针对主要城市轨道交通系统，利用实际线网基础数据，系统深入地研究了静态基础设施网络的拓扑结构，其统计特征主要包括节点中心性、小世界特性、无标度特征、权重和强度分布、社区结构以及静/动态鲁棒性。简单而言，既有研究表明不同规模下城市轨道交通网络的节点度分布服从幂律分布，其网络具有典型的小世界特性和无标度特征，且具有高全局效率和低局部效率，网络故障容错能力较差。

基于复杂网络理论的城市轨道交通研究成果较为丰富。然而，既有研究主要关注基础设施网络的拓扑结构，对网络客流的时空分布及演化考虑并不充分，其原因是完备的乘客出行数据很难获取（Lin，2013）。基于此，既有研究的局限导致对系统认识的不完整，其原因在于城市轨道交通系统不仅仅是拓扑空间中点与线的相互关系，更包含了网络中大量乘客的移动。例如，基于任意一对相邻节点间流相等的假设，节点介数被用于衡量轨道交通车站的重要度，但交通流在网络中的时空分布是不均匀的，这将导致对车站重要度的认识存在一定偏差。

传统的、经典的城市轨道交通客流特征分析框架多基于静态的、非完备数据，方法较为粗犷，难以满足网络化运营组织技术对客流时空分布特征精准化、高标准的要求。因此，随着信息通信技术的发展，基于智能卡刷卡数据（Smart Card Data，SCD）的公共交通乘客出行数据分析技术和建模方法已成为研究热点。特别地，SCD 数据不仅记录了持卡者的出行行为，同时也在个体维度上揭示了公共交通网络客流的时空分布特征。既有研究主要涵盖了 SCD 数据处理与 OD 推算方法、公共交通系统运行与管理，城市空间结构分析以及网络客流出行特征等四个方面（龙瀛，2015）。随着基于智能卡的公共交通自动计费系统的广泛应用，日常的城市轨道交通运营产生了大量的基于乘客个体的微观时空数据。既有研究针对国内外主要城市轨道交通系统，基于历史全网乘客出行数据，利用复杂网络分析方法与交通大数据处理技术，较好地刻画和描述了网络客流时空分布的不均衡特征。对于城市轨道交通而言，基于有权网络模型，Lee（2008，2011）研究了首尔地铁断面客流的统计特征，并根据主方程方法解释了网络客流的演化机理。Soh（2010）基于复杂加权网络方法研究了新加坡地铁断面客流的统计特征量。Roth（2011）和 Hasan（2013）基于伦敦地铁乘客刷卡数据研究了断面客流的空间分布，并据此识别了城市空间布局及形态。Xu（2016）利用有权有向复杂网络方法，从数量分布、时间分布和空间分布三方面研究了北京市轨道交通网络客流分布的统计特征；在此基础上，Feng（2017）构建了城市轨道交通列车流网络—客流网络的多层复杂网络模型，对比分析了不同网络中的交通流特征差异及空间关联性。上述研究从复杂网络的角度研究了城市轨道交通客流的统计特征及空间分布，取得了大量有价值的研究成果。然而，针对城市轨道交通网络客流特征的研究仍然较少。特别地，对城市轨道交通全网乘客在时间和空间上的聚集现象，即网络客流时空分布不均衡性特征的研究仍不够充分。

综上所述，当前城市轨道交通网络客流时空分布特征的研究仍存在以下不足之处和亟须展开深入研究的地方：第一，基于复杂网络理论的城市轨道交通研究更多地关注基础设施网络的拓扑结构，由于缺少完备的乘客出行时空数据，未充分考虑全网乘客的出行模式及特征，其局限性导致对系统的功能认识、瓶颈识别存在一定偏差。第二，影响城市轨道交通网络客流时空分布特征的影响因素复杂繁多，且相关要素间存在紧密的逻辑关系，既有的研究方法多局限于单一网络（要素）的分析框架，未充分考虑客流需求—基础设施—列车流—客流多层异构网络的互动作用机理，亟须进一步研究。

2.1.2　网络客流的基本特征

一般而言，城市轨道交通线路上客流的空间分布可通过车站乘降人数和线路断面客流量体现。由于轨道交通线网中的线路途径区域的用地性质不同，线路覆盖区域内的客流集散点的数量和规模不同，这些导致了全网线路各个车站的乘降人数不同，从而形成了线路单向各个断面的客流的不均衡性。

另外，客流分布还会受到线路本身的设置情况的影响，如沿线车站、换乘车站的位置及其站间距，线路中单线、共线、平行线、环线的设置等，这些都是轨道交通客流分布的重要影响因素。网络规模扩大过程中，部分线路的一端或两端可能延伸到城市的近郊地区甚至远郊区，从而出现一端连接市中心区一端连接郊区，或者贯穿市区而两端连接郊区的线路。

成网条件下，城市轨道交通线网的网络客流主要有以下三方面特征。

（1）网络客流的不均衡特征显著

城市交通是典型的开放复杂巨系统，其交通流是交通需求和交通供给通过交通管理与控制在交通网络上的具体实现结果。对于城市道路交通系统而言，城市交通流可分为道路交通流和网络交通流两部分。尽管道路交通流的现象复杂繁多，但网络交通流的时空特征存在相似性，即交通流在时间与空间上的聚集现象，其形成机理与时空特征更多地涉及出行者的交通行为。

网络化运营条件下，城市轨道交通网络的运输能力须与服务区域内的客流相适应，同时兼顾地域空间、时间的适配。然而，随着城市轨道交通网络化建设的推进，系统将涌现出相较于单条线路差异显著的客流时空分布特征。

与城市道路交通类似，城市轨道交通不同线路的客流特征差异显著，但网络客流的时空特征仍然表现为全网乘客在时间和空间上的聚集，即网络客流时空分布的不均衡性特征，具体表现为网络客流在数量分布、时间分布、空间分布以及流向四个方面的不均衡性。另外，与城市道路交通相比较，城市轨道交通网络客流的时空特征不仅与居民出行密切相关，而且与行车组织模式、系统运输能力等因素关联程度显著。

另外，对于连接市郊的线路而言，客流空间分布的不均衡性呈凸型或单向增减分布。这类线路的客流空间分布与一般位于中心区的轨道交通线路的相同点在于它同样受到用地性质差异而出现客流空间分布不均衡的现象。差异在于：中心区的线路上，这种不均衡的现象一般并不沿着线路的走向出现规律的递增或者递减；在连接郊区的城市轨道交通线路上，断面客流和旅客乘降量总体出现较为明显的单向递增或者递减，这是由于市区客流与郊区客流特征的巨大差异造成的。一般而言，单向最高断面流量出现在市区的边缘区域。

（2）高峰时段断面客流的潮汐特征明显

连接郊区的城市轨道交通线路上，早晚高峰通勤客流的影响尤为突出，同时由于行程较远，出行时间较长，断面客流的潮汐现象比市区线路更加明显且持续时间更长。从沿线车站旅客乘降量来看，其分布的曲线特征和最高点与全日的呈基本吻合的变化趋势。图 2-1 所示为某城市轨道交通线路早晚高峰时段进出城客流的断面分布情况。

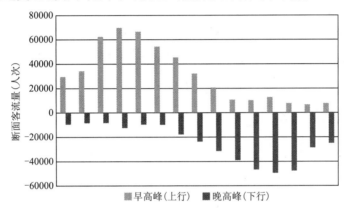

图 2-1　某城市轨道交通线路高峰期进出城客流分布

（3）各区段客流交换量不均衡

根据断面客流情况，将断面客流量相近的各站间划为同一个区段。研究各区段的客流 OD 特征，进而分析各区段客流交换量。该指标可以进一步反映线路客流空间分布的不均衡性。根据客流交换性质，可以从两两区段间的交换量、区段内部的交换量以及两者之和的总交换量这三个方面来考察各区段的客流交换特征。由于市区客流与郊区客流的明显差异，一般而言，区段间的最大交换量出现在这两个区段之间。交换总量最大的区段，一般位于城市的边缘区，即市区客流与郊区客流的结合部。

2.2　客流分布的数量特征

城市轨道交通网络客流的数量分布呈现显著的不均衡性。图 2-2 描述了双对数坐标系下城市 A 和城市 B 的城市轨道交通线路高峰小时断面客流的概率分布。从图中可以看出，城市 A 和城市 B 的城市轨道交通线路断面客流（$w_{i \to j}$）的概率分布 P 均近似服从幂律函数 $y \sim x^{-\gamma}$，其形成机理可利用主方程方法推导演化系统中各子系统随机变量概率分布随时间的演化方程来解释（Lee，2011）。

$P(w_{i \to j, \text{bj}})$ 和 $P(w_{i \to j, \text{shh}})$ 的标度系数取值分别为 $\gamma=0.52$ 和 $\gamma=0.63$，与首尔地铁（$\gamma=0.56$）相近。结果表明特大城市地铁断面客流的数量分布服从帕累托法则，即少部分车站承担了全网的大部分工作量，导致其数量不均衡的原因是城市空间布局的多中心性特征（Polycentricity）。类似地，城市 A 和城市 B 的其他客流特征均呈现了与 $P(w_{i \to j})$ 相似的不均衡性，即不同空间尺度或物理位置下的统计量均服从幂律分布，表明城市轨道交通客流网络具有统计意义上的自相似性特征，而导致上述统计量标度不变性的主要原因是城市轨道交通客流网络的模块性特征。首尔地铁、新加坡地铁和伦敦地铁的网络客流特征也呈现了这种标度不变性特征;新陈代谢网络、蛋白质网络等生物网络和局域网等技术网络也观测到类似的现象。

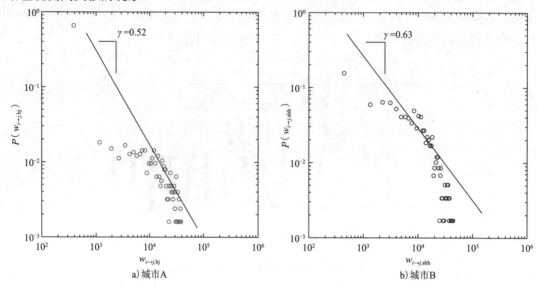

图 2-2　2014 年某日城市 A 和 B 的城市轨道交通高峰小时（8:00～9:00）断面客流的概率分布

另一方面，城市轨道交通网络客流数量分布不均衡程度存在差异。例如，$P(w_{i \to j, A})$ 的标度系数比 $P(w_{i \to j, B})$ 的标度系数小，表明城市 A 的轨道交通断面客流的不均衡程度比城市 B 高。城市 A 和城市 B 城市轨道交通网络客流数量分布不均衡的差异性在一定程度上反映了二者城市空间布局、轨道交通线网结构和车站周边土地利用的差异。

2.3　客流分布的时间特征

为了研究城市轨道交通网络客流的时间分布，以某市轨道交通系统为例分析其网络客流时间分布的特征。客流数据采用 2014 年 4 月 14 日（周一）至同年 4 月 20 日（周日），取全天中的 5:30～23:30、每半小时为一个时段，14 条线路，238 座车站（换乘站重复计算），共计一个星期的城市轨道交通所辖范围内各线路车站的分时进出站及分时分方向断面客流数据。图 2-3 是对周一至周日全网进站客流总量两两依次求方差后所得的相对值变化趋势。其中，颜色越深代表这两天方差的相对值越大，反之，颜色越浅，代表这两天方差的相对值越小。

从图 2-3 中可以看出，工作日和周末之间方差的相对值较大，色块颜色较深，而工作日与工作日、周末与周末之间方差的相对值较小，色块颜色较浅。由此可知工作日的通勤客流和周末的节假日客流变化趋势有明显区别，不能将两类客流合并考虑;但是工作日之间、周末之间客流变化波动不大，可以说明工作日间的客流变化趋势呈较为稳定的状态，周末与之同理。综上，在后续的分析中，将工作日客流与周末客流分别统计并做平均值处理，即取周一至周五的进出站及断面客流求其平均值;同理，周末两天的相应客流指标取平均值。城市轨道交通车站进出站客流随时间的变化规律与线路周边的土地利用性质、乘客出行目的及出行时间等因素有关。另外，工作日通勤时间及周末节假日时间的进出站量趋势也存在显著差异。

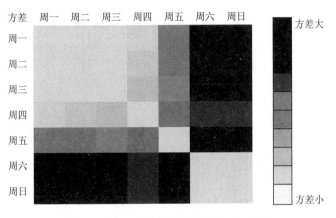

图 2-3　北京市轨道交通客流相对方差分布图

（1）工作日进出站客流的时间分布

通常而言，城市轨道交通各个车站在工作日进出站客流呈现出显著的不均衡分布特性，早晚高峰进出站客流远大于平峰时段。另外，郊区线路的早高峰峰值出现的时间普遍比市内线路早高峰峰值出现的时间早；相反，前者晚高峰峰值出现的时间比市内线路出现的晚。典型车站的进出站量的时间分布如图 2-4 所示。

具体而言，以城市 A 的城市轨道交通为例，不同线路的进站客流呈现出不同的变化趋势。其中，1 号线、2 号线、5 号线、6 号线、10 号线、13 号线、15 号线、BT 线中的极大部分车站出现明显的双峰特征，即进站客流在早晚高峰时段均处于较高水平。特别地，9 号线除北京西站外，其他车站也呈现与上述线路的车站相同的特征，因为北京西站与火车站相衔接，故进出站客流受火车列车时刻表的影响。同时，机场线除 T2 航站楼外，也出现了双高峰趋势。另外，8 号线、CP 线、FS 线、YZ 线的大部分车站呈现出与上述线路不同的单峰特点，即早高峰时段进站客流明显高于全天其他时段，晚高峰时段进站客流无明显差异。

不同线路的出站客流也呈现出不同的变化趋势。其中，1 号线、2 号线、5 号线、6 号线、8 号线、10 号线、13 号线、15 号线、BT 线中的大部分车站出现了双峰特征；早晚高峰时段的车站出站客流量明显大于平峰时段的出站量。特别地，9 号线大部分车站的出站客流也呈现出双峰趋势。同时，机场线出 T2 航站楼外，其他各车站出站量变化趋势与上述车站相同。另外，CP 线、FS 线、YZ 线除个别车站外，出站客流量呈现出单峰特征：CP 线和 FS 线大部分车站在晚高峰时段出现明显峰值；YZ 线出站客流高峰主要分布在早高峰时段。

产生上述现象的原因是：

①工作日客流主要以通勤客流为主，故乘客主要集中在早晚高峰时段出行，因此出现了进出站客流的潮汐分布特征。

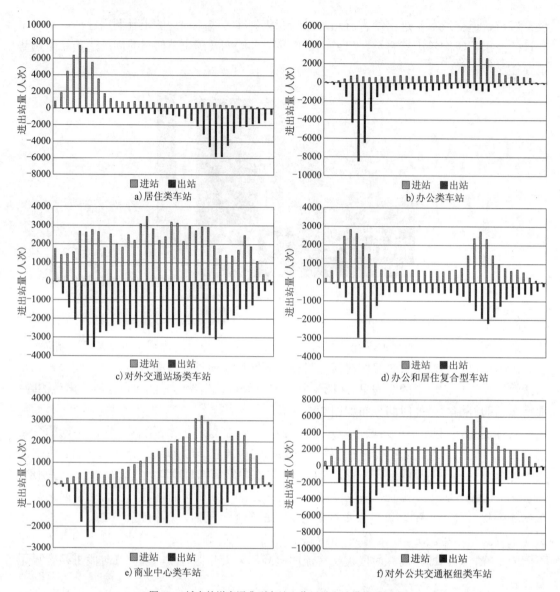

图 2-4 城市轨道交通典型车站工作日进出站量的时间分布

②出现进出站客流呈现单峰、双峰特征与车站周边土地利用性质等因素有关,比如13号线回龙观站、15号线望京站、FS线苏庄站等周边多为大型居住区,故工作日早晚高峰进出站流量大;而像10号线国贸站、海淀黄庄站,1号线军事博物馆站附近多为商业用地,通勤客流的上班地点在此聚集,故早晚高峰客流特征明显。

③由于城市空间布局的不合理性,郊区线附近多为居住区,而市区内多为商业区,导致乘客的职住分离,从而产生了郊区线路早高峰出现时间早于市区内线路、晚高峰出现时间晚于市区内线路的现象。

综上,工作日内城市轨道交通网络进出站客流量呈现出时间分布的不均衡性,其根本原因就是城市空间布局的不合理,从而产生的职住分离现象,进而进出站客流出现了潮汐分布的特征。

（2）周末进出站客流的时间分布

城市轨道交通工作日通勤客流的进出站量的时间分布与周末的节假日客流变化趋势有明显区别。仍以城市 A 的城市轨道交通为例，从总体上来说，城市 A 的城市轨道交通车站周末进出站客流分布没有明显的规律可循。北京西站全天进出站客流明显高于同线路其他车站，因为北京西站与大铁路车站相连，因此进出站客流分布时间主要与铁路列车时刻表有关。场线路的进出站客流全天分布较均衡，原因同北京西站。15 号线国展站晚高峰时段进站客流与早高峰时段出站客流明显高于同线路其他车站。YZ 线宋家庄站全天进出站客流显著高于同线路其他车站。

产生上述现象的原因是：周末乘客出行目的大多是休闲，因此出行时间不固定，从而全天分布无规律可循。由于 15 号线国展站附近是中国国际展览中心，结合周末乘客出行目的，因此推测大部分客流在早上前往国际展览中心，早高峰时段出站客流较大；晚上乘坐轨道交通离开，从而晚高峰时段进站客流较大。因为 YZ 线宋家庄站是座换乘车站，连接了 10 号线和 YZ 线，YZ 线客流去往市区进行休闲、娱乐、购物等，在此站搭乘 10 号线，或通过此站回到居住区，因此全天进出站客流量较大。

对比城市轨道交通工作日和周末客流的时间分布可以得到以下结论：

①工作日进出站客流存在明显的早晚高峰客流，而周末客流分布较为平均，没有明显的高峰客流。这是由于出行者在工作日和周末的出行目的不一样，工作日多为通勤客流，对出行时间有一定的要求，而周末乘客多为休闲、购物、娱乐等目的出行，对出行时间要求不高。因此，呈现出以上差异。

②工作日客流峰值一般比周末客流峰值高。产生这个现象的原因有很多，比如：周末时，私家车不限号，因此存在一部分客流驾驶私家车出行；存在乘客在周末减少不必要的出行，而在工作日上下班是不可避免的出行等。

③无论是工作日还是周末，在连接郊区线路与市区线路的换乘站，进出站客流量普遍比郊区线路一般车站大。其根本原因是城市空间布局的不合理，导致居住区和大型商业区的分离。比如郊区线远离市区的端点车站周边大多为居住区，而大型商业区如 CBD 商圈、西单王府井商圈等均分布在市中心，乘客需要先乘坐郊区线，再换乘通往市中心的市区线路来达到出行目的，所以出现了上述现象。

综上所述，城市轨道交通车站进出站量的时间分布出现显著的不均衡现象。

2.4 客流分布的空间特征

2.4.1 网络客流的空间分布特征

（1）网络客流的空间分布

客流的空间分布是指在轨道交通网络中，客流在地理空间上呈现的总体特征。城市轨道交通网络从市区逐渐扩展到整个市域，必须将客流空间分布特征由单条线路推广到整个线网，从网络运行的层面探讨线路客流的空间分布特征。线网中每条线路（特别是连接郊区的城市轨道交通线路）具有不同方向的客流空间分布特征，综合在一起即表现出线网的总体客流空间分布特征。

以北京市为例，不论工作日还是周末，北京市地铁车站负荷的空间分布均呈现出了显著的不均衡性。高负荷大客流车站主要集中在1号线、5号线、2号线、10号线、13号线。其中，1号线、5号线分别坐落在东西向和南北向的客流走廊，承担着将市中心与外围区域客流交换的作用；2号线、10号线为环线，与其他线路衔接的换乘站较多，起着全网换乘的功能。13号线沿线为大型住宅区，始末站在中心城区，对通勤客流起着重要的运输作用。

对于工作日及周末负荷空间分布呈现出几乎相同的分布，主要是由于特大城市的城市空间布局呈现出多中心性的特征，功能区集中，职住分离，使大客流在某个区域的少部分车站聚集。而这种多中心的特征，对周末客流同样适用，只是在客流量上与工作日客流量存在差别。另外，在城市轨道交通网络化的进程中，各个线路之间换乘关系的变化也是导致这个分布规律的主要因素。

（2）网络客流的聚类分析

在客流空间分布特性的研究中，使用层次聚类的方法，采用车站进站量对轨道交通网络中的车站进行分类。选取一个适当的进站量值作为参数，将工作日下的轨道交通车站分为10类，对周末使用同一参数将车站分为5类。

基于车站在工作日全天各时段的进站量，将车站按照指定客流量参数进行分类，生成的热力图结果如图2-5a）所示；给定每一类车站一个颜色，绘制在北京市轨道交通网络图上，最终分类结果如图2-5b）所示。对周末全天各时段的车站进站量采用同样的参数进行分类，生成的结果如图2-5a）所示，采用同样的方法将分类结果绘制在轨道交通网络上，最终结果如图2-5b）所示。

由图2-5a）可以看出将车站分为10类，分类结果出现了两个峰值，对应的时间段分别是早晚高峰（7:00～9:00，17:00～19:00），这也与前文对工作日客流分布的相关分析相符。根据图2-5b），将得到的10类车站按车站功能归纳为以下三类：（Ⅰ）第1类至第5类，（Ⅱ）第6类至第8类，（Ⅲ）第9类和第10类。

由此，可以得出以下结论：

①第Ⅲ类包含了大型换乘站，这些换乘站的空间分布分别聚集成了不同的城市中心，其中，国贸站附近是中心商务区，工作日通勤客流在此聚集；另外，公主坟、惠新西街南口附近主要为住宅区，其客流也包含了从郊区线换乘过来的通勤客流，因此形成了一个城市中心；海淀黄庄站附近为中关村商圈，大部分为由城北过来的通勤客流，同时也有换乘到市中心的客流。同理，宋家庄站聚集了由城南过来的通勤客流。目的是换乘其他线路到达目的地。2号线上属于这一类的车站主要位于城市的中心，周围大部分是商业区等公共场所，客流在此到达目的地。

②第Ⅱ类包含了1号线、2号线、5号线和10号线上的大部分换乘站。原因是1号线为连通北京市东西方向的交通走廊、5号线为贯穿南北的交通走廊，这两条线路分担了北

京市中轴线的大部分客流。而 2 号线和 10 号线是环行线与多条线路相交，主要承担换乘客流。所以在这几条线路的主要换乘站上，客流量大。同时反映了上文提到的大部分客流由少部分车站承担的现象。

③第Ⅰ类主要包含了郊区线路的非换乘站，客流量相对于上面几类车站来说很小，这是因为郊区线路周边多为住宅用地，通勤客流早高峰由这些车站进入轨道交通网络，流入市中心的中心区，晚高峰是经由这些车站到达居住地。因此这类车站具有明显的早晚高峰的潮汐客流特征。

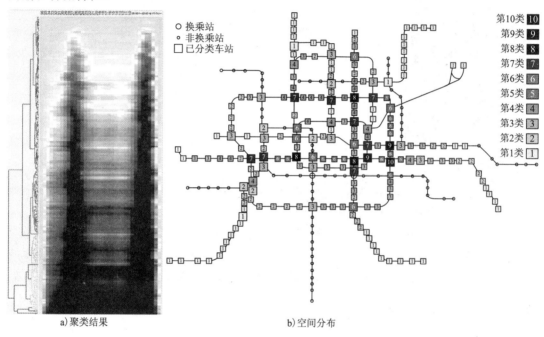

a) 聚类结果　　　　　　　　b) 空间分布

图 2-5　北京市轨道交通工作日车站聚类结果

根据周末车站进站量得到分类结果，如图 2-6a) 所示。

从图 2-6a) 可以看出结果将车站分为 5 类，早晚高峰趋势并不明显，原因是乘客出行目的不再以规律的通勤为主，故出行时间会发生变化。由图 2-6b) 只将车站分成 5 类的结果可以看出，工作日客流比周末客流强度大很多，但是呈现出的特点与工作日客流呈现出的特点类似，CBD 区域的少数车站承担了线网中的大部分客流。另外，城市北部连接郊区线路的换乘站也分担了较多的客流，也可以说明北京市城北地区发展快于城南地区，线网密度也明显高于城南地区的线网密度。

综上所述，城市轨道交通网络客流的空间分布呈现出显著的不均衡的特点。工作日的客流在空间上不均衡程度比周末要高，原因是通勤客流职住分离，使客流集中在市中心特定区域。客流分布不均衡这一特点同时反映了城市空间布局的多中心性特征，而城市空间布局的形成是历史、经济发展、人文、社会的综合作用的结果。反之，城市空间的布局决定了客流在地理空间上的分布。

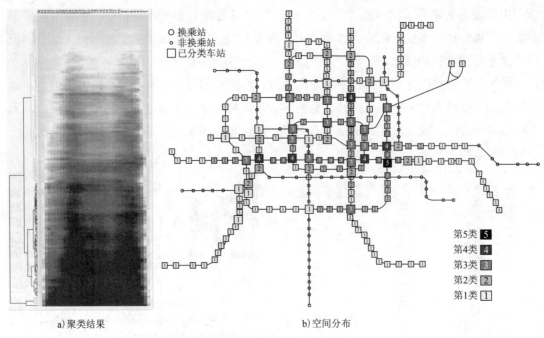

图 2-6 北京市轨道交通周末车站聚类结果

(3) 网络客流聚集区域分析

为了更进一步研究城市轨道交通网络客流的空间分布，在基于欧氏距离的城市轨道交通客流层次聚类算法的基础上，针对既有文献采用站间距描述节点空间位置关系而忽视城市空间通达的局限性，基于节点间道路路径距离，提出考虑物理空间约束的客流层次聚类算法。算法步骤如下：

步骤 1　基于车站 i 的进站量 F_i^{in}，对车站 1、2、…、$|V|$ 降序排列。

步骤 2　预分类，将排序前 10 的车站预分为 $k=10$ 类。

步骤 3　如果第 i ($i=1$，2，…，$|V|$) 个车站与第 k 类中第 j 个车站的最小道路路径距离小于 2km，则归为第 k 类；否则，归为新的类。

步骤 4　如果所有已经归类车站的进通流 ΣF_i^{in} 占全网的比例超过 $S=60\%$，终止算法；否则，继续步骤 3。

据此，通过考虑城市轨道交通网络中节点的地理位置关系和基于进站量比例 S 的观察尺度两个因素，基于早高峰进站量识别了北京市轨道交通网络客流的聚集区域，如图 2-7 所示。

从图 2-7 中可以看出，对于北京，按照 F_i^{in} 占全网的比例，城市中心区从大到小依次为国贸（10.9%）、建国门（10.2%）、公主坟（8.2%）、亚运村（7.5%）、中关村（5.5%）、东直门（4.6%）、北京金融街（4.4%）、西直门（4.2%）、奥体中心（3.2%）和天通苑（2.6%）等 10 个区域，其客流占全网的 61.3%。其中，沿东—西轴线长安街的中心区包括国贸、建国门、公主坟和北京金融街 4 个区域，其客流占全网的 33.7%。国贸和建国门区域构成北京 CBD，其客流占全网的 21.1%。沿南—北中轴线东侧直径线的中心区包括建国门、亚运村、东直门和天通苑 4 个区域，其客流占全网的 24.9%。另外，亚运村、奥体中心和天通苑均位于北京北部的高密度住宅区附近，其客流占全网的 13.3%。西直门和东直门分别是北京东西部的城市客运枢纽，其客流占全网的 8.8%。城市轨道交通网络客流的空间分布呈现显著的不均衡性，反映了城市空间布局的多中心性特征，而城市空间布局的形成则是历史、人文、社会、经济发展的综合结果。反之，城市空间布局决定了客流在地理空间上的分布。

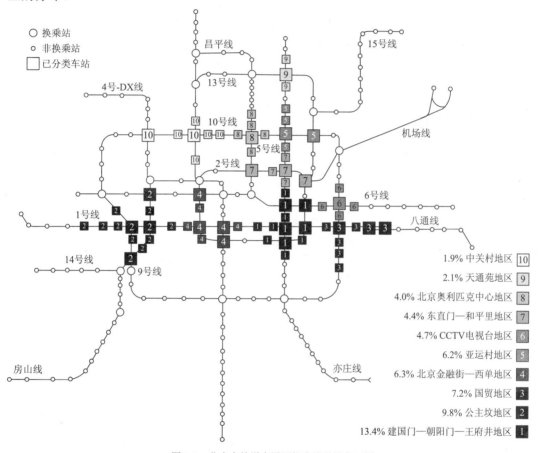

图 2-7 北京市轨道交通网络客流的聚集区域

另外，值得说明的是城市轨道交通网络客流空间分布的不均衡性表现为客流网络的层次结构，而这种层次结构中的城市功能中心区的数量不是常数，而是取决于观察尺度的。以北京为例，在城市层面的空间观察尺度下，算法能识别出 10 个城市功能中心区；当缩小观察尺度后，算法同样能识别出北京 CBD 中的国贸和建国门 2 个城市功能区。上述观察尺度的标度不变特征的现象表明城市轨道交通客流网络与具有分形特征的生物网络、不具备分形特征的技术网络类似，均具有某种特征的自相似性，而这种无标度特征可以通过重整化方法，即考虑物理空间约束的客流层次聚类算法所识别。

2.4.2 网络客流的高峰小时分布

网络客流的高峰小时分布是指，在规定的全天（5:30～23:30）时段内，将每座车站的最大客流量对应的时段反映在城市轨道交通网络中,以此来分析网络客流的时空分布特性。本文采用车站负荷这一客流特征指标(Xu,2016),将工作日和周末分开做讨论,结果分别如图 2-8 和图 2-9 所示。网络客流高峰小时的分布与车站周边的土地利用情况密切相关,也与车站的地理位置相关。

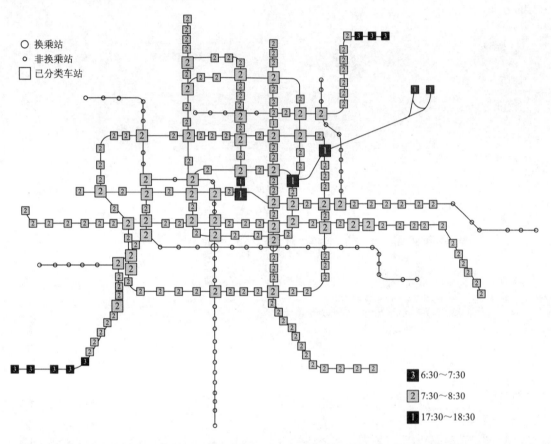

图 2-8　北京市轨道交通工作日客流高峰小时分布

从图 2-8 可以看出,工作日内,几乎整个网络的客流高峰小时均在 7:30～8:30 这个时段内。由于早晚高峰时段网络客流量比平峰时段高出很多,因此网络内车站的高峰小时应该落于早高峰或晚高峰时段;结合实际情况,一般通勤者对上班的时间要求更为精确,而下班时间相比之下较为自由,因此会产生大部分车站的客流高峰小时在早高峰内的结果。

从图 2-9 可以看出,由于周末通勤客流特征不明显,乘客出行时间更为自由,所以会出现高峰小时对应时段较多的情况。另外,1 号线首末站及附近车站的高峰小时为早上 7:30～8:30,而市中心区域内高峰小时均分布在下午及晚上。说明出行者白天在市中心功能区实现出行目的后,晚上返回居住地。此外,该结果验证了北京市的多中心结构,和职住分离导致的客流不均衡性。

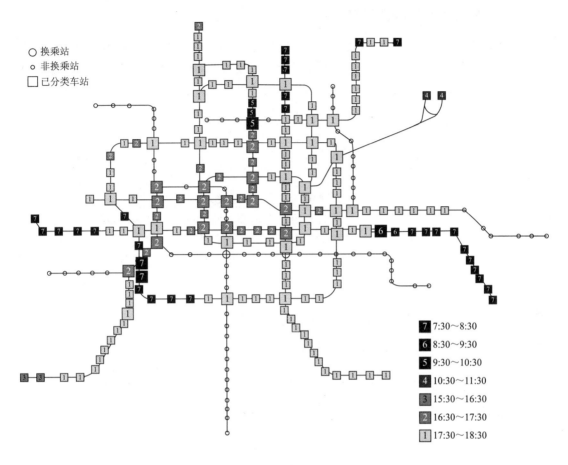

图 2-9 北京市轨道交通周末客流高峰小时分布

2.5 客流分布的流向特征

使用 2015 年 1 月 12 日（星期一）的某城市轨道交通车站客流的进出站量、断面客流数据，研究城市轨道交通网络客流分布的不均衡特征。由于方向和时间不均衡系数大多研究某条线路，这样就会得到整条线路的不均衡性，本节将不均衡系数计算公式改写为适用于单个断面的公式，以单个断面为单位计算得到方向不均衡系数、上下行时间不均衡系数，这样做的好处是可以得到各个断面上的不均衡性，比从线网的角度得到的结论更细致，也可以观察到是否存在整条线路不均衡系数较小，但是期间某个断面不均衡系数发生突变的现象。

将计算得到的方向不均衡系数的按大小划分不同的水平，反映在轨道交通网络上，可以看到总体上轨道交通网络不均衡性较低，这是因为使用的是全天的客流数据，而轨道交通多为通勤客流，早上出发晚上返回，因此方向不均衡系数较小。而时间不均衡系数也可以看到上下行客流时间分布的不均衡性。

2.5.1 单个断面的不均衡系数

根据《北京市地方标准城市轨道交通路网运营指标体系》中对不均衡系数的定义，使其由适用于一条线路变为适用于一个断面，经过修改的不均衡系数能够描述一个断面的不均衡度，与所用到的数据及理论方法相吻合，能够以车站为单位，计算每一断面的不均衡系数。修改后的不均衡系数计算公式如下：

（1）方向不均衡系数

单个断面的方向不均衡系数是指，在一个断面上，单向分时最大断面客流量与双向分时最大断面客流量平均值之比。

$$方向不均衡系数 = \frac{2 \times \max\{上、下行最大断面客流量\}}{上行最大断面客流量 + 下行最大断面客流量} \quad (2-1)$$

在这里均以断面为单位来计算方向不均衡性，目的是为了更详细地掌握轨道交通网络客流的不均衡性。若从线路的角度研究不均衡性，可能会忽略某一断面不均衡系数的突变，从而忽略该断面不同于其他断面的不均衡性。

（2）时间不均衡系数

单个断面的时间不均衡系数：在一个断面上，单向高峰小时断面客流量与该方向所有时段分时最大断面客流量平均值之比。

$$时间不均衡系数 = \frac{运营小时数 \times 单向高峰小时最大断面客流量}{\sum 单向分时最大断面客流量} \quad (2-2)$$

以断面为单位来计算上下行时间不均衡性，即采用全天时段的各个断面的相应数据计算不均衡系数。

2.5.2 不均衡系数的空间分布

通过前文对北京地铁工作日通勤客流时空分布特性的分析，得出了客流分布显著不均衡的结论。图 2-10 是北京轨道交通网络客流方向不均衡系数的分布。可以看出大部分断面的不均衡系数处于 1.5 以下，这是因为采用的是全天范围的分时断面客流量为计算依据。由于轨道交通多为通勤出行服务，而通勤客流的特点是有去有回，在早上乘客出行，晚上大多会按照同一线路返回。因此产生了上图这种不均衡系数较小的情况。而机场线不均衡系数较高，是因为乘坐机场线出行的乘客目的地为首都机场，出行目的大多为搭乘飞机去往其他城市，因此一天之内不会再次乘坐机场线路，所以产生了如图的现象。

另外，针对客流断面时间不均衡系数的研究表明：

①大部分断面的不均衡系数在 1.5 以上，甚至达到 3 以上，可以得出北京市轨道交通网络客流分布具有显著不均衡的特点，这与早晚高峰客流分布严重不均衡有关，根本原因在于土地利用性质与城市空间布局不匹配，导致通勤客流职住分离现象严重，是早晚高峰客流呈现不均衡分布的特点。

②城市中心区域上下行时间不均衡系数均较小，在郊区线路上下行时间不均衡系数较大。产生这种现象的原因是：客流主要集中在市中心区域，导致该区域的客流量处于较高

水平，因此高峰小时断面客流量与其他时段的断面客流量平均值相差不大，而在市区线路，通勤客流聚集在早晚高峰出行，与平峰时段客流断面客流量相差较大，从而时间不均衡系数比市区内要高。

③机场线时间不均衡系数最小，说明全天客流的时间分布较为均衡。原因是机场线不受通勤客流的影响，因此早晚高峰与平峰时段断面客流量差距较小，从而计算得到的时间分布不均衡系数值较小。

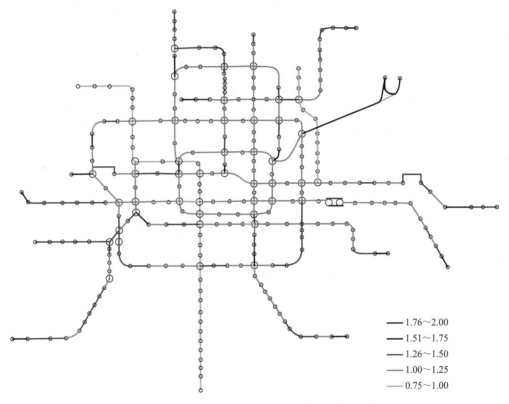

图 2-10 北京市轨道交通客流方向不均衡系数分布图

综上，通过对细化到各个断面的方向及上下行时间不均衡系数的运算，验证了城市轨道交通网络客流分布显著不均衡的结论。对方向及时间不均衡系数分别讨论，发现方向不均衡程度较轻，原因是计算时选取全天范围的断面客流数据，由于轨道交通主要是为通勤客流服务的交通方式，而通勤客流最主要的特点是早上离开居住地，晚上从原路线返回居住地，即"有去有回"的特点，因此上下行最大断面客流量相差不大，进而计算出来的结果较小。

如果选取高峰时段的客流进行计算，结果可能展现出不同的特点，这是由于通勤客流的潮汐性引起的。还可以看出时间不均衡的特点显著，这个结论与早晚高峰客流分布有关，由于通勤客流具有明显的早晚高峰客流特征，早晚高峰断面客流量比平峰时段大，因此客流的时间分布不均衡性高。客流分布不均衡是特大城市发展轨道交通必经的道路，可以结合土地利用及城市未来空间布局等的规划，对未来线网走向及运行方案做出合理调整，从而降低不均衡程度。

第 3 章

城市轨道交通网络管理模式

城市轨道交通网络是城市公共交通网络的组成部分，在城市客运服务中发挥着骨干作用。高效、协调的网络管理是城市公共交通服务产品设计的基础。本章从中宏观角度分析城市轨道交通网络管理的主要模式，研究不同管理模式的适用性，分析单运营商模式下网络管理的方法以及多运营商模式下协调合作的模式与方法，并结合具体案例进行分析。

3.1 网络管理模式分类

城市轨道交通系统经过长期的发展，可能形成不同类型或形式的子系统。根据国标《城市轨道交通技术规范》（GB 50490—2009），我国城市轨道交通可分为地铁系统、轻轨系统、单轨系统、有轨电车、磁浮系统、自动导向轨道系统与市域快速轨道七类。在网络条件下，技术上可相互兼容的地铁、轻轨和市郊线路开展一体化服务的方法最多，也是这里探讨轨道交通网络化运营管理模式的重点对象。

网络管理经营模式属于城市轨道交通管理宏观层面的问题，主要涉及资产归属关系、经营管理体制机制、企业与政府间的关系、运营商之间的合作机制等。这里的运营商是指轨道交通项目建设完成后负责提供轨道交通线路（网）运营管理服务的经营企业（机构）。

纵观全球进入轨道交通网络化运营的城市，从经营管理主体单位数量角度看，网络管理模式可以从两个不同角度来分类：一是从投资及资产所有权与经营权的归属模式分类，可以分为官有官营、官有民营、公私合作、民有民营、民有官营 5 种模式；二是从运营商数量来划分，有单运营商与多运营商模式。

3.1.1 资产与经营权模式

根据资产属性和运营企业的性质，下面简要分析不同城市轨道交通网络管理模式的基本特征以及政府的作用，从而了解这些模式的特征、优缺点、适用性等。

（1）官有官营模式

官有官营指由政府投资建设、资产所有权归政府所有，且由政府直属机构及其下属单位或国有企业负责经营的模式。这里的"官"涵盖了国家政府单位、地方政府单位或两者联合的各种情形（下同）。根据各城市具体环境的差异，表现形式也有差别。例如，东京市都营地下铁所辖 4 条线路归东京都政府所有，由东京都交通局（东京都政府下属单位）直接运营管理。首尔地铁（1～8 号线和 9 号线的第二段）的拥有者除首尔市政府外，还有韩国国家政府，运营管理单位主要是首尔交通会社，首尔交通会社是首尔市政府下属，2017 年由首尔交通会社和首尔城市快速交通会社合并成立，另外韩国国家铁路也参与首尔地铁部分线路区段的运营。这些都是官有官营模式的代表。

官有官营模式的优点在于，可以最大限度地发挥作为出资者的地方政府的投资主体作用，通过承诺减免项目税费、出台与城市某些基础设施相配合工程的扶持政策、补助政策，加快地铁线网的建设。不过,由于轨道交通建设投资大,政府出资负担较重,可能会影响项目建设进度。多数城市中轨道交通建设初期的项目多采用地方政策直接出资建设与运营的模式。

随着城市轨道交通运营理念的革新,一些市郊地区线路的官有官营模式也出现了相应的改革,即突破国有传统体制,使市郊铁路采用新机制进行运营。这一改革的主要思路是采取"上下分离"的办法,即对于所有权属于国家的轨道交通线路,通过某种形式,如转让、租赁、特许经营等,以资本运营的方式让渡于国家铁路之外的其他国有经济实体来负责经营管理,这些经济实体经营移动设备,与国家("国铁"部门)形成经济上的互相清算关系。这里的案例有北京市郊铁路 S2 线。

历史上出现过国家政府投资或运营城市地铁的情况。第二次世界大战时期,日本东京地铁的建设权与运营权全部收归国有,组建了国有营团地铁(东京地下铁前身),负责东京地铁线路建设与经营管理。

总的来说,官有官营模式的特点是城市轨道交通的经营者由政府指定,有利于政府管理控制,运营服务与安全风险较低,其难点在于国有企业管理绩效的考评。这种模式下由于政府对运营亏损给予全额补贴,可能会导致较低的管理效率。一般适合在城市轨道交通线路建设初期或者管理与监督制度比较规范成熟的阶段采用。

(2) 官有民营模式

官有民营一般指线路由政府投资建设、资产所有权归政府所有,以资本运营的方式让渡于政府外的经济主体(集团公司)负责经营管理的模式。这种模式的代表有新加坡地铁。

新加坡国土运输局(Land Transport Authority,简称 LTA)是新加坡交通运输部下属的法定机构,拥有轨道交通的所有权和建设权并承担建设费用。轨道交通建设完成后,由两家私人运营公司负责运营:新加坡快速轨道交通公司(SMRT Corporation Ltd,简称 SMRT 公司)和新捷运公司(SBS Transit Ltd,简称 SBS 公司)。

下面看看 SMRT 公司的例子。在投资与建设阶段,LTA 负责新加坡陆路交通基础设施和系统的规划、设计及建造,并制定规则确保运输系统的正常运营和养护维修等工作;资金大部分来自财政部的拨款或国土运输局自身的借贷,这些借贷会利用财政部的拨款归还,其他一部分资金来源于国土运输局自身的收入。经营方面,LTA 通过与 SMRT 公司签订租借合同授予 SMRT 公司地铁线路的经营权,并拥有对 SMRT 公司运输行为的约束权。SMRT 公司运营支出大部分从其收入中支付,LTA 不对其运营补贴。作为一家上市公司,除铁路板块之外,SMRT 公司的收入构成还包括公共汽车、出租车、车辆租赁、广告招商及海外业务等,具有较强的盈利能力。

从政府与运营企业的关系看,新加坡模式的主要特点有:①轨道线路由政府负担建设费用;②政府不对企业运营开支进行补贴,政府财政压力较小,但风险高度转移至企业;③运营公司属于完全私人投资的民营公司,无线路的所有权,市场化运作能力较强,除轨道之外还经营其他多种业务;④由政府指定运营水平和规则,以此保证轨道交通的公共福利性质。

一般来说,官有民营模式要求政府开放与线路相关的更多经营权,使企业能在更大范围内增加收入,减轻政府运营补贴压力。这种模式一般适用于资本市场化水平较高的私有制国家，以及拥有比较强大经营能力的企业集团。

（3）公私合作模式

公私合作模式指由政府与民间资本共同投资、建设与运营，通过引入民间或海外资本，提高商业运作能力。北京市京港地铁、香港地铁即属于这种运营管理模式。

北京地铁4号线是内地城市首家采用公私合作模式的线路。在4号线项目中，北京市政府引入的社会资本为香港地铁，由北京市基础设施投资有限公司、香港铁路有限公司和北京首都创业集团有限公司按照2∶49∶49的出资比例组建北京京港地铁有限公司（简称京港地铁）。

根据京港地铁与北京市政府签订的《北京地铁4号线特许经营协议》（以下简称《特许协议》），京港地铁以PPP模式参与投资、建设并运营北京地铁4号线，特许经营期为30年。之后京港地铁又取得了北京地铁14号线和16号线的特许经营权，大兴线的委托运营权，经（运）营期均为30年。

按照《特许协议》的规定，北京市政府对项目建设和运营过程进行监管，确保项目按期、按质完工和安全运营；在发生涉及公共安全等紧急事件时，市政府拥有介入权，以保护公共利益；特许公司违反《特许协议》规定的义务时，市政府有权采取包括收回特许权在内的制裁措施。

在运营收入分配与补贴政策方面，约定的机制包括：

①票价政策。北京市地铁票价政策由市政府统一规定，京港地铁通过地铁票款收入与站内商业经营收入回收投资。在《特许协议》中根据风险共担原则，构建了票价差额补偿和收益分享机制，京港地铁公司的项目年收入如果低于测算水平，北京市政府会基于收益差额情况予以补偿，如果高于测算水平，京港地铁公司应将其差额的70%返还给政府。

②客流补偿机制。客流风险由京港地铁和北京市政府共同承担，如果连续3年实际客流量都不及前期预测客流量的80%，政府应向京港地铁提供补贴，补贴额由双方协商确定，如果双方2年内没有达成一致，京港地铁有权提出终止协议。

从地铁4号线的实际运营情况看，4号线的客流增长幅度远超预期，加之京港地铁高效的经营与管理，京港地铁实际收入水平也远高于预测值。据香港地铁公司年报显示，北京地铁4号线在2010年亏损500万港元，2011年以后开始盈利。从这个角度来说，公私合作的模式在北京市城市轨道交通的应用中取得了阶段性成功，为我国传统单一的政府经营模式带来了新的思路。

公私合作模式提供了一种较强融资能力的模式，可以缓解政府财政负担轨道交通项目建设及运营的压力。社会资本的介入有利于提高运营企业的管理水平和服务质量，保障了公共利益。

公私合作模式实施的主要难点在于如何制定政府与企业间的合作协议和建立有效的监管机制，以及合理界定政府投资责任与配套监管政策，从而保证私人投资有合理的收益，实现政府与民间资本的长期共赢。

（4）民有民营模式

民有民营模式，即在政府特许经营条件下，由民间企业投资建设或收购轨道交通线路，并组建私营公司负责运营管理事务。曼谷轻轨是这种模式的代表。

曼谷市城市轨道交通目前提供运营服务的主要有 2 条地铁线、2 条轻轨线和 1 条机场线，具备网络化运营的基本条件。经曼谷市政府允许，曼谷大众交通有限公司（Bangkok Mass Transit System Public Company Limited）负责建造和运营曼谷轻轨线路，建设项目完全由私人投资。政府主要行使监管权力，无权干涉运营公司的正常经营管理事务，也没有任何补贴措施。

从运营商的角度，无论在旅客运输管理还是设施设备运用管理方面，运营企业都能获得最大程度的自主经营权。但是由于没有政府的财政支持，如果没有足够的客流条件，轨道交通巨大的运营成本可能造成私人企业无法获得稳定的利润。从政府的角度，政府不投资项目的建设与运营，无须承担财政压力。考虑到轨道交通的社会公益性质，在票价、线路走向等敏感问题上政府与私人投资者不可避免地发生冲突，难以保证轨道交通作为公共福利事业的本质。

民有民营模式下，企业完全市场化运作，能够充分发挥投资者控制建设和运营成本的潜力，其服务质量取决于企业的经营水平。对于一条或少数几条有条件的线路，比如有较大客运需求的机场线，在政府财政无法满足轨道交通建设，资本市场化水平较高的地区是可以适用的。

（5）民有官营模式

民有官营模式指在政府特许经营条件下，由民间资本投资建设或收购轨道交通线路，线路资产所有权归投资者所有，以租赁合同的形式交由政府单位负责经营。菲律宾马尼拉地铁系统采用了这种模式。

马尼拉地铁目前运营有 2 条轻轨线和 1 条地铁线，3 条线路相互交叉构成简单网络。马尼拉地铁线由私人地铁轨道交通公司（Metro Rail Transit Corporation，简称 MRTC）建设并拥有，交由菲律宾交通运输部（Department of Transportation & Communication，简称 DOTC）运营管理。根据 MRTC 与 DOTC 签订的协议，MRTC 建造并保证地铁线路的可靠性，DOTC 对线路的建设计划、规格标准、建设费用等进行监管，DOTC 获得特许经营权，并在一定年限内按月支付费用给 MRTC 作为回报。在融资方面，MRTC 的贷款由菲律宾政府对线路建设债务融资进行担保，以缓冲投资者和债权人的风险。

在政府做债务担保的条件下，这种模式能广泛吸引社会资本，政府无须担心前期建设的资金问题。线路建设完工后由政府单位经营管理，轨道交通的公益性会得到重视。这种模式适用于客流量大、投资渠道畅通、政府财政资金短缺的城市。

3.1.2 运营商数量模式

按运营商数量可分为单运营商和多运营商两种类型。单运营商模式指一座城市的轨道交通系统由一家机构（企业）负责全线网的运营管理工作，包括日常运营与调度、运行计划制订、应急与安全管理、基础设施设备维护管理等。多运营商管理模式指存在两家及以上的独立运营主体单位，以分工合作的形式，共同提供城市轨道交通运输服务。

多运营商一般是从网络规模发展初期单运营商模式发展而来。由于世界各城市轨道交通的历史和社会环境不同，形成了各种各样的城市轨道交通运营管理模式类型。

城市轨道交通系统自 1863 年问世以来，在伦敦、纽约、巴黎、东京等国际化大都市得到了较快发展，并较早进入网络化运营阶段。基于这些国家私有制经济体制，轨道交通项目建设投资主体多元化、融资渠道社会化特征明显，民间资本得以参与城市轨道交通的建设或运营。这些城市对轨道交通的管理比较注重对运输市场的监管，以及对轨道交通发展的政策引导。

进入 21 世纪以来，随着我国城市化进程的不断加速，城市轨道交通事业取得了巨大发展。上海、北京成为世界上城市轨道交通网络规模最大的城市。我国城市轨道交通在北京第一条地铁 1969 年开通后的约半个世纪中能够取得如此成就，与国家长期的以公有制为主体的经济体制、政府对轨道交通事业的有力支持密切相关。作为城市基础设施的重要组成部分，城市轨道交通社会公益性较强，建设投资周期长，很难做到成本回收及运营盈利，社会资本较少进入城市轨道交通建设环节，形成了目前"政府建设轨道交通"为主的模式。负责运营轨道交通的企业也一般由政府及下属单位组建，决定了轨道交通企业政企不分的体制以及政府与轨道交通企业"父与子"的关系。近年来，随着我国市场化经济改革的不断加速，社会资本也开始不断进入城市轨道交通事业建设中来，并取得了良好的开端。

几乎所有的城市轨道交通初期都采用单运营商管理模式。随着路网规模的扩张，出于不同目的或原因，部分城市形成了两家及以上运营商的格局。一般来说，促进形成多运营商的背景因素主要有以下几方面：

①为缓解财政压力，引入社会资本或与其他政府单位共同投资，成立新的运营商，或者委托其他独立单位承担部分运营管理功能。典型城市有东京和伦敦。东京地铁早期由日本国家政府投资建设，后来日本财政部要求东京都政府也参与到东京地铁的建设中来，由东京都政府成立另一家地铁运营单位承担部分线路的所有建设、运营管理工作。伦敦市政府在 2002 年前后以签署 PPP 特许经营协议的形式，曾委托两家私营公司负责伦敦地铁基础设施维护和升级，以解决更新改造资金缺口，运营业务仍由地铁公司负责。

②为提高地铁运营管理效率，克服国有企业或公有事业单位存在的一些弊端，引入多运营商的竞争因素。韩国首尔地铁具有代表性。2017 年前，韩国首尔地铁 1～8 号线主要由首尔交通会社（Seoul Metro Corporation）和首尔城市快速交通会社（Seoul Metropolitan Rapid Transit Corporation）通过招标获得经营权，形成两家公司竞争机制，以此达到部分降低成本的目的；新开通的 9 号线则主要由私营企业——首尔地铁 9 号线运营公司（Seoul Metro 9）负责运营。利用民营企业与国有企业间经营的竞争机制，最大限度发挥竞争对提高效率的作用。

③项目资产所有权不同导致不同投资主体形成多家运营。这种情形在市郊地区或不同制式轨道交通系统中体现最为明显。例如北京市郊 S2 线，由原铁道部下属北京铁路局和北京市政府下属北京市基础设施投资公司共同投资，通过对既有京包铁路、京通铁路和康延支线的部分改造，以政府购买服务形式，发挥 S2 线的通勤功能，委托北京铁路局负责运营管理。

国内外主要城市轨道交通运营商及运营管理模式如表 3-1 所示。

国内外城市轨道交通运营商及运营管理模式　　　　　表 3-1

城市	轨道交通类型	运营商	运营管理模式
东京	地铁（东京地下铁）	东京地下铁株式会社	国家政府和地方政府共同所有，民营企业经营
	地铁（都营地下铁）	东京都交通局	地方政府投资建设、地方政府下属单位运营管理
	民铁	8 家民铁公司	民铁是市郊通勤铁路的主体，由民间资本建设，民营企业经营
巴黎	地铁	巴黎运输公司（RATP）	RATP 采取市场化经营，但仍由政府控股，其总经理由政府指派
	轻轨	T1～T3 线：RATP；T4 线：法国国家铁路公司（SNCF）	SNCF 也是政府控股的大型国有企业
	RER 线	RATP、SNCF	RER-A 线的东段两个方向及 RER-B 线的南段由 RATP 负责，其余由 SNCF 管理
	市郊铁路	SNCF	线路归国家所有，国铁公司经营
纽约	地铁	纽约市公共交通管理局（NYCT）	线路归地方政府所有，地方政府下属单位运营
	通勤铁路	长岛铁路公司；北线通勤铁路公司	线路归地方政府所有，运营公司直属于大纽约交通管理署（MTA），MTA 是纽约州公共交通运输公益性单位，享受纽约州和纽约市政府的财政补贴
伦敦	地下铁（Underground）	伦敦地铁公司（LUL）	LUL 是伦敦交通局（TFL）的子公司，TFL 负责管理大伦敦地区的公共交通，接受大伦敦市政府的财政补贴
	地上铁（Overground）	Arriva公司（Arriva Rail London）；英国国家铁路公司（National Rail）	伦敦地上铁由多家单位共同管理。TFL 规定列车开行频率、车站设备性能、票价等；Arriva 负责具体运营事务；地上铁线路是英国国家铁路的一部分，National Rail 负责大部分线路、信号设备的维护和管理
	轻轨（DLR）	道格兰轻轨有限公司（Keolis Amey Docklands Ltd，KAD）	DLR 归 TFL 所有，TFL 规定列车开行频率、车站设备性能、票价等，由 KAD 特许经营并负责维护管理
	市郊铁路（TFL Rail）	港铁公司	TFL Rail 归 TFL 所有，TFL 规定列车开行频率、车站设备性能、票价等，委托港铁公司运营和管理
首尔	地铁（1～8 号线、9 号线第二段）	首尔交通会社	政府出资修建线路，政府下属单位经营
	地铁（9 号线第一段）	首尔地铁 9 号线公司	政府出资修建线路，私营单位经营
北京	地铁（4 号线、14 号线、16 号线、大兴线）	京港地铁有限公司	公私合作模式
	地铁（其余线路）	北京地铁运营有限公司	地方政府所有，国有企业运营
上海	地铁	上海申通地铁集团有限公司	申通集团统一管理投资、建设、运营，上海市政府仅执行监督职能
广州	地铁	广州市地铁集团有限公司	地方政府所有，地方政府全资国企负责建设、运营及相关业务开发

研究网络化运营管理模式的目的是寻求适合不同城市中城市轨道交通具体运营环境的运营管理模式，以提高轨道交通网络管理水平。单运营商或者多运营商模式本身并无优劣

之分，关键在于它们是否有利于所在城市的轨道交通发展，以及能否最大限度地满足政府、企业和旅客各方的需求。

3.2 单运营商管理模式

3.2.1 单运营商管理模式的特点

与多运营商相比，单运营商由于资产归属与经营都由一家负责，集成度高，不涉及绩效评比与利益划分，相关工作容易协调，便于政府统一指挥，政策连贯性好；出现紧急情况由一家直接负责解决，对外界面简单、易操作。

单运营商的不足之处是缺乏经营业绩比较，运营企业易生惰性，不利于建立提高企业运行效率、促进服务水平改善的机制。

3.2.2 香港地区的案例分析

从国内外发达城市现状来看，由于轨道交通服务的公益性属性，城市轨道交通企业盈利能力较弱，多数城市都是以政府所属运营商为主经营。单运营商模式易于结成共识，集中力量办大事，减少协调过程中可能产生的不必要消耗。下面以我国香港为例分析单运营商管理模式的特点与运行效果。

香港轨道交通建设始于20世纪70年代，1979年地下铁路首段（观塘至石硖尾段）开通运营，1998年香港国际机场快线开通。2000年，香港特区政府将地铁有限公司进行私营化改革后上市。2007年香港地铁有限公司（负责香港地区旅客运输服务）取得九广铁路公司（负责香港与内地的客货运输）铁路网络服务专营权，更名（中文）为"香港铁路有限公司"（简称港铁公司）。作为世界上最成功的地铁系统之一，香港地铁的成功很大程度上得益于其采用的公私合作的运营管理模式。

根据香港铁路公司2016年年报，香港铁路系统共有11条线路（含机场线），网络全长约230.9km，共设有93座车站。2016年路网年客运量17.16亿人次（本地铁路服务、过境服务和机场线客运量之和），港铁公司实现总收入451.89亿港元，年内利润103.48亿港元。

（1）基本模式

香港1975年开始建设轨道交通，并提出了"审慎的商业原则——用者自负"的轨道交通建设及运营原则，初期全部建设投资由"港英政府"❶负责。香港地铁从20世纪90年代中期开始一直保持着良好的盈利水平（资产收益率达18%），依靠其业绩，于2000年在香港联交所上市，开拓了一条新的融资渠道。

香港地铁的投资、建设及经营均由港铁公司承担，香港特区政府通过地下铁道条例将专营权赋予港铁公司，期限为50年，将地铁的财产、权力、法律责任一起交给港铁公司。

---

❶ 1997年7月1日起为"香港特区政府"。

港铁公司采取市场化的运作方式经营地铁运输，香港特区政府负责规管地铁的运作，并且对香港地铁行使有效的监管。

香港特区政府是港铁公司的最大股东，股比占 73%。与地铁公司是股东 + 规管者 + 伙伴的关系。地铁公司在有关政策和措施的支持下，在不需要香港特区政府投资、补贴的条件下，实现自我发展、壮大。港铁公司承担香港地铁的投资、建设，并以市场化的方式经营，自负盈亏。港铁公司的最高管理机构是公司董事局，由 12 名成员组成。董事局负责对公司的发展方向和发展策略做出决策，不负责具体的生产经营事务，这使得决策者能站在公司的整体利益上去谋划发展。董事局授权执行委员会管理公司的日常事务。公司在治理结构上实行决策管理与经营管理分开，确保了公司独立的市场主体地位。

（2）经营管理特点

香港地区的陆地面积为 1106.3km^2，2016 年年末总人口 737.71 万人，平均人口密度 6668 人/km^2，人口密度比较大，还有大量的流动人口，每天不同时间段的客流变化相对较小。这是香港地铁平均每天运送 465.5 万人次（2016 年）的有力保证，有充足的客源才能保证可观的票款收入，这是港铁公司优于世界上大部分城市轨道交通企业的天然条件。香港特区政府赋予港铁公司确定票价的自主权，公司制订出价格，经过交通咨询委员会、立法会交通委员会咨询意见后，由董事会决定。2015 港铁年报数据显示本地铁路服务平均每次费用 7.49 港元。按照其市场经济和企业经营原则，2016 年票价根据香港社会工资指数、综合消费指数、生产力因素等变动情况上涨幅度 2.65%，而 2016 年香港就业者月收入的中位数约为 15000 港元。

除旅客运输之外，港铁公司开展的业务板块还主要有物业租赁与管理、车站商务、国内及海外业务等。2016 年，港铁客运业务收入（含本地铁路服务、过境服务、机场线、轻轨及其他客运票款）176.55 亿港元，占总收入的 39%，其余 61% 的收入都是属于非客运业务收入。

在物业方面，"铁路 + 物业"模式是港铁公司于 40 年前为首条铁路线筹集资金而订立的，至今仍是港铁业务的基石。港铁公司在地铁车站上方和邻近的地区开发房地产项目，形成以地铁车站为中心、沿地铁线开发的新社区。利用地铁车站上方空间建设商业广场，形成商业中心，既方便市民购物，又能使原有物业增值。获得的收入除了为铁路业务提供资金外，亦有助弥补建造新铁路线时的资金短缺。

在车站商务方面，利用站车的空闲空间，开展广告业务。在地铁营运范围内，适时投资移动通信设备。为地铁乘客提供手机通信服务，从而开拓了市场，获得了回报。

在国内及海外业务方面，港铁公司利用香港地铁在世界范围内的良好声誉，开展对外投资经营、物业管理等业务。在北京，京港地铁公司经营着地铁 4 号线、大兴线以及 14 号线。此外，由港铁全资控股的港铁轨道交通（深圳）有限公司还经营着深圳的龙华线以及杭州的地铁 1 号线。在英国、瑞典、澳大利亚等海外市场也开展铁路的经营管理业务。

香港地铁公司的实践证明，开展多种经营确实为地铁的建设、经营和管理带来了很大的经济效益和社会效益，为城市地铁的开发建设及经营管理开辟了一条新路。

（3）政府与企业的关系

香港地铁号称世界上经营业绩最好的城市轨道交通企业，其运行的政策环境特点可以概括为以下几方面：

①每条地铁在建设前沿线未开发的土地，按当时的地价划归地铁公司经营，地铁公司负责向香港特区政府偿还地价款，而地铁建成后产生的全部土地升值收入归地铁公司所有。

②地铁公司利用地铁资源开发的项目，如广告、商铺、电信服务、地下空间等经营收入全部归地铁公司所有。

③地铁线路建成后拥有按照全成本概念（建设投资、固定资产折旧、运营成本、应有的利润）在香港特区政府立法咨询委员会指导下自行确定票价的基本权利。

④地铁公司按照城市交通繁忙程度决定新线建设计划，并负责投资回收；香港特区政府决定建设的线路如不能实现资金回收，则由其承担所带来的损失。

香港特区政府对铁路（地铁）的管理分别由以下部门负责：一是环境运输及工务局，负责组织制定政策、法规，检查政策的落实，规划项目的发展；二是路政署铁路拓展处，负责铁路发展研究，统筹有关计划编制，决定铁路线路预留，监督铁路发展计划的实施；三是运输署，负责监察铁路运营的服务水平；四是香港铁路视察组，负责监督铁路运行安全等事宜。

作为单运营商模式的代表，香港只有一家公司参与负责地铁（铁路）规划、建设、运营、开发全过程，最大程度地实现了资源共享，发挥了集成优势，降低了管理成本。目前，香港地铁的经营管理技术与方法已成为其向全球其他城市拓展的重要手段。

3.3 多运营商管理模式

3.3.1 多运营商合作形式

网络规模较大的多数城市拥有多个运营商。作为公益性的城市交通系统的组成部分，多运营商的竞争意义不在于乘客出行路径的选择，而在于经营业绩与服务质量的对比，这种对比有时甚至能够形成对监管的某种替代。不过，对于多运营商模式，需要建立多运营商间的合作协商机制，建立统一的网络调度与应急管理体系。

从国内外部分城市的多运营商模式看，多运营商在管理运营线路的分工方面主要有以下几种基本形式：

（1）同类型轨道交通下的多运营商

这种类型的多运营商模式是指针对同一类型轨道交通构成的线网，设置了两家及以上运营单位，各运营商分别负责路网中一条或几条线路的相关运营管理工作。这种模式的代表有东京地铁、首尔地铁和北京地铁。

以北京地铁为例。截至2017年年末，北京市投入运营的地铁线路22条，京港地铁有限公司运营4号线、大兴线、14号线和16号线，北京市地铁运营有限公司运营其余的18条线路。

在同一轨道交通类型线网经营的多家运营商，由于经营主体的管理理念、经营目标不尽相同，在业务开展水平上具有一定的差异，因而多运营商在服务质量、运营成本、管理效率等方面必然存在不同程度的比较与竞争，对城市轨道交通的良性发展具有积极的推动作用。

（2）不同轨道交通类型下的多运营商

多运营商的另一种情形是不同类型（制式）轨道交通线路（如市郊铁路或私营铁路等）由不同运营商运营管理，从而形成了多运营商格局。这种形式在国内外城市轨道交通发展成熟、路网规模较大、网络化运营开展成熟的都市圈中非常普遍，例如表 3-1 中东京轨道交通的民铁线路、巴黎轨道交通的 RER 线和市郊线、伦敦轨道交通的轻轨线和市郊线等。

以巴黎轨道交通为例。巴黎大区的公共交通运营基本由 RATP 和 SNCF 两家国企控制。巴黎地铁由 RATP 运营，市郊线由 SNCF 运营，RER 线和轻轨线则由两家公司共同经营管理。以 RER 线来说，RER 线是贯穿巴黎市区并延伸到市郊的大运量铁路线，与市郊铁路共同承担输送巴黎地区通勤乘客的任务。目前共有 A～E 5 条 RER 线。其中 A 线的东段两个方向及 B 线的南段由 RATP 运营，其余由 SNCF 负责运营。RER 线的布局特点主要是，在中心城区通过在普通地铁的下方修建新线，并通过若干换乘枢纽与地铁网接驳，出市区后从地下走上地面，各自分成若干岔道，并与多条市郊铁路相连，通向巴黎郊区的卫星城市和市镇，成为在郊区延伸的放射线。

（3）"运维分离"的多运营商

"运维分离"的多运营商管理，是伦敦地铁曾经为解决线路设施设备更新改造资金短缺问题而采取的一种 PPP 模式。

伦敦地铁系统的运营管理由伦敦地铁公司（LUL）承担，负责车站运营、车辆运营、客运管理、票务管理等，LUL 的所有权和经营权在名义上仍归伦敦交通局（TFL）所有。地铁系统的维护和基础设施供应，以 PPP 特许经营方式，委托两家私营联合体企业（Metronet Rail 和 Tube Lines Limited）经营。其中，Metronet Rail 公司向 LUL 负责为地铁线路 BCV 和 SSR 两部分的车辆、车站及相关基础设施提供安全、高效、经济的维护服务，LUL 向 Metronet Rail 公司按月支付服务费，并依服务水平对服务费进行增减。Tube Lines 公司负责地铁 JNP 部分。LUL 与 Tube Lines 公司之间的权利义务关系与 Metronet Rail 公司类似。伦敦地铁的 PPP 模式机制如图 3-1 所示。

不过，随着 2008 年 Metronet Rail 和 2010 年 Tube Lines 先后宣告破产，伦敦地铁的 PPP 模式最终以失败告终。Metronet Rail 的失败直接导致英国政府损失超过 41 亿英镑；Tube Line 最初希望政府为其更新的 Piccadilly 和北方线支付 68 亿英镑，但政府仲裁人只核定 44 亿英镑的费用，因此该公司只好破产，伦敦地铁管委会支付了大约 3.1 亿英镑回购了他们的股票。关于伦敦地铁 PPP 模式失败的原因总结有以下几点：

①府融资模式不合理，监管不力。政府通过债务担保维持项目运行，政府非直接参与，信息不对称致监管不力；同时项目负债率过高，银行贷款和联合体股份比为 8∶1，联合体企业风险低，政府风险高。

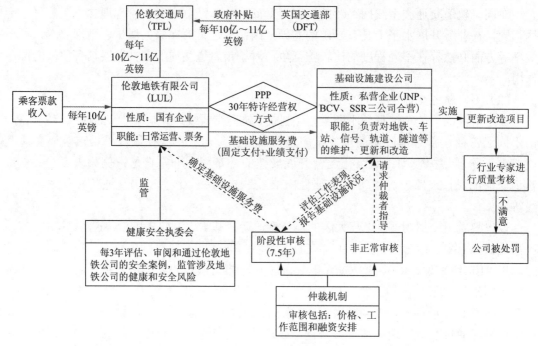

图 3-1 伦敦地铁 PPP 模式机制

②私营企业管理混乱，缺乏创新动力。联合体参与企业过多，各企业因利益冲突意见相左；内部缺乏约束协调机制，无法激励供应商提供最佳产品和服务；项目不确定性和风险性较大。

③公私部门目标冲突严重。私营机构以利润最大为目的，政府以给定服务水平下的成本最低为目标，公私部门之间的矛盾缺乏协调机制。

从伦敦地铁引入 PPP 模式失败的经验中，可以得出以下几点启示：

①私有化不能解决一切问题，城市轨道交通系统应首先关注如何保障轨道交通的社会公益性，其次才是经营效率。

②政府管理重点是建立必需的机制，不是管得越细越好；设计一种好的激励与监督机制来实现企业目标与政府目标的统一更加关键。

③基础设施不宜私有化。欧洲很多国家的铁路改革实行"网运分离"，但路网仍由国家控制，确保了基础设施较好的安全状况。

④提高运营企业商业经营能力、强化其造血机制是发展方向。在保障安全的基础上，鼓励企业提高服务质量，增加票款收入，从而改善经营能力。

这里有一点需要区别，香港地铁和伦敦地铁都采用了公私合作的模式，但是在具体分工管理形式上不同。香港地铁的线路建设维护及运营管理均由香港地铁有限公司负责，属于单运营商管理。伦敦地铁的运营管理和基础设施管理分别归属不同单位经营，归于多运营商管理的模式。

对于一个拥有复杂网络的城市（都市圈）轨道交通系统，运营商管理模式通常以多种形式的组合状态存在。最具有代表性的是东京都市圈轨道交通，除地铁系统的东京地下铁公司、东京都交通局两家运营商之外,还有众多私营铁路公司以及 JR 铁路公司,多运营商之间网络化运营业务开展十分成熟,并形成了完善的运营协调办法。

3.3.2 多运营商运营协调机制

从运营角度看,多运营商模式下最重要的协调机制是调度指挥与应急处置等方面。

多运营商模式下,全网的运行协调一般通过统一的路网指挥中心来承担。路网指挥中心的职能主要有两大部分:一是全网协调功能,包括组织实施运输计划、负责运营调度指挥以及应急处置,以及票务清分、运营信息汇总和统计分析工作;二是部分行使政府职能,具体包括组织拟订售检票系统的技术标准、管理规范和业务规则,研究提出有关票制、票价调整意见等。

以北京市为例,2006 年 1 月引入香港铁路有限公司成立京港地铁有限公司,形成多运营商格局后,为适应多运营主体工作格局,保障轨道交通路网运营安全、高效、均衡地运转,2007 年 3 月成立了隶属市交通委员会(政府)与北京基础设施投资公司(资产管理主体)的北京市轨道交通指挥中心,并相继出台了一系列的运营协调管理规则、突发事件应急处置办法等规章制度。

(1) 职责划分与相互关系

多运营商条件下,城市轨道交通路网运营协调与管理工作一般由路网级的指挥中心负责,该中心需要承担各运营企业、建设管理企业以及其他紧急事件发生时各相关单位的协调工作。

作为轨道交通全网运营管理的协调机构,路网指挥中心主要职责一般包括:

①制定路网运营协调管理规则、路网突发事件应急处置办法、乘客信息发布规则、路网列车运行图编制相关规定、路网运营指标统计办法等路网运营管理制度。

②组织研究制定路网运力配置计划和需运营企业协同应对的重大活动运力配置方案,并组织监督实施。

③负责各运营商票务清分、日常运营信息的汇总、统计分析,报市政府相关部门。

④负责监视路网运营状况,协调运营组织工作中运营企业间的配合事宜。

⑤负责组织召开路网运营生产协调会。

⑥负责组织制定指挥中心与各线路控制中心的接口技术标准并监督、贯彻落实,审查线路控制中心系统招标文件、工程建设方案;负责组织线路相关系统接入指挥中心系统的工作。

⑦完成上级交办的其他工作。

在整个网络的运行过程中,运营商作为线路运营管理的主体,其职责包括:

①负责编制线路运营计划,参与路网运营协调管理规则、路网突发事件应急处置办法、乘客信息发布规则、路网列车运行图协调、路网运营指标统计等路网运营管理制度制定;依据上述路网运营管理制度,制定或完善本企业的相关规章制度。

②参与制定路网运力配置计划和需运营企业协同应对的重大活动运力配置方案;负责依据路网运力配置计划和重大活动运力配置方案编制或调整线路列车运行图,并贯彻执行。

③负责线路运营信息汇总及统计分析,并报指挥中心。

④负责监控所辖线路的运营状况,向指挥中心报告运营组织工作中运营企业间需要协调的配合事宜。

⑤参加路网运营生产协调会。

⑥参与制定并贯彻落实指挥中心与各线路控制中心的接口技术标准;负责向指挥中心报既有线控制中心的工程改造方案、相关系统招标文件,并负责改造方案及招标文件的修订和完善;负责配合完成既有线路相关系统接入指挥中心系统。

⑦完成上级交办的其他工作。

运营协调即运营企业相互协调,相互配合,运营企业间应先自行协调;协调不一致时,由指挥中心负责组织协调;指挥中心无法协调时,报上级单位协调,如市交通委或市运输局。

(2) 运营调度与应急管理

多数城市的轨道交通指挥系统经历了由单线、区域到路网三个发展阶段。作为全网最高的运行指挥机构,路网指挥中心承担着紧急事件出现时,按照轨道交通路网突发事件应急处置办法,针对运营中发生的轨道交通运营中断、人员伤亡、乘客被困等各类危及公共安全的突发事件,与市交通主管部门、公共交通运营企业及其他相关部门和单位协同处置的任务和责任。

指挥中心负责向市交通主管部门报告突发事件信息,必要时向市突发事件应急委员会办公室报告;负责向轨道交通路网内的乘客发布突发事件信息;负责突发事件处置工作中运营企业间应急抢险力量相互支援的调度指挥工作;负责组织制订运营企业协同配合预案、协同处置演练等相关工作。

运营企业负责向指挥中心及相关上级单位报告突发事件信息,提出突发事件应急处置建议;向事发线路及未设有乘客信息系统的受影响线路发布突发事件乘客信息;负责所辖线路突发事件处置及运营企业间突发事件处置的配合工作;负责预案制订、应急演练、配合调查及其他相关工作。

轨道交通路网发生突发事件时,事发运营企业要立即启动应急处置预案,并报指挥中心,提出需要协调配合建议。指挥中心应迅速判明情况,分析、判断对路网的影响,通知相关运营企业启动突发事件应急处置预案。

(3) 票务清分方法

多运营商管理模式下,由于乘客 OD 路径可能跨多条线路、有不同运营单位共同完成运输服务,乘客换乘的具体信息难以准确获知,相关运营单位做出的经济贡献不易清晰地界定。因此,路网运营收益分配是多运营商协商管理的重要问题。

票务清分一般通过一个可以协调管理全网各线路票务、统一清分结算的票务管理中心来完成。具体来说,依托各线路轨道交通自动售检票系统(AFC 系统),建设路网清算管理中心系统(ACC 系统)。ACC 系统主要功能除票款清分之外,还有票务管理、客流统计等。

①票务管理。统一规范路网票卡业务,与运营企业共同完成网络化运营管理服务。

②清分结算。对路网票卡交易统计、清分、结算,为运营企业提供清算服务。

③客流统计。根据乘客刷卡记录，统计路网客流量、断面客流等，分析路网乘客出行特征，向政府和运营企业提供客流统计分析服务。

在多运营商协商管理问题上，国内外城市轨道交通存在不同程度的差异。比如日本东京两家地铁运营商分别设置独立的调度系统；只有发生突发事件时，才由政府统一调度指挥。在票款清算方面，两家运营商联合成立清算中心进行票款清分。

3.3.3 东京的案例分析

（1）发展概况

东京市地铁系统由东京地下铁和都营地下铁共同构成，分别由东京地下铁株式会社和东京都交通局负责运营管理，属于典型的多运营商管理模式。东京市地铁的运营主体变迁历史大致可分为四个阶段。

第一阶段，私营时期。1920年东京地下铁道株式会社成立，并陆续建成上野—浅草、银座—新桥等线路区段。与此同时东京都地区存在另一家私营公司——东京高速铁道株式会社，经营虎门—新桥等线路区段。

第二阶段，国营时期。第二次世界大战时期，为实现公共交通资源整合，1941年帝国政府合并了两家私营地铁公司，组建了帝都高速交通营团（Tetio Rapid Transit Authority），即营团地铁，由国家政府直接运营，并收回了东京地铁线路建设权和运营权，只允许私人企业在山手环线之外建设线路负责市郊运输。

第三阶段，国营为主的多元化时期。第二次世界大战之后，随着东京人口的快速增长，交通基础设施无法满足需求，营团地铁陆续新建了丸之内线、日比谷线、东西线等，基本形成了如今东京地下铁线网雏形。由于营团地铁的急剧扩张，国家财政承担了巨大的建设及运营费用压力。此时，营团地铁和JR铁路是国家政府仅拥有的两家铁路公司，但JR铁路为日本全国提供运输服务，营团地铁只覆盖东京都地区。为加快地铁建设，日本政府要求东京都政府参与东京地铁线路的投资与运营中，都营地下铁（Toei subway）得以成立。至此，形成了两家地铁公司的格局。在东京都政府的财政支持下，浅草线、新宿线等都营地铁线路得以新建。在此期间，日本政府放宽了民间资本进入铁路建设的限制，地铁线路与民营铁路直通运营得到了大力发展。

第四阶段，私有化为主的多运营商时代。营团地铁经过较长时期的发展，网络化运营获得了稳定的客流，营团地铁实现了较好的收益。同时由于政府财政的窘迫，2004年，政府决定将营团地铁民营化，改制为由日本政府（53.4%股份）和东京都厅（46.6%股份）共同出资控股的东京地下铁（Tokyo Metro），给予运营公司更多的经营自主权，政府在具体运营管理方面不做干预。

2005年，东京政府和日本首相提出东京地下铁与都营地下铁合并，或由东京地下铁来运营都营地铁线路，但由于都营地下铁的债务问题，东京地下铁拒绝了这一提议。

由于历史特殊时期的因素，包括日本、英国等多数国家曾将轨道交通国有化，将轨道交通视为具有自然垄断性的社会福利产品。在社会转入正常发展之后，东京地铁的建设投资分担问题，导致了东京市地铁两家分治，这也说明了完全由国家政府负担地方城市轨道交通的发展是不可持续的。

在东京都市圈，除运营地铁系统的东京地下铁株式会社和东京都交通局外，提供网络化运输服务的轨道交通企业主要还有8家大的民营铁路公司以及JR东日本公司，共计11家运营商，见表3-2。

东京交通圈各类轨道交通的运营公司数量及其性质 表3-2

线 路 类 别	运营公司数量	公司性质
地铁	2	官营、民营
JR铁路	1	公共企业体
大型民铁	8	民营、三产、其他

（2）政府管理及补贴政策

日本国土交通省主管轨道交通，管理调控的主要内容是建设补助、票价制定。

东京市政府根据铁道事业法对东京地铁进行监管，主管建设期的审批、运营票价（上限）的审批，对具体运营事务不做干涉，但日本政府要求东京地铁自行组织在规定的时间，按规定的程序进行安全检查，国土交通省会随时巡视。东京都交通局直接管理都营地铁，主要是票价和安全检查方面的监管。

在票价制定方面，各运营商的票价可以分别确定，报政府进行批准，得到政府认可后才可以进行实施。政府根据企业所报的票价和相关证明材料，组织专家进行评估后确定价格的上限。企业可以根据各自的实际情况在不突破上限的条件下进行适当调整或进行营销方面的策划。

应急管理时，例如发生地震、大火灾、恐怖事件等，由政府防灾指挥中心统一指挥。比如，2011年，日本当局在福岛大地震前1分钟预测并紧急通知各轨道企业，有效地降低了事故的影响。另外，东京轨道交通建立了监理信息联合发布制度，都市圈范围内任何轨道线路出现延误或事故，其他线路的列车均会第一时间显示。

日本政府在建设和发展轨道交通方面出台了诸多扶持政策，包括1962年12月颁布的地铁高速铁道建设费补助费用的交付规则，以补助建设费的70%为限度，在建设当年一次性补贴，其中国家和地方政府各承担35%。对运营的扶持多通过鼓励企业开展其他方面的补偿经营来实现，这有力地减轻了政府负担。

东京地铁的建设资金来源可以分为两大块：政府补偿金和企业自筹资金。其中政府补偿金实际为建设费预算（车辆除外）的56%，企业自筹资金渠道包括财政投融资（如无利息政府贷款）、企业债券、自有资金、银行贷款等。另外，涉及有关为特殊群体（残疾人、盲人等）需要而单独增加的投资（如直升梯和部分自动扶梯），由政府全部负责。

对于私铁的发展，为保持公益性，私铁得到了日本政府多种公共政策的扶持，鼓励多元化经营和综合开发，增加收益和经营活力。

（3）多运营商协调机制

多家运营商的格局下，运营商之间的协调由各家之间签订协议解决。

运营调度及应急指挥方面，各公司独立设置调度系统，同时负有向市消防厅、警察厅通报信息的责任，必要时还承担向媒体发布有关车辆运行信息的义务。政府不干预公司的具体运营事务，只有应对突发事件时，才由政府防灾指挥中心统一协调指挥。

票款清算方面，除了 JR 外，其他运营商共同成立清算中心进行票款清分。

换乘点事务处理以及直通运营线路事务处理上，以线路财产归属进行划分，谁的线路谁负责。

在日本，适用铁道事业法的铁路事业从事者有以下三类：

①第一类铁路事业经营者：同时拥有铁路线路和运营车辆。这类运营公司简称为"有线有车"，在共线区间的运行组织方式一般为独自进行铁路运营。

②第二类铁路事业经营者：只拥有运营车辆。这类运营公司简称为"无线有车"，在共线区间的运行组织一般是从第一和第三类铁路事业经营者手中租用铁路线路进行运营。例如，日本货物铁道公司属于第二类铁路事业经营者，该公司租用了成田机场附近的 JR 东日本公司以及京城电铁公司线路开展货物运输。

③第三类铁路事业经营者：只拥有铁路线路，这类运营公司简称为"有线无车"，在共线区间的运行组织方式一般是向第一和第二类铁路事业经营者出租或转让线路，或者从第一和第二类铁路事业经营者手中租用车辆进行运营，多数为前者。例如，成田高速铁道公司属于第三类铁路事业经营者（拥有成田机场附近铁路线路的所有权），该公司将成田机场附近铁路线路进行出租运营；东京地铁建设公司建设了东京地铁 12 号线，而后有偿转让给东京都交通局（都营地铁）。

日本铁道事业法以及轨道法规定，铁路由各自特定的铁路事业经营者运营；铁路事业经营者对于铁路运营相关事宜负全责。另外，各个铁路事业经营者采取独立的财务营业方式。

在运营管理责任分担方面，日本铁道事业法做了详细规定：非共线运营区间，第一类铁路事业经营者对铁路运营负全责；共线运营区间，三类铁路事业经营者要分别负担责任，该情形举例说明如下。此外，除法律约束外，责任的分担事宜一般由事先订立协议来具体规定。

例如：在 JR 东日本公司（该公司属于第一类铁路事业经营者）的线路上进行日本货物铁道公司的货物运输（日本货物铁道公司属于第二类铁路事业经营者），JR 东日本公司要确保线路的运营安全和对该货物运输进行组织管理；而货运车辆的管理和操作由日本货物铁道公司承担。

（4）过轨运营组织情况

为实现互联互通、网络运营，东京城市轨道交通多运营商之间广泛采用列车"过轨运营"方式，即一家列车载客直通进入另一家公司线路运行的组织形式。

早在第二次世界大战前，东京都的不少民铁线为驳入都心，申请在东京市区兴建地下铁，但由于经营公司繁杂无法协调而未能实施。昭和 30 年（1955 年），日本运输省成立了都市交通审议会，研究往后的都市交通计划。次年 8 月，运输大臣就东京都的交通问题，提出第一号报告书方案，指出"今后建设的地下高速铁路，将与郊外的民铁实施直通运营"。从而，通过利用地铁接驳民铁，解除都心边沿乘客换乘不便问题。

"过轨运营"的主要做法是：列车公司将路轨互相接通，将己方的列车驶进对方的区间，使乘客可以一车进入市区或从市区进入市郊。驶入区间的长度由运营公司协商确定，一般为双方均可驶入对方等长里程的区间。

由于过轨运营下列车要使用其他公司的路轨，故此几条相关路线需要在车辆规格、集电、信号方式及轨间距等方面做出统一的规定。以京成线为例，20世纪60年代，为了配合与都营1号线（现浅草线）及京浜急行的列车过轨运行，京成线进行了大规模的改轨，将1372mm的路轨改成1432mm。

目前，民营铁路与JR铁路、地铁线路直接过轨连通，实现联运的线路里程达581.8km。此外，东京轨道交通系统还连接都内新桥地区与临海副都心的无人驾驶高架电车、连接羽田机场和JR山手线滨松町站的东京单轨铁路等。

在东京，除了使用第三轨条集电的银座线、丸之内线，及使用新式规格的都营大江户线外，其余10条地铁路线均与其他铁路作直通运转。东京都市圈轨道交通网络的列车"过轨运营"，要求各运营公司在过轨运营区间采用适应车辆运行的组织和协调办法。表现为过轨区间，在一家公司的线路上运行多家公司的列车。

从公司角度看，过轨运营区间的线路所有权是确定不变的，列车运行组织则可根据协议存在两种类型：单一运营公司支配与多家运营公司支配。具体如下：

①单一运营公司支配，即通过协议的形式，过轨运营区间所有列车的运行组织由单一公司决定。

例如，民铁东急东横线与地铁日比谷线在"中目黑—菊名"区间过轨运营。该区间线路所有权属。东急公司按东京地铁进入其区间的列车对数，给东京地铁支付列车使用费；而过轨列车由东急公司独立支配，并获取所有盈利（票款）。

②多家运营公司支配，即通过协议的形式，过轨运营区间所有列车的运行组织由多家公司分配。

例如，都营地铁三田线和东京地铁南北线在"白金高轮—目黑"区间过轨运营。该区间线路所有权属于东京地铁。都营地铁给东京地铁支付线路使用费，两公司的列车运行由各自公司协商后自行支配；过轨区间的票款收入按车票磁性记录清分。

总之，在事先订立协议协调线路与车辆分配的基础上，各公司自行支配"所属"车辆（自有的与付费租用的）的运行组织。不过，两种类型的差异性是明显的：单一运营公司支配下的运行组织避免了多家公司列车运行的冲突协调，更为安全有效，在东京都市圈轨道交通系统的过轨运营实际应用也更为广泛。

第 4 章

多运营商票务清分方法

世界各地城市轨道交通系统建设的经验表明，随着线网规模的扩大，线路的运营管理主体（或运营商）将逐渐趋于多元化。这种不同线路、不同运营公司之间实行的"无缝换乘"模式，不可避免地导致票款收入与参与运输的实际贡献之间存在不一致现象。因此，科学界定网络中各线路区段所承担的工作量、公正地实行票款的清算与分配是城市轨道交通网络化运营得以成功实施的必要条件。由于票据或出站记录往往存于终点车站，致使该车站归属线路以外的其他参与公司无法获取乘客全程出行信息。因此，设立统一的票务清算系统从而实现票款的准确清分具有重要意义。

4.1 票务清分的概念

轨道交通票务清分是指为合理确定网络中各运营商承担的工作量及应得收益，制定的清分规则、清分比例以及清分规则在票种中的应用。轨道交通清算指按照一定的清分规则将合法交易数据对应的资金进行清分，并将清分的结果详细列示出来。

4.1.1 清分方式、影响因素和清分原则

多运营商网络化运营中有无缝换乘模式和有障碍换乘模式两种。

①无缝换乘模式，即一票到达目的地，乘客经由不同运营商经营的线路时，在付费区换乘，不再刷卡，如伦敦地铁等。

②有障碍换乘模式，即站外换乘，这种模式可以通过辅助手段准确记录乘客的乘车路径，整个乘车路径中所涉及的所有换乘站点都被准确地记录下来，不同的运营线路之间独立收费，如东京地铁等。

第一种模式，提高了乘客出行的方便程度，节约了换乘时间。如果整个轨道交通系统是由同一家地铁运营公司管理和运营，如伦敦地铁，则不存在不同经营主体之间的收益分配问题，收入的分配属于内部分配，公司内部可按照运营线路里程来对不同的线路进行收益的分配；但是，如果在城市轨道交通系统中存在不同的运营公司管理和运营不同的地铁线路，则城市轨道交通在实现网络化运营之后，乘客换乘的具体信息难以准确获取，这就使得相关的运营主体对其做出的经济贡献不能明确地界定，而清分正是为了解决将运费收益按照各运营实体的贡献进行公平合理地分配的问题。

第二种模式，乘客需要多次购票，增加了乘客的不便，降低了整个轨道交通系统的吸引力。不过该模式通过辅助手段可以准确地记录乘客的乘车路径，整个乘车路径中所涉及的所有换乘站点都被准确地记录下来，不同的运营线路之间独立收费。因此在这种模式下，城市轨道交通中不存在清分问题。

表4-1给出了国内外部分城市轨道交通运营模式和清分方式。

国内外部分城市轨道交通清分方式　　　　　　　表 4-1

城 市	联网状况	投资和换乘方式	清分方式
伦敦	全部联网	多元投资，付费区换乘	内部结算
首尔	全部联网	同一个财团投资下的线路可以一票在付费区内换乘，不同财团下属的线路不可换乘	跨财团线路换乘清晰
东京	全部联网	同一个财团投资下的线路可以一票在付费区内换乘，不同财团下属的线路不可换乘	跨财团线路换乘清晰
巴黎	全部联网	国家投资全部线路的建设，实现付费区换乘	投资方属国家，不存在清分问题，内部结算跨财团线路换乘清晰
纽约	全部联网	同一个财团投资下的线路可以一票在付费区内换乘，不同财团下属的线路不可换乘	换乘留有标记，路径清晰
芝加哥	全部联网	不同财团投资，红线地铁与其他4条线路付费区换乘时要求乘客使用CTA换乘卡	换乘留有标记，路径清晰

影响城市轨道交通运费清分的因素多且复杂，其中最为重要的因素是客流在不同路径上的分配比例，而路径流量分配比例与乘客的路径选择行为直接相关。因此，影响乘客路径选择行为的主要因素就构成了影响清分的主要因素。根据研究，这类因素主要可以分为四类，即乘客社会经济因素、乘客出行特征因素、轨道交通网络因素以及运营商管理因素。

1）乘客社会经济因素

乘客的社会经济因素主要包括乘客的性别、年龄、职业以及收入水平等。

（1）年龄

通常，年龄较大的乘客由于身体原因，在路径的选择过程中，更希望选择换乘次数少、换乘方便、乘坐舒适的路径。出行距离越长，则换乘对乘客的路径选择影响就越大。一般来说，对于长途出行，倾向于不换乘的比例随着年龄的增长而逐渐增加。年轻人更希望能够通过增加换乘次数而节约总的出行时间，而老年人由于身体原因或老年人时间充裕，他们宁愿花费更多的出行时间而不愿意消耗体力去换乘。对于短距离的出行，由于换乘的可能性较小，而且通过换乘对于总的出行时间的节省并不明显，因此，换乘因素在乘客的路径选择中影响并不明显。各个年龄段的人群都希望选择时间更短的路径。

（2）职业

职业因素对乘客路径选择具有一定影响，一般情况下，离退休人员更希望选择换乘次数少，且方便舒适的出行路径，这与年龄因素的影响是一致的。另外，学生和工薪阶层更倾向于选择出行时间最短的路径。

（3）收入水平

通常，随着收入水平的提高，乘客对于方便、舒适和安全等方面的要求更高，因此，对于收入较高的乘客来说，在其路径选择中，更希望选择换乘次数少且方便舒适的路径。

（4）性别

考虑性别因素时，女乘客对于不同距离的换乘意向来说相对没有男乘客明显，女乘客在其路径选择中更希望选择方便、舒适和安全的路径。

2）乘客出行特征因素

乘客出行特征因素主要包括出行距离、出行目的、出行时段、出行次数以及付费方式等。

(1) 出行距离

出行距离是指乘客一次轨道交通的出行距离。通常，不同的出行距离对乘客选择路径具有一定影响。通常，对于长途出行，由于出行时间较长，因此乘客更希望通过换乘而减少总的出行时间；对于短途出行，乘客则不希望选择换乘次数较多的路径。

(2) 出行目的

不同的出行目的，乘客对路径选择也是不同的，例如以探亲访友为目的的乘客一般不会太在意出行时间的长短，而更在意出行过程中的方便舒适等因素；而上班或公务的出行则对时间比较敏感，此类出行更希望能够通过换乘来节省总的出行时间。

(3) 出行时段

出行时段包括高峰与平峰。在高峰时段，由于上下车的人数很多，车厢内和车站的乘客也很多，每次换乘都要上下车和步行一段距离，消耗一定体力，因此，乘客希望选择换乘次数少的路径，对于时间的敏感度不是很高。

(4) 出行次数

从起点至终点完成一次出行目的的过程为一次出行。出行次数是指一定时间段内使用城市轨道交通为主要交通工具的出行总数。通常乘客的每一次出行都有路径选择过程，乘车次数多更熟悉轨道交通系统。乘客通过多次出行，知道哪里换乘距离短、哪里不拥挤，帮助他在路径选择时候做决策。一般来说，乘客对系统理解越充分，其实际路径选择的结果与我们理论计算的结果越接近。

城市轨道交通的付费方式有月票、一卡通、现金和乘车证等其他形式。上班和上学的居民使用月票和一卡通的较多，偶尔出行的居民多采用现金作为付费方式，乘车证为地铁员工的乘车证明。通常，付费方式对于乘客的路径选择的没有影响。

(5) 付费方式

目前，城市轨道交通的付费方式主要有一卡通、现金、手机支付和乘车证等其他形式。上班和上学的居民使用一卡通和手机支付的较多，偶尔出行的居民多采用现金作为付费方式，乘车证为地铁员工的乘车证明。通常，付费方式对于乘客的路径选择没有影响。

3) 轨道交通网络因素

轨道交通网络因素主要包括路网结构、换乘方便性、运营模式、运营时间以及出行时间等。

(1) 路网结构

在城市轨道交通网络中，各条线路之间相互交叉连接，出现较多环形结构，这使得路网连通度大大提高，也使乘客在两站之间出行路径决策有了更多选择。确定清分规则的时候需充分考虑乘客出行路径选择多样性的特点，采用切实有效、接近实际的清分方法确保运费在做出经济贡献的各运营主体之间进行合理地分配。

(2) 换乘方便性

换乘方便性是指轨道交通乘客在换乘距离、时间等方面的便利程度。基本内容主要包括：发车间隔，有无自动扶梯，自动扶梯可使用程度，自动售检票系统可靠性，换乘步行距离，站内导向指引等。通常，乘客更希望选择换乘方便的路径，也就是说，换乘方便的路径可以吸引更多的乘客流量。

(3) 运营模式

主要包括以下几种模式:

①单路径单运营商。单一有效路径只涉及一家运营商。单路径单运营商的情况下,运费清分较为简单,乘客此次出行的运费按照清分规则应全部划归唯一路径所涉及的唯一的运营商所有。

②单路径多运营商。单一有效路径涉及多家运营商。单路径多运营商的情况下,由于担当运输任务的是多家运营商,因此,可以按照各自承担的运距比例将运费清分。

③多路径单运营商。多条有效路径只涉及一家运营商。多路径单运营商的情况下,首先应该将运费在多条路径之间分配,然后每条路径所得的运费再分配给所涉及的唯一的运营商。

④多路径多运营商。多条有效路径涉及多家运营商。多路径多运营商的情况下的运费清分较为复杂,要分两步计算。首先,把该 OD 的运费在多条可选路径之间分配;然后,针对每条路径,根据所涉及的各运营商的运距比例分配该路径的运费收入。

(4) 运营时间

运营时间对于运费清分的影响较为容易判断。路网中的各条线路的运营时间可能不完全一致,有的可能一天运营 18h,有的可能一天运营 16h。因此,OD 之间的路径的运营时间就是该路径涉及的线路的运营时间的共同部分。运营时间对于运费清分的影响主要体现在,当某 OD 之间存在多条乘客的可选路径时,每条路径的运营时间可能不一致。因此,根据各条路径的运营时间,可以得到一天当中的不同时段由不同路径参与该 OD 的运费清分。

(5) 出行时间

出行时间是指乘客从轨道交通起始点至轨道交通出行终点所需的全部时间,包括乘车时间、换乘时间等。当乘客从出发地至目的地有多条路径可供选择时,一般来说,出行时间越短的路线被选择的概率越大。一般来说,出行时间与里程是正相关的。但在实际路网中,可能会存在这种情况:两条出行路径中,里程较短的路径出行时间较长;里程较长的路径出行时间较短。

换乘时间。换乘时间是指乘客从一条轨道交通线路下车时起,经过换乘路线(含通道、扶梯等),到达另一条轨道交通线路,经候车后登上另一条线路上的列车离开时止的时间。换乘时间包括换乘步行时间、换乘候车时间。

乘车时间。乘车时间是指乘客从乘上列车开始到下车时只在上车站与下车站之间线路上花费的时间。出行路径是由路段组成的,因此,一次出行的乘车时间就等于组成该路径的所有路段运行时间之和。

4) 运营商管理因素

运营商管理因素是指由于运营商提供的差别化服务,而导致乘客出行需求中质量需求的变化,进而影响乘客路径选择的特征。它体现出了乘客对不同运营商的服务差异程度的理解,以及由此产生的路径选择偏好。

（1）票价

一般情况下，乘客会选择票价较低的路径。但在目前国内各大城市的轨道交通中，一旦 OD 点确定，则该 OD 点之间的票价就是确定的，也就是说，不同路径上乘客所支付的票价是一样的，因此，票价对乘客的路径选择没有影响。

（2）安全性

安全性是指运营商保证乘客使用其轨道交通线路的安全程度。目前，这一因素对乘客的路径选择也没有显著影响。

（3）方便舒适性

舒适性和方便性参数是指乘客在使用轨道时感受到的舒适性水平。内容包括：是否拥挤、环境、是否有空调、车内座椅的舒适程度、站内设施的布局合理程度等。通常，在其他条件不变的情况下，乘客更愿意选择更方便、更舒适的线路进行出行。

（4）正点率

正点率是指运营商在运输组织时，提供给乘客出行的客运产品，即运行列车的准时程度。高的正点率会节约乘客的时间，满足乘客出行对于时间的需求。目前，由于不同线路在正点率尚没有明显区别，因此，可以忽略该因素对乘客路径选择的影响。

城市轨道交通在实现网络化运营之后，乘客在不同线路车站之间的出行可能存在多条路径的选择，而"一票换乘"条件下，乘客换乘的具体信息难以准确获取，这也就使得相关的运营主体对其做出的经济贡献不能明确地界定，而清分正是为了解决将运费收益按照各运营实体的贡献进行公平合理地分配的问题。我们认为清分方法应基于一定的路网结构、运营模式、票价政策、客流特性等，体现其有效性、全面性、整体性和可扩展性，具体的清分原则应包括以下几个方面：

①准确性原则。清分模型中相关参数应准确地反映乘客出行路径，以此为依据判断参与运输生产的各经营核算实体的实际贡献。

②公平性原则。按照独立核算实体清分，利益分配应与其实际贡献合理地匹配。

③公正性原则。清分方法反映票价政策，全线网应采用相同的计费标准。

④灵活性原则。清分方法要适应不同的运营组织方法，由于线网采用各种不同的网络化运营组织方法时，可能引起乘客的出行路径的改变，故应采用相应合理的算法。

4.1.2 有障碍换乘条件下的清分方法

采用统一的符号 c 来表示某个 OD 之间实际的票款收入，某一路径用站点序列 S_0、S_1、…、S_{i-1}、S_i 表示，用 $L_i=|S_{i-1}S_i|$ 表示从 S_{i-1} 到 S_i 的运营里程数。

轨道交通网络中的路径确定是清分过程中的关键问题。有障碍换乘条件下，每个换乘站点均设有专用的读卡仪器，乘客换乘一次，就刷卡一次，这样就可得到精确的乘客出行路径，然后根据此路径上所涉及的营运线路，按照营运里程，得到精确的清分比例。

多运营商是指线网中存在两个或两个以上的运营公司，各运营公司为独立核算的经营实体；在实际中，存在一条线路由多个经济主体投资建成并共同运营的情况，此时考虑的运营商具有内部利润再分配的性质。本书只研究网络化运营票款清分问题，因此本研究中一条线路，有且仅有一个运营公司主导。对于一个运营公司拥有多条线路时，可以在每条线路清分结果上归类加和。

n 个运营商与 m 条线路的关系用矩阵 A 表示：

$$A = \begin{vmatrix} a_{11} & a_{12} & \cdots & a_{1n} \\ a_{21} & a_{22} & \cdots & a_{2n} \\ \vdots & \vdots & \vdots & \vdots \\ a_{m1} & a_{m2} & \cdots & a_{mn} \end{vmatrix}$$

其中

$$a_{jk} = \begin{cases} 1, & 线路 j \in 运营商 k \\ 0, & 线路 j \notin 运营商 k \end{cases}$$

设 n 个运营商在某条路径的收益为 $c=[c_1，c_2，\cdots，c_n]$，则每条线路的收益比 Q_j 为：

$$q_j = \frac{\sum_i L_i \times b_j}{\sum_i L_i} \tag{4-1}$$

其中

$$b_j = \begin{cases} 1, & L_i \in 线路 j \\ 0, & L_i \notin 线路 j \end{cases}$$

则

$$c = R \times Q \times A = R \times (Q_1, Q_2, \cdots, Q_m) \times \begin{bmatrix} a_{11} & a_{12} & \cdots & a_{1n} \\ a_{21} & a_{22} & \cdots & a_{2n} \\ \vdots & \vdots & \vdots & \vdots \\ a_{m1} & a_{m2} & \cdots & a_{mn} \end{bmatrix} \tag{4-2}$$

【例】假定城市轨道交通网络如图 4-1 所示。

其中，{（0,1），（1,4）} 为线路 1，{（0,2），（2,3）} 是线路 2，{（1,2），（1,3），（3,4），（2,4）} 是线路 3，{（3,5），（4,5）} 是线路 4，则对于从站点 0 到站点 5 发生的换乘，如果某位乘客选择 $0 \to 2 \to 1 \to 4 \to 5$ 的换乘路径，假设有 3 个运营商，他们在 4 条线路上的关系矩阵是：

$$A = \begin{bmatrix} 1 & 0 & 0 \\ 1 & 0 & 0 \\ 0 & 1 & 0 \\ 0 & 0 & 1 \end{bmatrix}$$

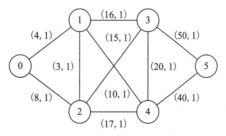

图 4-1 简单的轨道交通网络

线路以距离作为清分的参数，则 $0 \to 2 \to 1 \to 4 \to 5$ 线路的总长度值为 61，其中线路 1 为 10，线路 2 为 8，线路 3 为 3，线路 4 为 40，假设此次

换乘票价 q 为 5.00 元,则根据式(4-1)有
$$Q=[0.820 \quad 0.656 \quad 0.246 \quad 3.277]$$
则该次换乘各个运营商分到的收益为:
$$c = R \times Q \times A = (0.820, 0.656, 0.246, 3.277) \times \begin{bmatrix} 1 & 0 & 0 \\ 1 & 0 & 0 \\ 0 & 1 & 0 \\ 0 & 0 & 1 \end{bmatrix} = (1.476, 0.246, 3.277)$$

4.1.3 无障碍换乘条件下的清分方法

在网络化运营以及一票换乘条件下,路网中异线站点之间换乘可能存在多条路径,只选取最短路径不能真实反映实际的乘客出行路线,进而在清分中使得利益在各运营商的分配产生不公之处。多路径选择概率法考虑了乘客出行路径的多样性,确定几条乘客可能选择的理性路径,根据一定的方法确定每条路径的客流分配比例,进而结合各线路承担的运输里程计算出清分比例。

该方法的基本思路可概括为:在网络中任意 OD 站点之间客流量和票款收入已知的情况下,将于某条运行线路有关的 OD 量按照一定原则合理地分配到 OD 对之间的各条有效路径上,得到不同路径的分担比例,并计算出该线路在每条路径中所占里程比例。根据这两个比例,求得 OD 之间此线路应得收入所占的清分比例,最终计算出线路的票款收入。

该方法实际上包含了最短路径法,更切合实际地反映了乘客的出行情况,充分照顾到路网运营中做出贡献的运营商利益,其目标是更加科学、准确、客观地分配运费收益,体现公平的原则。

假定在城市轨道交通网络中共有 W 个 OD 对,在第 w 个 OD 对之间总的出行量需求为 d^w,票价为 q^w,则此 OD 之间的票款收入 R^w 为:
$$R^w = d^w \times q^w$$

再假定第 w 个 OD 对之间存在 K 条有效路径供乘客自由的选择,并假定第 k 条路径的选择概率为 $P_k^w = [p_1^w, p_2^w, \cdots, p_K^w]$,用向量 $Q_k^w = [q_{1n}^w, q_{2n}^w, \cdots, q_{Kn}^w]$ 表示 w 个 OD 之间 K 条路径上线路 n 所占的里程比例。第 w 个 OD 对 n 个运营商应得到的清分收入 c^w 为:

$$c^w = R \times P \times Q \times A = R \times (p_1, p_2, \cdots, p_k) \times \begin{bmatrix} q_{11} & q_{12} & \cdots & q_{1m} \\ q_{21} & q_{22} & \cdots & q_{2m} \\ \vdots & \vdots & \vdots & \vdots \\ q_{k1} & q_{k2} & \cdots & q_{km} \end{bmatrix} \times \begin{bmatrix} a_{11} & a_{12} & \cdots & a_{1n} \\ a_{21} & a_{22} & \cdots & a_{2n} \\ \vdots & \vdots & \vdots & \vdots \\ a_{m1} & a_{m2} & \cdots & a_{mn} \end{bmatrix}$$

具体的计算步骤如下:
步骤 0　初始化,并置 $w=1$。
步骤 1　寻找第 w 个 OD 对之间的有效路径。

步骤 2 判断这些有效路径是否经过第 n 条线路的运营区间，如果存在有效路径经过第 n 线路的运营区间，则进行下一步；否则令 $w=w+1$，转到步骤 1。

步骤 3 计算第 w 个 OD 对之间的所有有效路径的路径配流比例。

步骤 4 计算第 n 条线路在第 w 条 OD 对之间的所有有效路径中的里程比。

步骤 5 计算第 n 条线路在第 w 个 OD 对之间的清分比例。

步骤 6 如果 $w=W$，进行下一步；否则令 $w=w+1$，转到步骤 1。

步骤 7 计算第 n 条线路的清分总额。

城市轨道交通网络运费清分算法流程图如图 4-2 所示。

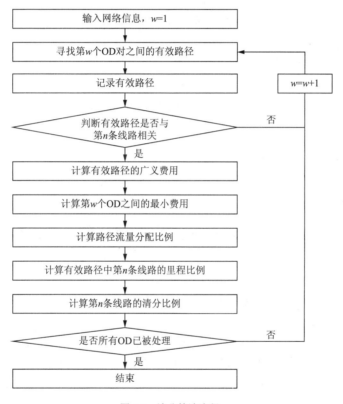

图 4-2 清分算法流程

4.2 多运营商环境下的票款清算方法

无论在何种网络化运营环境下（包括共线运营环境），从经营核算实体的角度看，网络化运营都是线路运营公司之间的合作，票款收入的所在方必然为起讫车站所属的某一个或两个线路运营公司。由于车站、线路、线路运营公司的一致性，因此，理清票款收入的车站，即可确定各公司的已收票款，结合票款清分算法得到各公司应得票款，即可实施票款的清分。

4.2.1 票款去向

按照乘客购票行为的各种可能性,票款的去向有以下几种情况:

①从起点站 S_o 购票上车,任意车站下车无补票,全程票款存在于 S_o 所在线路的运营公司。

②从起点站 S_o 购票上车,在本线的终点站 S_d 下车并补票,全程票款存在于 S_o 所在线路的运营公司。

③从起点站 S_o 无票上车,在本线的终点站 S_d 下车并补票,全程票款存在于 S_o 所在线路的运营公司。

④从起点站 S_o 购票上车,在非本线的终点站 S_d 下车并补票,全程票款分别存在于 S_o、S_d 所在的两条线路的运营公司。

⑤从起点站 S_o 无票上车,在非本线的终点站 S_d 下车并补票,全程票款存在于 S_d 所在线路的运营公司。

可以看出,对于乘客的一次出行,线路 j 的运营公司上获得票款的情况有:线路 j 有车站作为起点站时,在①②③三种情况下获得全部票款,在④情况下获得部分票款;线路 j 无车站作为起点站、有车站作为终点站时,在④情况下获得部分票款,在⑤情况下获得全部票款。

4.2.2 流程设计

根据上述分析,设计确认票款所在地及其相应票款额的流程。流程的相关参数设定如下:

假设 n 家线路运营公司,分别运营 m 条线路。k 表示线路运营公司,$k=1,2,\cdots,n$;j 表示线路,$j=1,2,\cdots,m$。由于线路对应唯一的线路运营公司,在通过线路上的车站判断票款所在运营公司的思路下,不妨令 $k=j$。

W 表示乘客的出行路径总数;w 表示第 w 个出行路径。

S_o、S_d 表示乘客出行路径的起讫车站;由于票款只存在于起讫车站,此处可简化站点序列为(S_o, S_d)表示某一出行路径。

E_j 表示线路 j 的已收票款。

E_o、E_d 表示乘客在起讫车站的购票、补票款额。

设计流程的具体步骤如下:

步骤 0 初始化,输入线网信息、检票验票及票款信息,并置 $j=1$。

步骤 1 置 $w=1, E_j=0$。

步骤 2 提取第 w 个(S_o, S_d)的出行路径并记录。

步骤 3 判断出行路径中的起点站 S_o 是否属于线路 j,如果是,则进行步骤 4;否则,转到步骤 7。

步骤 4 提取此次路径的起点站验票信息中的购票款额 E_o。

步骤 5 判断 E_o 是否为零,如果是,则转到步骤 7;否则,进行步骤 6。

步骤 6 计算该出行中起点站所在的线路运营公司 k 的收入，$E_j = E_j + E_o$。

步骤 7 判断出行路径中的终点站 S_d 是否属于线路 j，如果是，则进行步骤 8；否则，转到步骤 11。

步骤 8 提取此次路径的终点站验票信息中的补票款额 E_d。

步骤 9 判断 E_d 是否为零，如果是，则转到步骤 11；否则，进行步骤 10。

步骤 10 计算该出行中终点站所在的线路运营公司 k 的收入，$E_j = E_j + E_d$。

步骤 11 判断是否所有的出行路径已被处理，如果是，则输出运营公司 k 的已收票款，并进行步骤 12；否则，令 $w = w + 1$，转到步骤 2。

步骤 12 判断是否所有的线路已被处理，如果是，则结束；否则，令 $j = j + 1$，转到步骤 1。

确认票款所在公司及其相应票款额的算法流程图，如图 4-3 所示。

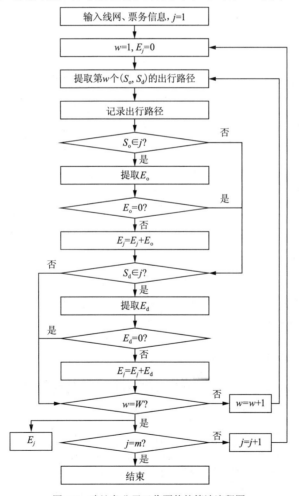

图 4-3 确认各公司已收票款的算法流程图

根据 k 公司的应得票款和已收票款，计算两者的差额，即线路运营公司 k 与其他公司之间的最终票款给付或提取值。

4.3 过轨模式下的票款清算方法

共线运营环境，指在一般网络化运营环境的基础上，某条线路上的列车通过过轨运输，实现在其他线路的特定区间与两个或两个以上的运营公司的列车共线追踪运行的网络化运营环境。

4.3.1 两种运营环境下影响票款清分的关键区别

一般网络化运营环境下的票款清分算法，是以线路与经营核算实体的一致性为基础建立的。然而，在共线运营环境下，列车过轨进入其他线路运行，若采用"租车"形式，共线运营区间的经营核算实体为本线线路运营公司，线路与经营核算实体尚可一一对应；若采用"租线"和"线路互用"形式，共线运营区间的经营核算实体为在该区段运营的所有列车运营公司，线路与经营核算实体是一对多的关系。

这两种运营环境下，经营核算实体及其与线路关系的变化，如图4-4所示。

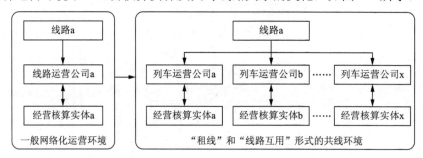

图4-4　两种运营环境下经营核算实体及其与线路关系的变化

因此，一般的网络化运营环境下的票款清分算法，适用于"租车"形式的共线运营环境，但不适用于"租线"和"线路互用"形式的共线环境（为简单起见，下文的"共线运营"概念均特指这两种形式）。对于后者，需要将按线路清分的票款，进一步细分到在该线运营的所有列车运营公司。

4.3.2 算法改进与分析

在共线运营区间，客运量是不同列车运营公司进行票款清分的基本依据。各个运营公司在共线运营区间的客运量比例，可以用矩阵表示：

$$A = [a_{jk}] = \begin{bmatrix} a_{11} & a_{12} & \cdots & a_{1l} \\ a_{21} & a_{22} & \cdots & a_{2l} \\ \vdots & \vdots & & \vdots \\ a_{m1} & a_{m2} & \cdots & a_{ml} \end{bmatrix} \quad (4\text{-}3)$$

式中：a_{jk}——在第 j 条线路共线运营的第 k 个列车运营公司的所占的运量比例。

显然有：

$$\sum_{k=1}^{l} a_{jk} = 1 \text{ 且 } 0 \leqslant a_{jk} \leqslant 1 \qquad (4\text{-}4)$$

结合一般网络化运营环境下各线路的票款清分算法,将存在共线运营的线路分为共线运营区间和非共线运营区间,从而得到各列车运营公司的应得票款为:

$$\begin{aligned}
I &= \boldsymbol{Q}_{\text{非}} + \boldsymbol{Q}_{\text{共}} \times \boldsymbol{A} \\
&= [Q_{j\text{非}}] + [Q_{j\text{共}}] \times [a_{jk}] \\
&= q \times \left\{ \left[\frac{\sum_i L_i \times b_{j\text{非}}}{\sum_i L_i} \right] + \left[\frac{\sum_i L_i \times b_{j\text{共}}}{\sum_i L_i} \right] \times \begin{bmatrix} a_{11} & a_{12} & \cdots & a_{1l} \\ a_{21} & a_{22} & \cdots & a_{2l} \\ \vdots & \vdots & & \vdots \\ a_{m1} & a_{m1} & \cdots & a_{ml} \end{bmatrix} \right\}
\end{aligned} \qquad (4\text{-}5)$$

$$i = 0, 1, 2, \cdots, n$$
$$j = 1, 2, \cdots, m$$

式中:

$$b_{j\text{非}} = \begin{cases} 1, & L_i \in \text{线路}j\text{非共线区段} \\ 0, & L_i \notin \text{线路}j\text{非共线区段} \end{cases} \qquad (4\text{-}6)$$

$$b_{j\text{共}} = \begin{cases} 1, & L_i \in \text{线路}j\text{共线区段} \\ 0, & L_i \notin \text{线路}j\text{共线区段} \end{cases} \qquad (4\text{-}7)$$

$Q_{j\text{非}}$、$Q_{j\text{共}}$ 分别表示第 j 条线路的非共线运营区间的应得票款和共线运营区间的应得票款。

4.3.3 客流路径选择影响因素分析

a_{jk} 的取值,决定了清分算法的准确性。在同一共线运营区间,不同列车运营公司的列车的客流量,难以通过 AFC 的检票系统予以准确区分。

分析共线运营区间的路径特征,乘客对不同列车运营公司的列车的选择,可以理解为对不同出行路径的选择。区别于一般意义上的由线路区间不同决定的"物理路径"不同,这是由经营核算实体不同引起的"虚拟路径"的不同(相同 OD 对的"物理路径"在共线运营区间是相同的)。因此,可以采用基于多路径选择概率模型或者随机用户平衡模型的城市轨道交通客流分布算法,各个参数利用各个时间段对共线运营区间线路各列车在各车站的乘降量调查样本进行标定与修正,可以得到精确的各列车运营公司的输送客流比例。从而,通过式(4-5),得到共线运营环境下各经营核算实体的应得票款。

在同一共线运营区间、同一 OD 对的"虚拟路径"之间,不同运营公司的列车采用的追踪间隔与区间旅行速度相同、计费标准一致,因此直接导致乘客"虚拟路径"选择和流量分配的出行阻抗的部分因素是相同的,如出行时间、车票价格、准时性等;主要的不同因素有列车的舒适度、便捷性以及影响乘客路径选择行为的个体因素。

1) 舒适度

乘客是城市轨道交通的服务对象,一般而言,舒适度对于乘客选择路径的影响,与车厢内拥挤程度直接相关。

对于城市轨道交通，拥挤程度有两个阈值：座位数与额定载客数。当列车上的乘客数小于座位数，即每一位乘客均有座位时，认为乘客的舒适度最优，此时广义费用为零；当乘客数大于座位数时，由于乘客必须站立甚至拥挤，此时产生由不舒适引起的单位乘车时间内的舒适度广义费用。

乘客的舒适度广义费用，可以分为当乘客数大于座位数而小于额定载客数时站立阶段和当乘客数超过额定载客数时的拥挤阶段。如式（4-8）所示。

$$F_s(x) = \begin{cases} \dfrac{c_1 \times (x-Z)}{Z} & Z < x \leqslant C \\ \dfrac{c_1 \times (x-Z) + c_2 \times (x-C)}{Z} & x > C \end{cases} \quad (4\text{-}8)$$

式中：x——共线运营区间某区间上的客流量，人；

Z——列车的座位数，个；

C——列车的额定载客数，人；

c_1——乘客站立导致的舒适度广义费用系数；

c_2——拥挤导致的舒适度广义费用系数。

不同"虚拟路径"的差异在于 C 与 Z。由于互相过轨的列车往往来自不同区域，根据本线所在区域的客流特点，车辆容量可能差异较大，导致在相同的运输量的情况下产生不同的广义费用。一般而言，对于来自郊区和市区的列车，有以下关系：

$$Z_u < Z_s, C_u > C_s \quad (4\text{-}9)$$

式中：Z_u、Z_s——共线运营区间来自市区、郊区的列车的座位数，个；

C_u、C_s——共线运营区间来自市区、郊区的列车的额定载客数，人。

此外，由于不同列车运营公司的车辆特别是车厢可能存在的不一致，列车车厢的新旧程度、车内设备（如座位、扶手位置）等客观因素对乘客的舒适度也有一定程度的影响。

2）便捷性

在城市轨道交通线网中，换乘次数成为乘客选择路径的一个重要因素。可以认为，乘客出行的便捷性是线网换乘便捷性的个体表征，可以通过换乘次数予以定义和计算。

对于共线运营区间，乘客选择"虚拟路径"的便捷性差异，在于选择该路径导致的换乘次数的不同，如在共线运营区间起讫点车站是否需要换乘。乘客出行的便捷性广义费用，如式（4-10）所示。

$$F_b = \alpha[H_w^y] \quad (4\text{-}10)$$

式中：H_w^y——对于第 w 个"物理路径"，在共线运营区间采用第 y 条"虚拟路径"的换乘次数；

α——换乘惩罚系数。

3）个体因素

个人的出行行为选择通常是受其心理要求支配的，而城市居民出行行为选择是一个非常复杂的心理过程，受到多种的个体因素影响，既有居民对家址、工作地点的选择，对交通系统营运特性、营运效率的认知及服务质量评价态度等长期决策因素；也有出行者的出行动机,对出行方式、出行同伴的选择等临场决策因素。其中,对于共线运营区间"虚拟路径"的选择产生影响的主要个体因素有以下几点。

(1) 出行起讫点

包含共线运营区间的出行路径,有三种存在形式:路径一端在共线运营区间,另一端在非共线运营区间;路径两端均位于共线运营区间;路径两端均位于非共线运营区间。

在共线运营区间,乘客受出行起讫点的选择影响主要是"虚拟路径"的便捷性差异的体现。对于第一种情况,一般选择非共线运营区间所在线路运营公司的提供的"虚拟路径",从而避免换乘,因此客流主要集中在该"虚拟路径"上;对于第二种情况,任一"虚拟路径"的便捷性影响都是相同的,客流在各"虚拟路径"的客流分配与其运能的比值应较为接近;对于第三种情况,一般选择两个非共线运营区间所在线路运营公司之一提供的"虚拟路径",从而仅需一次换乘,因此客流主要集中在这两个"虚拟路径"上。

(2) 出行时段

一般而言,城市轨道交通线网内,由于高峰时段乘客流量大,车站乘降量大,相应的换乘广义费用就会变大,因此,在高峰时段出行的乘客一般会选择不需要换乘或换乘次数较少的出行路径。

在共线运营区间,乘客受出行时段的选择影响主要是"虚拟路径"的舒适性差异的体现。在高峰时段,城市轨道交通各区间客流量往往接近甚至超过列车的额定载客数;在平峰时段,区间客流量往往接近甚至低于列车的车位数。

由式(4-8)、式(4-9)可知,高峰时段,若$x>C_u$,则$x>C_s$,此时选择来自市区线路的列车舒适性较好;平峰时段,若$x<Z_u$,则$x<Z_s$,此时选择来自郊区线路的列车舒适性更好。

(3) 运营公司认同度

在其他影响因素差异不明显,则乘客对待选"虚拟路径"的选择,往往受其对相应运营公司的认同度等主观因素的影响。

如果线网内的各运营公司采用不同票卡,则乘客对运营公司的认同度对"虚拟路径"选择的影响更加明显。

4.3.4 算例分析

假定某城市轨道交通线网由三条线路组成,线路 1 为 1→2→3,线路 2 为 5→7→8,线路 3 为 3→4→5→6,线网的线路与共线运营区间对应路径如表 4-2 所示。

假设线网的线路与共线运营区间对应路径 表 4-2

线路与区段	路径
线路 1	{(1,2),(2,3)}
线路 2	{(5,7),(7,8)}
线路 3	{(3,4),(4,5),(5,6),(6,3)}
1、3 共线运营区间	{(2,3),(3,4),(4,5)}
2、3 共线运营区间	{(3,4),(4,5),(5,7)}

站点序列及各车站、线路的位置关系、距离值如图 4-5 所示。选取 $1 \to 2 \to 3 \to 4 \to 5 \to 7 \to 8$ 作为该线网中的待清分的出行路径，客流量为 100，全程票价 5。

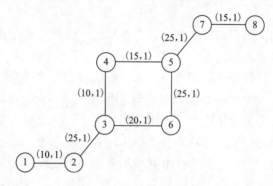

图 4-5　假设的轨道交通线网简图 1

由式（4-1）计算得各线路共线与非共线运营区间的应得票款值为：

$$Q_{\text{非}} = [50, 75, 0]$$

$$Q_{\text{共}} = [125, 125, 125]$$

假设三个列车运营公司在三条线路共线区间的运输量比例为：

$$A = \begin{bmatrix} 0.80 & 0 & 0.20 \\ 0 & 0.90 & 0.10 \\ 0.45 & 0.40 & 0.15 \end{bmatrix}$$

由式（4-5）计算得各运营公司的全部应得票款为：

$$I = [50\ 75\ 0] + [125\ 125\ 125] \times \begin{bmatrix} 0.80 & 0 & 0.20 \\ 0 & 0.90 & 0.10 \\ 0.45 & 0.40 & 0.15 \end{bmatrix}$$

$$= [206.25\ 237.5\ 56.25]$$

得到票款清分方案：三家运营公司分别应得票款 206.25、237.5 与 56.25。

4.4　票务清分的 AFC 系统

目前，世界上城市轨道交通售检票系统主要有印制纸票人工售票系统、印制纸票半自动售票系统、一次性磁票自动（半自动）售检票系统、重复使用磁票（半自动）售检票系统、接触式智能卡自动（半自动）售检票系统、非接触式智能卡自动（半自动）售检票系统等。城市轨道交通由于线路范围相对较小、线路关联度高、客流短途高密度的特点，要求票务系统信息传递及时，数据处理能力大。目前大部分城市轨道已成功应用了自动售检票系统（Automatic Fare Collection System，简称 AFC 系统），有效地提高了运营管理水平。

4.4.1 自动售检票系统

自动售检票系统直接面对乘客，与日常运营、票务收入、乘客的乘车费用密切相关。由于自动售检票系统主要是处理交易和财务数据，所以必须保证这些数据的完整性和可靠性。因此，自动售检票系统必须具备相应的可靠性、安全性、易用性、可扩展性和互联性。

城市轨道交通自动售检票系统是通过对计算机技术、网络技术、现代通信技术、自动控制技术、智能卡技术、大型数据库技术、机电一体化技术、模式识别技术、传感技术、机械制造技术、统计、财务等专业知识的综合运用，来实现城市轨道交通的售票、检票、计费、收费、统计、清分结算等全过程自动化，大大减少票务工作人员的工作量，提高运行效率和效益，使乘车收费更趋于合理，减少逃票情况的发生。城市轨道交通自动售检票系统可大大减少现金流通，减少堵塞人工售/检票过程中的各种漏洞和弊端，避免售票"找零"的烦琐，方便乘客。同时通过对客流、运营收入等综合业务信息的汇总分析，可以为决策者增强客流分析预测能力，合理地调配资源，以提高运营单位的经营管理水平。

（1）系统结构构成

城市轨道交通的自动售检票系统是处理城市范围内众多轨道交通线路售检票业务的管理系统，设计路网业务、线路业务、车站处理、终端处理和车票媒介方面的内容。根据业务和层次，城市轨道交通自动售检票系统框架的参考模型包括五个层次，第一层是路网层（ACC），第二层是线路层（LCC），第三层是车站层（SC），第四层是终端层，第五层是车票层。系统架构的参考模型如图 4-6 所示。

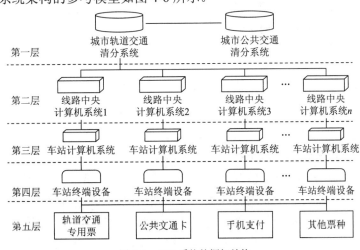

图 4-6 AFC 系统的框架结构

（2）中央计算机系统

中央计算机系统是城市轨道交通自动售检票系统（AFC 系统）中负责线路运营管理的主要信息管理系统，通过线路 AFC 系统对地铁 AFC 系统内所有设备进行监控，实现系统运作、收益及设备维护集中管理，实现对系统数据的集中采集、统计及管理，并且能实现与"一卡通"系统的数据交换及财务清算。

中央计算机由数据库服务器、历史数据库服务器、数据交换服务器、报表服务器、运营管理服务器、通信服务器、网管服务器、交换机等组成，具有完成系统管理与维护、系统设备监控、票务管理、业务信息查询、辅助决策支持等功能。系统管理包括权限管理、系统安全管理、日志管理、灾难复原、后台监控等；运营管理包括运营参数管理、设备管理等；数据管理包括采集、储存、处理车站计算机上传的各种数据等；数据分析包括卡、客流等方面的统计与分析；财务管理包括收益交易管理、报表管理、对账管理、清算管理等；票务管理包括票卡初始化、票价制定、黑名单管理、票卡分发和回收等。

（3）车站计算机系统

车站计算机系统存储车站交易数据、与中央计算机系统和各终端设备进行通信、运行车站清算服务和数据处理程序。票务管理终端安装在车站 AFC 票务室，主要完成车站票卡和现金库存管理，操作员一般为客运值班员。监控终端安装在综合控制室，主要完成车站设备监控管理，操作员一般为行车值班员。车站运营管理人员通过车站计算机系统实现实时监控和调整车站售检票设备的运营状态；收集、处理审查车站售检票的交易数据，统计乘客量，提出信息管理报告，并送往中心计算机；接收中心计算机下载的收费标准、挂失储值 IC 卡号、控制指令等数据，并将其数据送往车站的各售检票设备。

（4）车站 AFC 系统终端设备

车站 AFC 系统终端设备包括出／入站闸机、自动／半自动售票机、自动增值机、自动验票机、手持验票机、初始化编码机等。

闸机也称检票机，根据用途可分为入站闸机、出站闸机、出入站兼用闸机和特殊通道闸机；根据阻挡方式可以分为三杆式、门式、拍打式等。各种闸机可以对各类车票进行读写操作和合法性确认，如入站时能在车票上写入入站信息，出站时计算乘车费用、余额显示及回写、扣除车费等。出站闸机设有记名储值票的信用自动增值功能，用于记各储值票出闸时票额不足情况下的自动增值。并有紧急状态放行功能。

自动售票机用于乘客自助式购买单程票和不记名储值票，能防伪识别指定的硬币和纸币，具有自动找赎功能，根据乘客投入的钞票以及乘客的有关操作，完成一系列 IC 卡的授权操作，并通过传动机构将 IC 卡输出给乘客。

半自动售票机用于辅助票务员处理各种售票与查询业务，包括售票、退票（储值票）、补票（单程票）、挂失（记名储值票）、充值（储值票）、验票、换卡等。

自动增值机用于乘客自助式对已购买的储值票用现金或银行转账两种方式进行增值，具有分析储值票和自动显示余额功能。用现金增值时，能自动防伪识别人民币纸币；用银行卡转账增值时，可根据乘客提供的银行卡和储值票，将指定的银行账户中的存款金额通过有关操作转入储值票中，并自动打印银行卡使用交易单。

自动验票机协助乘客自助查询所持车票的固有信息和历史记录，包括车票的卡号、使用有效期、剩余金额、最近交易记录等。

自动兑币机可根据乘客提供的一定面值的小额纸币兑换成等额的硬币，能防伪识别小额的人民币纸币。

初始化处理机设置在票务中心，用于将采购来的 IC 卡初始化成可以使用的地铁车票，同时进行相关处理，并具有编码和票面打印等功能。

4.4.2 票务系统的业务管理

借助于自动售检票系统，票务系统的业务管理主要包括票卡管理、规则管理、信息管理、账务管理、模式管理和运营监督等。

1）票卡管理

票卡就是乘客使用的车票，用于记载乘客的雏形和费用信息，是乘车的有效凭证。票卡管理就是对票卡的发行、使用、更新等全过程进行的有效管理。

票卡发行及使用包括车票编码定义、车票初始化、车票赋值发售、车票使用等。

（1）车票的编码定义

车票编码定义包括车票类别、车票编号、车票票值、车票时效、使用范围等信息。

车票类别标志了车票的分类情况，对应不同的应用方式和处理规则，车票的类别在编码的时候确定。乘客可以根据自己的需要购买规定范围内不同类别的车票。

车票编号可分为卡面编号、物理编号和逻辑编号。卡面编号是指票卡生产商在制作车票媒介时印制在车票表面上的系列编号，可标明生产者代码、批次信息等。物理编号是指非印刷票卡媒介产品的序列号，由车票媒介生产商在出厂时直接写在车票芯片内。物理卡号可以与卡面编号一致，也可以不同。逻辑编号是指为了确保自动售检票系统能够跟踪流通中的车票的使用情况和针对某张或某些车票进行功能设置而赋予的系列编号，在车票初始化时由编码机对票卡进行逻辑卡号的写入。在车票制作和使用过程中，中心数据库可通过在车票的票面编码、物理卡号和逻辑卡号之间建立相应的关系联系，对车票的使用情况进行有效的防伪和跟踪。

车票票值也就是车票所含可乘车的资金，它是记录在车票上的，可以用于乘坐轨道交通工具的金额。通常，使用单程票的乘客在出站时如果车票中的票值小于本次旅程的应付费用，则不予放行，需要补足费用后才能出站。使用储值票的乘客在经过本次旅行后，将在票值卡预存存储的资金中扣除此次旅程的费用。如果票卡中的预存资金金额为零或负值时，一般不让进站乘车。

车票时效是指各种类别的车票各自的不同有效期。车票只能在系统设定的有效期内使用，如果车票即将过期或者已经过期，需进行延期等更新处理后才能使用。例如周票、月票就有车票有效期。为规范使用秩序，各类车票也规定其特定的使用范围。例如单程票上一般会有进出站的信息。

（2）车票初始化

在所有车票投入使用前，必须由专门的机构进行初始化，分配车票在系统内的唯一编号，同时生成车票相关的安全数据。

车票初始化工作是通过编码或分拣机进行的。只有经过初始化后的车票，才可以分发至各车站进行发售。在初始化时，操作员针对不同类型的车票设置系统参数及系统应用数据来进行初始化编码。车票初始化时的编码内容一般包括安全密钥及方位数据、车票编码数据、车票状态数据等数据类型。

在对车票初始化时，必须完成以下工作：①设备读取车票上唯一的物理卡号，验证初始密钥；②初始密钥验证成功后，将逻辑卡号、安全数据及系统应用数据写入车票。车票初始化后，车票信息会记录到中央数据库中。

（3）车票的赋值发售

初始化后的车票必须经过赋值处理才能够正常使用。对车票的赋值可由编码／分拣机执行或由站内的自动售票机、半自动售票机在车票出售时进行。对部分需要提前赋值的车票（如应急票），可以在专门的编码／分拣机进行赋值。对车票进行赋值时，必须对车票进行有效检查，再将赋值信息写入车票，但不能修改票卡发行时的初始化数据。赋值数据由系统参数来确定。

各种车票发售设备室分散在轨道交通服务范围内各处，但他们遵循的规则必须一致，因而发售设备的发售许可、可发售票卡类型和票价参数等，通常由中央计算机系统下载参数进行设定。车票发售完成后，要将车票信息报送到中央数据库中去。

（4）车票的使用

车票通过发售／赋值后就可以投入使用。所有车票的详细使用记录最终需要保存在中央计算机系统，以便对车票使用情况进行统计和分析。车票的每次详细使用记录至少包括车票类别、车票编号、交易类型、车票交易序号、交易时间、交易设备编号、上次交易时间、上次使用设备、交易金额、车票余值等信息。

当乘客使用了无效或失效车票，检票机将拒绝接受，但可以引导乘客到票务处理机对车票进行分析和处理。

有关车票的使用过程，可描述如下：

①车票在自动售票机或半自动售票机上出售，并写入"出售记录"（如出售时间、线路车站号、售票设备编号、车票赋值／余额等）信息。

②车票经进站检票机检票，在进站检票机写入"进站记录"（如进站时间、线路车站号和进站检票机编号等）信息。

③车票经出站检票机检票，不同类型车票有不同处理方法，如乘次票（或储值票）在出站检票机处将写入"出站记录"，并扣除一个乘次（或旅程费用）；如回收票卡，则由检票机完成回收，并清除票卡中上一次的发售、进站或出站等运营信息。

④经出站检票机回收的车票，可直接送往自动售票机进行出售。

（5）车票的进／出站处理

普通车票检验遵循一进一出次序，即先用一次进站再发生一次出站，如果乘客在进站时未经检票（或标识不清），或在出站时未经检票，将造成因进站次序不匹配而导致车票暂时性无效。处理暂时性无效车票通常需要由票务处理机对其更新。

半自动售票机（票务处理机）根据进出站次序的检查规则来更新车票，如果规则约定，可通过中央计算机系统设定的费率表向乘客收取更新后的相关差额费用。

对车票的进出站次序的检查也可以由中央计算机系统来操控，可通过中央计算机系统设定某个、某部分或全部的车站对车票进行或不进行进出站次序检查；对某一类车票的进出站次序进行或无须进行检查。

（6）车票的更新

在半自动售票机（或票务处理机）对车票进行分析后，若为进出站次序错误、超时、超程等无效原因，则可对车票进行更新处理。中央计算机系统分别设定进/出站码更新的时间和车站限制、进/出站码的更新的费用、超时更新的费用、超程更新的计费方式、收费方式、更新次数等。

根据车票的分析结果，如果同时存在两种及两种以上需更新的项目，则应对每项更新处理进行确认，并按照运营规则进行处理。

在进行更新处理时，半自动售票机（票务处理机）相应更新车票的进/出站状态、时间及费用，并记录更新标志等信息。

单程车票更新操作时不对单程票余额进行修改，通常另行收取费用。更新储值票时，收费可从储值票上扣除收费金额，乘客也可以选择用现金另行支付。

（7）车票的退换

乘客要求退票时，半自动售票机（票务处理机）应能办理退款业务。通常退款处理方式可根据车票是否被损坏而分为及时退款或车票替换两种方式。中央计算机系统可设置退款的条件、使用次数限制、余额限制、费用等以确保退票处理有足够的安全性，防止欺骗行为的发生。

对车票进行分析后，符合系统设置参数的车票，如允许被替换的类型、制定的回收条件等可以通过半自动售票机进行替换处理。在进行替换处理时，在被替换的车票上写入有关的替换信息，但车票上的原有信息不能被修改或涂抹。车票上的所有余值/剩余乘此及优惠信息应完全转入新的车票上。

（8）车票的回收

出站检票机可根据预先的设置，对单程票进行自动回收。通常回收后的车票可通过自动售票机、半自动售票机再次发售。当回收到的车票达到规定的使用寿命或出现损坏不能继续使用时，则不能再进入使用环节，应及时进行回收。

也可通过编码/分拣机进行集中分拣，将达到使用周期或受到损坏的车票分拣出来加以回收。分拣条件可由参数设置。

（9）监督管理

为了充分发挥自动售检票系统的信息对管理的支持作用，中央计算机系统应该及时将使用中必要的车票交易数据记录下来，以供系统对车票使用情况进行统计和查询，并能跟踪每张车票的使用情况，提高防范滥用、复制及伪造车票的能力，减少由于欺诈行为而引起的票务损失。同时根据车票的编号也可查询车票的使用记录。

（10）票卡注销

票卡在频繁地使用过程中，应建立适当的制度对其使用状况进行及时检查。一旦发现不宜继续使用的票卡要及时注销，删除流通数据库中这些票卡的编号或将这些注销票卡信息放置进已销票卡数据库中，并应销毁已注销票卡。

2）规则管理

为保证票务系统能够在多部门和多环节高效运行，就必须制定一套科学、严密的规则和流程，包括票价策略、结算规则、权限管理和操作流程等。

票价基本政策涉及轨道交通运营单位对票制、乘车时限、乘车限制等方面的规定。

（1）乘车时限

城市轨道交通是一种安全、快速、便捷和准时的交通工具，为避免乘客在列车上或车站付费区内长时间逗留，造成不必要的拥塞，轨道运营单位往往会对乘客购票入闸至检票出闸的时间进行限制，这就是乘车时限。超过乘车时限，简称滞留超时。对滞留超时的乘客，运营单位往往会收取一定金额的费用。如某城市地铁公司规定，乘客每次从入闸到出闸时限为 120min，超过时限要按最高单程票价补交滞留超时金额。

（2）乘车限制

为保证车站乘车秩序、环境以及乘客的安全，轨道交通单位往往会对乘客携带的物品做出规定，允许乘客携带一定重量和体积的行李，在规定范围内的重量和体积的行李给予免费或收取费用。另外，车站禁止乘客携带易燃、易爆、有毒等危险物品入站，同时也不允许携带较大、较重或较长的物品进站。此外，为保证单程票的正常循环，运营单位也会对单程票的使用做出一些限制。以上的相应规定统称为乘车限制。

（3）超程处理

超程处理是指乘客所使用的车票（主要是单程票）不足以支付所达到车站的实际车费时，须补交超程车费。

（4）车票有效期

对车票有效期的规定各城市地铁也不尽相同，以深圳地铁为例，对车票的有效期规定如下：

普通单程票只能在车票售出站入闸且当日乘车有效（当日指售出运营日）。

乘客每次乘车从入闸到出闸，时限为相应的规定时间，超过相应的规定时间，须按最高单程票价补交超时车费。

乘客所使用的车票不足以支付所到达车站的实际车费时，须补交超程车费。

乘客乘坐一个车程既超时又超程时，须补交超乘车费并按最高单程票价补交超时车费，使用优惠票须按优惠后最高单程票价加扣超时车费。

（5）优惠乘车规定

各城市轨道交通对特殊乘客群体乘车都给予不同程度的优惠，如有些城市对年过七旬的老人实行免费乘车的优惠；对学生发售有折扣的学生票。还有些城市轨道交通实行月票、季票、团体票等票制。对儿童的优惠一般以身高为依据实行不同的票值，如某地铁公司对儿童的乘车规定为：一名成年乘客可以免费携带一名身高不足 1.1m 的儿童乘车，超过一名的，按超过人数购成人全票。

（6）进出站次序错误的数据更新

进出站次序错误（即乘客在非付费区）。若车票上次进站车站是本站且上次使用时间与更新时刻的时间间隔在系统规定的时间段（广州地铁为 20min）以内，则免费对乘客车票进行数据更新。车票上次使用时间与更新时刻的时间间隔超过系统规定的时间段，则持单程票乘客须重新买票；持储值票乘客须按票种最低票价（指乘客所使用车票种类的起步价）支付上次票款。因地铁方面原因导致的错误除外。若出站次序错误（即乘客在付费区），根据乘客反映的进站车站免费对车票进行数据更新。

第 5 章
运营补贴理论与方法

作为大型基础设施项目，城市轨道交通兼顾公共产品和私人产品的特征。由于具有准公共产品的性质，城市轨道交通定价在很大程度上需要在公益性和营利性两者之间进行权衡。就世界各国的运营情况来看，城市轨道交通定价更偏重其公益性的实现，也就造成了全球绝大多数城市轨道交通系统依赖于政府补贴。

5.1 运营补贴的理论与实践基础

5.1.1 城市轨道交通事业基本属性

城市轨道交通的属性特征是多维的，在投资、建设及运营等各个环节均有所体现。从理论上分析，城市轨道交通的社会福利性、正外部性、自然垄断性、规模经济性、网络经济性及需求波动性等特征，是构成政府补贴的最重要依据。在政府对票价进行管制导致收入无法覆盖经营成本的情形下，运营企业面临着经营亏损是不可避免的现实，政府采用各种补贴政策维持运营企业经营也具有现实意义上的必然性。

（1）社会福利性

根据萨缪尔森对公共品的定义，公共品是指每个人消费该种产品时不会导致他人对该产品减少消费的产品。也就是说，公共品在消费时具有非排他性和非竞争性。具有完全排他性和竞争性的物品是私人品，介于这两者之间的则是通常所说的准公共品。从经济学角度看，城市轨道交通兼具公共产品和私人产品的特性，即城市轨道交通运输服务具有消费的非竞争性和有一定排他性的基本特征，属于准公共产品。理论上纯公共产品由政府提供，纯私人产品应由民间部门通过市场提供。准公共产品既可以由政府直接提供，也可以在政府给予补助的条件下，由企业部门通过市场提供，即政府和企业合伙的方式，因此其具有社会福利属性。

公共交通事业的社会福利性主要体现在其以低于成本的价格为城市居民出行提供服务，但这同时造成政策性亏损。诸如学生月票享受半价、残疾人及老年人优待、特殊路线等公益服务，都会导致公交企业的政策性亏损。凡因公交企业公益性造成的政策性亏损，客观上需要政府进行财政补偿，这种公交补偿也体现了转移支付的原则。一般公共交通的乘客收入水平低，公交补偿作为一种转移支付的手段可以改善他们的福利状况。因而，为保证社会福利性而导致的政策性亏损也暗示了政府补偿的必要性。

（2）正外部性

作为公共交通的形式之一，城市轨道交通的供给对于非轨道交通乘客就存在着正外部性。因为城市轨道交通的使用缓解了道路拥挤和空气污染等状况，所有城市的居民都从这种缓解中有所受益。但是城市轨道交通的营运者却只能够从乘客身上收取费用，不能从所有受益者身上收取费用，因为这在技术上是不可实施的。图 5-1 中，MPB（Marginal

Personal Benefit）表示公共交通的边际私人收益曲线，即每多消费一单位公共交通给私人带来的收益。MSB（Marginal Social Benefit）表示社会边际收益曲线，即每多消费一单位公共交通给社会带来的收益。由于存在正外部性，所以 MSB 位于 MPB 的上方。企业供给曲线为 SS（企业边际成本曲线的一部分）。

当存在正外部性时，若政府不予干涉公交市场，则均衡点是 E，即私人收益曲线 MPB 和厂商供应曲线 SS 的交点。此时，公交提供量为 X_1，交易价格为 P_2，少于社会最优提供量 X_2（由社会边际收益曲线 MSB 和企业供给曲线 SS 的交点 F 得到）。但是如果政府对企业进行一定经济补偿，企业的供给曲线右移至 SS′（补偿相当于降低了企业的成本），均衡点变为 C 点。图 5-1 显示了政府对于企业的经济补偿对于整个社会来说是有利的。

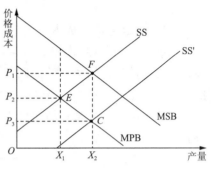

图 5-1 城市轨道交通的正外部属性

（3）自然垄断性

城市轨道交通之所以具有自然垄断性，部分是因为规模经济性的存在，此外城市轨道交通建设和运营所需投入的资产专用性及由此引发的巨大的沉没成本也是另一要因。具体来说，城市轨道交通在设备和基础设施方面需要数额巨大的投资，固定资本一经形成，折旧需要一个长期的过程，并且设备和基础设施具有资产专用性，很难再作他用。如果企业退出市场，其已投入的固定成本中，因损失而无法回收的部分则构成巨额沉淀成本。在这种情况下，一旦出现重复建设，对企业和行业都是致命的。为防止出现重复建设和行业低效率，很自然地，政府要对这些行业的准入进行管制。

在自然垄断的情形下，除了进入管制，价格管制也是必需的。如果对城市轨道交通运营企业不实施价格管制，边际收益曲线 MR 与边际成本曲线 MC 交于 G 点，决定了均衡需求 q^m，进而决定了均衡价格为垄断价格 p^m，如图 5-2 所示。然而，乘坐公共交通工具的乘客一般为城市中的中低收入者，过高的价格 p^m 有违社会的公平原则。同时，不选择乘坐城市轨道交通的人数相对增加，城市道路交通压力没能得到最有效的缓解，公共交通社会福利最大化的目标无法达成。毕竟，考虑到公共交通在社会中作用的特殊性，对整个社会来说，在合理的范围内，更多的居民选择乘坐城市轨道交通才是理想的情况。于是，在 M 点达到的均衡不是一个合理的均衡。因此，垄断价格定价不可行。

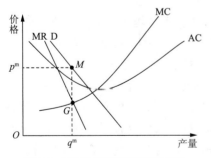

图 5-2 城市轨道交通自然垄断属性

自然垄断性的存在和社会福利最大化目标的双重作用要求政府进行价格管制。但是，在自然垄断的情形下，如果仅仅对城市轨道交通运营企业实施单纯的价格管制，即要求它们按照需求曲线 D（而不是边际收益曲线 MR）和边际成本曲线 MC 的交点定价，此时运营企业则会出现亏损，此时，政府的补贴是必然的。

(4) 规模经济性

随着企业规模扩大,出现长期平均成本下降的情况,称之为企业具有规模经济性。规模经济性的考察可以从企业的成本函数特性分析入手。对于城市轨道交通运营企业,设其成本函数为:

$$C(q) = F + cq + dq^2 \tag{5-1}$$

式中:F——运营固定成本,主要对应与城市轨道交通运营相关的基础设施等固定资产;

q——与运营规模相关的参数,设为客运量。

一方面,城市轨道交通前期投资非常巨大,存在大量的固定成本 F。另一方面,后期运营过程中却存在较小的边际成本 $c+2dq$,导致城市轨道交通运营成本具有"弱增性"(指一个企业生产一定数量产品的总成本,要比两个或者两个以上的企业共同生产同样数量产品的总成本低)。具体来看,在一定时间内,随运营规模的增加,运营企业的单位固定成本会逐渐下降,平均成本亦下降。随着城市轨道交通列车数量的增加,其维修、零配件库存将更加合理,调配更加方便,使每辆列车的平均利用率得到显著提高,从而既使平均可变成本下降,又使开通线路和服务频率增加,从而单位固定成本也下降。总之,随着企业规模的扩大,拥有列车数及开通线路、服务班次的增多,出现了长期平均成本下降的情形,这就是规模经济性,如图 5-3 所示。

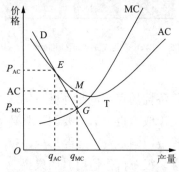

图 5-3 城市轨道交通的规模经济属性

(5) 网络经济性

随着城市轨道交通车站数量的增加,城市轨道交通运输将呈现网络结构。在这一网络中的任意两点之间都可以建立联系,所以网络结构可以提高城市轨道交通系统的可达性和竞争力,促进市场容量以递增的速度增长,从而使整个产业的总成本得到节约,这就是网络经济效应或网络经济性。这一点在覆盖面较广的大城市轨道交通网络中体现得十分明显。这种网络联系越多,从网络某一节点到其他任一节点的便利性也会越大。

从整个行业的角度来说,城市轨道交通线网越完善、协作效率越高,系统服务水平越高,社会福利越有机会改善。然而,要想获得这种网络经济性就得承担相应的不断完善网络的成本。对于单个企业来说,这一成本是可观的,甚至可能大到运营企业宁可放弃部分网络经济性的程度。特别是在没有政府补偿的情形下,一旦运营企业出于自身盈利的考虑放弃追求更大的网络经济性,城市轨道交通网络无法实现与经济社会发展同步的增容拓展,这将给部分乘客的出行带来不便,社会福利最大化目标难以达成。因而,从激励运营企业充分获取网络经济性,提高城市轨道交通效率的角度考虑,政府应当对运营企业予以补偿,使得其有能力负担获取网络经济性所需的巨额成本。

(6) 高需求波动性

从宏观来看,随着社会经济的发展,城市轨道交通趋于不断完善,其客运量应呈递增之势,而且其每单位时间(如年度)增长的绝对数量相当可观。从微观来看,即使在同一单位时间内,不同季节不同天气不同时刻下,城市轨道交通的客运量也存在较大波动。这种显著的高需求波动性所带来的直接影响就是运营企业收益的不确定性，收益的不确定性又使得运营企业难以规划长期的经营战略和计划，不能及时有效地更新设施设备，这在长期看来，意味着有不可忽视的经营风险。为了帮助运营企业抵御这一风险，政府对其实行补偿，特别是提供一个长期、明确、稳定的补贴机制是有效的途径。

5.1.2 运营补贴的原因与本质

城市轨道交通事业的社会福利属性决定了政府需要对运营企业进行经济管制和服务管制。经济管制主要是指政府对运营服务的票制票价和市场进入要求等方面的管制。服务管制则包括运能要求、系统安全、服务水平和环境等方面的管制。当城市轨道交通运营企业受到政府严格监管和控制，以致票价水平并不反映市场供求变化，最终导致票款收入无法弥补运营成本的情况下，政府必然要对其进行补偿，以维持城市轨道交通运营企业的正常运营。

城市轨道交通系统的运营补贴是指政府因管制城市轨道交通票价和服务导致收入不足以覆盖运营成本而向企业提供的一种补偿。政府对城市轨道交通事业补贴具有合理性。一方面，根据公共需求提供公共服务是现代政府的重要职能。城市轨道交通的运营及相关服务是大城市公共交通服务的必需品，对居民日常生活出行有着重要的作用。另一方面，城市轨道交通是一个"消费型产业"，它可以强力带动城市经济及上下游产业的发展，有较强的社会效益。城市轨道交通线路开通运营后，沿线土地所有者和企业可以得到轨道交通建设为其带来的利益，而建设和运营公司负担着高额的建设与运营成本。效益返还机制不健全直接导致政府需要对运营企业进行补贴。因此，政府有向社会提供公共服务的职能要求，加之城市轨道交通具有公共服务的性质和社会效益，内蕴了政府为了改善社会福利进行支付转移，向城市轨道交通运营企业补贴的合理性。

综上，城市轨道交通作为一项兼具公益性与营利性的基础设施，又具备沉没成本巨大的特点，并且其定价受到政府的管制，造成价格偏离成本，如果不对其进行补贴，会导致城市轨道交通运营企业的亏损，影响了城市轨道交通企业的可持续经营，使得乘客的出行需求得不到满足。为了保证公共服务质量，政府必须对其进行补贴，简言之，这种补贴关系的本质就是政府出资打造公共服务。

5.1.3 运营补贴的理论原理

从城市轨道交通的经济特性出发，其补贴原理可以概括为以下几个方面。

（1）政府介入导致的市场失灵

为体现城市轨道交通系统的公益性，政府对其价格实施管制，实行低价、优惠政策，以增加其正外部效用。但若政府对城市轨道交通系统实施价格管制，运营企业没有获得其创造的相应的利润，会造成其产量低于社会最优水平，导致市场调控机制的失灵。

图 5-4 描述了等价格曲线与价格管制下的均衡条件。图中 P_p, P_m, P_w 表示等价格曲线，分别为利润最大化为目标的价格，管制价格及社会福利最大化为目标的价格；π_q 为一定服务水平下，客运量的边际利润；W_Q 为一定服务水平下，客运量边际社会福利；π_A 为一定客运量下，服务水平的边际利润；W_A 为一定客运量下，服务水平边际社会福利；A 为运

营企业的服务水平（服务供给）；Q 为客运量。

从经济学上看来，在价格既定的情况下，运营者获得的利润小于产生的社会效益，会造成供给的降低，也就是服务水平的降低。如图 5-4 所示，P 点为以利润最大化为目标下的均衡点，对应的均衡服务供给和均衡客流量分别为 A_P、Q_P；W 点为以社会福利最大化为目标下的均衡点，对应的均衡服务供给和均衡客运量分别为 A_w、Q_w。其中，$A_P<A_w$、$Q_P<Q_w$，可以看出，若运营企业以利润最大化为目标时，其提供的服务水平和相应的客运量均低于社会最优条件下的均衡服务水平和客运量。

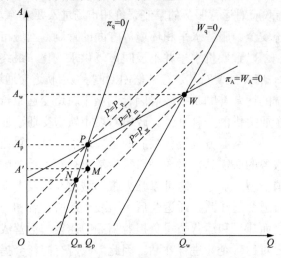

图 5-4 等价格曲线与价格管制下的均衡条件

$P=P_p$、$P=P_w$ 分别为利润最大化和社会福利最大化下的等价格曲线，假设政府管制价格曲线 $P=P_m$，$\pi_p=0$ 与管制价格 $P=P_m$ 的交点变为 N，相对于交点 P，服务质量和客运量对相对减少。因此，可以推断，对于追求利润最大化为目标的城市轨道交通运营企业实施价格管制会造成其服务质量的削弱，并导致客运量减少。

另外，在管制价格 $P=P_m$ 下，为保证实现客运量 Q_P，要求运营企业提供高于 Am 的服务质量，即图 5-4 中的 A'，会造成运营成本的增加。另外，由于政府通常要求城市轨道交通采用"低票价"策略，则 π_q 斜率较小，即增加一个单位乘客的票价收入无法覆盖运营成本，造成运营亏损。因此，在政府价格管制条件下，需要政府补贴保证运营企业的可持续发展。

（2）有效促进出行结构的合理化

从政府角度来看，发展城市轨道交通作为城市的骨干交通，其最主要的目的是实现对地面小汽车客流的转移，缓解地面交通拥堵。由于城市轨道交通负外部性较小，因此将社会边际成本近似等于个人边际成本，如图 5-5a)所示。在未实施补贴策略时，个人边际成本曲线为 $AMPC_1$，城市轨道交通的需求曲线为 D_1，则均衡点为 B；但在实施补贴后，减少了个人边际成本，个人边际成本曲线可表示为 $AMPC_2$，若需求不变，则均衡点为 C，均衡价格降低至 P_2，出行量增长至 Q_2，若实施补贴后，转移了部分私人小汽车流量，城市轨道交通的需求曲线变为 D_2，则均衡点为 A，出行量增长至 Q_3，运营企业还可相应提

高一定的价格至 P_3。

另外,如图 5-5b)所示,由于私人小汽车的负外部性较强,个人支付边际成本(AMPC)低于私人小汽车使用的社会边际成本(AMSC)。假设在未实施补贴时,私人小汽车的需求曲线为 D_3,与社会边际成本和个人边际成本的交点分别为 F 和 E,对应的均衡价格和出行量分别为 (P_1,Q_1),(P_2,Q_2),其中,私人支付的价格低于社会均衡价格($P_1<P_2$),造成出行量相对于社会均衡条件下增加($Q_1>Q_2$);而实施公交补贴后,城市轨道交通的个人边际成本降低至 $AMPC_2$,导致部分私人小汽车客运量转移至城市轨道交通系统,造成私人小汽车需求下降至 D_4,则其与私人边际成本曲线的交点为 G 点,使小汽车的均衡出行量降低。因此,城市轨道交通补贴不仅能够缓解城市轨道交通运营收支平衡问题,同时对于优化出行结构具有重要的作用。

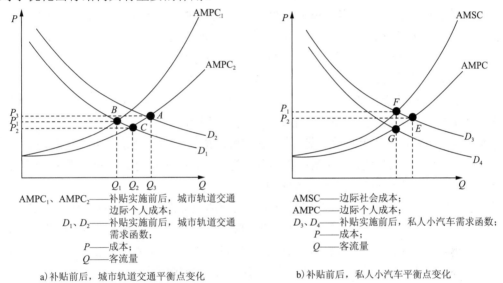

图 5-5 补贴前后各交通方式平衡点的变化

5.1.4 世界典型城市公共交通补贴沿革

目前,世界上绝大多数大城市都对公共交通进行补贴。下面选取一些典型城市的公共交通补贴情况进行介绍。

(1)德国城市

对公共交通行业进行补贴是许多西方国家城市的普遍做法。以德国城市为代表的欧洲国家城市,由于票款收入不高,城市公共交通补贴的比例很高,很多城市达到了 60%。

在德国,由于私人交通较为发达,基本上每个家庭都拥有小汽车,所以德国的普通居民即使不依靠公共交通也基本上可以自行解决各类出行需要。为此,德国政府通过对公共交通提供补贴来降低票价,而补贴数额的确定,则是在对居民消费行为进行研究的基础上,根据在招投标过程中中标的公交企业所提供的报价与有吸引力的票价之间的差额来计算的。另外,对不同的交通方式,如公共汽车、城市轨道交通等,政府还制定了不同的补贴措施。

例如，在莱茵—美茵地区，由地区联合会管理的公交公司中，政府补贴占其总收入的比例，1995 年为 51%，其后一直呈上升趋势，2000 年达到了 58%。在斯图加特地区，公共交通的基础设施建设费用，政府补贴 85% 的资金，其余由企业自己负担；运营过程中的费用，补贴比例根据不同的交通方式和不同的企业而不同。斯图加特地区最大的公交公司 SSB 在 2001 年的票款收入占其总收入的 39.3%，政府财政补贴占 37.9%，其余部分来自联合会分配的收入。

（2）美国城市

20 世纪 50 年代以前，美国公交企业属于盈利企业。到 60 年代中期以后，随着城市私人机动车的发展，公交运量急剧下降，公交企业出现亏损；1975 年，芝加哥公共交通的票款收入仅及运营成本的一半，城市公共交通行业陷入服务质量下降、服务线路缩减、票价上涨、基础设施被忽视、客流越来越少的恶性循环中。有鉴于此，美国联邦政府 1964 年通过了 "城市公共交通法"，1970 年又通过了 "城市公共交通扶持法"，其目的是维持原有的公共交通系统，并在此基础上改善和扩大公交服务。

①在消费者补贴方面，美国国会于 1992 年通过 "联邦雇员清洁空气奖励法"，规定联邦政府的雇员每天上下班如搭乘公共交通工具，联邦政府就为每一名雇员提供每月 65 美元的交通券，可用来乘坐公共汽车和地铁。这笔费用每年可达 780 美元，如果按大型城市每人每天上下班花 3 美元的乘车费计算，基本可以覆盖大部分交通费用的支出。此外，"联邦税法" 也做了相似的规定，允许私营企业主也为其雇员提供每月最多 65 美元的类似补贴，并允许将这笔钱作为可抵扣税款的营业费用。

②在对生产者的补贴方面，美国政府对公共交通企业的补贴有两种形式：一是直接财政拨款；二是由依法为公共交通专门设立的专项基金提供补贴。公共交通基础设施建设由政府予以资助，联邦法律明文规定，该项资金来自联邦政府的款项不能超过工程总费用的 80%，其余由州政府和地方政府承担。一般情况下，联邦政府资金占 54%，公交管理机构从各种税费中自筹 22%，州政府资金占 13%，地方政府资金占 11%。在公交运营成本分摊中，40% 来源于票款收入，21% 来源于当地政府，16% 来自非政府及税收，州政府和地方政府分别占 20% 和 3%。一些大型的城市，如纽约、洛杉矶等，城市公共交通的基础设施，包括先进的调度系统、厂房、场站、各种设备车辆的投入，全部由各级政府承担，最大限度地保证了公共交通的发展规模。

（3）法国（巴黎）

法国巴黎城市公共交通非常发达，但从事公共交通事业的 "巴黎交通自治管理局"（RAPT）和 "国营法国铁路公司"（SNCF）等机构一直入不敷出。为了弥补这些单位的亏损，除了每年由国家、巴黎市政府和巴黎周围各省给予大量财政补贴外，还有巴黎各企事业单位缴纳的 "公共交通税"。自 20 世纪 80 年代以来，巴黎交通自治管理局每年公交总收入的 33% 来自于乘客支付的公共交通费；27% 来自于国家补贴，12% 来自于巴黎及周围各省补贴；18% 来自于公共交通税，向各企事业单位征收；10% 来自于其余各种收入，如经商收入、广告费收入等。

上述 "公共交通税" 是指 20 世纪 70 年代初，法国总统签署颁发的 "关于巴黎及其相邻省份的有关单位应缴纳大巴黎地区公共交通税"法令。该法令规定除了一些公认的非营利性的社会公用公益事业单位外，凡雇佣多于 9 人的单位，不论是国营单元，还是私营单元，都需缴纳一笔固定的公共交通税款，该税款以某单位所有领取工资者的工资总数为基础来计算。这笔税款规定使用范围须经过巴黎交通联合会批准，用于补偿大巴黎地区各公共交通事业运营单位因票价偏低而收入减少的部分，以及用于公共交通线路的改善、延伸和建造。实践证明，城市公共交通税从财政上有力地扶植了大巴黎地区的公共交通行业的发展，体现了"受益者负担制"的原则，一定程度上解决了公共交通补贴的资金来源问题，对于发展城市公共交通事业起到了积极作用。

（4）中国（香港）

全世界的公交服务机构大都是亏损的，但我国香港的公交系统不仅为市民提供了畅通便捷的服务，而且实现了盈利，这主要因为香港特区政府建立了一套可行的交通管理体制，各公交机构找到了有效盈利模式。香港的公交服务全部由私营或公营机构经营，政府不直接介入，也不提供补贴等直接资助。香港特区政府实施宏观管理，发挥市场调节及自由竞争的作用，放手让各公交机构按审慎的商业原则自主经营，公交机构、市民及公共财政的利益得以兼顾，也使香港公交事业得以可持续地健康发展。

尽管没有直接现金补贴，但香港特区政府对公共交通（主要是地铁）的隐性补贴是运营企业能盈利的最主要原因。为了弥补地铁建设和营运的巨大成本，香港特区政府从一开始就采取了地铁与房地产联合开发的策略。在地铁场站上方或周围规划出一定面积的土地出让给地铁公司，让其与地铁站一并规划、设计与实施。地铁公司按照未建设地铁时的市场评估地价向政府缴纳土地金。地铁公司通过公开招标的方式，确定房地产的合作开发商，建造费用和风险由房地产商承担，而地铁公司一般可以分享一半的开发利润。轨道交通与房地产的联合开发为香港地铁带来了巨额的开发利润。以土地的商业运营来弥补地铁运营的亏损，成为全世界公共交通发展的典范。据香港铁路公司 2016 年年报，非票款收入占香港铁路公司收入比例达 61%。因此，即便是考虑社会公益性而限制票价上限的公共交通方式（如城市轨道交通），通过政策倾斜和隐性补贴，也可以消减政府财政补贴的压力。

5.2 城市轨道交通运营补贴方法

5.2.1 运营补贴的内容

城市轨道交通本身的特性、政府的管制决定了在一定时间范围内无法实现财务上的收支平衡，需要政府出台多项扶持政策，对日常运营以及更新改造过程产生的亏损实施相应的补贴，以保证城市轨道交通系统的财务平衡。

一般来说，城市轨道交通运营成本主要包括牵引电费、生产消耗费、设施设备大修费用、基本折旧、工资及社会福利基金、管理费用等费用。另外，部分城市轨道交通运营企业还需支付基础设施的资源占用费。对于城市轨道交通运营票款收入与多种经营收入不足以弥补支出的部分，一般由政府相关部门给予城市轨道交通运营部门或者企业以财政补偿。

另一方面，从城市轨道交通系统长远运营的角度来看，为消除运输过程中的安全隐患，提高城市轨道交通运营效率，需要对城市轨道交通固定资产进行非日常维护范围内的更新改造，包括已到更新改造年限的项目、为满足安全运营和技术进步要求必须更新改造的项目、严重影响运营安全急需更新改造的项目以及政府临时下达的保障性工作任务等。城市轨道交通系统固定资产的更新改造费用不菲，一般需要政府补贴资金以保证城市轨道交通的可持续发展。

5.2.2 运营补贴的方式与机制

1）运营补贴方式

城市轨道交通运营企业的运营补贴较为常见的形式包括资本性补贴、资源性补贴及运营性补贴三大类。

（1）资本性补贴

资本性补贴指政府为满足基本运营条件通过直接投资、投资补助等形式，为运营企业提供基础运营资产（如轨道交通线路、车站、车辆和机电设备等）的补贴方式。资本性补贴的优点是实施较为简便，补贴的力度大；缺点是政府融资的压力较大。

（2）资源性补贴

资源性补贴最主要的方式是赋予运营商沿线的房地产开发权或其他利润较高的经营项目，用以增强企业盈利能力。资源性补贴主要通过两种途径进行：一是将土地收益等外部效益内部化；二是交叉补贴，允许企业开展非主营业务，以营利性高的项目补贴轨道交通运输的亏损。在深圳地铁二期工程中，就采用了这种资源补贴方式，香港地铁公司以基础设施建设（BOT）模式参与深圳地铁4号线建设，并以挂牌底价获得龙华车辆段上盖土地的开发权，即土地资源补贴。资源性补贴有利于激发企业的创造力、提高土地利用效率、带动沿线土地升值、实现轨道交通自给自足地可持续发展。

（3）经营性补贴

经营性补贴是对城市轨道交通运营环节产生的亏损的补贴，可分为间接补贴和直接补贴。间接补贴不直接给企业提供资金补助，而是通过价格调整、限制其他企业进入、财税和水电费优惠等手段提供的政策性补助。间接补贴通过政策优惠手段来施行，补贴支出在财政预算中显示不明显，一般是政府比较愿意采用的一种方式。直接补贴是政府根据运营企业申报的上年财务决算和本年度运营计划直接给予现金补贴，其常见的补贴机制可划分为四类：成本加成合约、固定价格合约、激励性合约以及特许经营权竞标。直接补贴方式的优点在于操作简单，但政府对运营企业内部成本信息很难充分掌握，两者间信息不对称会加大补贴方式的协商难度。

2）常见的直接补贴机制

（1）成本加成合约

成本加成合约补贴机制是指基于会计数据计算补偿金额，确保运营部门或企业正常营运，是一种事后补贴机制。在成本加成合约下，政府对轨道交通事业的补偿额等于实际成本减去实际收入。其中实际收入一般包括票款收入和多经收入。运营部门或者企业的净所得为零。

令 S 代表政府补偿额，C 代表实际成本，R_T 代表票款收入，R_0 代表多种经营收入，π 代表企业净所得。则在成本加成合约下，有：

$$S = C - R = C - R_T - R_0 \tag{5-2}$$

$$\pi = R_T + R_0 + S - C = 0 \tag{5-3}$$

成本加成合约的补贴机制操作起来比较简单，事后根据运营部门或者企业的实际运营亏损来给予补偿，事前政府相关部门与运营企业不需要经过复杂的谈判。

对亏损进行全额补偿的成本加成合约补贴机制的最大缺陷在于缺乏激励，即存在道德风险。也就是说在成本加成合约下，城市轨道交通运营部门或者企业缺乏降低成本、提高效率的激励，因为企业降低成本的努力并不能使其收益增加。相反地，运营部门或者企业会尽可能地增加其支出。

在成本加成合约下，需要建立相应的制度对企业的成本进行控制，包括绩效指标检查制度、独立审计制度、首席财务官制度、监督官制度、预算管理制度等，监控的目的是监督企业努力降低成本。然而，在信息不对称条件下，任何制度都难以对企业的运营进行完美的监督。由此，在成本加成合约下，轨道交通的运营成本必然是分散的，这反过来又会导致政府补偿额的分散。换句话说，政府财政补偿的负担将会不断地加重。另外，在成本加成合约下，还会存在企业报告财务信息不实的问题，因为企业没有动力和被约束必须报告准确的实际成本数据。

（2）固定价格合约

固定价格合约的补贴机制是一种事前补贴机制，是指根据政府部门掌握的技术（成本）信息，分项厘定合理成本，确保企业获得合理收入。在固定价格合约下，补偿额等于厘定合理成本减去实际收入。运营部门或者企业的净收入可能大于零。

令 S 表示政府补偿额，E_C 为厘定合理成本，C 为实际成本，R 为实际收入，R_T 为票款收入，R_0 为多种经营收入，π 为企业净所得；在固定价格合约下，有：

$$S = E_C - R = E_C - R_T - R_0 \tag{5-4}$$

$$\pi = (S + R_T + R_0) - C = E_C - C \tag{5-5}$$

固定价格合约最大的优点在于有一定的激励性。对于一个利润驱动的企业，其控制成本的唯一动机来源在于获得正的利润。而在给定的厘定合理成本下，只要当实际成本 C 足够小，以致当实际成本 R 小于厘定合理成本 EC，即 $C < E_C$ 时，就有企业净所得 $\pi > 0$。于是，企业有控制实际运营成本 R 的动机。

固定价格合约机制也存在一些缺点，包括两个方面：

首先，固定价格合约的最大缺点在于无法克服信息不对称，容易导致过度补偿。由于厘定的成本是政府和运营企业间谈判的结果，对于政府，最理想的情况是事先获得关于企业成本的完美信息进而得到一个估算成本，然后参考企业的申报成本，通过反复谈判确定一个略高于上述估算成本的厘定合理成本。然而，在运营企业与政府进行补偿问题谈判之前，企业了解自身的成本数值，但政府往往无法获得完全的企业成本信息，因而在谈判中，企业倾向于推高厘定合理成本数值。一旦厘定合理成本偏高，则企业会获得相应的高补偿，从而可能获得超额利润，导致过度补偿。

其次，固定价格合约的另一缺陷在于缺乏对于高需求波动性的应变，是一个缺乏弹性的合约。在需求波动性条件下，对于不同的时节时段，轨道交通的客运量需求将有明显的波动。而在固定价格合约下，合理成本一经厘定，将不再随时间而改变，这样一来，会造成在轨道交通客运需求较大的时期，企业补贴相对偏少；而在客运需求较小的时期，企业补贴相对偏多。从而，合约对企业形成的激励水平也会随之波动。我们知道，不稳定的激励难以引发稳定的努力强度，于是，在固定价格合约下，可能出现轨道交通运营服务质量的波动。

当然，当政府主管部门拥有关于技术（成本）的完美信息时，最优的补贴机制是固定价格合约，如果企业选择了成本最小化的努力，那么设定在最低水平上的最优的固定费用与企业的参与性约束是一致的。

总的来说，固定价格合约的主要弱点是难以较好地克服信息不对称与不完全。由于政府和企业之间存在信息不对称，政府事前厘定合理成本困难。同时，企业也没有动力主动上报准确的实际运营成本数据，容易发生机会主义行为。这都会导致政府无法精确计算企业运营成本与收益的缺口，从而使得凡是涉及成本核算的补贴机制在理论上都存在一定缺陷。

（3）激励性合约

激励性合约补贴机制是指通过设计一种合约机制，将运营企业与政府的目标统一起来，提高企业经营效率并减少政府运营补贴。对城市轨道交通运营补贴而言，一种典型的激励性合约机制是根据政府掌握的技术信息，厘定合理成本与预期收入，并测算亏损额，事前确定补贴机制，事后进行补偿核算，由政府与企业共同分担企业亏损。

令 S 代表政府补偿额，C 代表实际成本，R 代表实际收入，R_T 代表票款收入，R_0 代表多种经营收入，a 代表固定补偿额，b 代表企业承担比例，π 代表企业净所得。则在激励性合约下，有：

$$S = a + (1-b)(C - R_T) \tag{5-6}$$

$$\pi = R_0 + a - b(C - R_T) \tag{5-7}$$

为解决事前合理成本厘定难问题，由政府部门提供一个激励性合约的菜单，合约根据企业的信息加以调整，低效率的企业与高效率的企业的合约有所区别。合约菜单的设计使得高效率的企业选择高固定补偿额度和高亏损分担比例的合约；低效率的企业选择低固定补偿额度和低亏损分担比例的合约。

激励性合约的优势在于构造了一种补贴机制，使政府能在激发运营企业提高经营效率与避免运营企业获得过多补贴之间权衡。首先，激励性合约补贴机制能够激励企业追求成本最小化。由于净所得 $\pi = R_0 + a - b(C - R_T)$，随着实际成本 C 的下降，企业的净所得将更多。其次，激励性合约能够控制信息不对称给政府造成的损失，避免企业获得过多补贴。因为在 $\pi = R_0 + a - b(C - R_T)$ 下，只要政府控制固定补偿额 a，就能控制 π 的最大值

$R_0 + a + R_\mathrm{T}$（π是变量a的函数），从而避免了由于政府无法获得企业技术的完全信息而导致$b(C-R_\mathrm{T})$过大的情况。其中，固定补偿额a是政府根据掌握的企业技术信息，厘定合理成本与预期收入，并测算亏损额，进而事前确定的。固定补偿额a的厘定仍然会部分受到信息不对称影响，但整个补偿金额不完全由a决定，还受到政府与企业谈判确定的系数b的影响。而且，对于不同效率的企业，a、b的值同时进行相应的变动，它们变动以后对于补偿额的影响方向是相反的，这可以进一步控制信息不对称的影响。原因是，即使由于信息不对称而最终确定了一个造成补偿偏高的企业效率值，但偏高的程度也不会太大，即不会出现严重的过度补偿。

在具体实施中，可以由政府部门提供激励性合约菜单来减少信息的不对称，但这种方案也存在一些问题。首先，激励性分成合约菜单中a与b的核算非常复杂，且a与b确定的基础是政府获得的企业信息。从a、b的确定过程来看，a、b都是企业效率的函数。而在政府和企业谈判商定a、b时，一方面企业要在激励性合约菜单中做出最优选择，就必须先对自身的效率有一个估计；另一方面政府也要对企业的效率有一个估计。企业效率的两个估计可能会有出入，最终仍然可能导致补偿偏高。

由前模型设定部分的推导可知，机制的实现条件是使企业成为利润最大化追求者。但是，我国的轨道交通运营企业并非利润最大化的追求者，甚至由于体制上企业管理者的收入与企业的绩效、利润无关的原因，不需要考虑利润问题。那么，上述机制的基础将不复存在。另一方面，企业不仅会存在企业报告财务信息不实的问题，而且企业没有动力和被约束必须报告准确的实际成本数据，厘定合理成本对政府来说投入过高，甚至即使投入也很难实现，故政府掌握完全技术（成本）信息的可能性几乎为零。

（4）特许经营权竞标

轨道交通的特许经营权竞标是指政府将轨道交通运营合同期内的总补贴额或者总运营成本作为拍卖标的来选择运营商。在较为成熟的市场机制下，通过特许经营权竞标的方式，政府可将资本性支出风险转移到有特许经营权的运营企业。

对于将总补贴额作为标的情形，显然，补贴额直接通过拍卖决定。对于将总运营成本作为标的情形，补贴模型可表述为：

$$S_t = C_t^* + D_t + (1-\varphi)TIK_{waac}^* - B_t \tag{5-8}$$

式中：S_t——第t年的补贴额；

C_t^*——第t年的拍卖运营成本；

D_t——第t年的固定资产折旧；

TI——城市轨道交通总投资；

K_{waac}^*——基于CAPM模型的投资成本；

φ——地方政府投资比例；

B_t——第t年的轨道交通票款收入。

表面上，上述总运营成本竞拍下的补贴机制与固定价格合约机制比较相似，但二者最显著的区别在于前者引入了竞争。当企业面临市场竞争时，其有动力主动进行成本削减，从而政府无须厘定合理成本。竞争可以发生在两个阶段，一是市场准入阶段；二是进入市场以后。但考虑到公共交通事业事关国计民生，具有较明显的公益性，投入巨大，沉没成本风险很高，由少数企业经营效率较高，故不宜完全放弃价格管制。在企业进入市场以后，政府再推动市场竞争就显得难度大增，毕竟市场竞争本质上是价格机制在起作用，但地铁票价不宜完全放开。所以只能寄望于在准入阶段推动市场竞争。也就是说，通过设定准入的基本条件，并引入某种带有逆向选择作用的补贴机制，一方面来监控轨道交通运营的准入，一方面推动市场准入阶段的优胜劣汰。于是，特许经营权竞标作为补贴机制实行的途径应运而生。

特许经营权的实施要求有一个统一的城市轨道交通系统的管理机构，该管理机构负责与运输服务公司签订特许经营合同。一般的，在特许经营权竞标模式下，同一条线路的专营权赋予出价最高或者获得补偿最少的企业。政府随时考察获取专营权的企业的营运状况，以保证它们按照所签订的服务合同提供了质量合格的公共交通服务。企业在获取专营权时，要办理签订专营合同、缴交款项等手续。专营合同的内容包括专营区域或路线、专营期限、利润分配管理、票价监控调整、专营权利义务、服务质量、违约责任、专营权力延续和撤销等。

在竞标之前，管理机构向参与竞标的运营企业提供一系列竞标条件，如合同周期、服务标准等。运营企业需要达到的服务标准包括行车安全、准点率、车站清洁等各项要求。如果管理机构所要求的服务标准超出竞标之前的实际运营状况，那么竞标的运营企业还需提交如何达到该标准的计划书，由管理机构判断该计划是否切实可行。运营企业对其所需补贴进行竞标，需要补贴最少的企业将获得运营合约，从而起到激励企业降低运营成本的目的。合同一旦签署之后，如果没有特殊理由，政府将不会给予额外补贴，运营公司承担经营风险。签订合同之后，管理机构对中标者进行监督和控制，特别是强调对服务质量的保证。管理机构对运营企业提高运行服务质量提供额外的激励。比如，管理机构通过对乘客进行满意度调查，然后与运营企业共同制定服务质量提升目标。如果运营企业达到这样的服务质量提升目标，那么除了正常的票款收入以外，管理机构还将向企业支付额外的激励性奖金。当然，如果运营企业无法达到一定事先承诺的最低服务要求，也将面临惩罚性措施。

显然，特许经营权竞标方式具有如下优点。首先，由于是企业竞标，对于政府不存在合理成本厘定问题，不涉及信息不对称。不需要核定合理成本意味着补贴机制的实施成本大幅降低，不涉及信息不对称意味着补贴额可能更加符合企业需要，避免了逆向选择和过度补贴的情况。而且，该补贴机制的激励性很强，因为只有成本报价最低的或者补贴额报价最低的唯一一家企业可以赢得运营权，这使得运营企业有动力追求成本最小化。同时，由于竞标企业需要承诺达到一定的轨道运营服务水平，使得该机制兼顾了轨道交通公益性目标的满足和运营服务质量的保障。

特许经营权竞标的实现需要以形成有效竞争的市场条件为前提。首先需要足够多家企业来参与竞标，若竞标企业数量少，仍不能充分降低补偿金额的报价。其次，需要政府监管部门常年监管中标企业的运营服务质量，合约的监督成本较高。由于上述两个条件的实现难度相对较小，特许经营权竞标仍然是相当有吸引力的一种补贴机制。

3）补贴机制的选择

根据上一节描述，成本加成合约、固定价格合约、激励性合约和特许经营权竞标是较为常见的城市轨道交通运营补贴机制。成本加成合约的优点是操作简单、企业不需承担外部价格波动等因素带来的风险，其缺点是没有激励性，企业运营效率相对较低。固定价格合约的优点是一定程度上可以激励企业降低成本，但成本的降低并不意味着政府补贴额的降低，同时由于外部因素的影响，谈判价格和企业收入之和也可能低于最终成本，企业有一定的风险，该机制最大的难点在于信息不对称造成的价格谈判困难，交易成本很高。激励性合约的优点是可以激励企业降低成本，进而减少补贴额度，但也存在价格谈判较为困难的问题。特许经营权竞标具有较强的激励性，竞争机制使成本能得到有效控制，但其实施前提是有多家运营企业形成竞争。成本加成合约、固定价格合约、激励性合约和特许经营权竞标这四种机制激励性不断增强，但企业经营风险也在增加。

在实际运营中，一般根据城市的具体情况来选择合适的补贴机制。比如，该城市的第一条轨道交通线路运营补贴可以考虑采用成本加成合约的方式，一方面可以降低价格谈判过程中的交易成本，另一方面可以保证城市轨道交通系统的安全可靠运营。在运营较为成熟的阶段，可以选择激励性合约或特许经营权竞标的方式，激励企业降低运营成本、减少政府财政补贴的压力。

在单一运营商条件下，针对不同的城市轨道交通运营管理模式，政府相关部门所采用补贴机制有所不同：

①政企合一运营机制下，轨道交通的票价由政府拟定，轨道交通运营亏损严重，一般选用成本加成合约补贴机制，事后按照机制对亏损进行全额补偿。

②国有企业运营机制下，一种选择是采取成本加成合约补贴机制对亏损部分进行全额补偿，这可以保证系统运营安全可靠性水平较高。但这种补贴机制无法激发运营方降低成本的动力，故可引入激励性合约补贴机制，激励国有企业追求成本最小化以及提高服务质量。

③私营企业运营机制下，如果私营企业拥有经营自主权，可以根据市场经济情况自行制订票价，同时轨道交通沿线的房地产及各种娱乐、商业等项目经营，也会给私营企业带来比较客观的收入，不存在政策性亏损，故政府部门一般不对私营企业的日常运营进行直接补贴。如果企业没有自主定价权，可以引入激励性合约机制，以激励企业提高自身经营效率并减少政府补贴额度。

相较于单一的主体而言，轨道交通建设经营主体的多元化可以发挥各主体的积极性，加快资金筹措和建设，保持服务的多样化。在存在多个建设经营主体的条件下，采用特许经营权竞标的补贴机制，可以避免逆向选择和过度补贴的情况且该补贴机制的激励性很强，企业有足够的动力追求成本最小化，能大幅节约政府用于财政补贴的预算。所以国内的城市轨道交通行业要想改变当前的亏损状态，提高盈利能力，就应当在控制成本的同时，加快构建多元化的城市轨道交通建设经营主体。

5.2.3 运营补贴政策

(1) 一定程度的定价自主权

车票收入作为城市轨道交通运营收入的重要组成部分，定价策略的制定将会影响运营收益，从而影响政府的补贴额度。通过改变轨道交通原有定价，使票价基本反映运营成本状况并充分吸引客流，能够减少运营企业的亏损额度，甚至可以满足其正常运营的资金需求。例如，香港特区政府赋予港铁公司决定票价的自主权，允许港铁公司每年可按低于通货膨胀指数的幅度对票价作适当调整，从而自主调节票务收入，保证其经济效益。当然，这种方式在票款收入较低的城市实施起来较为困难，可能导致公共交通市场份额的下降。

(2) 受益者负担制度

东京采用的"受益者负担制度"由沿线商业性土地开发商无偿提供建用地，全额或部分负担工程及相关的其他建设费用，这一制度有力地降低了建设成本。"受益者负担制度"强调轨道交通作为公益性行业，其费用不应只由使用者承担，而应由更多的获益于轨道交通建设与运营的主体来共同承担费用。这也是一种将轨道交通建设与运营的更多间接利益有效返还给公共基础设施项目建设的机制，一定程度上保障了城市轨道交通项目的资金来源与可持续发展。

(3) 沿线土地开发权或商业项目经营权

将轨道交通与地产、商业开发紧密结合，协调发展，可以带动轨道交通沿线经济的发展，平衡资金支持轨道交通运营企业的发展，实现综合利益最大化。例如，港铁公司在地铁车站上方和邻近的地区开发房地产项目，形成以地铁车站为中心、沿地铁线路开发的新社区。地铁车站上方空间则用于建设商业广场，开展租赁业、百货、餐饮等服务业，在沿线形成集衣、食、住、行为一体的综合商住区。同时，港铁公司利用车站的空闲空间，通过播音广告、广告灯箱等多种形式开展广告业务，并在地铁营运范围内，开展售票代办、出售（租）商铺、电讯业务等多种经营。

(4) 其他优惠政策

政府出台的其他优惠政策，如建设期由政府提供无息／贴息／低息贷款、允许企业发行债券、降低轨道交通企业税率、水电费减免，也是帮助运营企业减少亏损额度的常用措施。如上海轨道交通运营中实施了财政退税、房产税减免、所得税优惠（轨道交通盈利起5年内所得税优惠）。北京轨道交通采用了"设备更新"贴息贷款、技术改造专项财政拨款、土地使用税减免、地下建筑房产税减免等优惠措施，同时在折旧计提、成本核算等方面也给予了一定的优惠。

5.3 运营补贴的实证研究

5.3.1 伦敦

大伦敦地区（Greater London）由伦敦市和32个周边区（Boroughs）组成。2015年，大伦敦地区总人口约860万，占英国总人口12%，经济总增加值约占全国的20%。伦敦地铁系统轨道总里程为 438.9km，年客运量为 18.62 亿乘次。

2000 年以前，伦敦地铁的基础设施投资、建设与维护、日常运营等都归独立的国有企业伦敦地铁公司负责。由于政府对伦敦地铁的补偿不确定，使得地铁长期投资资金严重不足。为此，政府提出了公私合伙制（PPP）改革思路。伦敦地铁公司业务被拆分为两部分：日常运营及票务由国有企业伦敦地铁有限公司（LUL）负责；系统维护和基础设施供应由 LUL 以 30 年特许经营权的方式转给了三家私人基础设施公司（SSL、BCV、JNP，以下简称基建公司）。LUL 与基建公司签署关于提供基础设施的服务协议。伦敦地铁固定资产管理与补贴模式可参见本书第 3 章的图 3-1。

英国政府通过交通部（DfT）对伦敦地铁进行补偿。在该补贴机制下，作为运营企业的伦敦地铁有限公司（LUL）每年向基建公司支付固定的资产占用费。英国交通部通过大伦敦政府（GLA）和伦敦交通局（TfL）对伦敦地铁有限公司（LUL）进行补偿，即补偿款项先拨付给 GLA，再由 GLA 拨付给 TfL，最终由 TfL 拨付给伦敦地铁有限公司（LUL）。该补偿方式属于成本加成合约，补偿原则是对伦敦地铁有限公司的运营净收入（运营收入减去运营成本）无法弥补固定资产占用费的部分进行补偿。政府根据运营企业在每个财政年度开始之前提交的预算支付定额补偿。表 5-1 为伦敦地铁近年的运营收支与补贴情况。

伦敦地铁运营收支与补贴数据（单位：亿英镑） 表 5-1

年份（年）	总运营收入	票务收入	运营支出	基建支出	财政补贴
2007—2008	16.54	15.24	20.14	15.66	29.51
2008—2009	17.69	16.13	22.23	16.07	15.46
2009—2010	17.95	16.35	23.01	31.39	18.17
2010—2011	19.41	17.58	20.50	15.29	36.66
2011—2012	21.79	19.81	21.78	12.17	10.60
2012—2013	23.15	21.24	23.02	13.48	9.80
2013—2014	24.76	22.86	25.42	12.27	13.24
2014—2015	26.20	24.10	26.30	13.54	11.89
2015—2016	27.32	25.59	26.76	12.57	6.54
2016—2017	28.47	26.69	32.45	10.81	11.10

资料来源：Annual Report and Statement of Accounts about Transport for London（TFL）。

成本加成合约的优点在于具有很强的激励性以鼓励运营企业降低经营成本，但缺点在于厘定补偿额度时需要对运营企业的"合理成本进行核定"，否则可能出现过度补偿的情况，使得运营商获得超额利润。为此，伦敦地铁系统制定了一套严格的监管体系以防止这种情况的出现。这套监管体系主要由以下几个部分组成。

（1）"最优价值"约束

GLA 和 TfL 作为伦敦地铁的主管机构和政府职能部门，受到英国《地方政府法案》（Local Government Act, 1999）的约束，要求其行为遵守"最优价值"原则。所谓"最优价值"原则是指该机构必须采取必要的措施以保证其能经济、高效率和富有成效地履行规定地职能。根据该法案要求，GLA 和 TfL 必须拟定企业绩效方案、根据交通部的要求汇报绩效指标、并定期评估其各项职能的履行情况。根据该法案要求，如果上述两个机构被发现其行为严重违背"最优价值"原则，交通部有权对其相关职能进行广泛的直接干预。

（2）独立审计制度

GLA 和 TfL 接受由审计委员会（Audit Commission）指派的审计人员根据"最优价值原则"进行的审计与监督。近年来针对两个机构的审计工作由著名会计师事务所毕马威（KPMG, LLP）承担。审计人员遵照《审计委员会法案》（Audit Commission Act, 1998）的要求执行审计任务。除出具一般的审计报告以外，审计人员有责任对他们认为影响公众利益或涉嫌不当操作的行为出具特别审计报告。根据《审计委员会法案》，审计人员有权对其认为可能影响受审计机构财务状况的行动或决策提起司法评估。如果审计人员相信受审计机构正在采取或即将采取某项非法行动，那么他/她将有权发布"咨询通知"。要求接受审计的机构重新考虑该行动的后果，并在继续其行动前 21 天通知相关审计人员。

（3）首席财务官负责制

GLA 和 TfL 都必须各指派一名首席财务官，总体负责该机构的财务事务。首席财务官必须由具有相关会计专业资质的专业人员担任。首席财务官的职责主要在于对本机构的财务行为进行主动监控。具体而言，当首席财务官发现本机构发生或可能发生不当操作的时候，或发现本机构的某项行动可能带来财务或效率的损失的时候，根据《地方政府财务法案》（Local Government Finance Act, 1988），首席财务官有义务向伦敦市长、独立审计师以及 TfL 董事会进行汇报。另外，如果在财政年度内发现本机构的支出有可能超出预算时，首席财务官也有义务将情况向上述机构和个人进行汇报。

（4）GLA 监督官制度

根据《大伦敦公共事业部法案》（Greater London Authority Act, 1999），GLA 须指派一名监督官。监督官与首席财务官不可为同一人。监督官负责对 GLA 和 TfL 的运作进行监督，对可能出现的疏忽或不当操作有义务出具报告。

（5）预算制度

在每一财政年度开始之前，GLA 负责提交各个下属职能部门（包括 TfL）的预算报告。该预算报告将辅助议会确定下一年的税收安排。每年二月该预算报告被通过之后，只有经过议会三分之二表决同意的情况下才能被修改。

在这套机制下，伦敦地铁的运营质量不断提高，也得到大部分消费者的肯定，但也存在一定的缺陷。在风险转移方面，伦敦地铁将固定资产更新改造风险高度转移给基建公司，这样虽然能降低政府风险，但是存在一定问题，如 DfT 是资金提供单位，但缺乏资金的监管。政府对运营企业采用成本加成合约的补贴机制，导致运营机构没有动力控制预算，成本居高不下。

5.3.2 东京

大东京地区包括东京市及其周围的三个行政区，总面积约 6451km^2，2016 年总人口约 3700 万。东京轨道交通系统由 327km 的地铁线路和近 2000km 的郊区铁道构成，其最典型的特征是轨道交通建设运营主体的多元化。大东京地区的城市轨道交通由日本铁道东部公司（JR-East）、东京地铁有限公司、地方公共交通局（2 个）以及其他二十多个私营铁道公司共同运营，这些运营商也是其经营轨道线路的业主。

东京地区轨道交通的有序运转由各轨道运营企业之间自行签订协议协调解决。例如，换乘和直通运营业务与费用由相关企业签订协议；基础设施维护按财产归属划界；票款清算由东京轨道运营商（除 JR 外）共同成立的清算中心负责；票价需政府批准，但各企业可在合理范围内自行浮动。列车运行组织工作由各企业独立设置的调度系统负责，但需向市消防厅、警察厅通报信息。除发生突发事件由政府防灾指挥中心统一出面协调外，政府一般不干涉企业运营事务。

目前，尽管政府不干涉运营企业的具体运营事物，但为了保证轨道交通系统的有序运转，设立了日本土地、基础设施与交通部（MLIT）来负责全日本的轨道交通主要管理工作。MLIT 的职责可以归纳为两个方面：一方面促进市场机制运作的良好环境，包括促进市场公平竞争、为公共交通领域的服务创新提供支持与帮助和建设与提升公共交通的基础设施条件。另一方面，解决市场机制无法完善处理的各种问题，包括保证公共交通系统的安全、保证公共交通系统满足环保要求和保护消费者利益。

除 MLIT 外，东京地方政府、日本中央政府、交通政策委员会也涉及一些轨道交通的相关工作。例如，政府计划建设一条新的轨道交通线路，则首先需获得交通政策委员会的批准，并由其决定线路建设的具体方式，修建过程中对轨道建设的补偿又需要由日本中央政府和地方政府共同承担。图 5-6 所示为东京地铁固定资产管理与补贴模式示意图。

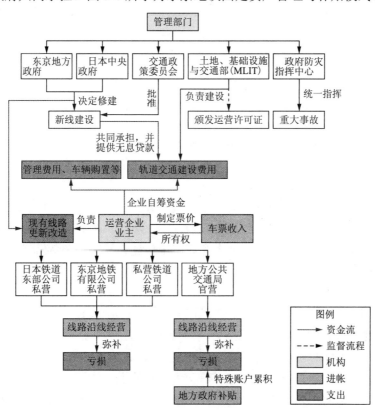

图 5-6　东京地铁固定资产管理与补贴模式示意图

从图 5-7 可以看出，日本政府对轨道交通系统的补偿主要体现在对轨道交通的建设方面，而不直接补偿私营运营企业的日常运营亏损，原因与东京轨道交通的发展模式有关，主要有两个方面：一是政府对运营企业进行补贴的前提是运营过程中存在政策性亏损，而东京地区的轨道交通私营企业拥有票价制定权，因此不存在政策性亏损。二是日本轨道交通发展中最典型的特征就是轨道与地产、商业结合开发，大部分的私营运营企业经营着其轨道沿线的房地产及各种娱乐、商业项目，其收入往往足以弥补轨道运营中可能出现的亏损。因此，政府对于私营运营商的运营亏损并不提供补偿。

实际上，在东京地区的轨道运营企业当中，除了国有运营机构（东京地方公共交通局）以外，其他企业基本都保持盈利状态。对于国有运营机构可能出现的亏损，东京地方政府将其计入一个独立于普通预算的特殊账户内进行累积。表 5-2 所示为 2016 年东京地区主要轨道交通运营商财务状况，从表中可以看出，在补贴模式机制下，各运营商的总营业收入完全足以覆盖其成本支出。

2016 年东京地区主要轨道交通运营商财务状况（单位：亿日元） 表 5-2

项 目			东京都交通局	东京地铁	西武铁道	东急公司
收入	营业收入	票款	1809	3622	1488	1986
		其他	129	460	3593	8928
		合计	1938	4082	5081	10915
	物业等营业外收入		241	988	923	1094
	合计		2179	5071	6004	12008
支出	营运支出		1691	3068	4421	10160
	其他支出		142	217	341	404
	合计		1832	3284	4763	10563
收益			347	1786	1241	1445

资料来源：日本铁道统计年报，2016。

对于轨道交通建设费用的补偿，由中央政府和地方政府共同承担。具体到城市地铁的建设，由地方公交局或私营企业投资建设的地铁线路都可以获得政府的补偿。

（1）公营线路的政府补助

日本政府对于公营线路建设的补助资金主要可分为中央政府的国库补助金和地方财政补助金两大类。1991 年，日本政府设立"铁道建设基金"并建立了"城市铁道建设费无息贷款制度"，对以地方政府、特殊法人和第三部门建设经营的公营轨道项目的建设费补助采用专项基金式管理模式，一次性支付建设费的 40%。

（2）私营线路的政府补助

1972 年，日本政府为鼓励私营轨道企业积极参与轨道建设，政府设立了"新线、复线建设项目制度"（简称"P 线制度"），补助对象限定为日本三大都市圈的轨道建设项目、轨道复线工程、卫星城轨道项目。按照"P 线制度"，轨道线路可由私营轨道企业直接建设，也可由铁道建设公团承建，项目建设完成后交由私营轨道企业运营管理，期间的项目建设费用需要私营轨道企业在 25 年内分 50 次向政府偿还，政府则给予私营企业返还利息补助。

20 世纪 90 年代，日本经济衰退和人口减少导致了轨道客流减少，私营轨道企业运营压力增大。为此,日本政府又陆续推出了一系列新的政策,加大对私营线路改造和新建项目的政策性扶持。2001年,日本政府对于以提高线路换乘便利性、加强运能等为目的而进行的私营线路及其车站改造项目,进行建设费直接补助。2002年,日本政府将原有的"地下高速铁道建设费补助制度"的适用对象扩展到私营轨道,对于大型综合枢纽建设、连接性线路的建设,由日本政策融资银行提供优惠的长期低息贷款,贷款比例达到建设施工费用的40%~50%。

(3) 受益者负担制度

私营地铁项目的政府补助内容和金额毕竟有限,私营轨道企业除接受政府补助外,也利用各种受益者负担制度来降低和分摊建设成本。通过受益者负担制度,可由在地铁沿线进行商业性开发的开发商无偿提供地铁建设用地或是负担全额或部分工程费用。这种将开发利益有效返还给公共基础设施项目建设的良性循环机制,是帮助私营轨道企业解决投资成本的一个重要途径。

(4) "轨道+物业"开发模式

"轨道+物业"开发模式是日本轨道交通行业建立的将轨道开发外部利益返还行业内的特色机制。20世纪70年代以前,日本私铁得益于土地的直接开发出售,平衡内部收益,在东京都市圈外围建设了成熟的轨道交通网络,其中最典型、最成功的案例是东急电铁开发建设的多摩田园都市和田园都市线。得益于这种"轨道+物业"的开发模式,多数私营线路运营过程中产生的运营亏损可由轨道沿线的房地产及各种娱乐、商业项目产生的多经收入进行弥补。

总的来看,针对不同的对象,政府补助的内容亦不同,补助金额也有较大的区别。对于公营地铁项目,政府的补助内容多为补助运营费和建设费,而私营地铁项目中政府补助内容则主要是对投资的利息补助,金额与比例都较为有限。另一方面,分析不同制度下的资金来源可知,东京政府对于轨道交通建设费用的补贴具有以社会资金为主、公共财政资助为辅的特点。在这样的扶持制度下,企业参与到轨道交通建设的积极性明显提高,同时,由于政府加强了对行业准入的资格审查、价格审查、总体规划等方面对轨道交通建设领域的监管,从而遏制了垄断经营等问题的形成。

第 6 章
城市轨道交通网络化运营指标分析

运营指标体现了城市轨道交通网络运行效率与服务能力,是评价企业运营管理水平和乘客服务水平的依据。本章从城市轨道交通网络特征出发,分析了运营指标类型的划分;结合部分城市的案例数据,分析比较了网络规模不同城市中轨道交通运营指标值所刻画的内涵。最后,总结了城市轨道交通不同发展阶段运营指标的特点,为科学分析与评估城市轨道交通运营管理与服务提供参考。

6.1 网络化运营指标的分类

运营指标是反映运营企业开展运输业务等经营管理活动能力与水平的指标。这种能力与水平一般涉及企业自身的经营效率、为乘客提供出行服务的质量以及作为公益性事业所履行的义务水平三方面。

从指标的特性看,运营指标可以分为数量指标与质量指标两大类。数量指标反映了城市轨道交通网络发展规模、水平或工作量,一般用绝对数来表示,数量指标还可以说明城市轨道交通的发展阶段与投入水平。质量指标反映城市轨道交通的相对水平或平均水平,一般涉及城市轨道交通行业的生产效果或工作质量、产品质量、生产水平、技术水平、经营管理水平和经济效益等情况,质量指标对于分析城市轨道交通行业各部门、各单位工作中的内部潜力具有重要作用。

在城市轨道交通发展过程中,运营管理是最后的阶段,如图 6-1 所示。

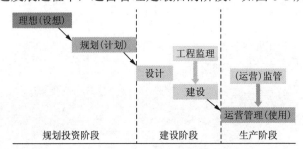

图 6-1 城市轨道交通的发展过程

对于一个庞大的城市轨道交通网络来说,影响其生产阶段运营指标的因素很多。这些因素既包括网络架构、线路走向、线路间的换乘关系等规划层面的因素,也包括换乘站设计、车站结构、出入口分布等设计层面的因素,还包括车辆选型、列车编组、通信信号与供变电系统等设备因素。因此,城市轨道交通的运营组织实际上是在上述前置要素确定条件下的一种结果。

不难看出,运营阶段的相关指标既有主观性,也有客观性。

一方面,主观性反映一定城市轨道交通运营企业在其设备设施条件下针对一定的客流特征条件开展运输组织工作的能力与水平特点,是评估运营部门工作质量与能力水平的基本依据。例如,运营部门的运力配备计划是否与客流时空特性相适应?相关设备设施的运用与管理是否合理高效?对城市轨道交通系统乘客出行的服务是否有较高的满意度?

另一方面,运营指标的客观性体现了各城市轨道交通系统所在城市的发展环境特点。例如,线网结构与布局是否与城市活动的空间分布特征相匹配?线路间物理层面的换乘设计方案是否合理高效?相关车站的设施设备配置参数(如站台空间、楼扶梯能力、出入口等)是否合理?线路的设计与建设方案(如折返条件、站台长度等)与设备配置(如车辆设备选型、通信信号系统类型)是否支撑运输组织方案的应用?从这个意义上看,不同城市的运营指标实际上并没有严格的可比性;或者说,运营指标带有浓厚的规划与建设阶段的诸多特征。

21世纪以来,我国城市轨道交通行业已经进入蓬勃发展时期,这既与我国城市人口众多、人均资源稀缺的环境条件有关,也与我国政府大力推进公共交通发展的政策因素有关。近年来,国家在行业标准化建设方面已出台建设国家行业标准100余项。相对来说,运营标准编制工作起步较晚,仅有不到20项。目前已经实施的标准中,包括《城市轨道交通运营管理规范》(GB/T 30012—2013)、《城市轨道交通试运营基本条件》(GB/T 30013—2013)、《城市轨道交通客运服务》(GB/T 22486—2008)以及《地铁安全疏散规范》(GB/T 33668—2017)以及《有轨电车试运营基本条件》(JT/T 1091—2016)等。

2017年,随着我国城市轨道交通主管部门和行业各方对标准重视程度的提升,运营方面的标准化进程工作不断加快,特别是设施设备的更新维护方面,已取得诸多进展。在运营管理领域,由全国城市客运标准化技术委员会归口管理的国家标准《城市轨道交通运营指标体系》与《城市轨道交通运营技术规范》在2017年底已完成公开征求意见并进入报批阶段。

根据已公示的《城市轨道交通运营指标体系》(征求意见稿),城市轨道交通运营指标分为基础指标、客流指标、运行指标、安全指标、服务指标、能耗指标和财务指标7大类,如图6-2所示。

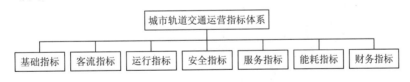

图6-2 城市轨道交通运营指标体系构成

上述各类指标分别反映了线网发展规模、客流时空特征、列车运行情况、运营事故与安检情况、乘客服务情况、线路电能消耗情况以及成本收入情况。这些指标既有数量指标,也有质量指标。指标中既涉及主观性,也包含客观性因素。

6.2 城市轨道交通运营指标分析

不同城市的轨道交通系统体现了其发展环境影响。下面重点针对部分常用的城市轨道交通网络化运营指标进行分析。

6.2.1 基础指标

线网层面的基础指标包括基础线网、发展水平 2 类指标，见表 6-1。一般来说，这些指标与规划和建设阶段的相关分析、判断与决策关系密切，实际上也体现了不同城市对其城市轨道交通系统在城市综合交通体系中的功能定位。

基 础 指 标　　表 6-1

分 类	指 标	分 类	指 标
基础线网	运营线路数 运营里程 运营车站数 换乘车站数 站间距	发展水平	线网密度 万人线网拥有率 站点密度 万人车站拥有率 站点覆盖率 城市轨道交通占公共交通出行比例

基础线网指标包括运营线路数、里程、车站与换乘站数。发展水平指标主要为单位面积或人口拥有运营里程或车站数量，体现城市轨道交通的供给水平。线网密度表征城区内单位平方公里的线网运营里程，单位为 km/km^2。万人线网拥有率表征城区内每万人拥有的线网运营里程，单位为 km/ 万人。站点密度表征城区内单位平方公里的运营车站数，单位为座 $/km^2$。万人车站拥有率表征城市区域内，每万人拥有的运营车站总数，单位为座 / 万人。站点覆盖率表征城区内所有城市轨道交通站点一定半径范围覆盖的区域面积占城区面积的比例，单位为 %。

（1）国内城市轨道交通基本情况

以 2017 年下半年国内北京、上海等 9 个城市轨道交通线网为例，基础线网指标如图 6-3 所示。

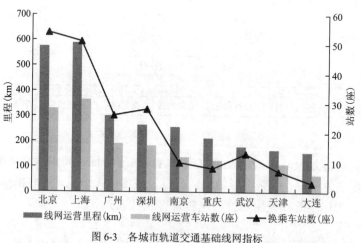

图 6-3　各城市轨道交通基础线网指标

注：统计制式为地铁，不包括市郊铁路、磁悬浮、有轨电车。南京含 S2、S10 线，本章下同。

北京与上海轨道交通规模均达到 500km 以上，广州的规模也超过了 300km。北京、上海、广州已形成比较完善的网络结构。深圳、南京、重庆、武汉和大连等城市的轨道交通规模达到或接近 200km，基本形成轨道交通网络化结构。

站间距体现了城市轨道交通网络的覆盖水平。从统计上看，北京、上海、广州站间距分别为 1.75km、1.61km 与 1.57km。9 个城市中，大连轨道交通平均站间距最大，达 2.29km；武汉轨道交通平均站间距最小，为 1.33km，站点密度相对更高。

换乘站数一定程度上体现了网络换乘的便捷性。从统计上看，北京、上海、广州、深圳比例分别达 16.4%、14.0%、13.5% 和 15.2%。其他城市换乘站比例均低于 10%，大连轨道交通的换乘站比例最低，仅为 4.3%。

城市轨道交通承担客运量占城市公交的比例体现了城市轨道交通的作用与功能。表 6-2 给出了 2016 年国内 8 座城市的轨道交通占公共交通出行比例。上海高达 59.6%，广州达 51.2%，北京达 49.9%，这三个城市均超过或接近 50%，凸显了城市轨道交通在城市公共交通系统中的骨干作用。

城市轨道交通占公共交通出行比例　　表 6-2

城　　市	城市轨道交通占公共交通出行比例（%）	城　　市	城市轨道交通占公共交通出行比例（%）
上海	59.6	深圳	40.8
广州	51.2	成都	28.5
北京	49.9	重庆	24.5
南京	44.5	苏州	21.0

（2）与部分海外城市的对比

表 6-3 给出了部分海内外部分城市轨道交通运营的基本情况。上海、北京、纽约与伦敦的轨道交通网络规模均在 400km 以上，广州与东京的轨道交通网络规模达 300km，香港与新加坡市的轨道交通网络规模约 200km。未来北京、上海、广州轨道交通仍会继续增长，香港和新加坡市受地域面积所限，网络规模增长空间有限；纽约和伦敦轨道交通已发展得比较成熟，网络规模不会有较大变化。

国内外城市轨道交通运营基本情况对比　　表 6-3

城市 / 运营企业		运营线路（条）	运营里程（km）	车站数（个）	换乘车站数（座）
北京	北京地铁	15	461.9	329	54
	北京京港	4	113.4		
上海		14	588.4	365	51
广州		10	301.3	192	26
香港		11	194.7	110	16
东京	东京地下铁	9	195.1	179	80
	都营地下铁	4	109.0	106	
新加坡	SMRT	3	137.3	91	21
	SBS	2	61.9	50	
伦敦		11	402.0	270	80
纽约		25	417.0	468	206

注：①统计制式主要为地铁，不包括市郊铁路、磁悬浮、有轨电车等其他制式，本章下同。
②国内外对比数据来源于城市轨道交通蓝皮书《中国城市轨道交通运营发展报告（2017～2018）》。

从站间距角度来看，纽约、东京、新加坡、伦敦轨道交通网络的平均站间距分别为 0.89km、1.07km、1.41km 与 1.49km。我国北京、上海、广州和香港轨道交通网络的平均站间距则分别为 1.75km、1.61km、1.57km 与 1.77km。显然，国内各城市车站覆盖密度较国外 4 座城市更低。

从换乘站比例角度来看，纽约换乘站比例高达 40% 以上，伦敦与东京比例也达 25% 以上。其他 5 座城市的换乘站比例仅为 15% 左右。

6.2.2 客流指标

客流指标是评价城市轨道交通建设目标的核心指标，也体现了城市轨道交通运营部门运输组织工作的水平。表 6-4 给出了进出站量、换乘量、客运量、周转量和客流强度 5 类客流指标。

客流指标　　　　　　　　　　　　　　　　　　　　　　　　　　　　　表 6-4

分 类	指 标	分 类	指 标
进出站量	进站量、出站量	周转量	线路客运周转量、线网客运周转量 平均运距
换乘量	换乘量（换入量、换出量） 换乘比例 换乘系数	强度	客运强度 客流密度 出行强度
客运量	线路客运量、线网客运量 车站乘降量 断面客流量		

图 6-4 给出了国内 9 个城市轨道交通网络客运量、出行量及其强度指标。客运强度指运营线路中单位运营里程上平均每日承担的客运量。出行强度指单位运营里程上平均每日承担的乘客出行量。

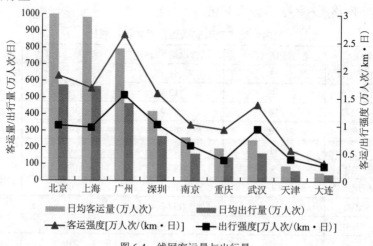

图 6-4　线网客运量与出行量

北京轨道交通客运量最高，超过 1000 万人次 / 日。上海轨道交通的日均客运量也在 1000 万人次左右。两城市日均出行量比较接近，均超过 500 万人次，高于其他城市。广州的日均客运量也接近 800 万人次，日均出行量接近 500 万人次。广州的客运强度 2.64 万人次/(km·日)与出行强度 1.55 万人次/(km·日)均为国内最高。北京与上海近年大力发展轨道交通，线网运营里程水平较高，客运强度与出行强度低于广州。

国内 9 个城市轨道交通网络客运周转量、平均运距与客流密度指标如图 6-5 所示。线网客流密度为线网单位运营里程上平均每日承担的客运周转量，可以理解为网络出行强度与网络平均运距的乘积。线路客流密度为运营线路单位运营里程上平均每日承担的客运周转量，可以理解为线路客流量与线路平均运距的乘积。

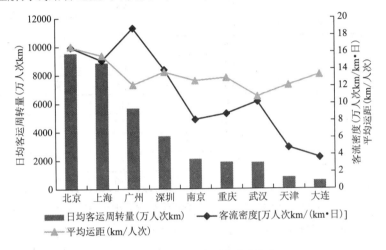

图 6-5 线网客运周转量与客流密度

北京与上海轨道交通日均客运周转量在 9000 万人次 km 左右，远高于其他城市。各城市轨道交通的平均运距在 10～17km。北京与上海网络的平均运距分别达 16.6km 与 15.63km，处于较高水平；武汉网络平均运距为 10.83km，为 9 个城市内最低；而其余城市均为 12～14km。广州轨道交通的客流密度 15.05 万人次 km/(km·日)，明显高于其他城市，与客运强度、出行强度指标规律一致。

各城市轨道交通网络换乘量指标如图 6-6 所示。其中，换乘系数为乘客在线网内完成一次出行需乘坐的平均线路条数。

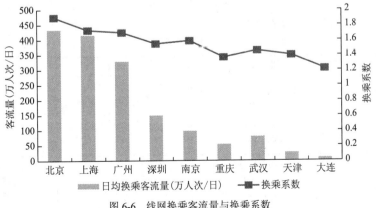

图 6-6 线网换乘客流量与换乘系数

由上图可以看出，各城市中北京与上海轨道交通换乘客流量超过 400 万人次/日，换乘系数分别为 1.9 与 1.73，其换乘客流量与换乘系数均高于其他城市。广州轨道交通换乘系数也较高，达 1.7。一般而言，线网规模越大，乘客换乘系数越高。

表 6-5 给出了国内外各城市轨道交通网络客流的部分指标情况。

国内外城市轨道交通客流指标对比　　　　　表 6-5

城市/运营企业		日均出行量（万人次）	平均运距（km/人次）	客运强度[万人次/(km·日)]
北京	北京地铁	466.73	16.55	1.93
	北京京港	108.01	16.80	1.78
上海		566.65	15.63	1.67
广州		466.36	12.17	2.64
香港		468.83	10.9（机场快轨 28.4）	2.41
东京	东京地下铁	723.90	8.00	3.21
	都营地下铁	266.75	6.94	2.45
新加坡		309.50	—	1.55
伦敦		376.50	8.56	0.94
纽约		480.05	6.30	1.15

由上表可以看出，东京、北京、上海轨道交通网络日均出行量在 500 万人次以上。其中，东京日均出行量总和接近 1000 万人次，远高于其他城市。纽约、香港与伦敦日均出行量超过或接近 400 万人次。新加坡轨道交通出行量较低，约为 300 万人次/日。

从平均运距来看，国内城市北京、上海、广州和香港的平均运距在 10km 以上，其中北京平均运距最长。东京、伦敦和纽约的平均运距在 6~9km。

从客运强度来看，东京地下铁客运强度明显高于其他城市，超过 3 万人次/(km·日)；而伦敦轨道交通网络客运强度最低，不到 1 万人次/(km·日)。国内各城市客运强度相对处于较高水平，尤其以广州最高。

6.2.3 运营指标

这里的运营指标主要指列车运行指标与服务指标，包括车辆利用、运力运能、运行速度与运营服务等 4 类指标，见表 6-6。

运营指标　　　　　表 6-6

分类	指标	分类	指标
车辆利用	配属车辆数、配属列车数 完好列车数 上线列车数 每公里配车数	运力运能	列车编组数 列车定员 断面运力 客位里程 满载率
列车运行与服务	运营时间 开行里程 开行列次 发车间隔	运行速度	技术速度 运营速度

（1）车辆利用

以北京（不含京港地铁）、上海、广州、深圳等城市轨道交通网络为例，线网配属车辆数、每公里配车数指标如图 6-7 所示，上线车辆数与上线率指标如图 6-8 所示。

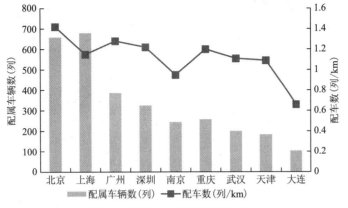

图 6-7 配属车辆数与每公里配车数

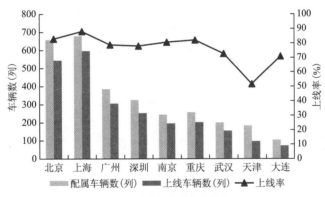

图 6-8 上线车辆数与上线率

上海与北京（不含京港地铁）轨道交通配属列车数均高达 600 列，远高于其他城市。各城市每公里配车数在 1.2 列/km 左右。其中，北京最高，达 1.42 列/km，其次为广州、深圳。上海配车数为 1.15 列/km，处于中等水平。大连配车数最低，仅为 0.66 列/km。

上海与北京（不含京港地铁）轨道交通上线列车数均高达 500 列，上线率也高达 80% 以上，远高于其他城市；天津轨道交通的上线率最低，仅为 51.66%。

（2）列车开行对数与里程

各城市轨道交通网络日均开行列次与日均开行里程指标如图 6-9 所示。其中，北京市轨道交通指标不含京港地铁运营线路。

各城市日均开行列次与开行里程呈正相关关系。上海轨道交通日均开行列次达 7050 列次，日均开行里程达 127.34 万车 km。两项指标均高于北京（不含京港地铁）。

各城市平均每线路开行列次中，广州日均每线路开行 545.7 列次，上海、重庆、北京、深圳次之，大连最低，仅为 201.2 列次/日。而平均每日每公里开行车辆指标中，北京、广州、深圳、上海最高。这不仅与日均每线路开行列次有关，也与开行列车编组数相关。

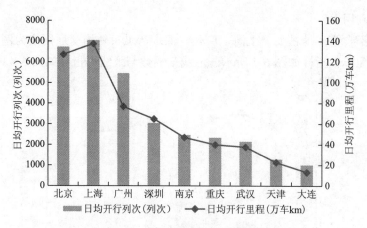

图 6-9　日均开行列次与开行里程

(3) 海内外城市轨道交通线路列车发车间隔

图 6-10 统计了北京、上海、广州、香港、东京、新加坡、伦敦 7 座城市约 80 条线路的列车最小发车间隔数据。

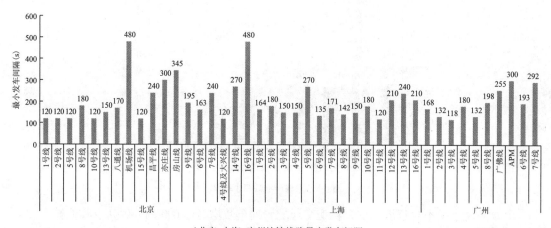

a) 北京、上海、广州地铁线路最小发车间隔

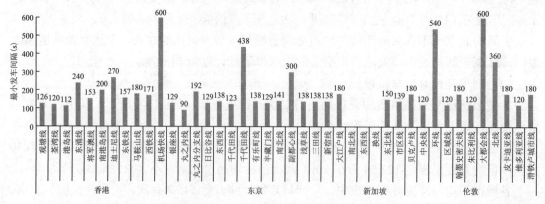

b) 香港、东京、新加坡、伦敦地铁线路最小发车间隔

图 6-10　国内外城市线路最小发车间隔

由图 6-10 可以看出，高峰时期最小发车间隔在 200s 以内的线路有 57 条。发车间隔最小的为东京丸之内线，仅为 90s；国内城市中，香港地铁和广州地铁发车间隔最小，仅为 112s 和 118s。北京地铁发车间隔也比较小，6 条线路最小发车间隔达 120s。

6.2.4 财务指标

财务指标体现了城市轨道交通的可持续发展特性，一般包括运营成本、运营收入 2 类指标，见表 6-7。

财务指标 表 6-7

分　类	指　标	分　类	指　标
运营成本	运营成本 完全成本 折旧成本 维修更新成本 管理成本 能耗成本 安保费用	运营收入	运营收入 运营票款收入 非票款商业收入 收入成本比 运营补贴补偿

1）运营成本

城市轨道交通全成本包括运营成本、固定资产更新、追加设备投资成本等。运营成本一般包括简单运营成本及车辆架大修成本，其中简单运营成本包括人员成本、能耗成本、日常维修成本及其他成本。

从行业整体来看，根据中国城市轨道交通协会的统计，2016 年平均车公里运营成本 27.6 元，较 2015 年平均车公里运营成本 28.8 元有所下降。从成本构成来看，当前人员成本占简单运营成本的 50% 左右，维保费用占简单运营成本的 20% 左右，能耗费用占简单运营成本的 15% 左右。

①人员成本。城市轨道交通的人员成本包括员工工资、奖金、津贴以及按照规定提取的社会保险、住房公积金、工会活动费等。人员成本取决于运营企业的配员水平、工资薪酬以及福利政策。随着城市轨道交通网络化进程的推进，线路条数不断增多，客运量不断攀升，客运压力不断增大，虽然城市轨道交通的智能化水平不断进步，但客运人员总量在近期仍会有一定程度的增长。同时随着线路设备的老化，多条线路进入大中（架）修阶段，对于运维人员的需求将有所上升。

②能耗成本。城市轨道交通能耗成本包括运营列车需要的牵引用电、运营设备的动力用电、车站、基地的照明用电，以及生产运营的水费等。在电价方面，根据《国务院关于优先发展公共交通的指导意见》（国发〔2012〕64 号），要求对城市轨道交通运营企业实施电价优惠。目前，大部分城市轨道交通电价参照一般工商业或者大工业用电标准制定，特别在近年来，部分城市给予运营企业小幅度的政策倾斜，电价有小幅度下降。

③维修更新成本。城市轨道交通的维修更新成本包括列车及各专业设备的维修材料费、外委维修费及维修工器具的消耗费用等。随着运营时间的增长，设备设施老化，城市轨道交通企业各项维护更新改造费用会逐年上升。

从我国各城市运营的具体实践来看，2012年至2016年深圳地铁全网简单运营成本中，人工成本约占50%，能耗成本约占20%，生产维修及其他成本约占30%。上海地铁2016年人工成本（内部员工的人力资源成本）约占48.6%，能耗成本占13.6%，维修改造成本（含部分人力成本）占37.8%。

南京地铁是内地城市轨道交通简单成本控制做得最好的城市；其日常运营车公里成本控制在14～15元（不含地铁列车折旧、公安安检等保障类支出、利息支出等）。在简单运营成本中，人工成本占日常运营总成本的比例约50%。人工成本取决于轨道交通企业的配员水平，以及工资薪酬与福利政策。2017年上半年，全国平均每公里线路定员53.8人，南京地铁仅为36人。南京地铁的能耗成本占日常运营成本的比例约为17%，包括列车运营需要的牵引用电、运营设备的动力用电、地铁车站、基地的照明用电，以及生产运营的水费。南京地铁的日常维修成本占日常运营总成本的比例约18%，包括车辆、供电、通信、信号等各专业设备的维修材料费、外委维修费及维修工器具的消耗。南京地铁的其他运营费占日常运营总成本的比例约15%，包括税金、运营间接费用、运营管理费用和企划营销费用。

2）运营收入

运营收入中运营票款收入是各城市轨道交通运营业务的主要收入。票款收入与网络客运量、票价水平相关。作为准公益性企业，城市轨道交通运营企业需保障城市轨道交通的运营安全以及服务质量。由于安全投入多、服务要求高，大部分运营企业处于经营亏损、靠政府补贴支撑状态。根据中国城市轨道交通协会的统计，2016年度行业计算运营收支比为77%，较2015年有所提高。不过，各城市运营入不敷出仍是普遍状况，这对城市轨道交通的可持续发展带来挑战。因此，如何在满足社会效益的同时保证企业自身的健康稳定发展，成为当前很多企业发展过程中越来越重要的议题。

表6-8调研给出了根据部分海内外城市轨道交通票价按人民币折合后的单位运营收入情况。

国内外城市轨道交通运营公司票务收入情况　　　　表6-8

城市 / 运营企业		票务收入（元/人次）	票务收入（元/人·km）	人均收入（万元）
北京	北京地铁	4.20	0.25	5.25
	北京京港	4.90	0.29	
上海		4.07	0.26	5.43
广州		2.74	0.23	4.68
深圳		3.75	0.27	4.87
南京		2.41	0.19	4.40
重庆		2.90	0.22	2.20
香港	本地铁路	7.01	0.61	14.3
	过境服务	25.75		
	机场快线	55.46	1.95	
东京	东京地下铁	7.52	0.94	22.99
	都营地下铁	8.40	1.24	
伦敦		15.82	1.85	25.17
纽约		13.27	2.10	44.50

从表 6-8 可以看出，按每人次票务收入还是每人公里票务收入，伦敦和纽约的票务收入水平最高，东京其次，香港较低，北京、上海与广州的票务收入水平最低。

考虑到不同城市人均收入水平的不同，可以计算每人次票务收入（即乘客每乘坐城市轨道交通一次的支出）以及人公里票价占该城市人均收入的比例作为评价乘客对票价的承担能力的指标。这两个比例越高，说明乘客支付地铁票款能力越低。

图 6-11 是对国内部分城市票价进行调研后测算得到的平均每人次支出、平均人公里票价占人均日收入之比的结果。

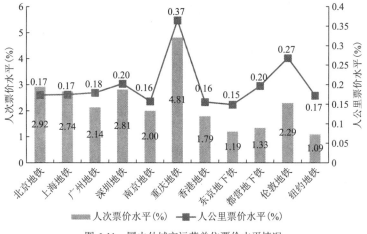

图 6-11　国内外城市运营单位票价水平情况

从图 6-11 可以看出，在人次票价水平中，国内大陆各城市水平相对较高，重庆为最高；海外以伦敦为最高，不过仍低于我国北京、上海、深圳与重庆。纽约票价水平与收入比最低，东京次之，我国香港人次支出占收入比例略低于内地城市。

与人次价格水平相比，人公里票价水平主要受线网乘客平均乘距的影响。总的来看，人公里票价水平趋势大致相同，重庆最高，伦敦其次，东京、纽约与我国香港内地多数城市水平比较接近。

6.3　小　　结

综上所述，不同城市轨道交通系统的运营工作受其发展环境的影响具有不同的特质。从统计指标来看，各城市的统计口径也存在差异。以人员成本为例，不少城市采用劳务外包方式推进维修工作，而外包费用中实际上包含维修企业的人力成本；这与传统的设备维修费概念已有所不同。此外，关于城市轨道交通安保部分的费用支出科目与计算方法，各城市的做法也存在一定差异。因此，待颁布实施的《城市轨道交通运营指标体系》尽管没有完全解决这方面的问题，但作为这方面工作的良好开始，将为规范我国年轻的城市轨道交通行业的统计指标提供一定支撑，也将为不同城市相关运营指标的测算分析与比较奠定基础。

第 7 章
换乘站组织与管理

公共交通的重要特点是难以通过某种方式或某一线路实现门到门出行服务，因而换乘设计与组织成为作为公共交通组成部分的城市轨道交通网络化运营面临的重要课题。本章简要介绍了换乘及其基本类型，分析了不同换乘类型的客流组织特点及其流线设计方法，研讨了多线换乘站的管理模式以及提高换乘站资源共享水平的方法。

7.1 换乘概述

7.1.1 换乘定义及其重要性

广义上的换乘是指旅客在运输系统中为完成旅程，从一种交通方式转换到另一种交通方式，或者从一条线路转换到另一条线路以及在某一线路内的交通工具之间转换的过程。公共汽车与城市轨道交通间的换乘属于不同交通方式之间的换乘；如果换乘前后乘坐同一种交通工具，则是模式内的换乘，例如城市轨道交通两条线路间的换乘；需要指出的是，模式内的换乘可能涉及不同运营商，也就是说衔接的两条线路分属不同运营单位。有些城市轨道交通系统中，同一线路运营不同速度等级或不同停站方案的列车，则还存在线路内的换乘，如乘坐小交路列车的乘客在大小交路重叠车站换乘大交路列车。本章主要侧重于介绍城市轨道交通线网内部的换乘，尤其是不同城市轨道交通线路之间的换乘。

城市轨道交通作为一种公共交通形式，其线路设置是为了满足多数居民的出行需求，即线路设置应尽量满足主流 OD 的直达出行需求。显然，城市轨道交通系统的车站不可能与所有的 OD 点重合，线网中的运营线路也不可能满足所有的点对点直达出行需求。线网以外的 OD 点以及线网内不能直达的 OD 点间的出行，必须借助换乘来实现。换乘是由于乘客的点到点直达出行需求与运营线网覆盖的不重合造成的，更确切地说是与列车运营交路及停站方案不重合造成的。随着城市辐射范围的扩大，换乘已成为城市公共交通的一个基本特征。据统计，30%～60% 的城市公交出行包含 2 次及其以上的换乘。

换乘组织水平经常成为限制轨道交通服务水平的瓶颈，对轨道交通线网的运营有很大的影响。换乘组织效率的提高，可以使乘客缩短出行时间、提高舒适度，有利于增加轨道交通的吸引力。对于运营企业而言，提高换乘组织效率可以节约人力成本，减轻运营压力，提升企业竞争力。对于城市管理者来讲，提高换乘组织效率有利于缓解全局的交通压力，对地面公交等交通方式也有一定的正面促进作用。

7.1.2 网络规划与设计对换乘组织的影响

规划设计方案的合理性对运营阶段的换乘组织有很大的影响。以下将从面、线、点三个层次，即线网几何形态、线路衔接形态和车站设计形式依次进行分析。

1) 线网几何形态（面）

城市轨道交通网络的形态主要决定于城市地理状态、规划年城市用地布局、人口流向分布和主观决策因素，典型的结构形态有无环放射式、有环式和棋盘式三种。

（1）无环放射式线网

一般以城市中心地区为核心，呈全方位或者扇形放射发展，其基本骨架包括至少 3 条相互交叉的线路，并在中心地区实现换乘。香港、纽约为典型的无环放射式线网，这种线网架构具有方向可达性高、符合城市土地利用强度由中心区往边缘区递减的特点。但是由于换乘站主要集中在中心地区，这类线网容易产生客流过于集中在中心区的现象，给换乘组织带来极大的不便。针对这个问题，香港、巴黎等城市的经验是两条线在交通走廊并行产生两个及以上的换乘点，以分担换乘客流。同样地，为了避免大量的换乘客流集中在中心地区，给后期换乘组织带来不便，对于放射式线网一般不设置终点在中心区的半径线，而设置穿越城区的直径线。

（2）有环式线网

有环式线网是在无环放射式和棋盘式线网的基础上增加环线，并辅以多条平行线路或多角线方向放射形线路。莫斯科、上海、伦敦等为典型的有环式线网。这种线网架构最显著的优点在于加强中心区边缘各客流集散点的联系，在一定程度上有助于减少换乘次数，换乘便捷性最好，但是环线的存在可能会增加换乘的时间损耗。

（3）棋盘式线网

棋盘式线网是指主要由两组互相垂直的线路构成的网络，具有平行线路多而线路交叉次数少的特点。北京、墨西哥城为典型的棋盘式线网。由于棋盘式线网平行线路多，辐射面积大，因此其换乘节点空间分布分散，各换乘点的换乘压力相对放射式较小。但是该类型线网的对角线出行需要绕行，同时平行线路间的换乘一般要 2 次以上，换乘效率较低。

在相同或相近的线网形态下，换乘站占比对城市轨道交通线网换乘便捷性也有较大影响。在城市轨道交通线网形态和总体规模确定的情况下，换乘站数量占车站总数量的比例越高，衔接不同线路之间的换乘节点也越多，线网的换乘便捷性也越高。因此在规划设计过程中，应当合理设置换乘站数量，以减少乘客换乘次数，提高城市轨道交通的服务水平。

2) 线路衔接形态（线）

整个线网可以拆分为多个局部网络，不同局部网络的线路数量和线路连接形态不同，会对换乘节点的数目及换乘客流量产生影响，从而影响换乘站客流组织。按局部线网涉及线路数目的不同，分别对两线、三线、多线的情况进行讨论。

（1）两线换乘

两条线路间换乘的主要形态有斜交、平行交织、垂直交叉三种，如图 7-1 所示。

图 7-1 两线衔接形态示意图

图 7-1a）是线网中最常见的线路衔接形态，多见于城市轨道交通线网建设初期。这种线路连接形态的网络中只有一个换乘节点，换乘组织难度较大，在换乘组织时应考虑分散换乘客流。图 7-1b）是对图 7-1a）的改进，在两条平行线路上连续设置两个换乘节点，有利于分散换乘客流，这种线路连接形态有利于布置同站换乘，减少旅客换乘时间和走行距离。图 7-1c）则将两个换乘节点设置在线路两端附近，局部组合成了小的环线，既可以分散换乘客流，又能减少平均运距。

（2）三线换乘

三线换乘是指三条线路相交，并在相交处的车站产生换乘关系的局部网络组合方式。一般来说三线换乘客流具有客流量大、多方向性、多路径性等特点。类似于两线换乘，三条线路之间也存在斜交、平行和垂直三种关系，但是组合类型更加复杂，图 7-2 列举了最常见的三种三线换乘形式。

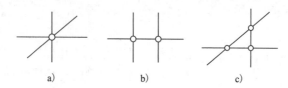

图 7-2　三线换乘常见线路连接形态示意图

图 7-2a）的三线换乘线路连接形态类似于两线换乘中的斜交形式，但是换乘节点连接的线路更多，换乘客流更加集中，容易形成网络瓶颈。相较图 7-2a），图 7-2b）增加了一个换乘节点，降低了单个换乘节点的压力，但也增加了旅客的换乘次数，适用于两条纵向线路之间的换乘需求较小的情况。图 7-2c）中三条线路两两相交，这种线路连接形态可以使得换乘客流能够均匀分布，不容易产生拥堵，同时这一种形式有利于工程分期实施，工程难度较小。尽管三线换乘的便捷性更高，但由于客流方向多、客流量大，在规划设计时要充分考虑运营时的换乘距离和时间等因素及工程可行性。

（3）多线换乘

当具有换乘关系的局部网络由 4 条及以上线路组成时，就称为多线换乘。多线换乘的线网形态更加多种多样，且均由两线换乘和三线换乘中的某些形态组合而成，如图 7-3 所示。

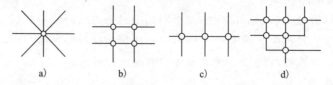

图 7-3　多线换乘常见线路连接形态示意图

图 7-3a）也类似于两线换乘中的斜交形式，但是连接了四条线路，即多线共用一个换乘节点，该种形式两条线路之间可以是斜交，也可以是平行、垂直关系。这种多条线路集于一点的换乘形式的线网在法国地铁中比较常见。从巴黎的实际运营状况看，这种形式换乘客流过于集中，极易成为能力瓶颈。为降低多线换乘客流的集中程度，衍生出了图 7-3b）所示的线网形态，在这种情况下，换乘站数目较少，且线路走向简单，但是旅客换成次数

增多,因此一般在线网客流量较小时采用。当线网中横向线路输送能力大时,可采用图7-3c)所示换乘形式,这种情况下单条横向线路与多条纵向线路分别交叉,能够在横向线路上形成一系列换乘节点,能够充分发挥横向线路的运输能力,成为线网中的骨干线路。图7-3d)所示情形为四线网络中较好的形态,因旅客在其任意两线间的换乘次数只有1次,且只有6个换乘节点。

3) 换乘站设计形式

换乘站设计形式会直接影响乘客换乘距离与效率,一般取决于两条线路的走向和站位条件。以两线换乘为例,以下将对线路平行和线路相交时的换乘站设计形式对于换乘组织的影响进行分析。

(1) 线路相交时的换乘站设计形式

线路相交形成的换乘站有"十"字形、"T"形、"L"形三种布置方式,如图7-4所示。

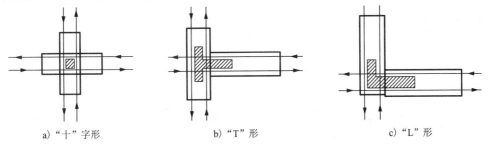

a)"十"字形　　　　b)"T"形　　　　c)"L"形

图7-4　线路相交时常见换乘站设计形式

"十"字形换乘的车站一般采用站台或站厅加通道换乘,可以很好地实现站台到站台的换乘,乘客换乘较为便捷。但是,"十"字形换乘的换乘组织易受到楼、扶梯的能力限制。"T"形换乘采用站台相交处楼梯直接换乘,或者楼梯与站厅组合换乘。这种换乘方式换乘距离较长,需要设置合理的引导标志协助乘客迅速换乘。"L"形换乘则是在"十"字换乘和"T"形换乘都受到限制时才采用,因为其换乘线路更长,乘客换乘时间与距离都较长。

(2) 线路平行时的换乘站设计形式

线路平行时的换乘站主要有"一"字形和"工"字形两种布置方式,如图7-5所示。

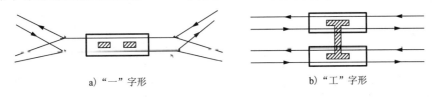

a)"一"字形　　　　　　　　b)"工"字形

图7-5　线路平行时常见换乘站设计形式

"一"字形换乘可采用站台直接换乘或通过站厅换乘,某些方向的换乘需要上下楼梯。因此在换乘客流较大时,容易在两层站台的楼扶梯口产生拥堵,换乘组织时应重点关注楼扶梯位置。"工"字形换乘一般通过站厅换乘或站台到站台的通道换乘,这种换乘方式换乘距离长,乘客体验较差。

7.2 换乘站类型及换乘组织形式

在城市轨道交通线网中，旅客换乘是在换乘站内完成的。轨道交通换乘站是轨道交通线网中各条线路相交产生的节点，是提供乘客跨线换乘的车站。乘客通过换乘站实现两条线路之间的转换，达到换乘的目的。一般来说，换乘站可以按衔接线路所属运营主体划分为同一运营商的换乘站和不同运营商共享的换乘站。此外，换乘站按衔接线路数量也可以分为两线换乘站和多线换乘站。

同一个换乘站可能包含一种或多种换乘方式。对应不同情形的线路连接方式，根据乘客在换乘时所利用的换乘设备，一般可将城市轨道交通的换乘组织形式分为站台换乘、站厅换乘、通道换乘、站外换乘、组合换乘 5 种。

7.2.1 站台换乘

站台换乘是较为便捷的换乘组织形式，一般可以划分为同站台换乘和上下交叉站台换乘。

1）同站台换乘

同站台换乘是指主要换乘方向的乘客在同一个站台上完成两线间的换乘，简称同台换乘。同台换乘按车站布置形式的不同又可分为站台同平面换乘和上下平行站台换乘两种形式。

（1）站台同平面换乘

站台同平面换乘将两条线路的站台并列布置在同一平面上。主要换乘方向的乘客在同一个站台上换乘，次要换乘方向的乘客在位于相同平面的不同站台上换乘。常见的站台同平面换乘站布置形式如图 7-6 所示。

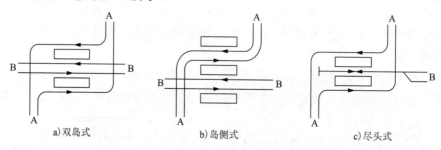

图 7-6 站台同平面换乘站常见布置形式

双岛式站台同平面换乘的特点是两线间同方向的换乘在同一站台上完成，两线间反方向换乘的旅客需要离开下车站台，步行到另一站台搭乘列车。这种布置形式一般适用于同方向换乘客流较大而折角换乘客流较小的情况。典型案例如日本东京地铁表参道站（东京地铁银座线与东京地铁半藏门线的换乘站）即采用双线双岛式站台同平面换乘的布置形式。

岛侧式站台同平面换乘的特点是两线间反方向的换乘在同一站台上完成，两线间同方向换乘的旅客需要离开下车站台，到对应的站台候车。这种布置形式适用于某一折角换乘客流量较大而其他方向换乘客流量较小的情况。日本东京的西武铁路所泽站（西武铁路池袋线与西武铁路新宿线的换乘站）即采用双线岛侧式站台同平面换乘的布置形式。

以上两种布置形式都需要配合站厅换乘方式或通道换乘方式连接不同站台，以满足次要方向的换乘需求。当换乘站是其中一条线路的终点站，且采用站前折返方式时，该线列车可打开双侧车门供乘客上下车，从而采用尽头式站台同平面换乘的布置形式，满足两条线路间全部方向的换乘。新加坡地铁裕廊东站（新加坡地铁东西线与南北线的换乘站）即采用尽头式同平面换乘的布置形式。

（2）上下平行站台换乘

与站台同平面换乘类似，上下平行站台换乘方式中主要换乘方向的换乘过程在同站台完成，但该换乘方式的车站站台分为上、下两层，相对平行布置。一般来说，各层站台均为岛式站台。

按照主要换乘方向（即同站台换乘方向）的不同，上下平行站台换乘站的布置形式主要分为同平面同方向换乘和同平面反方向换乘两种。

同平面同方向换乘如图 7-7a）所示，同一平面的两条线路为同一方向，同方向的换乘在同一站台上实现，而反方向的换乘旅客则需经由连通两站台的楼梯或自动扶梯，到另一站台候车。这种布置形式适用于同方向换乘客流较大而折角换乘客流较小的情况。东京地铁赤坂见附站（东京地铁银座线与东京地铁丸之内线的换乘站）即采用这种换乘布置形式。

同平面反方向换乘如图 7-7b）所示，同一平面的两条线路为相反方向，反方向的换乘在同一站台上实现，而同方向的换乘旅客则需离开下车站台，到另一站台候车。这种布置形式适用于折角换乘客流较大而同方向换乘客流较小的情况。

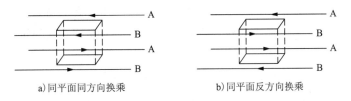

a) 同平面同方向换乘　　　　b) 同平面反方向换乘

图 7-7　上下平行站台换乘站常见布置形式

在实际应用中，需要根据客流情况，按照乘客平均换乘距离最小（或平均换乘时间最短）的原则，选用较为适宜的布置形式，使得主要换乘方向的乘客可在同一站台完成换乘。

两个上下层站台换乘的相邻车站分别使用上述两种布置形式，构成一个全方位换乘组合，更能方便乘客的换乘，如图 7-8 所示。香港地铁太子站与旺角站（港铁荃湾线与港铁观塘线的换乘站）即采用这种组合布置形式。

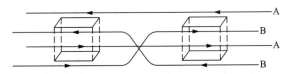

图 7-8　上下平行站台换乘组合车站布置形式

同站台换乘的主要优点是乘客换乘距离短。同站台换乘的主要缺点主要有以下几个方面。首先，限于站台面积，同站台换乘方式缺乏对大量客流集中到达的缓冲能力。若其中一条线路某方向的列车发生长时间延误，容易造成站台上候车的乘客过度拥挤。其次，换乘车站占据空间较大，可能会与城市空间规划产生矛盾。再者，对地下车站来说，较大的车站宽度或高度对施工技术有较高要求。最后，两条线路要有足够长的重合路段。在两条线路同期建设或建设期相近的情况下，尽量一次建成换乘车站。在两条线路分期修建的情况下，先期需将后期线路涉及的车站部分和邻接区间的线路交叉预留好，否则后期线路实施时对既有车站和线路的改造工程量巨大，对既有线运营也有很大干扰。而规模较大的预留工程量容易导致设备闲置和资金浪费。

香港地铁是采用同台换乘形式的典范。目前香港地铁公司运营的10条线路中，最具特色的是由4条线路组成的环，即由荃湾线、观塘线、九龙塘线和港岛线4条线两两衔接组成的一个围绕维多利亚湾的带4条支线的环。

香港地铁通过连续设置两个同台换乘站实现了8个换乘方向的同台换乘。例如，荃湾线和观塘线交汇处的太子站和旺角站，反方向的同台换乘在太子站实现，沿线路相同方向的同台换乘在旺角站实现。太子、旺角以及油麻地三站的配线图如图7-9所示。尽管太子站和旺角站之间的距离只有400m左右，设计和施工难度较大，但两条线路在区间的"X"形立体交叉还是得以实施，这反映了香港地铁规划重视换乘便利性的理念。类似的一组还有油塘站和调景岭站，两站也均为同台换乘站。

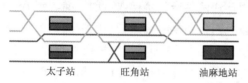

图7-9 太子、旺角和油麻地三站配线图

2）上下交叉站台换乘

上下交叉站台换乘是指将两线立体交叉的重叠部分作为换乘节点，采用楼梯直接连通两线站台的换乘方式。采用该换乘组织形式，各个方向的换乘一般通过一次上楼梯或一次下楼梯即可完成，且站厅出入口较多，增加了地面出入口的覆盖范围。此种换乘方式要求换乘楼梯或自动扶梯应有足够的宽度，避免发生拥挤导致安全事故，并且要注意上下楼的客流组织，尽量避免流线交叉。受到楼梯换乘能力限制，某些情况下需配合站厅换乘、通道换乘等方式疏导换乘客流。

上下交叉站台换乘方式常见于两线交叉的换乘站。北京地铁惠新西街南口站（北京地铁5号线与北京地铁10号线的换乘站）采用侧式站台加岛式站台的"十"字形上下交叉站台换乘。北京地铁复兴门站（北京地铁1号线与北京地铁2号线的换乘站）则采用"T"形上下交叉换乘。

7.2.2 站厅换乘

站厅换乘是指乘客由一个车站的站台通过楼梯或自动扶梯到达另一个车站的站厅或两站共用的站厅，再由这一站厅通到另一个车站的站台的换乘方式。乘客下车后，无论是出站还是换乘，都要从站台进入站厅，再根据导向标志出站或进入另一个站台候车。由于下车客流只朝一个方向流动，减少了站台上的流线冲突，乘客行进速度快，可避免站台拥挤，同时又可减少楼梯等升降设备的总数量，增加站台有效使用面积，对大量客流集中到达的缓冲能力较好，且有利于控制站台宽度规模。但该方式具有乘客换乘距离较长的缺点。

站厅换乘既可独立使用,也可在站台客流交织、换乘客流量较大、站台拥挤的情况下配合其他换乘方式使用。在各条线路分期施工的情况下,从减少预留工程量、降低施工难度的角度出发,宜考虑采用站厅换乘方式。另外,在各种换乘方式中,站厅换乘的弹性最大,适应性最广,使用最为灵活。在实际应用中,站厅换乘通常作为上下站台换乘的辅助换乘方式,服务于非主要换乘方向的客流。下面以东京轨道交通池袋站为例,介绍站厅换乘方式具体情况。

池袋换乘站汇集了 JR 东日本、西武铁道、东武铁道、东京地铁 4 个运营企业的 8 条轨道交通线路。该换乘枢纽的站厅结构共有 3 层,其中地面一层、地下两层。地面层站厅连接 JR 东日本的 4 座岛式站台、东武铁道的 3 线港湾式站台和西武铁道的 4 线港湾式站台。地下层站厅提供东京地铁丸之内线、有乐町线和副都心线之间的连接。3 条地铁线路衔接方向及站台相互位置关系如图 7-10 所示。其中,丸之内线和有乐町线位于地下 2 层,副都心线位于地下 3 层。

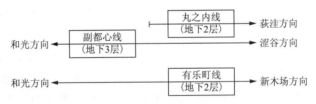

图 7-10　东京地铁池袋站线路及站台平面示意图

丸之内线与副都心线间的换乘需经地下 2 层站厅,有乐町线与其他两条地铁线路间的换乘需经由地下 1 层站厅。这 3 条地铁线路与地面轨道交通线路的换乘均需经由地下 1 层站厅(图 7-11,图中楼梯布置仅为示意性质,不表示实际数目与位置)。池袋站地下 1 层站厅不仅承担三线间换乘客流的疏导,还为地铁与地面轨道交通之间的换乘客流提供引导和缓冲。为有效疏导客流,地下 1 层站厅拓展为地下商业街。

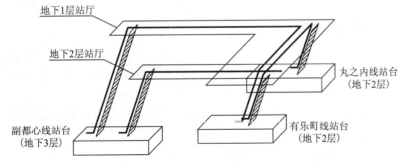

图 7-11　东京地铁池袋站换乘立体示意图

7.2.3　通道换乘

通道换乘是指乘客由下车站台经过连接通道到上车站台进行换乘。换乘通道可以连接两个车站的站厅(付费区或非付费区),也可以直接连接两个站台。通常情况下,根据两线车站或站台相对位置的不同,通道换乘可由"T"形、"L"形和"H"形三种布置形式实现。

类似于站厅换乘，通道换乘也可以作为上下站台换乘的辅助换乘方式。另外，若两条线路的车站距离很近，但又无法合并为一个车站（常见于两条线路建设阶段不同的情况），则可以利用通道换乘方式来构建换乘站。对于两条线路工程分期实施，且后期线路位置不能完全确定的情况，该换乘方式具有良好的适应性。

通道换乘的主要优点包括易于分方向对换乘客流进行疏导，换乘涉及的两条线路可以分期建设，先期建设的车站预留工程量较小（甚至可以不预留），对既有车站的改造难度较低。通道换乘的主要缺点是乘客换乘距离较长（主要取决于通道长度）。

下面以上海轨道交通中山公园站为例，介绍通道换乘具体情况。中山公园站是上海地铁 2 号线与 3 号线（与 4 号线共线）的换乘站。该换乘车站总体呈"T"形布局，两站在平面上相距 17m。2 号线为地下两层车站，3 号线为高架两层车站，两站间采用通道换乘方式换乘，如图 7-12 所示。

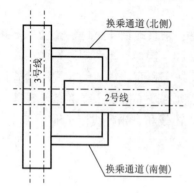

图 7-12　上海地铁中山公园站换乘通道示意图

在该换乘节点，初期投入使用的是北侧换乘通道，预留南侧换乘通道。北侧通道连接两线站厅收费区，南侧通道连接两线站厅非收费区。随着 4 号线的开通（与 3 号线共线运营）和 2、3 号线的延长，北侧换乘通道逐渐难以满足高峰时段换乘客流需求。2007 年 10 月，上海地铁运营公司对该站进行了改造，将南侧换乘通道纳入站厅收费区并投入使用，2008 年 1 月，南侧换乘通道正式开通，实现了 2 号线与 3、4 号线间的双向双通道换乘。

7.2.4　站外换乘

站外换乘是乘客在车站付费区以外进行换乘，实际上是没有专用换乘设施的换乘方式，对城市轨道交通自身而言，这是一种系统性缺陷的反映。乘客换乘过程中要通过进站闸机、安检、出站闸机，换乘时间较长，换乘成本高，还增加了运营工作负担，对运营效率有一定的影响。

从乘客换乘便利性的角度考虑，换乘过程应在车站付费区内完成。在轨道交通换乘节点应尽量避免出现站外换乘的情况，站外换乘多见于以下情况：

①高架线与地下线之间的换乘，因条件限制，无法采用付费区换乘的方式。

②两线交叉处无车站或两车站距离较远。

③因规划变动，已建线路、车站未预留换乘条件，改建困难。

另外，在多条线路汇集、多种公共交通方式并存的综合交通枢纽内，可以设置换乘广场，配合其他换乘方式使用，以利于大量人流的快速集散。

站外换乘的主要优点有对大量客流集中到达的缓冲能力较好，适合于分期建设的两条线路换乘组织，先期建设的车站预留工程量小（或者可以不预留），对既有车站的改造难度低。对于综合交通枢纽来说，多种公共交通方式之间的换乘可经由换乘广场完成，土地综合利用率较高。站外换乘的主要缺点是乘客换乘距离长，需进、出车站各一次，有时需要重新购票、检票,延长了换乘时间。

7.2.5 组合换乘

单独采用某种换乘方式不能奏效时,可采用两种或多种换乘方式组合。组合换乘的目的是使车站换乘功能更强,保证足够的换乘能力,使得乘客使用方便。

在实际应用中,采用组合换乘的主要有以下4方面的原因:

①为使所有去向的乘客均能实现换乘。例如,同站台换乘方式需要配合其他换乘方式才能满足所有方向换乘的需求。

②分去向引导客流,避免不同换乘方向的客流流线产生交叉干扰。

③提高换乘能力。例如,站台楼梯的通行能力有限。因此,需辅以站厅或通道换乘方式,才能满足换乘能力需求。

④减少预留工程量,降低分期建设难度。

表 7-1 为不同换乘组织形式的对比。

不同换乘组织形式对比　　　　　　表 7-1

换乘方式			功能特点	适合情形	优缺点	修建时序
站台换乘	同平面站台		某些方向在同一站台平面内换乘,其他方向需通过通道、楼梯或站厅换乘	两线换乘	换乘直接,部分客流换乘距离较大	建设期相近或同步建成
	上下平行站台					
	"十"字形	岛—岛	通过一次上下楼梯或自动扶梯,在站台与站台之间直接换乘	两线换乘	一点换乘,换乘量小	同步建成
		岛—侧			两点换乘,换乘量中	
		侧—侧			四点换乘,换乘量大	
	"T"形、"L"形				相对十字换乘,步行距离长	
站厅换乘			通过各线共用站厅换乘,或将各站厅相互连通进行换乘,乘客需各上下一次楼梯	两线或多线换乘	客流组织简单,换乘速度快,但引导标志设置重要,换乘距离较长。	各线可分期实施
通道换乘	"T"形、"L"形、"H"形站位		通过专用的通道进行换乘	两线或多线换乘	换乘间接,步行距离长,换乘能力有限,但布置灵活	利于线路分期实施
站外换乘			没有设置专用换乘设施,在付费区以外进行的换乘,乘客需增加一次进出站手续	两线或多线换乘	步行距离长,各种客流混合,一般由路网规划的系统缺陷造成	可分期修建
组合换乘			两种或两种以上方式的组合	两线或多线换乘	保证所有方向的换乘得以实现	根据组合形式确定

7.3 换乘流线设计与客运管理方法

7.3.1 换乘流线设计

1)换乘站的内部空间与布局

换乘站的空间布局和流线设计是换乘站组织与管理的重要内容。功能清晰的内部空间划分与合理的流线设计是换乘站列车间乘客快速、便捷换乘的基础。一般而言，城市轨道交通换乘站内部空间由换乘空间和辅助空间两部分组成。

换乘空间是服务于不同线路或方式换乘或中转活动的场所，包括出入口、通道、站厅、站台以及站内换乘设施和建筑空间等。一般来说，在换乘流线交错和繁杂的位置应设置供活动缓冲的（节点）空间，以辅助各种换乘流线的运行。同时，换乘空间中的出入口、通道、站厅、站台等部位的能力应相互协调，以保障各种流线在换乘过程中有序流畅，提高换乘过程效率。

辅助空间是指不能被乘客直接使用、服务于换乘站内部附属设施的空间，包括管理空间、生活空间和设备空间。其中，管理空间是为换乘站员工使用的空间，包括办公室、广播室、售票室等；生活空间指为换乘站工作人员服务的空间，包括员工休息室、卫生间、储藏室等；设备空间指为换乘站水电暖等专业设备使用或预留的空间，包括水井、通风井、水箱间、给排水用房、电梯机房等。

不同类型换乘站的内部空间布局有不同的要求，合理的设计方案不仅可以节约投资成本，还可以有效提高换乘站的换乘效率。常见的换乘站内部空间的布局形式主要分为邻接式、穿插式、层叠式和组合式，见表 7-2。

换乘站内部空间布局形式　　　　表 7-2

布局形式	表现形式	特　点
邻接式	①以视觉连续性对两个邻接空间进行分隔； ②以特定物理面对两个邻接空间进行分隔； ③以列柱对两个邻接空间进行虚拟分隔； ④以高差或界面变化对两个邻接空间进行虚拟分隔	增加工作人员在站内的走行距离；分区明确，便于站内客流管理工作
穿插式	对两个邻接空间未有明显分隔	空间的独立性较弱；易存在部分流线交叉情况
层叠式	不同的空间分别设置在地上层、地面层和地下层	不同空间之间相互穿插又保持各自独立性；可减少换乘站内流线交叉
组合式	视情况进行组合设计	空间的连续性、立体型、衔接程度更高

2）换乘流线设计的目标原则与方法

换乘流线是乘客换乘过程的流动路线。根据乘客换乘交通方式的不同，可以将换乘流线分为方式换乘流线和线路换乘流线，如图 7-13 所示。

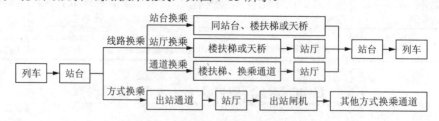

图 7-13　车站乘客换乘流线示意图

换乘流线是指乘客在不同交通方式之间换乘而产生的流动过程和路线。这类流线是综合交通枢纽中的重要流线，其流线设计涉及多个独立的交通系统，较为复杂。

线路换乘流线是指乘客在同种交通方式不同线路之间换乘而产生的流动过程和路线。

这类换乘流线设计仅涉及单一交通系统，但可能涉及多个运营商。线路换乘客流一般具有瞬时性和突发性，容易与进出站客流交织产生冲突，形成拥堵。因此，对于换乘站，特别是换乘空间有限的城市轨道交通换乘站，该类流线的合理设计是换乘站安全运营的重要基础。

（1）换乘流线设计的目标与原则

换乘流线设计是指对乘客在换乘站内的行进路线进行设计。通过对车站换乘流线的合理设计，应实现基本换乘功能，并提高中转换乘效率和车站客运服务水平（夏菁，2013）。为了换乘站内乘客能够更加方便、快捷地完成换乘活动，换乘流线的设计应遵循以下原则：

①避免流线交叉干扰：尽量减少流线之间的交叉，减少不同行人换乘流线之间的冲突和干扰。

②保证流线清晰通畅：注意换乘流线的引导标志设置，保证流线清晰易于乘客选择，同时保证乘客在站内行走的通畅性。

③减少换乘距离：换乘距离过长，则换乘效率下降，乘客用户体验不佳，应尽量减少换乘距离，进而缩短换乘时间。

④满足特殊需求：换乘流线设计时应注重无障碍设计，同时考虑应满足发生突发事件时的客流疏散需求等。

（2）换乘流线设计的重点

①集散通道与换乘流线配合。集散通道是换乘站内连接不同功能空间的缓冲地带，具有导向性强、易于集中组织疏导客流、维护站内客流秩序等特点。通过集散通道，可以将不同方向的客流直接引导至不同的换乘通道或引导到同一换乘大厅后再分流进入不同的换乘通道。直接分流的方式客流交叉少、流线清晰，但每个通道功能单一，换乘效率明显受到引导标志布置的影响；先合流再分流的方式便于车站的运营组织，发生紧急情况时易于疏散，但一般会造成换乘通道曲折或过长，使用效率较低。

②站厅与换乘流线配合。站厅是站内客流集散的重要节点，是枢纽内部功能最复杂的区域，若布设不合理则会产生大量进出站及换乘客流交叉冲突。为了减少流线组织的交叉冲突，在对站厅与其他各空间的衔接点进行布设时，应主要考虑集散通道口、站厅及连接站台的楼梯自动扶梯位置的设计与衔接（王泉，2014）。

③站台与换乘流线配合。站台是疏散换乘客流，供乘客乘降的场地。一般而言，站台的客流吞吐量较大，在以换乘为主要功能的轨道交通车站内，站台的客流交叉更加明显。在对站台进行流线设计时，首先应对不同疏散方向的流线进行分类，再遵循一定的原则对站台进行功能区域划分，对不同区域内的流线数量进行统计并分析流线的静态分布规律。

④引导标志与换乘流线配合。由于交通空间布局和空间功能的复杂性，城市轨道交通换乘站的客流流线相对复杂，合理利用引导标志为乘客提供信息提示，是乘客顺畅安全出行的重要保障。对于引导设施的布设，应科学地对标志的形式、位置、尺寸、色彩等参数进行设计，如在水平流线组织和垂直流线组织的交汇点应设置导向标牌、在关键区域设置服务引导台等，保证换乘流线的完整性和通畅性。

（3）换乘流线设计的步骤

城市轨道交通线路间的换乘流线设计主要步骤包括：

①确定换乘流线的两个端点及所有可行路径。首先将流线两端的起终点进行直线连接，然后根据连线不经过不可走行区域的原则对其进行修改，保证流线的走行通畅性。具有多种可行路线时，应同时进行多种换乘流线方案的设计。

②明确主要换乘任务。主要换乘任务是指乘客在换乘过程中必须完成的进出站、安检、购票、检票等。

③标注换乘流线的边界。标注换乘流线的边界是指确定换乘流线所经过区域的换乘边界线，包括换乘通道、楼扶梯等设施布置区域的边界线等位置，以及换乘流线两个端点的出入口位置以及用于流线设计调整的预留空间。

④确定及连接相关设施设备。对与换乘过程有关的设施设备进行分析，确定各种设施设备的最佳位置后进行设施设备间的连接，形成换乘流线的基本样式。

⑤优化流线设计方案。根据换乘站客流特点，以提高换乘效率为目标对换乘站内设施设备的布置进行调整，优化换乘流线设计，得到最终方案。

3）不同换乘组织形式下的流线设计

城市轨道交通换乘站换乘组织形式需综合考虑换乘客流量和地形地质条件来确定。对于不同形式的换乘站，其换乘流线设计也往往存在着差异。根据换乘站站台的布置形式，可以将换乘站分为"一"字形、"L"形、"T"形、"十"字形、"工"字形换乘站等。

"一"字形换乘站在有条件时应采用同站台换乘，换乘流线简单，无须经过站厅，但其他方向的换乘则需通过其他形式实现。如图7-14所示，A1和A2之间、B1和B2之间通过站台层便可实现同一线路不同方向换乘，这类换乘流线设计简单，不经过任何设施节点；A线与B线之间的换乘则需经过楼扶梯，换乘流线中存在易产生瓶颈的节点。

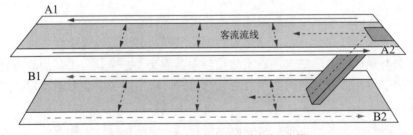

图7-14 "一"字形换乘站换乘流线示意图

对于"L"形换乘站，两个车站端部相接或相近，可形成结点换乘（站台通过短楼梯连接）或端部通道换乘；对于"T"形换乘站，车站的端部和另一车站的中部相接或相近，也可形成结点换乘或通道换乘。如图7-15所示，乘客需通过楼扶梯实现站台换乘或站厅换乘，换乘流线设计中需注意楼扶梯通行能力与换乘客流需求的匹配性、客流通畅性和无障碍设施的设计。

"十"字形换乘是利用楼扶梯直接连通两条线路的站台。如图7-16所示，换乘乘客通过楼扶梯直接到达另一线路站台或到达公共站厅后再经另一楼扶梯到达另一线路站台。

直接通过楼扶梯换乘的流线走行距离短、换乘效率高，站厅换乘的流线走行距离较长，应注意楼扶梯处的客流拥挤以及进出站客流和换乘客流的交叉冲突问题。

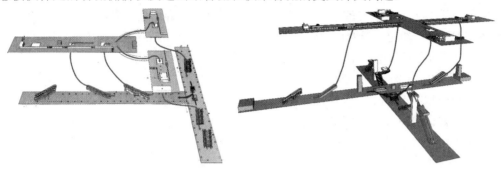

图 7-15 "T"形换乘站换乘流线示意图　　图 7-16 "十"字形换乘站换乘流线示意图

对于"工"字形换乘站，车站一般采用通道换乘，换乘距离较长，换乘能力有限，但流线设计灵活。如图 7-17 所示，两条线路之间的四个方向的换乘均通过换乘通道实现，换乘流线设计对换乘通道依赖性较大。

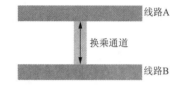

图 7-17 "工"字形换乘站换乘流线示意图

4) 大客流下的流线设计

日常的换乘流线设计一般以缩短换乘距离、提高换乘效率为目标。在大客流或者客流高峰时段，站内流线交织区域容易出现严重的乘客走行冲突，严重影响车站运营秩序。为了降低瞬间大客流对站台的冲击，减小站内换乘客流聚集程度，在工作日早晚高峰、节假日等会发生可预见性大客流期间，换乘量较大的车站往往会采取与日常换乘流线不同的组织方案，以保证乘客安全以及车站服务水平。

大客流情况下换乘流线设计的关键在于大客流集中区域应尽量实现单一流向，减少客流交叉冲突。同时，在客流交叉严重的区域，应采用安全线或护栏等物理分隔方式缓解客流交叉，以便对客流进行合理疏散，保证车站的安全运营。

对于可预见性大客流的换乘客流组织工作，应要求车站工作人员对车站的具体组织方案、不同等级客流的控制点以及客流组织措施有充分的了解，在大客流发生期间，应快速准确到达控制点，进行有关客流组织工作。一般地，根据客流量大小对客流控制等级进行划分，不同客流控制等级下的客流组织往往有所不同，典型的客流组织措施见表 7-3。

不同客流等级下的客流组织措施　　表 7-3

客流控制等级	控制对象	控 制 点	客流组织措施
一级控制	站台客流	站台与站厅的楼扶梯口处	站务人员在控制点进行疏导； 减慢到站台的下行扶梯运行速度； 关闭扶梯或将下行扶梯转为上行运行
二级控制	付费区客流	进出站闸机入口处	站务人员在控制点进行疏导； 关闭部分进站闸机； 将部分进站闸机转为出站模式； AFC 系统降级运行，设置为出站免检模式
三级控制	非付费区客流	车站出入口处	出入口处设置隔离栏杆； 关闭部分入口，鼓励乘客乘坐其他交通方式

7.3.2 换乘站客运组织管理

换乘站是城市轨道交通的枢纽，车站内部结构复杂，客流量大且流向较多，其客运组织水平很大程度上决定了线网运输效率和乘客服务质量。因此在考虑车站实际客流需求、站内布局状况和列车运行情况下，通过采用合理的客运组织方案，有效利用既有设施设备及配置人员，对乘客进行安全、快速的引导，对于保证车站正常周转、实现乘客高效换乘至关重要。

1）换乘站客运组织的影响因素与基本原则

换乘站客运组织方案的制定主要受车站客流需求特征、车站规模与空间布局、站内设施设备数量布置情况以及列车运行计划等因素影响。

（1）客流需求特征

换乘站中既有进站和出站客流，也有不同线路间的换乘客流。与非换乘站相比，换乘站客流流线复杂，交叉干扰多，且换乘站客流具有更大的、城市交通特有的短时冲击性，这种冲击性或不均衡性与各线路列车到达规律相关。因此，换乘站设施设备的配置及其布局不仅需考虑客流总量，还要充分考虑客流的不均衡性。不同类型换乘站中，各部分客流的占比有所差异，且这些客流具有多方向、多路径性。换乘流线的设计应优先满足主方向客流的需求，尽量减少主方向客流之间的流线交叉，避免拥堵。此外，在换乘流线设计和相关设施布置时，应兼顾乘客行为习惯和偏好。

（2）车站结构与设施设备布局

换乘站的结构形式和设施设备布局对其客运组织方案有较大影响。一般来说，换乘站结构形式决定于线路走向和车站所处地点的土地利用环境。同时，站内设施设备种类、站厅站台规模对车站客运组织也有重要影响。

车站出入口及通道的数量、规模和位置，是根据车站客流的方向及数量、车站周边土地利用布局确定。出入口数量和通道宽度决定了站厅层的组织疏散能力，也是突发事件发生时车站客流疏散的关键环节。

车站站厅和站台的面积决定了车站的最大容纳能力。当站厅或站台出现过度拥挤时，为保证乘客安全，可通过调整站厅层设施服务能力改变乘客通过速率，或通知控制中心调整列车运力分布，采取限流措施，确保车站工作平稳运行。

站内乘降设备主要为楼扶梯和直梯。《地铁设计规范》（GB 50157—2013）中规定我国自动扶梯通行能力最大为 $0.65m/s^2$，楼梯最大通行能力为 9600 人/h，而行人走行速度约为 $1.3m/s^2$。若客流连续不断输入，扶梯通过能力小于客流速率，就会在入口处产生排队形成瓶颈，降低客运组织效率。

站厅内服务设施，如售检票系统、安检等设备，可视为乘客走行过程中的节点设施。乘客通过节点时有一定服务时间，当客流速率长时间大于设备通行能力时，会产生排队现象产生延误。当站内客流量较大时，需及时调整相关设备使用数量和服务状态，提高乘客通过速度。

（3）列车运行组织情况

列车运行组织状况主要体现为列车编组方案和所停站点的发车间隔和停站时间。对于某单一线路，列车编组方案和发车间隔会影响本线站台站内乘客滞留情况和等待时间。此外，不同线路之间列车编组和时刻表的配合协调性也会影响到两线之间换乘衔接顺畅性和乘客等待时间。若二者所提供的运力相差较大，或时间上不能很好地衔接，就易出现换乘大量客流滞留、站台过于拥挤的现象。

综合考虑上述各方面因素影响，换乘站客运组织时应遵循以下几个原则：

①合理设计站内流线，力求将换乘流线与进出站流线、进站流线与出站流线分开。尽量减少乘客走行路径，减少绕行系数以提高换乘效率。

②合理安排售检票位置、出入口、楼梯，使行人流线简单明确。并根据各出入口周边用地情况合理布置各设施设备数量，满足客流需求。

③密切监控站内客流情况，保证车站具备一定的疏散能力，站内突发大客流时可及时疏散乘客，保证运营安全。

④关注各线路列车运行组织情况，并与站内客流情况进行比较，结合相关组织措施将站内客流数量控制在一定范围内。

⑤完善车站交通信息诱导系统性功能，能有效、迅速地指引客流集疏散，提高车站的客运周转效率。

⑥能满足乘客对车站便捷性、舒适性和安全性的基本需求，如确保站内及换乘通道内舒适的环境、开阔的视野，为残疾人提供无障碍设施等。

2）换乘客运组织工作评价

换乘站客运组织的评价一般包括换乘高效性和顺畅性两个方面。这里，换乘高效性主要涉及旅客平均换乘时间、车站单位时间换乘量、快速集散能力和站内冲突点个数等方面；换乘顺畅性则包括人均换乘设施面积、换乘满意度等具体要素。

（1）平均换乘时间

乘客换乘时间一般包括换乘步行时间、排队等待时间和换乘候车时间三部分。换乘时间是衡量网络衔接连续性、紧凑性以及客运设备适应性、客流组织通畅性的重要指标。当涉及多方向换乘时，一般可采用加权平均换乘时间来衡量。

（2）单位时间换乘量

单位时间换乘量指换乘站单位时间内完成换乘过程的乘客人数。单位时间换乘量越大，换乘站的换乘组织效率也就越高。

（3）集散能力

集散能力一般用高峰期乘客换乘时的平均流动速度与自由速度的比值表示。该比值越大，说明换乘乘客快速流动的服务水平越高，车站客运组织工作质量越高。

（4）冲突点数量

冲突点数量是指换乘乘客在行进过程中受其他径路乘客影响而需要改变自己行进速度或者方向的次数，一般用不同流线的交叉点个数来表示。

（5）人均换乘设施面积

人均换乘设施面积可用某时段换乘站总换乘客流与换乘站内总面积的比值来表示，可衡量换乘站乘客容纳能力，该指标综合反映了乘客换乘的拥挤程度和换乘环境。

（6）换乘满意度

换乘满意度是指乘客在换乘过程中的主观满意程度，一般与乘客信息服务、拥挤状况、绕行系数、车站服务人员态度等因素有关。

3）换乘站的客运组织管理措施

提高乘客换乘效率、减少站内拥堵的客运组织管理措施包括以下几个方面。

（1）站内设施设备布局优化

通过合理布置站内楼扶梯、安检、售检票等设施，可提高换乘站快速集散能力和乘客换乘满意度。例如合理设置售检票机、安检机数量及位置，将乘排队长度和等待时间控制在可接受范围内；为避免楼扶梯口处拥堵，应使检票闸机位置与出入口、站厅层楼扶梯口间隔一定距离，缓解客流速率；站内客流过大时，可改变售检票设备服务状态和扶梯的运行方向提高其通行速率；流线过于复杂时，可借助移动栏杆将客流隔离，减少相互干扰程度；同时应根据客流流向的需求，合理设置导向标志，引导乘客快速流动。

（2）换乘站流线优化

为减少乘客换乘走行时间，对于主换乘方向客流，应优先选用最短径路来提高乘客的走行速度。同时尽可能适应乘客走行习惯，简化路径，并将换乘客流、进站客流和出站客流隔离，减少主要冲突点。

（3）车站限流

当某一时间段内集中到达的客流超过换乘站正常服务设施或者客运组织所能承担的客流量时，车站应采取限流措施，避免客流过大影响车站正常客运组织和乘客乘降秩序甚至引发运营安全风险。尽管换乘客流无法限制，但可以限制该换乘站的进站客流，即在进站通道上设置围栏延长乘客进站流程和时间或关闭部分进站设施设备以控制乘客进站速率。

（4）协调优化不同线路间时刻表

换乘站不同线路的列车运行匹配协调性对站内客流组织有较大影响。多线换乘时，应优先制定客流量最大线路的列车运行计划，并考虑乘客换乘走行时间，协调其他线路列车运行计划，建立更多的时序衔接（汪明艳，2014）。例如，近年来所提出的定时换乘系统（TTS）通过协调不同线路列车开行计划，可以显著减少换乘乘客等待时间和滞留客流量。

（5）不同运营商之间相互协调

当换乘站衔接线路属于不同运营商时，不同线路之间运营组织模式可能存在差异。此时为满足乘客出行便捷性、高效性需求，不同线路所属区域的客运组织应相互协调，对换乘流线及设施的匹配性进行协调优化。

4）案例分析

下面选取北京轨道交通北土城换乘站为例介绍换乘站客运组织。北土城站是北京地铁8号线和10号线的换乘站，其中8号线呈南北走向，10号线呈东西走向，车站总体采用"T"形布局，如图7-18所示。

为表述方便，将南北向部分站厅称为8号线站厅，东西向部分站厅称为10号线站厅。北土城站采用的是站厅换乘和楼梯连接的站台换乘。其中10号线换乘8号线通过站台中部折角楼梯即可到达8号线站台端部，换乘距离短且流线简单，与其他流线无明显交叉点，干扰较小,但也易在楼梯口处产生拥堵。早晚高峰时段车站常安排站务员在楼梯口广播宣传组织乘客有序排队通过,并在 8 号线站台端部楼梯出口处引导乘客去往站台中部乘车,防止站台局部客流过多。

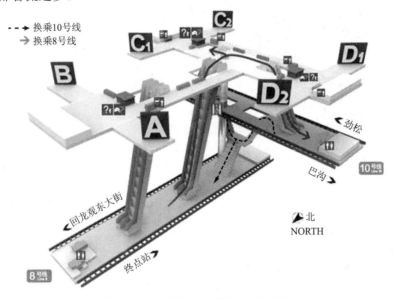

图 7-18 北京地铁北土城站结构示意图

8 号线换乘 10 号线则需先由楼扶梯到达站厅层,再通过下行楼扶梯到达 8 号线站台完成换乘,其中站厅层主要流线示意图如图 7-19 所示,双点划线为换乘流线,虚线、实线分别代表进出站流线。从图中可以看出 8 号线的换乘客流需从 8 号线两端楼扶梯到达站厅,为直线化乘客路径、提高走行速度,在南端楼扶梯出口处设置了围栏加以引导。同样在该楼扶梯东侧也设置了移动围栏,以统一从北端楼扶梯上行的换乘客流路径,使其快速有序通过,避免乘客自由行走状态下相互冲击影响,提高走行速度。

从图 7-19 中数字标注看出,站厅层共设置 4 处楼扶梯、3 处出站闸机、3 处进站闸机、3 处安检机和 3 处自动售票机。站内进站闸机和出站闸机均分开布置,8 号线站厅进站闸机设于西北侧,出站闸机设于东北侧,为便于进站乘客购票,将自动售票机和安检机均设于西北侧,以减少进站乘客走行距离;10 号线站厅东西两端出站闸机均设于楼扶梯北侧,进站闸机、售票和安检机设于楼扶梯南侧。通过合理布置售检票设施位置,对进出站客流路径进行物理隔离,提高了站厅站客流组织的有序性。

为符合车站客流分布特征,站内各处售检票设备数量有所不同。10 号线站厅东侧设置了 16 台出站闸机和 6 台进站闸机,数量较多。这主要是因为 C、D 口周围有一大型公交车场,且有较多厂房和公园,从 C、D 口出站换乘公交的客流较多。而且,公交车站东侧正在开发楼盘,C 口进出站客流未来会持续增加,车站在建设时考虑了一定的预留能力,因此在设置了大量出站闸机。而 E、F 出入口附近大部分为绿地和公路,进出客流较少,因此 10 号线站厅西侧只设置了 5 台进站闸机和 5 台出站闸机。8 号线站厅的 B 出口也毗邻大型公交场,A 口附近有民族珠宝城等大型商场,因此也设置了 12 台进站闸机和 7 台出站闸机。从车站周围用地情况来看，该站内设备数量配置情况比较符合客流需求特征，设置相对合理。

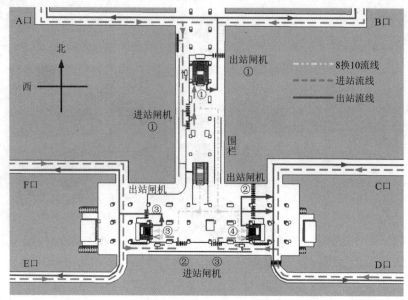

图 7-19 北土城站厅层平面示意图

总的来说，北土城站内客流组织比较合理，换乘客流、进站客流和出站客流流线的主要冲突点较少，乘客绕行系数较小，换乘便捷度较高。通过合理布局站内设施设备，积极引导，保证了较高的换乘效率，提高了客运组织水平。

7.4 换乘站管理模式与资源共享

7.4.1 换乘站管理模式

网络化运营阶段，乘客出行换乘的次数越来越多，城市轨道交通换乘站的重要性也日益凸现。与一般车站相比，换乘站具有更大的规模、更复杂的结构，以及方向更多的客流，这些现象在三条及以上线路交汇的换乘站尤为突出。因此，换乘站是城市轨道交通线路规划设计与运营管理的重点。

城市轨道交通网络化程度的提高对换乘站的运营管理也提出了更高的要求。在行车组织方面，不同线路列车在换乘站到发时刻须协调匹配，减少乘客在换乘站的等待时间。在客运组织方面，须对相关流线进行统一规划提高换乘效率，要求车站广播、导向标志等各类提示信息规范一致，给乘客提供全面、准确、便捷的信息服务。在设施设备布局方面，应统筹规划力求资源共享和相互兼容，降低运营管理成本。因此，要从系统整合的层面对城市轨道交通换乘站进行高效、有序、可靠、安全的管理。

换乘站的站务人员日常管理工作主要包括两类。首先是乘客服务及综合管理，包括乘客引导和管理，即乘客从进站到出站整个过程的管理服务，以及车站其他综合性事务（如安保）。其次是设施设备管理及操作（包括各种应急处理），如车站照明、环控设备日常操作，火灾情况下消防设备的操作等。一般来说，地铁车站设备设施的维修抢修属于维修范围，在线路甚至线网层面统一管理，不属于站务管理人员工作范围。

换乘站的人员组织架构一般有两种模式（邵伟中，2008）。一种是区域管理模式，由区域站长统一管理。比如，A站是某城市地铁1号线和2号线的换乘站，在该模式下由同一个区域站长进行管理。该模式适合于换乘站衔接线路隶属于同一运营商的情形。另一种模式是线路管理模式，同一换乘站由其衔接的多条线路共同管理，即每条线路分别设置线路工程师和车站管理人员负责该线在该换乘站的相关工作。比如，A站的1号线所辖部分属1号线管辖，A站的2号线所辖部分归2号线管辖。该模式既适合同一运营商也适合于不同运营商共享换乘站的情形。一般来说，线路管理模式便于行车组织管理，但也会导致车站资源和人员配置浪费、管理接口增多、现场运营信息传递环节增多、应急处置响应慢等问题。

对于衔接线路归属同一运营商所管辖、设备布置统一且资源共享的换乘站，宜采用"一个站长、一套班子、区域控制、隶属一条线"的车站管理架构，即区域管理模式。对于衔接线路属同一运营商管辖但分期建设的换乘站，容易存在设备制式不统一、布置分散、系统独立设置，且行车人员需在不同车控室和本线运行控制中心（OCC）联系、设备操作需人员分线设置等现象，可以采用"一个站长、独立班子、独立控制、隶属一条线"的车站管理架构。

对所衔接线路归属不同运营商管辖的换乘站，线路管理模式更为常见，且应尽量区分各线路管理主体在该站的职责。如果相互之间职责和管理界面不清，不仅会降低车站管理效率，还可能会因特殊情况下应急处置不当导致人身及财产损失，甚至发生灾难性后果。对于多运营商共享换乘站，车站管理模式须根据换乘站的类型来划分不同运营主体的职责权限。

根据车站站厅及站台空间位置情况可以将换乘站分为三类，即站厅共享站台分离、站厅站台有共享、站厅站台均分离（张文涧，2010）。不同类型的换乘站在涉及多运营商时在管理上一般有所不同。

（1）站厅共享站台分离的换乘站

在该类型的换乘站，各条线路共享站厅层，站厅合并在一起或者并接在一起，而站台层空间则可以完全分开，各线路站台通过楼扶梯或通道连接。此时，需要明确其中一个运营商为该站的运营管理主体单位。主体单位全权负责站厅层及公共区及本线路站台层的管理，包括乘客服务及综合管理、设备设施管理及操作以及隶属线路层的设备设施维修抢修。非运营管理主体单位一般仅负责本线路站台层的工作，内容同样涉及以上三个方面。在突发事件下如火灾和恐怖事件时，换乘站衔接的不同线路需相互协同工作。

（2）站厅站台有共享的换乘站

换乘站衔接的各条线路共享站厅层，站厅合并在一起或者并接在一起，而各线路的站台层在空间上也不能完全区分，如同站台换乘即属于此种情况。由于不同线路的站厅层和站台层无法完全区分，应确定一个该站的运营管理主体单位负责整个车站，包括公共站台层的管理，涉及乘客服务及综合管理、设备设施管理及操作、设备设施维修抢修等内容。对非运营管理主体单位，需要派人驻站管理，负责本线路专用设备（牵引供电、信号系统、专用通信系统、屏蔽门、隧道环控系统等隧道内线路专属设备）的维修抢修工作、本线路专用机房的管理工作及相应的行车组织管理。

（3）站厅站台均分离的换乘站

在该类换乘站，各条线路的站厅、站台可以区分，乘客一般需要从一条线路出站，再经换乘通道进入另一条线路站台乘车。此类换乘站按照完全独立的两个甚至多个车站（取决于换乘站所衔接的线路数量）运营管理，只需要不同运营商明确在换乘通道的分界位置，并各自负责所辖区域的管理。

7.4.2　换乘站资源共享

城市轨道交通线网规模较大时，设施设备资源共享也是换乘站设计与运营的重点。换乘站资源共享可节省一定数量的机电设备和车站建筑面积，减少城市轨道交通建设投资，运营期间还可以节省人力成本和能源消耗，便于统一指挥、提高应急处置能力。

换乘站资源共享不仅涉及运营阶段，更在于早期的规划设计阶段。实现换乘站资源共享需要对不同线路进行同步规划与设计、分期实施并预留条件。在不影响各线独立运营功能且满足基本系统设计要求的基础上，对换乘车站从共享角度进行系统优化整合。由同一运营商管理的换乘站，不同线路的设备系统应按照相同标准统一建设，在有条件时可合设，以便运营期的维修、操作及管理。

换乘站资源共享的实现主要受到以下四个因素的影响：换乘站类型、换乘站运营管理模式、换乘站建设时序、设备系统接口。首先，不同形式换乘站具有不同的车站建筑结构，且会形成不同形式的共用区域。一体化的建筑结构提供了较多的车站共用区域，为设备系统的资源共享提供了空间位置上的便利。其次，换乘站运营管理模式如区域管理模式和线路管理模式对换乘站的资源共享有重要影响。一般来说区域管理模式更容易实现换乘站的资源共享。再者，换乘站衔接线路的建设时序也对资源共享有一定影响。同期建设有助于降低换乘站资源共享的实施难度。非同期建设换乘站，由于各线路的建设期相差较远，且车站设计、建设及运营管理等阶段存在较大的不确定性，故共享方案的实施难度较大。最后，系统设备之间接口兼容性对换乘站的资源共享也有影响。车站设备系统的标准化、模块化发展有助于实现换乘站资源共享。

换乘站的资源共享主要包括空间、设备系统、管理三个方面。

（1）空间资源共享

换乘站的空间包括换乘空间和辅助空间。换乘空间的资源共享与车站结构形式有关，有条件时可实现站厅层公共区集散、电扶梯、出入口的共享和统一布局。辅助空间如车站控制室、站长室、客服中心、设备用房等在换乘站衔接线路隶属于同一运营商时可以实现共享。资源共享可以减小车站土建的建造规模，节省高额的土建成本。

（2）设备系统资源共享

车站设备系统一般分为三大类。第一类是与行车组织相关的设备系统，包括牵引变电所、电力监控、信号系统、专用电话系统及屏蔽门系统等。第二类是与车站运营管理相关的系统，包括防灾报警、环境与设备监控、自动售检票、门禁及综合监控等。第三类是与车站本体相关的机电系统，包括降压变电所、通风空调、给排水、气体灭火及动力照明等（毛建，2016）。

一般来说，与行车组织相关的设备系统必须各线分设，其他两类设备应根据换乘站的类型及管理模式等因素考虑分设还是合设。对于同一运营商管理的换乘站，有条件时应共享与车站运营管理及本体相关的设备系统，可减少车站设备的数量、提高设备的利用效率。当换乘站所衔接的线路隶属于不同运营商时，一般根据换乘站类型确定相关设备系统是否共享。对于站厅共享、站台分离的换乘站，站厅层及运营管理主体单位所辖线路站台层设备应合设，而非运营管理主体单位所辖线路站台层和轨行区设备一般按本线路标准单独设置和建设，并在站台层设独立的弱电机房和控制室。该方案的优点在于非运营管理主体单位的驻站人员可以全权负责所辖站台的管理，简化与其他运营商的管理接口。站厅站台有共享类的换乘站，非运营管理主体单位管辖线路一般单独建设本线路专用设备系统，包括牵引供电、屏蔽门、信号系统、专用通信系统、专属设备机房、供电、环控、照明、消防设备、综合监控、门禁、电视监控系统，站内其他系统设备一般按照运营管理主体单位所辖线路的标准统一建设。对于站厅站台均分离的换乘站，相关设备系统一般独立设计，便于管理。

（3）管理资源共享

在车站空间和设备系统资源共享的基础上，对换乘站的管理信息整合、管理人员配置、业务处理流程等方面进行优化和共享，可提高换乘站的整体运营效率。比如，在人员配置方面，对于衔接线路属同一运营商管辖的换乘站，宜采用一名站长负责制，对分属各线的行车值班员及相应设备可分线管理，对售票员、检票员等票务人员可综合设置，具体的共享方案应结合车站的特点、结构与运营企业管理框架来确定。对于多运营商共享换乘站，即便难以实现管理资源的高度共享，也需明确该换乘站的主体运营单位并实现必要的信息沟通和相互协作，做到突发事件下统一指挥、信息共享、应急预案联动，保证换乘站的应急处置能力。

第 8 章
城市轨道交通网络化运营资源共享技术

网络条件下的城市轨道交通运营资源共享是一项复杂的工作。城市轨道交通网络运营资源共享管理可以分为前期建设与运营一体化技术、网络环境下的负荷均衡技术以及基于资源共享的运营组织技术三大领域。本章结合案例分析评述了三大领域中既有的成果以及伦敦、东京等典型城市的运营实践案例与经验。针对当前亟须深化研究的资源共享技术领域，以车辆基地为案例，从实践角度调研了部分城市车辆基地共用的案例，提出了其对提高网络运营效率的贡献。最后分析指出了我国城市轨道交通网络化运行环境下资源共享领域值得深化研究的主要课题。

8.1 网络化运营前期的运行管理技术

对城市轨道交通成网运营的最初关注点在于换乘设计方面。由于城市轨道交通投资大、建设周期长，许多线路建设的时间相差甚远，基于城市轨道交通的建设环境条件，陆续出现了"十"字形、"一"字形、"T"形与"L"形换乘设计形式，对换乘设计改善的研究与实践，经历了从换乘站形式改善到线路间多点换乘（代表城市为伦敦）、多线路列车并/过轨运营组织（代表城市为东京）的过程。

图 8-1 是英国 National Rail（国家铁路）进入伦敦市区后与 London Overground（伦敦地上铁路）及地铁线路——Bakerloo Line（贝克卢线）多线多点换乘的案例。

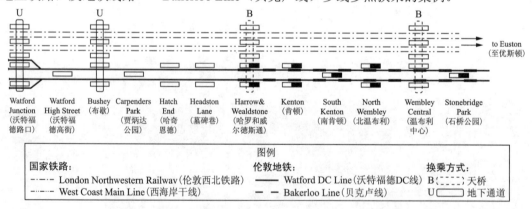

图 8-1　英国国家铁路进入伦敦市区后与城市轨道交通的衔接案例

图 8-1 中，国家铁路在伦敦市区内的线路实际上由两条并线组成，分别是 London Northwestern Railway 和 West Coast Main Line；前者由 West Midlands Trains（西米德兰兹火车公司）负责运营，主要服务于伦敦西北部地区的长距离旅客出行，起点为 Euston 站，后者于 1837 年开通，起点也是 Euston（优斯顿）站，终点则是苏格兰的 Glasgow Central（格拉斯哥中央）站。黑实粗线为伦敦地上铁路——Watford DC line，负责提供从 Euston 站到 Hertfordshire（赫特福德郡）站的通勤服务，于 1917 年开通。Harrow &

Wealdstone 站是地铁 Bakerloo Line 的起始站，于 1906 年开始运营。Watford Junction 站于 1837 年开通、1858 年改造并定名，换乘站 Bushey 站于 1841 年开通。1842 年，Hatch End 站开通运营。1862 年，Watford High Street 站开通。1913 年，Headstone Lane 站开通运营。Carpenders Park 站最早于 1914 年 4 月随 London Northwestern Railway 开通运营，1917 年曾关闭，1919 年重新开放后交由 London Electric Railway（伦敦电力铁路）公司❶运营。1917 年，Watford DC Line 的 Harrow & Wealdstone、Kenton、North Wembley、Wembley Central、Stonebridge Park 等站开通运营。1933 年，South Kenton 站开通运营。

不难看出，国家铁路与伦敦地铁 Bakerloo line 可以在 Harrow & Wealdtone 和 Wembley Central 这两站换乘，地上铁路 Watford DC Line 除上述两站外，与国铁还可以在 Watford Junction 和 Bushey 这两站换乘；而 Bakerloo Line 与 Watford DC Line 在 Harrow & Wealdstone 等站完全共线运行。

图 8-2 给出了伦敦市区多线共线运营再向市郊分叉延伸运营的一个例子。

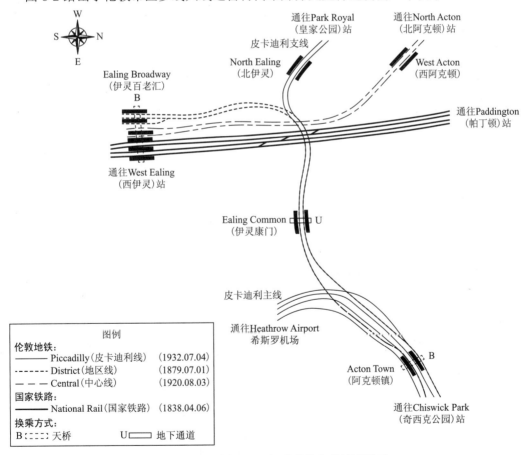

图 8-2　District 线与 Piccadilly 线共线及延伸换乘关系

---

❶ 后来成为 London Underground（伦敦地铁）公司。

伦敦 District 线于 1879 年开通，与 1932 年开通的 Piccadilly 线形成共线、共站运营。1903 年，Piccadilly 线西延开通了 North Ealing 等站，1938 年，District 线西延开通了 Ealing Broadway 等站；两线在 Ealing Common 与 Acton Town 形成了共线换乘关系。可以看出：Piccadilly 线与 District 线可根据方向，主线在 Acton Town 站、支线在 Earling Common 站换乘，后者两线线路与车站完全共用。

从图 8-2 中不难看出，Ealing Broadway 站是国家铁路、District 线与 Central 线的换乘站，三线经天桥可以实现便捷换乘。

图 8-3 是三线换乘的一个案例。

图中三条线在该段的开通时间大致为：1879 年开通 District 线，1872 年开通 Circle 线，以及 1932 年开通 Piccadilly 线。从站点开通时间看，Circle 线的 High St Kensington、Gloucester Road 与 South Kensington 开通于 1868 年；District 线的 Earl's Court 开通于 1871 年。不难看出：Piccadilly 线与 District 线可以在 South Kensington、Gloucester Road 以及 Earl's Court 三站换乘；Piccadilly 线与 Circle（环）线可以在 South Kensington、Gloucester Road 站换乘；District 线与 Circle 线也可以分方向在 South Kensington、Gloucester Road 以及 Hight St Kensington 三站换乘。

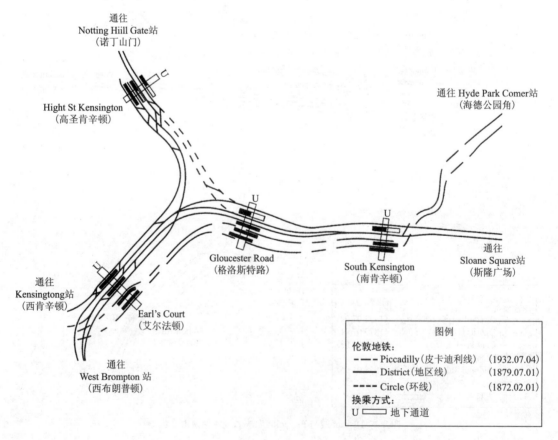

图 8-3 三线换乘案例

东京是另一个成功利用过轨运营技术方便乘客、改善网络运行效率的城市。图 8-4 是东京地铁千代田线与国铁常磐线以及私铁小田急等线过轨运营的一个例子。

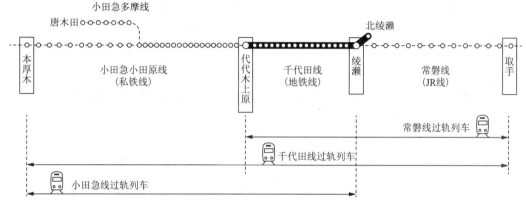

图 8-4 东京多线过轨与换乘组织示意图

千代田线由东京地下铁株式会社运营管理，运营里程 23km，共 20 座车站。其中绫濑站—代代木上原站区间车站 19 座，里程 21.9km；绫濑站—北绫濑站区间里程 2.1km。线路轨距 1067mm，采用 1500V DC 接触网供电。

小田急线由小田急电铁株式会社运营管理。小田急电铁株式会社前身小田原急行铁道于 1923 年成立，同年小田原线（新宿站—小田原站）开通运营。线路轨距 1067mm，采用 1500V DC 接触网供电。登户站—代代木上原站区间为四线。

JR 常磐线属于 JR 东日本铁路干线，线路区间：西起日暮里站，途经千叶县、茨城县、福岛县，至宫城县岩沼市岩沼站，线路里程 343.1km，设车站 80 座（起终点 2 个站也计算在内，不归属常磐线管理）。线路轨距 1067mm，日暮里站—取手站等部分区间采用 1500V DC 接触网供电，滕代站—岩沼站采用 20kV AC 接触网供电。取手站—滕代站是电分相区间，最高运营速度 130km/h；绫濑站—取手站为缓行线，最高运营速度 90km/h。复线路段：绫濑站—取手站间为四线，日暮里站—取手站等区段为双线。

通过组织私铁（近郊有轨电车）、中心城区地铁（山手线以内）以及城市间铁路（JR 线路）间的列车过轨，东京较好地实现了多点换乘，成功地减轻了地铁、私铁与国铁三个系统部分换乘站负荷过大的问题。

同台换乘设计案例在 20 世纪初就已出现，典型案例有伦敦的 Finchley Road（芬治丽路）地铁站、纽约的 Queesboro Plaza（昆斯伯勒广场）站以及东京的赤坂见附站等。不过，充分发挥同台换乘优势的经典案例应该是中国香港的实践，香港轨道交通网络中设计了通过两线换乘站的 4 站台，实现 8 个方向同台换乘。如图 8-5 所示，太子与旺角两站可实现观塘线与荃湾线 8 个换乘方向的通站台换乘。这一设计尽管增加了线路在区间的施工难度与成本，但大幅度提高了乘客的换乘效率，压缩了乘客换乘走行时间，体现了城市轨道交通"百年工程"的特点；而且节省了两站换乘通道的建设投资，实际上也节省了车站建设空间和运营成本。

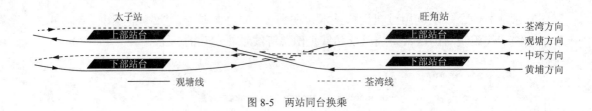

图 8-5 两站同台换乘

8.2 基于客流时空不均衡特性的网络负荷均衡技术

成网运营管理研究的第二大领域是如何在满足运营企业运行效率目标与乘客服务质量要求的前提下，解决城市轨道交通网络客流分布时间与空间不均衡性所导致的网络负荷不均衡问题。统计表明：城市交通系统不同时段客流有很大不同，超低峰、低峰、平峰、次高峰、高峰各时段小时客流量的比值可达 1∶3∶5∶10∶14；其中，高峰小时客流量约占全天客流量的 14%。在一个城市中，列车在不同时间、不同区间负荷相差甚大。以 2014 年 12 月北京地铁 1 号线为例，该线按全日列车在各断面的负荷（即满载率的平均值）约为 26.4%，9:30～17:00 间全线各断面平均负荷低于 50%，其中 68% 断面平均负荷小于 30%；早高峰 7:30～8:30 间 65.9% 断面平均负荷大于 50%，最大满载率达 95.9%。从全网络运行情况看，早、晚高峰负荷分别为 63.0%、48.7%，早 6:00 前和晚 23:00 后列车在各断面负荷小于 8%。这些数据可以看出列车在不同时间、不同区间负荷的具体差异。

针对客流时间不均衡性的运力调配方法主要有行车间隔控制方法，即根据不同时间段的客流分布确定相应的列车开行数量。不过，行车间隔控制直接涉及乘客等待时间，进而影响客运服务水平。根据我国 2013 年颁布执行的《城市轨道交通运营管理规范》，开通运营的城市轨道交通线路应有一定的服务水平要求，即最大行车间隔，以体现其公益性及建设效果。当某些时间段客流量过低时，可能造成列车能力利用率过低，此时可以通过开行小编组列车来缓解这种能力浪费。

平衡客流空间不均衡性的方法主要有多交路技术。不过，多交路的采用受线路设计与建设阶段折返条件设置的影响，列车在折返站的运行也对线路通过能力有一定影响。多交路可能会导致部分长距离乘客列车间换乘次数的增加，降低长距离乘客的服务水平。为此，在站点上下车客流量不均衡性较大、线路较长的市郊线路上开行快慢车是提高长距离乘客出行效率的一种组织方法。

提高城市轨道交通服务水平的方法，除了节省出行时间外，减少旅客走行距离和换乘次数也是一个重要方面。为此，许多城市致力于优化换乘组织方案，包括组织列车过轨运营以提高直达乘客比例、改善换乘站列车时刻表衔接与配合以降低乘客换乘等待时间、优化首末班车时刻以提高换乘成功率、等。Domschke（1989）较早针对地铁等公共交通系统研究了等间隔发车情形下的时刻表协调优化方法。研究在给定公交发车周期（如 4、5、10 分钟）下，以周期内发车时间为 0-1 变量，以所有换乘方向换乘等待时间之和最小为优化目标，建立了 0-1 整数规划模型，并结合贪婪算法、模拟退火算法与分支定界算法等设计了启发式算法求解模型。Goverde（1998）研究优化换乘站列车时刻表以减少乘客等待时间的方法。Wong 等（2008）以香港地铁网络为例，以所有乘客总换乘等待时间最小为目标，以不同线路各列车在各换乘站的到发时间为决策变量，构建了混合整数线性规划模型，提出了不等间隔非平行运行图下的列车时刻表协调优化方法。后来有诸多学者研究了大型公交枢纽列车时刻表的衔接优化问题。

针对城市轨道交通首末班车问题也已开展了不少研究。在研究目标方面，末班车衔接成功客流量是衡量网络末班车衔接方案好坏的重要目标，此外，关于末班车衔接关系下换乘冗余时间与换乘等待时间的数学刻画方法、末班车发车时间、区间运行时间、停站时间与列车发车间隔等都是网络末班车时刻表协调优化需要考虑的重要参数。例如，Bookbinder 等（1992）研究了公交网络上的换乘点布局优化问题，建立了一个以乘客不便性函数为目标的二次分配模型，并得到了可改善换乘的解。Daduna 等（1995）以德国城市为案例研究了时刻表协调的实际经验，认为该问题的实际复杂性主要涉及网络结构及其复杂性、不同线路的行车间隔以及需求的多样性等方面。以此为开端，学者们开展了大量的研究。

由于城市轨道交通网络换乘站数量多，换乘站时刻表的协调是一个十分复杂的问题，既要考虑换乘客流量的大小，从而确定需要重点兼顾的主客流方向；又要考虑换乘站之间的关系，以确保多数旅客的利益。总的来看，上述技术的应用增加了城市轨道交通运营企业日常工作的复杂性，其应用水平实际上也是城市轨道交通运营是否进入成熟期的重要标志。

8.3　基于共享的网络资源管理技术

成网运营管理的第三大领域是集规划与运营于一体的资源共享条件下的运营管理技术与方法。传统上，由于建设时序差异，各线基本上单独设立车辆基地与指挥中心。随着线网密度的增加，线间关系日益紧密，车辆基地与指挥中心通过改扩建进行共享的必要性增加。这种必要性不仅体现在通过资源共享可以提高线网的协调运行的效率，也体现在资源共享可以降低运营成本、减少补贴，这对人口密度高、土地资源紧缺的我国城市具有尤为重要的现实意义。由于良好的市场需求环境，我国各城市轨道交通系统建设速度远高于国际平均水平，不少城市轨道交通线路同时设计、同时施工，这为资源共享创造了良好前提条件。

8.3.1　车辆基地共享案例

在日本东京地铁中，营团的银座线所属上野车辆基地规模较小，空间较窄，车辆检修与运用受到限制，地上部分能容纳 7 列车，地下部分能容纳 13 列车。银座线 2018 年运营使用 6 节编组列车，配车 40 列（240 节），上野车辆段的能力相当于银座线全线配车的一半，故只承担银座线列车的列检和月检。

丸之内线所属的中野车辆基地占地约 5.9 万 m^2，列车留置能力达 168 列。丸之内线 1988 年以来使用 02 系通勤型电车，直流 600V 第三轨供电，共配置 6 节编组列车 53 列（318 节），最大运用列数为 50 列，其余 3 条为备用编制，由中野车辆段负责检修。

两线在赤坂见附站附近实现互联互通，银座线的列车在赤坂见附站可过轨进入丸之内线。因此，丸之内线中野车辆段除了负责丸之内线全部车辆的月检等任务外，还负责银座线车辆的定期检修和部分车辆的夜间停放，实际上成为两线共享的车辆基地。如图8-6所示。

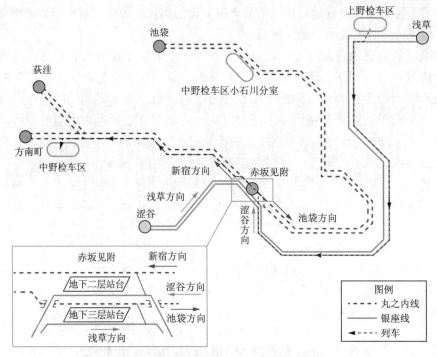

图8-6 丸之内线中野车辆段服务银座线案例

我国香港小蚝湾车厂占地面积约30公顷（30万 m^2），是香港东涌线、机场线与迪士尼线三线共用的车辆段，位于机场快线和东涌线主线北侧的填海土地，但不直接和迪士尼线路轨连接，迪士尼线列车来往车厂，须途经机场快线和东涌线欣澳站至小蚝湾的一段共用路轨。东涌线使用直流电传动通勤型韩制列车，列车编组为8节编组，机场快线全线11列及东涌线12列列车均用此电动列车。迪士尼线全线3.5km，设2座车站，均为地面站，在欣澳站与东涌线换乘，运营列车为4节编组类型。如图8-7所示。

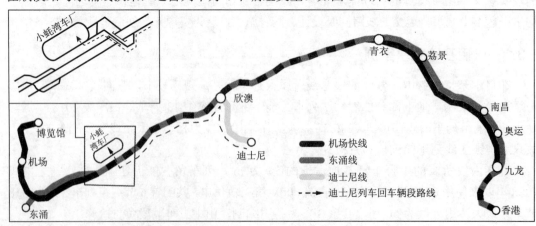

图8-7 小蚝湾车厂服务东涌线、机场快线与迪士尼线示意图

表 8-1 给出了我国部分城市车辆段与停车场共设的例子。

我国部分城市车辆段和停车场共用案例 表 8-1

城　市	车辆段/停车场	服务线路
北京	马泉营车辆段	14 号线、15 号线
	宋家庄停车场	5 号线、10 号线、亦庄线
	五路停车场	6 号线、10 号线
上海	北翟路车辆段	2 号线、13 号线
	龙阳路车辆段	2 号线、7 号线
	川杨河停车场	11 号线、13 号线、16 号线
广州	嘉禾车辆段	2 号线、3 号线
南京	小行车辆段	1 号线、2 号线、10 号线
武汉	三金潭车辆段	3 号线、8 号线

以北京马泉营车辆段为例，该段位于北京市朝阳区崔各庄乡，是北京地铁 14 号线（东段）和 15 号线共用的车辆段。该段于 2010 年 8 月 15 日竣工投入使用，它服务的 15 号线于 2010 年 12 月 30 日通车运营，14 号线（东段）于 2014 年 12 月 28 日通车运营。

马泉营车辆段（图 8-8）场区占地面积 26.5 万 m^2，建筑面积 12.19 万 m^2，包含联合检修库、运用库、综合楼、综合维修中心楼、综合维修车间、设备维修车间、牵引降压变电所等 19 个单体工程。其主要承担北京地铁 14 号线、15 号线的列车定修、架修等定期修理，列车停放、编组和日常检查，一般事故的处理，车辆的临时性故障检修，段内设备机具的维修，吊车、机车、工程车等的整备及维修，还负责列车运行的调度、行车及环境状况的监控等。

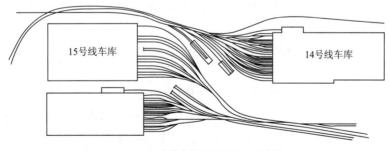

图 8-8　马泉营车辆段平面布局示意图

14 号线是北京市轨道交通线网中一条连接东北到西南的"L"形骨干线路，贯穿北京南部和东部，由北京京港地铁有限公司负责运营。该线路采用 A 型地铁列车，6 节编组，动力方式为 1500V 的接触网供电。15 号线则是北京市区北部的一条东西向线路，服务于学院路、奥林匹克公园、望京等地，并连接东北部的顺义新城，由北京市地铁运营有限公司四分公司负责运营。该线路采用 B 型地铁列车，6 节编组，动力方式为 750V 的第三轨供电。由于两线的运营单位、车辆类型、受电制式等不同，尽管马泉营车辆段为 14 号线、15 号线共址，但实际上物理分割，在车辆检修部分无法共享。

以上海北翟路车辆段为例，该段位于外环 S20 环西大道西侧，吴淞江南岸，于 2006 年建成 2 号线车库，2012 年建成 13 号线车库并投入使用，总规划占地 50 公顷（约 50 万 m²）。目前用于 2 号线、13 号线列车的停放和养护。该车辆段在建设方案上既是 2 号线和 13 号线共址建设的车辆基地，又能实现 2 号线、13 号线、7 号线、10 号线这 4 条线路车辆检修的资源共享。

北翟路车辆段服务的线路路由与车辆段的位置如图 8-9 所示。

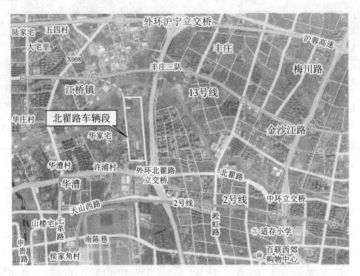

图 8-9　北翟路车辆段服务的线路路由及车辆段位置示意图

8.3.2　车辆基地资源共享类型的划分

从表 8-1 可以看出，我国车辆基地共用已有不少案例。这些案例大致可分为两类：土地共用型和功能共用型。

土地共用型，即多条线路的车辆基地共用一块土地，相关设施仍分别布置，如北京的马泉营车辆段。

功能共用型，即多条线路的检修运用功能集中配置，但线路所属列车不互用。如位于北京市丰台区的宋家庄停车场是北京地铁 5 号线、10 号线和亦庄线共用的停车场。10 号线位于东南，5 号线位于西南，亦庄线位于西北角。场内设有各线间联络线，10 号线停车场东侧设有连接丰双铁路和北京地铁车辆厂的联络线，其他线路通过联络线经 5 号线宋家庄停车场到车辆厂进行大修。宋家庄停车场可停放亦庄线列车 11 列，5 号线列车 13 列，10 号线列车 40 列，主要承担车辆运用周转和列检任务，定期维修工作均不在停车场进行。

广州嘉禾车辆段（图 8-10）也是这种类型的一个例子。该车辆段主要负责广州地铁 2 号线配属列车的保养及维修任务以及广州地铁 3 号线（体育西路站—机场北站）配属列车的停放、月检、双周检、定修任务。由于 2 号线列车采用 A 型车 6 辆编组，3 号线列车采用 B 型车 6 节编组，两线的列车运用计划也需分别编制。

第 8 章 城市轨道交通网络化运营资源共享技术 | 159

图 8-10 嘉禾车辆段及其与 2 号线、3 号线的关系

南京小行车辆段（图 8-11）隶属于南京地铁 1 号线，2004 年投产，占地约 31 万 m^2。该段设有停车列检线、月检线、架修线、试车线（长约 1300m）等线路，已建成停车列检库、架定修库等检修车间，综合楼等辅助生产房屋，共约 8.77 万 m^2，是南京地铁线路目前唯一的大修、架修车辆基地，承担已开通线路 1 号线一期、1 号线南延线、2 号线和 10 号线的列车大修、架修任务。

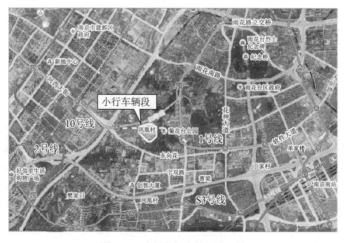

图 8-11 小行车辆段的周边环境

第三种类型是各线车辆类型基本相同，列车可以互用，因而可以编制统一的列车运用与乘务周转计划，提高车辆资源的利用效率。例如，伦敦尼斯登车辆段坐落于英国伦敦 Metropolitan Line（大都会线）的 Neasden（尼斯登）站和 Wembley Park（温布利公园）站

之间（图8-12），占地面积25.6公顷（25.6万 m²），是伦敦地铁最大的列车检修段；车辆段内部停车场规模较大，拥有22条长约300m的股道，每条股道可容纳2列8编组列车，故能停放44列8编组列车。列检库房总长度接近500m，拥有12条股道，整个车辆段能够容纳至少70列8节编组列车。该车辆段主要服务于Metropolitan Line（大都会线）及高峰时刻的Jubilee Line（朱比利线），同时也为Hammersmith & City Line（哈默史密斯与城市线）、Circle Line（环线）以及District Line（地区线）提供大修服务。

图8-12 尼斯登车辆段周边环境示意图

8.3.3 车辆基地共享的效益研究

多线共用车辆基地为列车的充分利用提供了前提。对于城市轨道交通系统来说，由于城市土地紧张，多线共用车辆基地还可以节省车辆基地用地，降低建设造价。

对于运营来说，当共用基地的列车类型兼容时，车辆基地的共用为两线编制统一的列车周转计划提供了基础。由于城市交通客流时间与空间的差异性，不同线路的共用可以实现列车运用的互补，提高列车运用效率，降低相对高昂的列车购置费用。多基地（Multiple Depot）车辆时刻表编制问题（Vehicle Scheduling Problem）是一个"NP-hard"的组合优化问题，这方面已有一些探索。例如，Carpaneto等（1989）较早研究了多车辆基地条件下公交车时刻表编制问题（MDVSP），提出了时刻表优化的分枝定界法。Dell'Amico等（1993）将多基地公交车辆时刻表编制作为NP-Hard问题，建立了将给定OD需求矩阵分配到不同车辆场所属车辆的模型，目标是所用车辆数最小以及运营费用最低。Desaulniers等（1998）研究了有时间约束的公交车线路与乘务计划编制问题，提出了一个通用框架。Huisman等（2005）进一步建立了多基地车辆与乘务组计划一体化编制的两类不同模型，提出了结合列生成与拉格朗日松弛方法的算法。Pepin等（2009）研究了多车辆基地时刻表编制问题，分析比较了五种启发式方法算法的效果，并发现列生成启发式方法在有足够计算时间及稳定性要求时效果最好，而大邻域搜索方法在计算时间及解的质量方面更有优势。

不难看出，车辆基地共享条件下的车辆运用问题是一个公交运营企业行车组织与管理问题。城市轨道交通网络线路相对固定，不同类型线路客流的时间分布与方向性特征存在一定差异，这种差异正好为线路间通过协调互补等方法来提高列车利用效率提供了客观需求与优化契机。另一方面，城市轨道交通系统拥有 AFC（自动售检票）系统，能较容易地获得详细的客流时空特性数据，这为共享车辆基地的列车运用方案优化研究提供了便利条件。不过，应当指出，多线路列车运用共享需要以各线路对列车运行的兼容性为基础，制式差异及其带来的不兼容性是资源共享的主要障碍。

8.4 小　　结

总的来看，资源共享实践面临两方面的主要困难：一方面，线路建设存在时序差异，即不同线路建设时间不同，这使得共享设施的规划与预留实施存在困难；另一方面，共享资源所涉及的预留会导致先期工程建设成本、设计与施工难度的增加。例如，预留的换乘站可能改变首期工程的拆迁规模、增加首期工程的造价，共享的车辆基地也是如此。

因此，从资源共享角度探讨网络化运营技术的协调与优化是一个长期的战略课题。要解决上述难题，首先，要在规划阶段对资源共享方案有比较充分的研究与论证，从城市规划与土地利用等角度确保推荐的方案具有较强的可操作性。其次，在设计与建设阶段，应强化规划成果的指导作用，将规划中的资源共享内容作为整个规划方案的要点来控制，确保在后续各阶段得到实施而不是被忽略。最后，在运营管理阶段要树立效率意识；城市轨道交通本身尽管是公益性事业，但经营者强化对效率的追求与其公益性并不矛盾，还能够促进城市轨道交通的可持续发展。

21 世纪的前十余年是我国城市轨道交通行业快速发展的重要时期，我国城市轨道交通开通的运营里程已达到全球的三分之一，在硬件方面取得了举世瞩目的成就。当前，我国城市轨道交通建设正从高速发展阶段走向科学发展阶段。在这个阶段中，如何强化规划与建设对运营工作的支撑，着实建立"规划、建设与运营一盘棋"的理念是值得城市轨道交通行业深化思考的重要课题。慢工出细活，在这方面，香港与东京的诸多经验值得思考和借鉴。

第 9 章

网络调度指挥与应急处置方法

列车调度指挥是组织实施列车运行计划、确保提供高质量轨道交通服务的重要环节。本章分析了城市轨道交通网络调度指挥的功能模式与职责；结合我国相关部门与行业标准与管理规范，阐述了突发事件的应急处置方法。最后通过介绍近年来国外城市轨道交通行业典型的突发事件应急案例，评述了各国应急处置流程的特点以及值得借鉴的经验。

9.1 网络调度指挥功能与模式

9.1.1 概述

目前，我国很多城市的城市轨道交通已具有网络化运营的基础条件，传统"一线一中心"的调度指挥形式难以对整个线网进行高效的统筹指挥，所以，以全网为对象的调度指挥形式——网络化调度指挥应运而生。目前，城市轨道交通运营调度体系历经单线调度指挥、单一运营商局部网络调度指挥、多运营商全网络调度指挥三个阶段。

全网络调度指挥是指将全网线路列车运行组织进行集中管理，对多线路进行指挥和运营协调的调度指挥形式。

9.1.2 路网调度指挥中心的功能与职责

城市的轨道交通系统中，承担网络化调度指挥的组织机构一般称为路网调度指挥中心，或者路网控制中心，在我国，上海率先建成了网络级的运营协调与应急指挥中心，随后北京、天津、深圳、广州等城市也正式成立了路网调度指挥中心。虽然各城市对它们命名不同，但是它们都是负责全网络化运营计划实施组织的实体机构。路网调度指挥中心的核心功能包括监督控制、组织协调、信息收发和应急处置四个部分。

（1）监督管理

路网调度指挥中心对全网的监督管理应包括三个方面内容：列车运行、客运信息和设备系统状态。中心对全网各个方位的实时监控，通过数据挖掘、分析对全网的调度指挥进行控制和及时的大客流预警。

（2）组织协调

路网调度指挥中心在获取各方面信息的情况后，制定最合理的全网运输组织方案和调度规则，并根据实际情况对方案进行调整，敦促各线路对方案进行落实，促使各运营主体更加有效、合理、协调地工作。

（3）信息收发

信息采集与传播是路网调度指挥中心的一项重要责任，保证运营信息的及时有效的共享。采集的各类运营信息会在汇总后向市级应急指挥中心等上级单位发送，也会向下辖的区域（线路）调度指挥中心（OCC）传送其他线路的运营数据。当有突发事件时，路网调度指挥中心向所有乘客广播紧急通知和疏散指令。

（4）应急处置

在突发情况下，调度指挥中心行使应急指挥中心的职责，核实事件的基本情况，并根据突发事件等级启动应急预案，下达应急抢险指令，调动各单位按照应急预案规定的流程和方法进行应急处置。

与单线调度指挥相比，网络运营指挥系统集成了运营单位和调度机构，并构成一个以路网调度指挥中心为核心的指挥网络体系，简化了各单位之间的关系，提高了运营企业和各政府部门协同工作的效率，满足了城市轨道交通高度集中、统一指挥的运营管理需要，提高了城市轨道交通网络运营整体有效性、安全性和可靠性。

9.1.3 网络调度指挥管理模式

不同城市轨道交通网络的调度指挥模式是在其自身发展环境条件下的选择结果。一般地，我国各城市普遍采用"线网＋线路＋车站"的三层管理、三级控制模式。该模式强调线网不同区域调度的联动，注重发挥路网调度指挥中心整体管控、协调配置，区域（线路）指挥中心分级管理的作用。

三层管理层包括以路网调度指挥中心为核心的指挥中心管理层、以线路控制中心为核心的各控制中心层和以车站综控室为核心的车站控制层。三层控制包括线路控制中心层、车站控制层和现场自动化设备层（图9-1）。

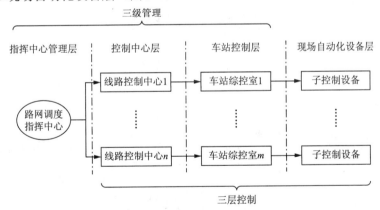

图9-1 网络化调度指挥管理模式示意图

9.2 应急处置方法

城市轨道交通系统由于地理位置特殊，多位于高架或地下、车站空间往往封闭且站内部分区域人员十分密集、疏散空间较小，一旦车站运营人员对发生的事故处置不当，轻则可能会造成列车延误和财产损失，重则可能导致人员伤亡，所以城市轨道交通运营管理人员必须认真做好预防工作，尽力消除城市轨道交通系统中存在的隐患。

当应急信息管理系统对突发事件或者安全隐患进行预警后，城市轨道交通运营单位应遵从应急指挥机构的指挥，按照科学地流程实施应急预案，从而尽快恢复城市轨道交通的安全运营，最大限度降低事故带来的影响。

9.2.1 应急预案和突发事件分级

（1）应急预案概述

城市轨道交通应急预案是呈体系化的文件，预案针应对各类危险源和突发事件的处置、指挥、救援和行动方案界定了相应人员或机构的职责。一个完整的应急预案应当包括总则、组织机构与职责、监测及预警预防机制、应急响应、后期处置、保障措施、附则7个方面内容。

2015年，为了科学有序高效应对运营突发事件，最大程度减少人员伤亡和财产损失，国务院颁布了《国家城市轨道交通运营突发事件应急预案》，对我国城市轨道交通事故应急处置的机制、体制进行了相关规定。

（2）突发事件分级

《国家城市轨道交通运营突发事件应急预案》对城市轨道交通突发事件进行了分级，按突发事件所造成后果严重性与对城市客运交通的影响程度，突发事件分为特别重大、重大、较大和一般四级，各城市也将突发事件分为Ⅰ级、Ⅱ级、Ⅲ级、Ⅳ级四个等级，分级的依据是可能造成或已经造成的人员伤亡、财产损失、中断运营和社会影响的程度，见表9-1。

各城市轨道交通运营突发事件分级　　　　表9-1

相应等级	上海	广州	杭州
Ⅰ级	①造成10人以上死亡，或者50人以上重伤；②直接经济损失5000万元以上；③连续中断行车24h以上；④极大规模的乘客需要紧急疏散和转移安置	①造成30人以上死亡（含失踪），或危及30人以上生命安全，或100人以上重伤；②直接经济损失1亿元以上；③列车脱轨4辆以上，或连续中断行车48h以上；④超出省级人民政府应急处置能力	①造成人员死亡（含失踪）30人以上，或危及30人以上生命安全，或100人以上重伤（含急性中毒）；②造成直接经济损失人民币1亿元以上；③需要紧急转移安置10万人以上；④超出省政府应急处置能力的
Ⅱ级	①造成5人以上10人以下死亡，或者10人以上50人以下重伤；②直接经济损失1000万元以上5000万元以下；③连续中断行车6h以上24h以下；④重大规模的乘客需要紧急疏散和转移安置	①造成10人以上30人以下死亡（含失踪），或危及10人以上30人以下生命安全，或50人以上100人以下重伤；②直接经济损失在5000万元以上1亿元以下；③列车脱轨2辆以上4辆以下，或连续中断行车24h以上48h以下；④超出市人民政府应急处置能力的或省级人民政府认为需要本级政府响应的	①造成人员死亡（含失踪）10人以上、30人以下，或50人以上、100人以下重伤（含急性中毒）；②造成直接经济损失人民币5000万元以上、1亿元以下；③超出我市政府应急处置能力的；④省政府认为有必要响应的其他条件

续上表

相应等级	上 海	广 州	杭 州
Ⅲ级	①造成3人以上5人以下死亡，或者5人以上10人以下重伤； ②直接经济损失500万元以上1000万元以下； ③连续中断行车3h以上6h以下； ④较大规模的乘客需要紧急疏散和转移安置	①造成3人以上10人以下死亡（含失踪），或危及3人以上10人以下生命安全，或10人以上50人以下重伤； ②直接经济损失在1 000万元以上5 000万元以下； ③列车脱轨2辆以下，或连续中断行车6h以上24h以下； ④超出城市轨道交通运营单位和区（县级市）人民政府应急处置能力或市人民政府认为需要本级政府响应的	①造成人员死亡（含失踪）3人以上、10人以下，或10人以上、50人以下重伤（含急性中毒）； ②造成直接经济损失人民币1000万元以上、5000万元以下； ③造成1条以上已（试）运营线路运营区间单向中断运营10h以上，或双向中断运营6h以上；或2条以上已（试）运营线路同时中断运营6h以上
Ⅳ级	①造成3人以下死亡，或者5人以下重伤； ②连续中断行车3h以下； ③直接经济损失50万元以上500万元以下	①造成3人以下死亡（含失踪），或危及3人以下生命安全，或10人以下重伤； ②直接经济损失1000万元以下； ③连续中断行车2h以上6h以下； ④区（县级市）人民政府或城市轨道交通运营单位认为需要响应的	①造成人员死亡（含失踪）1人以上、3人以下，或10人以下重伤（含急性中毒）； ②造成直接经济损失人民币1000万元以下； ③造成1条以上已（试）运营线路运营区间单向中断运营5h以上、10h以下，或者双向中断运营3h以上、6h以下

注：事件特征满足其一即构成对应级别应急突发事件。

资料来源：上海市处置轨道交通运营事故应急预案、广州市城市轨道交通运营事故灾难应急预案、杭州市城市轨道交通运营突发事件应急预案。

9.2.2 应急响应机制

城市轨道交通事故应急响应机制，是指对城市轨道交通运营中发生的事故、故障、突发事件，能及时做出反应并采取有效措施，以尽快恢复正常运营秩序的相关组织机构、功能和相互关系。

城市轨道交通应急响应机制建立在应急响应模式的基础上，从国内外相关城市应急模式来看，城市轨道交通应急响应模式有3种基本类型：

（1）水平响应型

政府中没有常设的应急机构。城市轨道交通发生紧急事件后，一般情况下，城市轨道交通运营企业是应急处置的主体，其与其他相关应急单位或机构采取一对一的联系模式。2000年以前的北京地铁基本上采取这种形式。

（2）垂直响应型

政府设立专门的城市轨道交通应急指挥机构。应急指挥机构作为紧急事态下的处理中枢，担负着指挥协调的任务，运用政府强制力保障应急措施的到位。上海地铁、天津地铁和广州地铁采取这种形式。

（3）混合响应型

有常设的城市轨道交通应急指挥机构，由应急指挥机构负责下达命令并协调工作，但是城市轨道交通突发事件下的地面交通紧急接驳由城市轨道交通运营企业与公交运营企业自行联系,或交由自营巴士进行。北京地铁和香港地铁目前采取这种方式。

三种模式的特征及典型代表见表 9-2。

城市轨道交通基本应急响应模式比较　　　表 9-2

模　式	信息通道	指挥效力	典型代表
水平响应型	短	弱	北京(2000 年以前)
垂直响应型	长	强	上海、广州、天津
混合响应型	中等	较强	北京(2000 年以后)、香港

在实践过程中,应急响应机制包括对应急事件的反应和处理两方面。所谓反应机制是指相关部门对事故故障的探测和判断、信息的传递和决策、对乘客及外界信息的发布等功能、技术手段及相互关系;处理机制是相关部门对事故故障现场的处理、乘客的疏散以及外界对处理提供支持的功能、技术手段和相互关系。反应机制要求建立运营信息的收集、处理、传递和发布系统,处理机制则要求建立相关的应急预案体系,保证一旦发生事故故障,能实现快速、有效的处理,使其造成的影响和损失最小化。反应机制和处理机制通过信息的传递和相互作用有机地结合。

城市轨道交通运营组织和管理有其自身的特点,建立应急处置机制应结合运营企业的机构设置及其分工,确定在事故故障状态下,各部门的职责范围以及应采取的措施。以上海地铁运营有限公司为例,总调度所主要负责列车运行计划的编制和调整;客运分公司承担车站行车组织、客运组织、客运服务、车站管理、票务管理等工作;各专业分公司主要负责运营系统中相关设施设备日常的运用、维护、维修,以及突发事件的抢险、抢修。根据各自的职责,这些部门在运营和应急处置过程中分工协作,构成了应急处置机制的组织机构基础。

在应急处置机制中,各个部门进行应急处置的过程应遵循如下原则:

① 安全性原则:作为一种大容量的城市客运交通工具,在发生事故故障情况下,应把保障市民乘客的生命财产安全作为应急处置工作的出发点,体现以人为本,最大限度地减少突发轨道交通事故造成的人员伤亡和财产损失。

② 有效性原则:应急事件发生时,既要有统一指挥,又要有充分快速的反应能力。应急行动中,最忌多头领导。事件突发时,应实行统一指挥,保证应急系统应能快速启动、及时运作,包括迅速探测事故故障源、决策和执行方案、传输信息、下达和反馈指令等。

③ 协调性原则:城市轨道交通运营涉及客运、调度、车辆等多个业务部门,在事故故障发生时,各部门应根据其职责分工协作;同时,在突发大规模应急事件时,还将涉及公安、卫生、消防等部门,相关部门要整合资源、信息共享、主动配合、形成合力,保证事故灾难信息的及时准确传递,高效、有序地开展救援工作。

9.2.3　应急组织指挥体系

在面对突发事件时,需要一套完备的指挥体系对各级单位对应急预案的响应和实施进行组织,从而提高紧急救援反应能力,及时、有序、妥善地处置轨道交通突发事件,最大限度地减少人员伤亡和财产损失,维护正常的工作秩序和社会秩序。

城市轨道交通应急组织指挥体系分为专家组、运营企业、现场指挥机构、地方层面组织指挥机构和国家层面组织指挥机构五个等级,不同等级的指挥机构重点承担的职责功能不同,且处理对应的突发事件等级不同。

(1) 国家层面组织指挥机构

若突发事件影响非常重大,在必要时,相关部委或者省政府机关应该报国务院批准并申请求助,国务院成立相应的工作组甚至应急指挥部,在最高层级负责指导有关部门开展运营突发事件应对工作。

(2) 地方层面组织指挥机构

各地方人民政府应负责本行政区域内城市轨道交通的运营突发事件应对工作,也要明确相应组织指挥机构,负责协调各参与应急处置的部门工作,共同做好运营突发事件的应对。

(3) 现场指挥机构

负责运营突发事件处置的人民政府根据需要成立现场指挥部,负责现场组织指挥有关单位和人员进行应急处置工作。

(4) 运营企业

运营企业是应急处置工作的责任主体,运营企业自身的应急组织指挥体系由地铁总公司、线网指挥中心、线路控制中心、车站3个层级构成,不同的层级在应急处理时各司其职,各个层级的应急处置流程类似,通过严谨地执行应急预案对突发情况进行处理。在网络化运营下,城市轨道交通运营企业应根据政府应急管理体制要求,从加强本企业内部事故灾难应急响应处理能力出发,结合日常安全生产事故管理,成立企业事故灾难应急机构。运营单位基本应急管理组织架构如图9-2所示。

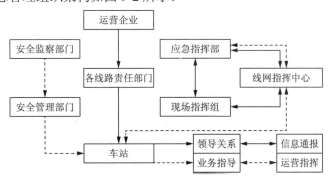

图9-2 网络化环境下运营企业应急管理组织框架

(5) 专家组

因为城市轨道交通系统十分复杂,涉及各个专业,各级调度指挥机构及运营单位根据需要设立专家组。专家组应由线路、行车、结构、建筑、车辆、供电、通信、环境与设备监控等专业的专家组成,从而对应急工作提供全方位的技术支持。

除了涉及城市轨道交通系统专业的专家组外,还必须构建与其他外部部门,如卫生、消防、公交、供电等的应急处置联动组织体系。图9-3所示为一典型轨道交通应急处置联动组织体系。

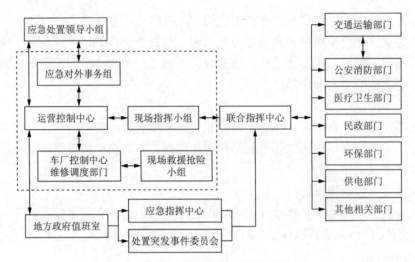

图 9-3 城市轨道交通应急处置联动组织体系

建立城市轨道交通应急组织指挥体系应遵循以下 5 个原则：

①分级设立原则。根据突发事件的类别与级别，建立相应的地铁灾害事故应急处置组织体系。发生一般（Ⅳ级）、较大（Ⅲ级）突发事件由城市轨道交通企业负责指挥处理，外部支援部门进行协助；发生重大（Ⅱ级）、特别重大（Ⅰ级）突发事件由地方政府应急指挥中心负责指挥处理，外部支援部门参加。

②快速响应原则。应急处置单位应快速启动、快速运作，包括迅速地探测事故故障源、决策与执行方案、传输信息等，切实做到早发现、早报告、早控制。

③统一指挥原则。城市轨道交通应急处置涉及的部门多、专业多，必须把各方面的力量组织起来，形成统一的应急联合指挥中心，避免各部门各自为政、资源无法整合、行动混乱、效率低下。

④分工协作原则。由于突发事件的综合性，其预防、处置、后处理等工作都需要不同专业、不同组织的通力合作才能完成。在突发事件发生时，各部门应根据其职责分工协作。

⑤属地（专业）为主原则。地铁应急处置根据突发事件的发展情况，采取企业自救和社会救援相结合的形式，充分发挥事故单位及地区的优势和作用。

9.2.4 应急处置流程

城市轨道交通紧急事件一旦发生，应立即根据应急组织体系，启动应急处理程序，尽最大限度保证人民群众生命财产安全，降低事故损失。应急处置需要调动大量的人力、物力和财力，所以运营单位不仅要对事件进行核实以防止误判，也应当在事后对事故进行评估，从而减少类似事故的再次发生。由表 9-1 可知，一旦发生Ⅱ级或以上突发事件，往往仅靠运营单位本身的能力无法解决，需要上级单位的协助和社会各方资源的协调和配合。

应急处置按流程分为应急响应、突发事件乘客信息发布、路网应急抢险救援队的协调与调动、交通行业专业抢险救援队的协调与调动、地面公共交通的配合支援、其他社会资源的协调与配合、恢复运营、突发事件调查评估 8 个阶段，如图 9-4 所示。

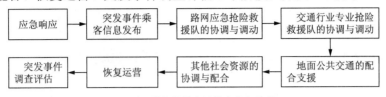

图 9-4 城市轨道交通基本应急流程

对不同等级突发事件应采取的不同应急策略。一般来说，不同城市针对不同等级的突发事件，其应急重点、指挥主体、相关应急处理单位、采用的方案与对策等都有所不同。

9.2.5 应急信息管理

信息是城市轨道交通应急管理的重要资源，相关机构在预警时应该对信息进行筛选，在应急处置时应对信息进行监控和处理，在恢复运营阶段应对信息进行反馈和总结。所以应建立城市轨道交通应急处置信息管理和发布系统。这样的系统既包含了城市轨道交通运营管理内部的信息管理，也包含了与外部单位的信息交流和共享。

日本东京也非常重视应急情况下的信息管理。东京地下铁公司建立了应急突发情况下的信息传输系统，在事故、灾难等情况发生时，根据现场状况和灾害规模，铁道本部长以及综合指挥所所长等将组织非常体制以快速对应。此外，为了防灾，东京地下铁公司建立了网络横断支援体制，以区域划分，划分了 12 个区域，在灾难出现时以便按照地区进行组织，如图 9-5 所示。

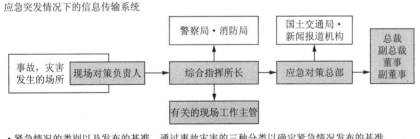

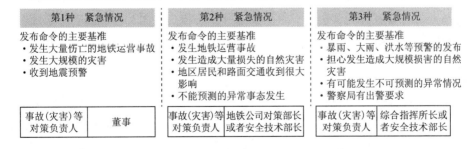

图 9-5 东京地下铁公司应急信息传递流程

资料来源：东京地下铁株式会社，东京地下铁株式会社安全报告 2016。

充分利用数字化信息技术与网络通信技术，实现对供电设备、环控设备、车站客运设备、行车设备、列车运行状况以及客运组织情况等的全方位监控。实现对各种应用系统的有机集成，建立空间信息与共享平台机制，便于各种信息直观表达、综合利用与快速反应。对轨道交通信息按照统一的规范关联地理信息，形成三维数字信息，并对此进行管理、分析和辅助决策，有助于将城市轨道交通内部和城市的各种数字信息加以整合利用。

当城市轨道交通网络发生重大事件，其影响超出了城市轨道交通运营的范围时，城市轨道交通应急处置工作需要市内其他相关部门，如地面公交、公安、消防、救护、抢险等部门全面配合。主要包含2个方面内容：

①实现日常运营信息的有效采集和共享，做好应急处置的信息储备。由城市轨道交通运营综合信息管理系统向城市其他部门或中心，如公安应急联动中心、综合交通指挥中心、消防局、地震局、气象局、城市防灾中心、供电局、急救中心、公安防暴中心等，提供城市轨道交通主要运营信息，如运营状况、供电系统状况、客流状况等。轨道交通运营主体也接收城市其他中心的相关信息，如气象、地面交通等综合性信息，制作城市轨道交通网络的各类公共信息。

②处置重大事件时迅速综合和传递各方信息，实现信息快速通畅。实现与外界联合处置的各相关指挥部门之间、各相关执行部门之间、各指挥部门和所属执行部门之间、现场与执行部门之间、现场与指挥部门之间的信息综合和传递。

目前，随着城市轨道交通网络化运营的开展，国内许多城市开始了构建城市轨道交通应急平台工作，将城市轨道交通应急处置信息管理和发布系统集中到该平台中。一般说来，一个完整的城市轨道交通应急平台应包括信息资源、技术、保障体制等组成要素，其关键任务是通过对信息资源的融合、分析处理，实现对突发事件的信息传递、应急响应、应急处置及推演评估等；同时，城市轨道交通应急平台设计、开发及应用必须遵循政策法规、标准规范。因此，城市轨道交通应急平台主要由基础支撑系统、综合应用系统、数据库系统、信息接报与发布系统、应急指挥场所、安全保障体系和政策法规标准规范等组成。

该平台所涉及的关键技术主要包括3个方面：

（1）信息资源整合利用

信息量和传递速度将直接影响应急决策的科学性和及时性。考虑到应急平台本身直接产生的信息量较少，因此实现城市轨道交通应急平台与多个业务系统如行车调度系统、视频监视系统、综合交通指挥中心、城市防灾中心等系统与部门之间的信息共享是应急平台需解决的首要问题。

城市轨道交通应急平台的共享需求来自两方面。首先，需要集成、共享防灾报警、行车调度、自动售检票等多个异构、专业系统的信息；其次，作为政府应急平台体系的重要节点，和政府间的应急平台存在着大量的数据交互。

城市轨道交通应急平台共享信息可分为静态信息和动态信息两大类。对于静态共享信息，关键是数据的同步更新技术和更新维护机制，可采用"共享库＋接口服务器"的模式实现。动态信息方面，根据信息更新的主动和被动关系，共享可分为"推送式"和"拉取式"两种模式。"推送式"是指各业务信息系统主动将共享信息提供给城市轨道交通应急平台,属于被动接收;"拉取式"是指城市轨道交通应急平台根据相关条件在各业务信息系统中检索所需的共享信息,属于主动查询。根据两种方式的特点,城市轨道交通应急平台的动态信息共享应结合采用"推送"和"拉取"两种模式。

(2) 地理信息系统

城市轨道交通的应急管理、应急指挥涉及事件影响范围、路线、车站、救援物资、救援队、救援与疏散进路等信息,这些信息具有很强的空间分布特征,应用地理信息系统构建城市轨道交通应急决策指挥系统是行之有效的,也是非常有必要的。

在城市轨道交通应急信息共享平台基础上,构建城市轨道交通地理信息系统与现有业务信息系统的互联和集成,通过应急信息共享平台获取其他系统的信息,结合线路、车站分布、危险源、车站配线、应急资源分布等地理信息,以电子地图的形式形象地展现这些信息。通过地理信息系统的空间分析、时空分析功能,建立各类分析评估模型,辅助制订应急方案。

(3) 网络通信

城市轨道交通为了满足自身的业务需要,以线为单位,构筑了传输系统,用于各种调度电话、站间行车电话、无线电话、公务电话、有线广播、闭路电视等信息的传输;个别地铁虽已进行了公务电话的整合,但尚无完整的综合通信网规划。应通过对现有网络通信系统的研究,通过构建骨干传输网络,整合提升现有通信系统的水平,以达到应急平台应急指挥所具备的通信系统功能。

9.2.6 应急资源布局

城市轨道交通应急资源布局包括应急抢险点布局和应急资源配置布局。其中应急抢险点又可以分为普通抢险点和区域抢险点(抢险基地)。在网络化运营的情况下,城市轨道交通运营突发事件应急抢险不再是单一线路,而是抢险布局点相互关联,需要从网络层面提升应急救援能力。同时,应急资源布局也直接关系到应急抢险实效。

国外城市均高度重视应急资源布局,图 9-6 是东京地下铁公司防灾分区示意图。

(1) 普通抢险点布局

目前,国家层面尚未出台有应急抢险点或者救援点的相关规定和标准,根据有关应急管理的响应要求和相关研究,普通抢险点救援人员响应速度应为在 10~15min 内通过城市轨道交通或地面交通到达现场。

普通应急抢险点布点标准应满足如下条件:维修值班点的设置应当限定在 5km 半径范围内,可同时辐射、覆盖跨线区域,各个区域的设置,应能够覆盖整个线网,不交叉、不漏点。

(2) 区域抢修点布局

区域应急抢险点布局工作主要内容是布局大型设备和处理复杂险情的救援人员,要保障普通应急抢险点无能处置的险情。一般来说,区域应急抢险点救援人员到达现场的时间应在 20~30min 内。

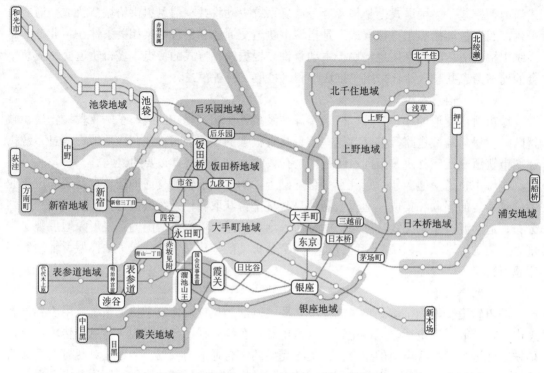

图 9-6 东京地下铁公司 12 个防灾分区示意图

资料来源：东京地下铁株式会社，东京地下铁株式会社安全报告 2016。

区域应急抢险点布局标准应满足：布点的设置应当限定在 10～15km 半径范围内，可同时辐射、覆盖跨线区域。区域应急抢险点能够覆盖整个线网，不交叉、不漏点，并配备专用抢险车辆，以满足物资运送、大型设备运送等需要。区域应急抢险点可以根据需要和地理位置，有侧重地配置应急装备，同时也可以和周边大型应急装备企业通过协议方式租用或者调用大型应急装备。在运营单位的应急救援设备、物资无法满足应急抢险的需要时，由运营单位发出紧急调配指令，大型应急装备企业接收指令后快速提供物资调拨和配送服务。不同专业区域布点关键因素见表 9-3。

不同专业区域布点关键因素　　　　表 9-3

专业	分专业区域化布点关键因素
供电	划分区域，实现跨线维修。受电专业在主要牵引所、主要变电站值守；接触网专业在主要铺设关节处值守
工建	划分区域，实现跨线维修。轨道专业在道岔相关站点值守；桥隧专业在重点检测隧道站点值守；土建专业以车辆段值守、线路巡视为主
机电	划分区域，实现跨线维修。环电专业主要在冷站、大客流换乘站值守；其他以巡视为主
信号	划分区域，实现跨线维修。将线网分成若干个应急运作区域。信号专业在连锁站、重点道岔站值守

资料来源：何霖.城市轨道交通网络化运营的实践与思考[M].北京：人民交通出版社股份有限公司，2015。

（3）应急物资配置要求

①站点应急物资配置。站点配置通用应急救援设备、工具以实现资源共享，并按每车

站配置,实现一般处置要求或多专业可以使用。站点物资配置要因地制宜,同时考虑到车站客流情况、车站设备配置情况等,站点应急物质可以有差异。《地铁安全疏散规范》(GB/T 33668—2017)规定地铁运营企业应在车站配备疏散和救援所需的应急物品,应急物品宜参照表9-4配置。

车站疏散和救援所需应急物品   表9-4

类型	配备物品
车站配置	(1) 消防装备柜①。 (2) 急救医药箱②。 (3) 应急工具箱③。 (4) 个人防护用品:呼吸器、防毒面具、安全帽、绝缘手套、绝缘鞋、反光防护背心、雨衣和雨靴等。 (5) 应急救援器具:应急手持台、便携式喇叭、手提式防爆探照灯、手提应急灯(或防水手电筒)、荧光棒、隔离警戒线、人字梯、落地泛光应急灯、多功能探照灯、防水手电筒、便携式扶梯、管钳、活扳手、破拆工具、通心螺丝刀、手锤、线缆轴、插线板、撬棍、污泵、平铲、沙袋、挡水板、防洪膜、铁丝、融雪剂、防滑垫、喷壶和扫帚。 (6) 相关救援物品:担架、照相机、录音笔、存尸袋、提示牌和抢险袖章等
运营企业配置	(1) 应急工具箱③。 (2) 破拆工具④。 (3) 应急救援器具:落地泛光应急灯、多功能探照灯、便携式扶梯、管钳、活扳手、手锤、线缆轴、插线板和撬棍等

注:①消防装备柜包括:毛巾、发光导向线、防火毯、消防头盔、消防战斗服、消防手套、消防靴、消防腰带、消防装备储存柜、消防斧和直流喷雾水枪等。
②急救医药箱包括:止血药、酒精棉、手套、口罩、0.9%的生理盐水、消毒纱布、绷带、三角巾、胶布、创可贴、医用药水(双氧、碘伏、医用酒精)、棉签和止痛药等。
③应急工具箱包括:活动扳手、螺丝刀、手锤、强光手电、高压试电笔、应急锤、手锯、锯条、管钳子、撬棍、绝缘手套、绝缘靴、钳子和宽胶布等。
④破拆工具包括:多功能剪扩钳、剪扩钳牵引配件、独管开缝器、重型支撑套具、液压撑杆、高压充气支撑气垫、手动液压泵发电机和带快速接头液压胶管等。

②普通抢险点应急物资配置。在站点应急物质基础上,要依据相关算法,综合平衡风险控制点,可以分专业配置小型救援设备和关键应急物资,由维修人员携带前往事发地点。配置部分关键应急物资,如尖轨、钢轨、防洪沙袋、水泵等。

③区域抢险点应急物资配置要求。应配备较大型或大型的应急救援设备、辅助物资,如车辆起复设备、接触网抢险设备、照明设备、通信设备等。

9.3 国内外案例分析

城市轨道交通作为现代化城市的重要交通工具,在城市公共交通系统中处于不可忽视的地位;虽然带给广大人民群众出行的便利,但是随着恐怖主义的泛滥,地铁不再安静如初,各国地铁不断发生各类事故并遭受恐怖袭击。下面结合具体案例,以英国伦敦、美国华盛顿和俄罗斯莫斯科地铁为例对国外城市轨道交通突发事件应急处置进行介绍。

9.3.1 英国伦敦地铁火灾事件

伦敦时间1987年11月18日19点29分,英国伦敦最大的地铁车站——国王十字地铁站发生重大火灾。

调查确定，导致事故的原因是吸烟乘客将点燃的火柴扔到正在运行的 4 号自动扶梯上，火柴穿过右侧踏步和踢脚板之间的缝隙，掉入自动扶梯运行导轨上，引燃了导轨上的可燃物，从而使自动扶梯首先起火，而后很快蔓延到售票大厅。事故最终造成 31 人丧生，100 多人受伤。

事故发生后，英国运输大臣赶往火灾现场指挥灭火抢救工作，并表示政府将就此次事件进行全面调查。伦敦市警察、交通部门紧急组织做好乘客疏散工作，伦敦地铁公司实施应急预案，调度救援列车转移乘客。英国首相撒切尔夫人火灾后亲自前往医院探望伤者，稳定市民紧张情绪。伦敦地铁火灾事故从发现起火到扑灭大火经历了 6 小时 17 分。该事件发生表明伦敦地铁存在一定的安全问题，也给予了全世界城市轨道交通运营单位和政府部门一定的警示。

（1）伦敦地铁存在的问题和漏洞

①政府在地铁内禁烟规定落实不力：政府 1985 年 2 月发布"禁止在地下铁道吸烟"禁令，仍有乘客在搭乘自动扶梯离开时吸烟。该现象未引起公司重视，未切实禁止在车站内抽烟，在自动扶梯等火灾易发区域也未设置醒目的"禁烟"标志，最终导致了火灾的发生。

②木质电梯存在安全隐患：据统计，伦敦地铁 46% 火灾发生在这种自动扶梯上，说明该扶梯存在严重隐患，需改造和定期清洁。地铁公司迟迟未对电梯改造，也未落实清洁维护制度，此次起火的 4 号自动扶梯从未彻底清除过易燃物品。

③地铁工作人员日常防火意识不足：地铁内配备了日常防火设施，但工作人员防火意识不足。车站在 1948 年安装了水喷雾装置，列车停运后使用该装置来避免可能出现的阴燃。通常每两周使用一次，此次火灾发生之前已有很多年没有定期使用水喷雾装置了。

④公众缺乏自救意识：火灾发生时，数百名乘客乱作一团，失去理智，在大厅盲目奔逃，堵塞了疏散通道，使乘客不能准确判断安全出口，丧失了迅速逃离火灾现场的机会。由于现场情况混乱，消防员需要花费更多时间和精力去引导没有秩序的乘客疏散，并疏通救援通道，这在很大程度上也延误了救援工作。

（2）伦敦地铁火灾事故处理的成功之处

①消防员探明起火点后派人封锁危险出口，防止乘客惊慌中闯入危险地带，引导乘客准确找到有效疏散通道，避免了伤亡人数的进一步扩大。

②地铁公司根据火势情况，迅速组织应急调度，果断研究制定疏散方案，安排列车运送被困人员到达安全地带，使许多乘客和工作人员得以幸免。

（3）伦敦地铁火灾事故启示

①运营工作人员应当切实消除火灾隐患，一方面需要检查城市轨道交通设施是否均为用阻燃材料，另外一方面应当做好消防设施设备定期检修工作，确保完好有效。

②运营单位应当加强消防演练，增强员工应急处置能力。进行完整的和周期性的消防演练会极大提高员工在火灾情况下的应急处置能力，促使乘客迅速疏散，尽可能地减少伤亡。

9.3.2　英国伦敦地铁爆炸事件

英国政府的公共事件应急体系分工明确，非常重视预防灾难。在提供给全国各机构的灾难处理一般指导原则中，英国政府提出，危机管理包括风险评估、灾难预防、做好应对准备、执行应急措施和进行灾后恢复 5 个部分，灾难真正来临时的应急手段只是危机管理的一部分。

2005 年 7 月 7 日，正当英国伦敦举行盛大的八国峰会之际，伦敦人民沉浸在申奥成功的喜悦之中时，伦敦地铁 6 个车站在上班高峰几乎同时发生大爆炸，导致重大人员伤亡，地铁全线关闭。由 4 名自杀式袭击者针对伦敦地铁和公交车发生的重大恐怖袭击，造成 52 人死亡、700 多人受伤。

事件发生后，由于伦敦应急部门此前已举行过 10 余次大规模反恐演习（包括应对伦敦地铁遭遇多枚炸弹袭击的情况），相关部门依照预案，迅速采取行动，有效确保了应急处置的顺利进行。概而论之，伦敦应急处置特点主要体现在"分工明确"上：

（1）部门分工明确

政府方面，系列爆炸消息传出后，唐宁街 10 号首相府立即转入战时内阁，数分钟后便启动了预算为 20 亿英镑（36 亿美元）的代号"竞争"的反恐应对体制；随即，英军进入战时戒备，以防首都遭受袭击；各相关部门按预案要求各司其职，进入紧急状态。

应急部门主要承担救援任务，其中伦敦消防局负责对生存者的救援工作，急救中心负责将伤亡人员送至医院，警方负责协调各应急部门、地方政府和其他单位，以保障上述救援工作的顺利开展。

（2）人员分工明确

除了部门分工明确外，先后达到现场的工作人员分工同样十分清晰。

第一时间抵达现场的警方人员主要任务是确保将第一时间掌握的准确信息及时传递给所在单位的指挥中心，决定是否对外宣布重大突发事件的发生，在上级到达之前临时控制现场，随时与指挥中心保持联系。第一时间抵达现场的警务人员亲自参与救援工作，以保证上述任务的完成。

第一时间抵达现场的消防部门指挥官的首要任务是准确判断现场形势并及时报告，探明事发地点存在和潜在的风险；形成应对现场形势变化的行动方案；确定现场所需要的应急资源；现场指挥救火救援；对现场形势和发展态势做出评估并做好向更高一级消防、警务和急救指挥官汇报的准备；在第一时间向其他应急部门指挥官通报现场安全情况并保持联络；协调各参与单位对现场危险状况做出评估并确定一线人员的个人防护级别。

（3）区域分工明确

为了确保应急行动的顺利进行，由警方、消防和急救部门的现场指挥车辆集体构成的现场联合应急指挥控制中心划定专门区域，以进行不同层次的物资和人员安置，其中主要包括警戒区、集结区和待命区三类。

警戒区一般由警方协商其他应急部门划定，目的是警戒现场、保护公众、控制旁观者、减少对相关调查活动的干预、保障应急部门和其他相关单位救援活动顺利开展。

集结区是所有应急人员、专家和志愿者在被派往现场或待命区之前集中的地点，通常设在外层警戒线以内，由专门的警察负责管理，其应随时向应急指挥车辆报告到达集结区的应急资源情况，并将非急需资源疏导至待命区。

待命区是非紧急资源或从事件现场撤出听候再次调遣的应急资源停留的区域。

9.3.3　美国华盛顿地铁相撞事件

华盛顿时间 2009 年 6 月 22 日，行驶于华盛顿地铁红线的 112 次列车，在华盛顿哥伦比亚特区和马里兰州交界，撞上前方停止等待进站的另一班 214 次列车，112 次列车的头部和 214 次列车的尾部均遭到严重的损毁，112 次列车司机当场死亡，总计造成至少 9 人死亡，76 人受伤，是华盛顿地铁 40 年来，最严重的交通事故。

在事故发生后华盛顿政府、警察局、红十字协会等多方单位积极展开救援工作。在事发当时驾驶员立即向控制中心报告了事故的基本情况，随即告知乘客原因，并协助组织乘客进行疏散。控制中心在确认了事故后，立即启动了应急预案，暂停了事故区域附近的运营业务，并向警察、消防和医疗部门进行报告，并请求援助。事发后 1h，美国红十字会团队到达现场并在附近建立了亲属询问中心，在进行救援的同时安抚市民情绪。

美国交通运输安全委员在事后立刻对事故的原因展开了调查。委员会发现导致本次事故的主要原因是地铁信号系统的故障和人为操作失误。

事发时，112 次列车的自动控制装置和轨道电路已出现故障，该列车正处于自动驾驶模式但是信号系统并未检测到前方停站的 214 次列车，从而导致了追尾事故的发生。现场证据显示，112 次列车的司机在发现危险后，进行了紧急刹车操作，尝试将列车驾驶模式变为手动操作，因为实施紧急制动时间滞后，最终没能阻止事故发生。而且 112 次列车司机仅接受了 6 个星期训练便开始驾驶地铁列车，从事地铁司机工作不到半年，可能不具备紧急事故处理能力。

华盛顿地铁相撞事故带来的启示：

①工作人员的职业素质应得到充分的重视。

信号系统并不是完全安全可靠的，仍然存在发生故障的情况，我国城市轨道交通在近十年迅速发展，并大量启用自动化的先进信号系统和防护设备以能保证行车安全，但往往忽视了人的作用，一旦设备失灵，司机处理不当，最终将导致重大事故的发生。因此，提高运营人员的专业技能与专业素质显得至关重要。

②应及时维护和检修地铁系统信号系统设备。

在该事故发生之前，华盛顿地铁的信号系统已经故障不断，政府部门也要求过地铁运营公司应更换信号系统，但一直未得到足够的重视。目前，我国部分地铁列车已经运营多年，列车的信号系统系统的更新换代和维修应该引起高度的重视。

9.3.4　俄罗斯莫斯科地铁脱轨事件

俄罗斯将灾害事故分为自然灾害和人为事故两大类，并针对不同灾害事故，制定出相应条例。

莫斯科时间 2014 年 7 月 15 日 8 时 40 分，莫斯科地铁阿尔巴特－波克罗夫卡线胜利公园站和斯拉夫林荫路站间的一辆出站列车脱轨，造成 23 人死亡，160 人受伤。在事故发生 12h 之后，被困在两站中间的 1000 名乘客才疏散完毕。

事故发生后，莫斯科市政府向出事地点派出了100多名警察，帮助疏散乘客，维持秩序。同时派出60多辆救护车和8架直升机运送伤员。由于媒体误报该事件发生原因是恐怖袭击，导致救援人员花费大量时间才抵达现场，人员伤亡比预期要多。本次事故是莫斯科地铁史上最致命的事故，也是继1982年十月站自动扶梯事故后，第二次因技术故障引发的事故。截至三天后的7月18日上午6点，莫斯科地铁才恢复正常运营。

俄罗斯联邦调查委员会在事故发生当天便开始立案调查事故，委员会发现导致该事故的主要原因是：

①地铁工人在对转辙器进行固定时，用普通的3mm金属丝取代了特殊的维修专用设备，导致系统过热。

②驾驶脱轨列车的司机在通过脱轨区间时，并没有按照规范进行减速制动操作。

俄罗斯政府在事后向此次事故中遇难者的亲属提供100万卢布的补偿金，伤者获得50万卢布，除了市政府提供的补偿金外，地铁公司还向遇难者亲属额外支付200万卢布保险赔偿金，根据受伤程度向伤者支付最高100万卢布。在事故相关人员惩罚处置方面，政府对莫斯科地铁总监进行了撤职处理，并判处了3名地铁工人和1名工程承包商主任不同年限的有期徒刑。

（1）存在的问题和漏洞

从本次事件，可以看出莫斯科地铁存在如下问题：

①莫斯科地铁设备设置老化；

②莫斯科人员管理机制存在一定的不足，工人缺乏安全意识；

③莫斯科地铁车站的疏散能力不足相应的应急演练也不到位。

（2）本次事故处理的成功之处

①莫斯科地铁内的各个车站和走道中都安装摄影机，并将保留录影资料3天，同时，该计划也预定在未来将其设备改为数字图像，以便在调度室有着及时观察任何一个车站和走道的能力。正因如此，事故原因才能在三天之内调查明确。

②在上述事件中，虽然媒体误传了恐怖袭击消息，但俄罗斯政府反应迅速，及时辟谣，没有将事态进一步扩大，在事故发生过程中也没有关于民众骚乱的报道。上述两点反映出政府强大的事故处理、舆论导向能力和俄国公民较高的公共安全素养。

（3）本次事故的启示

①城市轨道交通运营企业一方面要提高员工的警惕性，早发现，早上报。另外一方面要让员工意识到安全检查的必要性和事故后果严重性，防止因为零件的不合格使用而再发生悲剧。

②城市轨道交通系统需要及时更新硬件设备，由于莫斯科地铁是20世纪30年代中期投入使用的，随着岁月的磨砺和国家投入的减少，莫斯科地铁各项设施已经严重老化。

③媒体对事故的报道应当谨慎，因为事件发生前期的舆论误传，导致了救援行动的滞后和被困乘客疏散难度的增大。

第 10 章

多交路列车运营组织方法

多交路列车运营组织是针对城市地区客流空间差异性采用的一种负荷平衡方法。本章从我国多交路方法的运营实践入手，分析了多交路组织的基本特点以及对不同类型旅客产生的影响；研究了共线运营条件下的多交路组织方法；探讨了不同客流特征下多交路方法应用的效果及不同方法的适用性，最后结合案例介绍了国外多交路技术应用的经验。

10.1 多交路的概念

多交路运营是指针对较长线路上客流分布的区段差异性，某一运营商在同一线路上开行两种或两种以上交路形式列车的运输组织方法。我国很多城市的轨道交通线路采用了多交路运营组织方法。例如，2015年上海14条轨道交通线路中有8条线路采用了多交路运营组织方法；其他城市如北京、广州、深圳、南京等也有部分轨道交通线路采用了多交路运营组织方法，如表10-1所示。

我国城市轨道交通大小交路运营线路一览表　　表10-1

城市	线路名称	大小交路发车比例（运营时段）	运行交路
上海	1号线	1∶1（工作日全天）	莘庄—上海火车站—富锦路
	2号线	1∶1（周一至周日全天）	徐泾东—淞虹路—广兰路
	3号线	1∶1（周一至周日全天）	上海南站—长江南路—江杨北路
	6号线	1∶1（工作日早高峰/平峰） 1∶2（工作日晚高峰） 1∶2（节假日高峰） 1∶1（节假日平峰）	东方体育中心—高青路—巨峰路—港城路
	7号线	1∶1（周一至周日全天）	美兰湖—祁华路—花木路
	8号线	2∶1（工作日早高峰） 1∶1（工作日晚高峰）	沈杜公路—延吉中路—市光路

续上表

城市	线路名称	大小交路发车比例（运营时段）	运行交路
上海	8号线	1∶1（工作日平峰） 2∶1（节假日高峰） 1∶1（节假日平峰）	沈杜公路—东方体育中心—延吉中路—市光路
上海	9号线	1∶1（工作日早/晚高峰）	松江南站—佘山站—杨高中路
上海	12号线	1∶1（工作日全天）	七莘路—虹梅路—巨峰路—金海路
广州	2号线	2∶1（工作日早高峰）	嘉禾望岗—三元里—江泰路—广州南站
广州	3号线（Y型线）	同和→大石单向加开3列（工作日早高峰）	天河客运站—大石—体育西路—番禺广场；同和—机场南站
广州	4号线	1∶1或2∶1（周一至周日全天）	黄村—新造—金洲
南京	1号线	1∶1（周一至周日全天）	迈皋桥—河定桥—中国药科大学
南京	3号线	1∶1（周一至周日全天）	林场—胜太西路—秣周东路
南京	S8线（宁天线）	1∶1（周一至周日全天）	泰山新村—方州广场—金牛湖
北京	4号线-大兴线	1∶1（工作日早/晚高峰）	安河桥北—公益西桥—天宫院

续上表

城市	线路名称	大小交路发车比例（运营时段）	运行交路
北京	10号线（环线）	1:1（工作日早/晚高峰）	巴沟—车道沟—宋家庄—巴沟
深圳	1号线（罗宝线）	1:1（工作日早/晚高峰）	机场东—西乡—罗湖
深圳	3号线（龙岗线）	1:1（工作日早/晚高峰）	益田—华新—塘坑—双龙
重庆	1号线	1:1（周一至周日全天）	尖顶坡—双碑—小什字
重庆	3号线	1:1:1（工作日全天）	鱼洞—九公里—四公里—龙头寺—江北机场
成都	2号线	1:1（工作日平峰）	犀浦—成都行政学院—龙泉驿
武汉	1号线	未知	东吴大道—堤角—汉口北
宁波	1号线	1:1（周一至周日全天）	高桥西—望春桥—宝幢—霞浦

资料来源：许得杰，城市轨道交通大小交路列车开行方案优化研究，北京交通大学博士学位论文，2017。资料时间截止至2016年4月。

多交路运营方案主要服务于城市中心区与市郊之间的长、短距离出行并存的线路，一方面可促进运力与需求更好匹配；另一方面可节约列车资源，确保全线各客流区段内列车合理负荷和服务水平。一般而言，多交路运营方案应设置在穿行于城市中心区、边缘区与郊区的长线路上，与城市空间布局相互适应，如图10-1所示。实施多交路运营方案的前提是短交路的起讫点车站必须具备列车折返条件。

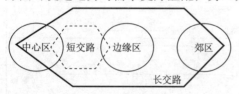

图10-1 长短交路适应城市空间布局的示意图

10.1.1 多交路运营组织的特点

相对于形式和运营组织较为简单的单一交路，多交路运营组织具有如下特点：

①满足不同客流需求。多交路运营根据客流特征设定交路组合，最大程度适应客流发生规律，缩短乘客候车时间。

②提高运营效率。通过多交路运营，可有效提高各交路列车的装载率，加快短交路列车周转，从而降低运营成本，提高运营效率和收益。

③对折返站的设施设备要求高。对折返站的地面信号设置要求较高，无论是单向还是双向折返，都需要较复杂的折返作业过程。

④增加乘客换乘。多交路下的短交路列车需在折返站清客，部分长距离乘客在折返站需要换乘，增加该折返站站台的客流压力。

当不同方向的轨道交通线路利用相同的线路区段为旅客提供多样化服务（不同去向列车），这种运营方式称为共线运营。共线运营下的多交路具有如下特点：

①强调在客流量大的走廊（共线线路）上提供列车去向不同的服务。

②线路一般属于某一线路公司，但不同去向列车经行的线路方向有差异。

10.1.2 多交路运营组织的效益

多交路运营组织的效益主要体现在以下两方面。

（1）运营的经济性

与单一交路相比，应用多交路技术可以在大致相同的列车公里水平下提高断面能力利用率的均值，包括降低最大断面负荷、提升利用率低断面负荷两方面；加快列车周转，从而实现运用列车数的节省，降低运营成本。短交路列车须在相应中间折返站铺设折返线、道岔，安装信号设备、换乘设施，这将增加建设投资和运营管理、维护费用，其中折返站台的设置是主要的投资成本。

（2）运能的充分利用

多交路组织方式可促进运力与需求的更好匹配，避免客流较少区段的运能浪费，另一方面还可以节约列车资源，确保全线各客流区段内列车的合理负荷与服务水平。

10.2 多交路运营组织模式

多交路运营技术通过调整不同断面开行的列车数量，为不同客流断面提供不同的运输能力，适用于断面客流变化连续且在某断面出现突降的情形。

10.2.1 多交路运营的组织方式

1）根据交路组合形态划分

多交路运营的组织方式根据交路组合形态不同，可以分为嵌套交路和衔接交路两种。

（1）嵌套交路

嵌套交路在常规大交路运行区段的基础上增加了小交路，大交路列车在线路两端的终点站折返，小交路列车在规定的中间站折返。嵌套交路又称长短交路套跑、大小交路套跑。长短交路列车在线路的部分区段组合运行，长交路列车到达线路终点站后折返，短交路列车在指定的中间站单向折返。根据嵌套的短交路的折返位置，还可以进一步分为两种类型，如图 10-2 所示。其中，嵌套交路-a 是最基本的多交路组织形式，法国巴黎 RER-B 线北段高峰时段的列车交路即采用了这种交路形式。嵌套交路-b 往往出现于某个时段，如日本东京营团地铁丸之内线，在早高峰即采用了这种交路形式，嵌套层数甚至达到了 3 层。

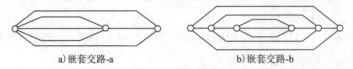

a) 嵌套交路-a　　　　b) 嵌套交路-b

图 10-2　嵌套交路示意图

嵌套交路比单一交路节约运用车辆数。采用嵌套交路可以提高运营效益、服务水平和各交路的列车装载率，并加快短交路列车的周转。不过，嵌套交路会增加小交路未覆盖区段外的乘客平均候车时间；因线路设置中间折返站而增加投资；影响线路通过能力等。

（2）衔接交路

衔接交路是若干长短交路的组合衔接（或交错）。列车只在线路某一区段内运行、在指定的中间站折返。采用衔接交路可以灵活制订各交路的列车时刻表，从而提高各交路的列车装载率，并加快列车的周转。根据衔接的交路是否同站折返，还可以进一步分为同站衔接、交错衔接和 Y 形线衔接 3 种类型，如图 10-3 所示。

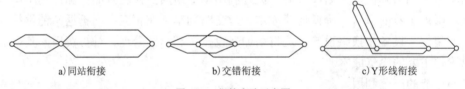

a) 同站衔接　　　　b) 交错衔接　　　　c) Y 形线衔接

图 10-3　衔接交路示意图

①同站衔接交路。

同站衔接交路又称分段交路，由几个小交路衔接而成。列车在各自小交路区段独立运营，并在规定的中间站折返。同站衔接的优点是交路之间的相互影响较小；能较好地解决相邻两个区段客流需求差异较大的问题，但同站衔接交路会使跨区段出行的乘客直达性降低，换乘增加了乘客的出行时间。在设备设施方面，衔接站需具备双向折返条件，折返线配置要求高，两个交路列车折返作业可能产生进路干扰，折返能力和换乘能力是线路瓶颈。

目前轨道交通运营组织中，同站衔接的形式较为常见，法国巴黎 RER-B 线南段、北段的交路即采用了该形式，从而使南北段衔接为一个整体。但同站衔接对折返站的折返能力要求较高，同时，若同站衔接交路的中间折返站为断面客流出现明显落差的车站，则可能出现站台负荷过饱和的问题，此时适宜采用交错衔接交路，使不同列车交路的中间折返站错开设置。

② 交错衔接交路。

交错衔接交路是指两种交路的列车分别在线路的某个区段运行，但两交路又在某一区段交错。一般而言，列车的交错区段位于中心城区，在该区段内列车开行对数最大。交错衔接交路缓解了同站衔接的换乘与折返组织压力；在满足交错区段高强度运输需求的同时，保持其他区段的合理运输能力，但跨越交错区段出行的乘客需要换乘，增加了该部分乘客的出行时间。

③ Y 形线衔接交路。

Y 形线衔接交路包括独立运行和全线贯通运行，对于带有支线的交路形式，可采用独立运行或全线贯通运行。独立运行指正线和其中的一条岔线组成干线，另一条岔线作为支线，干线列车和支线列车均独立运行。全线贯通运行是指正线列车分别交替驶入两条岔线。干线和支线是相对的，一般将客运需求量较小的线路称为支线。Y 形线衔接交路的两个交路之间的影响较小，运营组织简单，一旦发生故障，容易处理，但是干线和支线的交汇车站既是换乘站又是折返站，客流量大，运输组织难。

2）根据是否在同车辆段折返划分

交路的设置必须适应线路的车辆段、折返站设置情况。根据短交路列车是否和长交路列车在同车辆段折返，多交路运营组织又可分为以下两种。

（1）同车辆段始发

显然，嵌套交路-a 与同站衔接这两种多交路形式，均属于同车辆段始发。

（2）不同车辆段始发

嵌套交路-b 与交错衔接这两种多交路形式，均属于不同车辆段始发。

嵌套交路-b 的列车从车辆段牵出后，在短交路两端的折返站之间运行。交错衔接交路的列车，分别从线路两端的车辆段出发。这种多交路形式要求较长的线路两端均设有车辆段，其中一个规模较小，仅需配备停车和列检设施即可，如日本东京营团地铁有乐町线，全长 28.3km，配备了和光车辆段和新木场车辆段。日本东京营团地铁的 4 号线丸之内线的"池袋—荻洼"区段在高峰和平峰采用了不同的交路形式（图 10-4），其中早高峰的交路是典型的不同车辆段始发的多交路形式。

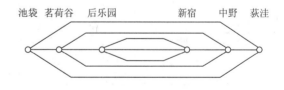

图 10-4 东京丸之内线（4 号线）高峰时段列车交路示意图

在长短交路上直通和换乘比例方面，交错衔接交路在双交路区间上的效果与嵌套交路-b 相似，一定程度上可以减少不同交路之间的换乘，乘客直通性较好。

10.2.2 共线运营的组织方式

在共线运营区间，来自不同线路的列车按一定的组合形式和发车频率，在线路上追踪运行，共同分配共线区间的通过能力。

共线运营组织技术的提出，是由于在城市轨道交通线网中，不同时期建成的线路衔接后，仅通过车站换乘组织难以适应线路间的换乘客流需求。在多数发达国家的城市，由于人口密度远低于国内城市，轨道交通线路在远离中心城区的市郊地区通常采用分叉延伸方式来提高网络覆盖水平。这些市郊区域的支线往往客流量较低，为减少乘客的换乘次数，中心城区与郊区分叉线间一般开行多交路共线列车。

因此，在线网形态确定以后，共线运营是提高线网通达性的有效途径之一。同时，共线运营还有明显的"多赢"效益：对于线网，共线运营减少了总体换乘次数，提高了线网的通达性；对于乘客，压缩了乘客出行广义成本，提高了出行效率。

10.3 多交路列车运营组织方法

10.3.1 多交路列车运营的能力设计

1）客流空间分布特征

符合轨道交通客流的空间分布特征是列车交路设置的基本要求。多交路运营组织只有在轨道交通线路各区段断面客流分布不均衡程度较大时，才有必要研究设置。一般而言，当线路断面客流分布呈单向递减趋势时，可选用嵌套交路-a 或同站衔接交路；当线路断面客流分布呈先增后减趋势（凸形）时，可选用嵌套交路-b 或交错衔接交路。当然线路各区段断面客流分布不均衡，仅仅是多交路运营组织的必要条件而非充分条件，除此以外，还需从乘客服务水平和运营经济性两个主要方面，进一步确定交路组合方案的适用性。表10-2 分析了各类交路形式适用的客流条件。

各交路形式适用性分析　　　　　　　　　　表 10-2

交路形式	运营阶段 （或线路形式）	客流形式
单一交路	运营初期	断面客流量较为均衡，无明显客流断点
嵌套交路	中心城区主导	中心城区内部出行客流量较大，郊区段客流量相对较小，跨区段客流量相对较小
交错衔接	城市不断发展	郊区客流出行比例较大，但客流仍向中心城区集中
同站衔接	郊区、卫星城镇	全线断面客流分布不均衡，呈现明显的分区段特征；居民出行区域内部化
环形交路	环形线路	环线也可以开行大小交路
带支线的交路	Y 形线路	独立运行，适合于干线和支线换乘客流量较小的情形； 全线贯通运行，适合于对通过能力要求不是很高的线路

下面以东京地铁 3 号线（银座线）为例，阐述交路设置与客流空间分布特征的关系。银座线全长 14.3km，全线位于东京都内，连接台东区的浅草站和涉谷区的涉谷站。从走向上看，银座线在东京都内南北贯穿中心城区后分别南端向西、北端向东延伸；从地理位置上看，线路可分为中心区段（涉谷—上野）和近郊区段（上野—浅草）。在中心区，银座线途经日本桥、银座、新桥、赤坂、青山、涉谷等商业街，客运需求大，2008 年全线日均客运量 107.3 万人次。银座线早高峰的多交路运营组织形式如图 10-5 所示。

根据线路客流统计数据，涉谷—上野段，平均高峰小时断面客流量超过 2 万人次，其中

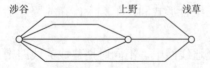

图 10-5　东京银座线（3 号线）的早高峰交路示意图

赤坂见附—溜池山王区间的断面流量达到 30682 人次；上野—浅草段，平均高峰小时断面流量为 1.2 万～1.4 万人次。相应地，早高峰时段涉谷—上野区段开行短交路，发车间隔 6min，高峰小时发车 10 对；全线开行长交路，平均发车间隔 3min，高峰小时发车 20 对。从而使短交路的高峰小时列车开行对数达到 30 对，平均追踪间隔 2min，小时断面运输能力为 18240 人次；上野—浅草段高峰小时列车开行对数达到 20 对，平均追踪间隔 3min，小时断面运输能力为 12160 人次。

银座线的运营数据表明，对于跨越市郊边缘区的长线路，全线断面客流分布不均衡，当高峰小时市区段断面客流超过 2 万人次时，而郊区段的客流低于 1.5 万人次时，可考虑在该段独立设置短交路，与全线的长交路结合运营。短交路折返站的设置区段，通常位于城市边缘区。一般而言，该区域内的车站增设折返线的施工条件较为宽松，提高了运营组织的可控性。

2）经济性

与多交路运营经济效益相关的要素，除了 10.1.2 提到的投资和运营成本经济性以外，还包括交路作业的经济性。

交路作业经济性：一般地，列车运行时间由三部分组成，分别是区间运行时间、停站时间和折返时间。其中，区间运行时间通过线路情况和牵引计算总结的经验公式得出。折返时间定义为从列车停站下客开始，折返到另外一个方向的线路上停站上客的时间。折返中最为常见的是站后折返方式。与普通交路相比，嵌套交路需要设置中间折返站。在单向折返时，短交路列车的折返作业与长交路列车的到发作业有可能产生进路干扰。

3）乘客服务水平

与普通交路相比，采用嵌套交路时，由于短交路占用了列车数和运行区间，在开行列车对数总量不变（列车追踪时间固定）的情况下，部分乘坐长交路列车的乘客的候车时间将增加。与嵌套交路相比，采用衔接交路时，跨交路（区段）出行的乘客需要换乘，由此增加了全程的旅行时间。

总之，从乘客服务水平的角度看，无论是嵌套交路还是衔接交路，都会从不同方面增加部分乘客的出行时间，从而引起服务水平的降低。对于采用短交路的线路而言，服务水平降低的程度，取决于乘坐长交路列车或跨区段出行旅客的数量及其占全线旅客的比例。因此，必须做好开行全线各区间分断点的客流分析与预测，确保长交路或跨区段乘客的比例在合理的范围内。

此外，从运营组织的角度，对该问题的辅助解决方法有以下两种：

①针对长交路列车的乘客候车时间延长，往往在长交路开行快车，以缩短长距离区间的运行时间；而在短交路仍开行慢车，适应沿线客流集散需求。

②针对跨交路出行的乘客换乘时间增加的情况，往往通过优化设计换乘组织，最大幅度地缩短旅客的换乘走行时间和候车时间。

10.3.2 多线路条件下多交路运营组织方法

多线路条件下采用共线（支线）运营，需要考虑支线沿线客流、共线客流、支线分岔的地理位置条件和相对车站位置。

（1）支线客流

客流量是衡量支线和干线的基本标准，一般而言，客运需求相对较小的线路称为支线，客运需求相对较大的线路称为干线。因此，干线、支线只是相对而言。

（2）共线客流特征

支线沿线客流量大小是支线建设的条件。要实现支线与干线共线运营，也需要考虑客流条件。一般而言，共线区段及其前后两个临界断面的客流特点集中反映出共线线路的客流特征。

（3）支线分岔点位置

在支线运营组织中，确定支线分岔点的地理位置是一个非常重要的环节，支线分岔的地点，包括市中心和市郊两种情况。当支线位置在市中心时，支线交路往往是解决乘客乘车方向的差异，减少接轨站的换乘压力，设计时需要注意运力配置；当支线位置在市郊时，支线交路一般更多是为了提供更好的可达性。

（4）分岔点的车站位置

城市轨道交通建设的初衷是为了方便乘客出行，而设置支线交路的目的也是为了方便旅客更好地出行。支线分岔点相对车站的位置对支线多交路列车运营组织的效果具有重要影响。如图10-6所示为AB—C方向分岔点与车站的相对位置。

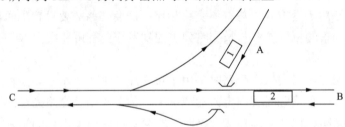

图10-6 AB—C方向分岔点与车站的相对位置

从列车发车时间间隔的角度来看，若C方向最小发车间隔为2min，C—A与C—B两个方向按1:1比例交错发车，则C—A方向发车间隔为4min，C—B方向的发车间隔为4min。由于2min间隔是最小行车间隔，当某交路列车晚点时，会影响另一交路；平峰较大间隔时这种晚点的影响则少得多。要减少这种影响，一般有以下两个措施：

①发挥信号灯的作用，在分叉点适当位置设置信号机，列车传达给相关信息，以方便列车通过旅行速度的变更弥补时间上的偏差。

②调整列车在车站的停站时间，以弥补时间上的偏差，保证两个方向的列车并入干线时追踪间隔为2min。

10.4　多交路方案的优化模型

下面以许得杰（2017）的研究为基础，分析多交路方案的优化模型。

以大、小两种交路为例，多交路运营问题可以描述为：已知城市轨道交通沿线客流

OD 分布及相关运营参数，确定不同运营时段下是否开行多交路，以及开行多交路时小交路折返位置，大、小交路列车发车频率和列车编组；在满足乘客需求等约束下，使乘客出行成本和企业运营成本最小。

假定城市轨道交通线路如图 10-7 所示。共有 N 座车站，其中大交路列车从 1 站出发至 N 站方向为上行方向，记 $d=1$，反之为下行，记 $d=2$；小交路列车为部分区段运营，列车从车站 S_0 运行至车站 S_1 后折返；大、小交路列车开行频率分别为 f_1 和 f_2，列车编组辆数分别为 n_1 和 n_2；大、小交路列车共线运行区段记为 M_2，其他区段记为 M_1。

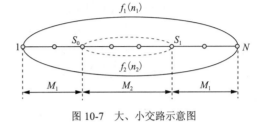

图 10-7　大、小交路示意图

10.4.1　基本假设及定义

根据大、小交路运营模式特点，提出如下假设：
① 乘客均匀到达，并乘坐第一趟直达列车，不考虑乘客滞留情形；
② 小交路区段的乘客按照大、小交路列车开行频率比例分担；
③ 车底周转方式为大、小交路独立运用；
④ 列车运行不受线路条件等的影响，上下行方向具有相同的旅行速度；
⑤ 从规划设计层面构建大、小交路的列车开行方案模型，因此假定所有车站均具备折返条件，且折返作业时间相等；
⑥ 所有列车均为站站停，不考虑列车越行情况。
⑦ 为实现运能与客流在不同区段、不同时段的最佳匹配，从理论上探讨大、小交路与多编组运营组织方法，假定大、小交路列车的编组辆数可以不同。

为方便描述，定义以下函数：
① λ_{kl}，在第 k 站上车，在第 l 站下车的乘客数；
② $\lambda_k^+(l_1, l_2)$，第 k 站上车，在第 l_1 站和第 l_2 站之间下车的乘客数，$\lambda_k^+(l_1, l_2) = \sum_{l=l_1}^{l_2} \lambda_{kl}$；
③ λ_k^{1+}，在第 k 站上车，在第 $k+1$ 站和第 N 站之间下车，乘坐上行方向列车的乘客数，$\lambda_k^{1+} = \lambda_k^+(k+1, N) = \sum_{l=k+1}^{N} \lambda_{kl}$；
④ λ_k^{2+}，在第 k 站上车，在第 1 站和第 $k-1$ 站之间下车，乘坐下行方向列车的乘客数，$\lambda_k^{2+} = \lambda_k^+(1, k-1) = \sum_{l=1}^{k-1} \lambda_{kl}$。

为方便模型描述，定义以下符号：
C——车辆定员；
d——列车运行方向标记，$d=1$ 表示上行方向，$d=2$ 表示下行方向；
f_0——列车最小开行频率；
f_m——线路最大通过能力；
f——单一交路运营时的列车发车频率；
f_1——大交路列车开行频率；

f_2——小交路列车开行频率；
F——惩罚函数；
g——最优化问题的约束条件；
h——交路标记，$h=1$ 表示大交路，$h=2$ 表示小交路；
i——运营时段标记；
k——第 k 个车站；
$L_{h,d}$——交路 h 在方向 d 的长度；
M_1——大交路列车独立运行区段；
M_2——大、小交路列车共线运行区段；
$M_{1,r}$、$M_{2,r}$——分别表示属于 M_1 和 M_2 区段经过第 r 个区间的 OD 对集合；
n——开行单一交路的列车编组辆数；
n_h——交路 h 运行列车的编组辆数；
n_m——列车最大编组辆数；
N_h——大、小交路模式下交路 h 的车辆运用数；
N_0——单一交路运营模式下车辆运用数；
N——车站数量；
q_{OD}——OD 对客流需求；
$Q_{h,r}$——第 r 个区间上交路为 h 的列车所分担的客流；
r——相邻车站之间的区间；
R_h——交路 h 的区间集合；
S_0、S_1——小交路列车折返站；
t_i——第 i 个运营时段时长；
t_0——单一交路运营时的列车运行时间；
t_w——单一交路运营时的乘客等待时间；
t_{w1}、t_{w2}——乘客等待时间；
v_d——方向 d 的列车旅行速度；
V_{km}——单一交路运营时的车辆走行公里；
Z——优化模型目标函数；
ϑ——列车折返作业时间；
λ_k——乘客到达车站 k 的到达率；
η_h——交路 h 的列车满载率；
η_m——列车最大满载率；
β_1、β_2——大、小交路列车的客流分担比例；
ω_1、ω_2、ω_3——权重系数；
σ——惩罚函数的罚因子。

10.4.2 大、小交路列车开行方案模型构建

城市轨道交通列车运营主要涉及乘客和运营企业，乘客希望运营企业开行小间隔、大编组列车以减少等待时间和提高舒适度；运营企业则希望开行大间隔、小编组列车以节约成本，双方利益相互矛盾。因此，列车开行方案优化模型应分别以乘客出行成本最小和企业运营成本最小为目标建立。

（1）乘客出行成本

乘客出行成本由乘客在车时间成本和等待时间成本两部分构成，考虑到列车旅行速度相同，乘客在车时间不会发生变化，因此不考虑乘客在车时间，而乘客等待时间与乘客出行成本成正比例关系，因此乘客出行成本最小化目标可由乘客等待时间最小化表示。

考虑在城市轨道交通线路开行大、小交路时，M_1 区段的乘客只能乘坐大交路列车，因此 M_1 区段的乘客等待时间仅与大交路列车的开行频率有关。M_2 区段开行大交路和小交路两种类型列车，因此该区段的列车开行频率为大交路列车与小交路列车开行频率之和。对于乘客而言，OD 均属于小交路区段的乘客可以乘坐两种类型列车，而跨交路乘客（由小交路至大交路）只乘坐直达列车，即只乘坐大交路列车。城市轨道交通列车发车间隔较小且均匀发车，乘客平均等待时间可以取发车间隔的一半，则上行方向乘客的等待时间表示为：

$$t_{w1}=\frac{1}{2}\left\{\sum_{k=1}^{S_0-1}\frac{\lambda_k^{1+}}{f_1}+\sum_{k=S_1}^{N-1}\frac{\lambda_k^{1+}}{f_1}+\sum_{k=S_0}^{S_1-1}\left[\frac{\lambda_k^+(k+1,S_1)}{f_1+f_2}+\frac{\lambda_k^+(S_1+1,N)}{f_1}\right]\right\} \quad (10\text{-}1)$$

式中第一项和第二项表示 M_1 区段（第 1 站至第 S_0 站，第 S_1 站至第站）的乘客等待时间，第三项表示 M_2 区段的乘客等待时间。

同理，可得到下行方向的乘客等待时间，表示为：

$$t_{w2}=\frac{1}{2}\left\{\sum_{k=2}^{S_0}\frac{\lambda_k^{2+}}{f_1}+\sum_{k=S_1+1}^{N}\frac{\lambda_k^{2+}}{f_1}+\sum_{k=S_0+1}^{S_1}\left[\frac{\lambda_k^+(S_0,k-1)}{f_1+f_2}+\frac{\lambda_k^+(1,S_0-1)}{f_1}\right]\right\} \quad (10\text{-}2)$$

综上，乘客等待时间的最小化目标为：

$$\min Z_1 = t_{w1}+t_{w2} \quad (10\text{-}3)$$

（2）企业运营成本

企业运营成本主要包括列车运行成本（能源消耗、维护费用等）和人力成本（司乘人员工资、福利等），列车运行成本主要与车辆走行公里相关，人力成本主要与列车运行时间相关[21]。因此，列车运行成本和人力成本可分别由车辆走行公里和列车运行时间衡量，所以企业运营成本最小化目标可分解为车辆走行公里最小化和列车运行时间最小化两个目标，表示为：

$$\min Z_2 = \sum_{h=1}^{2} f_h n_h t_i \sum_{d=1}^{2} L_{h,d} \quad (10\text{-}4)$$

$$\min Z_3 = \sum_{h=1}^{2} f_h t_i \left(2\vartheta + \sum_{d=1}^{2} \frac{L_{h,d}}{v_d}\right) \quad (10\text{-}5)$$

上述模型的约束条件为：
①最小发车频率约束：
$$f_1 \geqslant f_0 \tag{10-6}$$

②线路最大通过能力约束：
$$f_1 + f_2 \leqslant f_m \tag{10-7}$$

③列车最大满载率约束：
$$\eta_h \leqslant \eta_m \quad (h=1,2) \tag{10-8}$$

④列车最大编组辆数约束：
$$n_h \leqslant n_m \quad (h=1,2) \tag{10-9}$$

⑤车底数约束：
$$\sum_{h=1}^{2} N_h \leqslant N_0 \tag{10-10}$$

⑥小交路折返站位置约束：
$$1 \leqslant S_0 < S_1 \leqslant N \tag{10-11}$$

⑦客流需求约束：
$$f_h = \max_{r \in R_h} \left\{ \frac{Q_{h,r}}{C n_h \eta_m} = \frac{\beta_1 \sum_{OD \in M_{1,r}} q_{OD} + \beta_2 \sum_{OD \in M_{2,r}} q_{OD}}{C n_h \eta_m} \right\} \quad (h=1,2) \tag{10-12}$$

$$\beta_1 = \begin{cases} 1 & (h=1) \\ 0 & (其他情况) \end{cases} \quad \beta_2 = \begin{cases} f_1/(f_1+f_2) & (h=1) \\ 1 - f_1/(f_1+f_2) & (其他情况) \end{cases}$$

10.4.3 求解算法

上述模型的决策变量包括大小交路列车发车频率 $f_h(h=1,2)$、小交路列车折返站 (S_0, S_1)、大、小交路的列车编组辆数 $n_h(h=1,2)$。由于模型为多目标约束优化模型，求解思路是将原模型转化为单目标无约束优化模型求解，包括以下三个步骤。

（1）采用线性加权和法将多目标模型转化为单目标模型

对多目标规划问题，如能根据决策者偏好构造一个实函数（称为效用函数），使得求决策者的满意解等价于求以该实函数为新目标函数的单目标规划问题的最优解，则原多目标规划问题可转化为一个线性或非线性规划问题。实际应用中，按决策者偏好有时不足以确定效用函数或难以构造一个实际问题的效用函数，因此使用评价函数来代替效用函数。评价函数法主要包括线性加权和法、参考目标法、极大极小点法和范数理想点法等。其中线性加权和法是多目标优化问题求解中使用最广泛的方法之一，该方法通过与目标对应的权重系数来反映目标在决策者心中的相对重要程度，选择权重系数的具体方法可参考文献[108]。采用线性加权和法将乘客等待时间、车辆走行公里和列车运行时间三个目标转化为单目标，表示为：

$$\min Z = \omega_1 Z_1 + \omega_2 Z_2 + \omega_3 Z_3 \tag{10-13}$$

其中 ω_1、ω_2 和 ω_3 为权重系数。在确定权重系数时，以列车开行单一交路时的各目标值（乘客等待时间 t_w、车辆走行公里 V_{km} 和列车运行时间 t_0）作为基准值计算得到，即令 $\omega_1 t_w = \omega_2 V_{km} = \omega_3 t_0$，取 $\omega_1 = 1$，则 $\omega_2 = \omega_1 t_w / V_{km}$，$\omega_3 = \omega_1 t_w / t_0$。经过归一化后得：

$$\omega_1 = \frac{\omega_1}{\sum_{i=1}^{3} \omega_i}$$

$$\omega_2 = \frac{\omega_2}{\sum_{i=1}^{3} \omega_i}$$

$$\omega_3 = \frac{\omega_3}{\sum_{i=1}^{3} \omega_i}$$

其中 t_w，V_{km} 和 t_0 分别是列车开行单一交路的乘客等待时间、车辆走行公里和列车运行时间，分别计算如下。

考虑在城市轨道交通线路只开行单一交路列车的情形，假定乘客以均匀到达率到达车站，且列车等间隔发车，开行频率为 f，则乘客在站台的平均等待时间为发车间隔的一半。因此，所有乘客的平均等待时间可以表示为：

$$t_w = \frac{1}{2}\left(\sum_{k=1}^{N}\frac{\lambda_k^{1+}}{f} + \sum_{k=1}^{N}\frac{\lambda_k^{2+}}{f}\right) \tag{10-14}$$

车辆走行公里表示为：

$$V_{km} = fnt_i \sum_{d=1}^{2} L_{1,d} \tag{10-15}$$

列车运行时间表示为：

$$t_0 = ft_i\left(2\vartheta + \sum_{d=1}^{2}\frac{L_{1,d}}{v_d}\right) \tag{10-16}$$

采用以上确定权重系数方法的主要原因是：单一交路开行方案是最基本，也是乘客和运营企业双方都能接受的开行方案，因此选择单一交路开行方案作为比较对象。如果求得最优解为大、小交路开行方案，表明开行大、小交路比开行单一交路有利；如果最优解为单一交路开行方案，表明开行单一交路更有利。

（2）采用惩罚函数法将约束模型转化为无约束模型

惩罚函数法是将约束问题转化为无约束问题的一种典型方法，该方法的基本思想是，通过构造辅助函数，将原约束问题转化为极小化辅助函数的无约束问题，辅助函数是由原问题的目标函数和约束函数组成的目标函数。构造辅助函数的基本思想是：在可行点，辅助函数值等于原来的目标函数值；在不可行点，辅助函数值等于原来的目标函数值加上一个很大的正数。根据这个原则，无约束问题的最优解即为约束问题的最优解。采用这种方法将原问题转化为无约束问题，具体描述如下。

首先将原优化模型简化描述为：

$$\min \ Z[f_h, n_h(h=1,2), S_0, S_1] \qquad (10\text{-}17)$$
s.t.
$$\begin{cases} g[f_h, n_h(h=1,2), S_0, S_1] \leqslant 0 \\ f_h \geqslant 0, h=1,2 \\ n_h \geqslant 0, h=1,2 \\ S_0, S_1 \geqslant 1 \end{cases}$$

其中 Z 是目标函数式（10-13），g 表示约束条件式（10-6）至式（10-12），括号中的参数为决策变量。

然后，用惩罚函数法将非线性约束优化问题化为无约束问题，其等价问题为：
$$\min \ F[f_h, n_h(h=1,2), S_0, S_1, \sigma] = Z + \sigma \sum [\max\{0, g\}]^2 \qquad (10\text{-}18)$$
s.t.
$$\begin{cases} f_h \geqslant 0, h=1,2 \\ n_h \geqslant 0, h=1,2 \\ S_0, S_1 \geqslant 1 \end{cases}$$

式中 F 为惩罚函数；σ 为罚因子，是一个趋向于 0 的无穷小正数；原目标函数 Z 和约束条件 g 的参数与式（10-17）相同，此处省略了这些参数。

(3) 采用受控随机搜索算法求解单目标无约束优化模型

求解无约束优化问题的方法主要有模式搜索法、Rosenbrock 方法（转轴法）、单纯形搜索法、Powell 方法等。这些方法的优点是迭代计算简单，对于变量较少的问题效果较好，但变量多时（大于 10 个变量）效率低，甚至无效。这里采用可控随机搜索算法（Controlled Random Search Method，CRS），该算法综合了模式搜索法和随机搜索算法的优点，对多变量优化问题有明显优势，在很多实际问题中得到了成功应用。

受控随机搜索算法（也称 Price 算法）是一种全局优化搜索方法，由 Price 于 1976 年提出，该算法综合了模式搜索法和随机搜索法的优点，不要求目标函数可导和决策变量连续，比较适合求解多变量优化问题。受控随机搜索算法步骤如下：

第一步　初始化。随机产生 Num 个可行解构成初始解集合，每一个可行解包含 $Nvar$ 个决策变量（这里 $Nvar=6$），并将初始解集合存储在二维数组 $Initialization[Num][Nvar]$ 中，令 $Num=25Nvar$；给定一个很小的正数 ε 和最大迭代步数 J。

第二步　令 $j=0$，计算初始可行解的目标函数值并由小到大排序，给定数组 $A[Num][2]$ 存储函数值和相应序号，记录目标函数值最大解 M 及函数值 f_M，令 $f_{\max}=f_M$，$f_{\min}$ 为最小目标函数值。

第三步　从 $Initialization$ 中随机选取 $Nvar+1$ 个解 R_1，…，R_{Nvar+1}，并计算其中 $Nvar$ 个解的形心点 G，$G=(\sum_{i=1}^{Nvar} R_i)/Nvar$，计算时每一个决策变量分别计算。

第四步　计算探测点 P，$P=2G-R_{Nvar+1}$，如果 P 为不可行解，转第三步。

第五步　计算探测点 P 的函数值 f_p，如果 $f_p < f_M$，则在数组 A 中用 P 替换 M，分别更新初始解集合 $Initialization$，数组 A，$f_{\min}$ 和 $f_{\max}$ 的值。

第六步　如果 $f_p \geqslant f_M$，则放弃探测点 P，更新迭代步数，令 $j=j+1$，转第三步。
第七步　如果 $f_{max}-f_{min}<\varepsilon$ 或 $j>J$，转第八步；否则转第三步。
第八步　输出最优目标函数值和决策变量，计算结束。

10.4.4 算例研究

以某城市轨道交通直径线为例，分别选取该线路工作日早高峰（8:00～9:00）、平峰（12:00～13:00）和晚高峰（18:00～19:00）三个时段的 OD 客流数据，断面流量如图 10-8 所示，线路站间距和模型参数取值分别见表 10-3 和表 10-4。

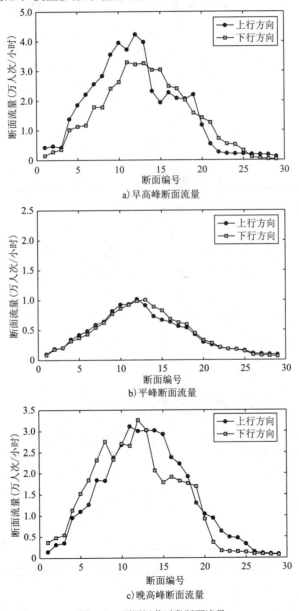

图 10-8　不同运营时段断面流量

城市轨道交通线路区间长度 表 10-3

区间编号	1	2	3	4	5	6	7	8	9	10	11	12	13	14	15
长度（km）	2.1	0.6	5.7	1.4	1.3	1.7	2	1.4	1.6	1.7	1.2	1.2	1.8	1.4	1.2
区间编号	16	17	18	19	20	21	22	23	24	25	26	27	28	29	
长度（km）	2.3	2	1.3	2.9	1.4	2	3.4	1.8	2	2.6	2.5	3.1	5.8	2.4	

模型及算法参数取值 表 10-4

参数	含义	取值	单位
f_0	最小发车频率（平峰/高峰）	6/10	对/小时
f_m	线路最大通过能力	30	对/小时
C	车辆定员	310	人/辆
v_1	列车上行方向旅行速度	35	km/h
v_2	列车下行方向旅行速度	35	km/h
n_m	列车最大编组辆数	8	辆
ϑ	列车折返作业时间	2	min
η_m	列车最大满载率	120	%
t_1, t_2, t_3	早高峰、平峰和晚高峰运营时长	1	h
σ	惩罚因子	10^6	—
ε	CRS 算法精度	10^{-6}	—

建立相应模型并按上述求解算法求解后可以得到如下优化结果。

1）最优开行方案

首先研究了不同运营时段的最优列车开行方案，为探讨小交路列车编组对最优开行方案的影响，将小交路列车编组固定为 6A 后求得的最优开行方案作为对比，结果见表 10-5。由表 10-5 可知，在平峰时段，列车运营模式为单一交路，而在早、晚高峰时段，列车运营模式均为大、小交路。通过计算，平峰时段最大断面流量为 10051 人次，开行单一交路即可满足客流需求；而在高峰时段，客流分布差异较大，早、晚高峰最大和最小断面流量差分别达 42297 人次和 32622 人次，说明在客流差异较大的高峰时段更适合大、小交路运营模式。

最优开行方案的交路模式、列车编组和发车频率 表 10-5

运营时段	交路模式	小交路折返站	列车编组		发车频率（对/h）	
			大交路	小交路	大交路	小交路
早高峰	大、小交路	(4, 22)	8A	8A	10	8
				6A	10	13
平峰	单一交路	—	8A	—	6	—
晚高峰	大、小交路	(4, 22)	8A	8A	10	4
				6A	10	8

表 10-6 列出了早、晚高峰在不同交路运营模式下列车运行指标及其变化情况。可以看出，当大、小交路列车编组相同时，乘客等待时间均有所增加，早、晚高峰分别增加了 13.2% 和 6.2%；但车辆走行公里和车辆运用数均有所减少，早高峰时两者分别下降 23%

和 22.7%，降幅明显；晚高峰时两者分别下降 14.8% 和 14.6%。这表明开行大、小交路可以有效降低企业运营成本，减少车底运用数。所以从企业角度而言，在高峰运营时段，当运用车数量受限时，为保证服务质量，企业可以适当采用大、小交路运营模式。

不同开行方案的列车运行指标对比　　　　　　表 10-6

运营时段	交路模式	列车编组（大交路/小交路）	乘客等待时间（h）	车辆走行公里（车公里）	车辆运用数（辆）	平均满载率（大交路/小交路）（%）	单目标函数值	乘客等待时间变化率（%）	车辆走行公里变化率（%）	车辆运用数变化率（%）	满载率变化率（大交路/小交路）（%）	单目标函数变化率（%）
早高峰	单一交路	8A	—	3242.4	17810	519	27.7	—	3686				
	大、小交路	**8A**	**3670.2**	**13709**	**401**	**33.6**	**43.2**	**3282**	**+13.2**	**-23.0**	**-22.7**	**+23.5**	**+55.9**	**-11.0**
	大、小交路	8A/6A	3081.6	14543	426	29.1	45.0	3310	-5.0	-18.3	-17.9	+7.0	+62.4	-10.2
晚高峰	单一交路	8A	—	3962.1	13852	403	31.1	—	3325				
	大、小交路	8A	4209.5	11802	344	33.2	53.3	3066	+6.2	-14.8	-14.6	+6.7	+71.4	-7.8
	大、小交路	**8A/6A**	**3466.5**	**12755**	**373**	**32.5**	**55.2**	**3087**	**-12.5**	**-1.1**	**-7.4**	**+4.5**	**+77.5**	**-7.2**

注：加粗的一行为最优开行方案。

当大、小交路列车编组不同时，可以看出早高峰乘客等待时间、车辆走行公里和车底运用数分别下降 5.0%，18.3% 和 17.9%，晚高峰分别下降 12.5%，1.1% 和 7.4%，对比大、小交路列车发车频率（表 10-5）可知，大交路列车发车频率均为 10 对 /h，而小交路发车频率则明显增加。可见运营企业在开行大、小交路时，采用大交路大编组、小交路小编组的组织方式可以实现乘客和企业双赢，但这是以增加列车发车对数为代价的。从列车满载率变化可以看出，在开行大、小交路后，列车平均满载率均有所提高，表明开行大、小交路可以改善列车满载率较低、运力浪费的现象。

2）最优方案的灵敏度分析

（1）小交路发车频率的影响

以早高峰最优开行方案为基础，固定小交路折返站为（4，22），列车编组均为 8A，大交路列车发车频率为 10 对 /h，小交路区段列车发车频率从 1～20 对 /h 变化，研究小交路区段发车频率对不同区段列车平均满载率的影响，结果如图 10-9 所示。

从图 10-9 可以看出，随着小交路发车频率的增加，小交路区段内所有列车（包括大交路列车和小交路列车）和全线大交路列车的平均满载率均呈现下降趋势，小交路区段外列车平均满载率则保持恒定，表明开行大、小交路可以降低小交路区段的列车满载率，均衡大交路列车全线满载率。对比小交路区段内和区段外大交路列车满载率可看出，随着小交路发车频率的增加，两者差值逐渐缩小，由最初的 72% 降至 27%。表明开行大、小交路可以改善城市核心区客流拥挤状况，降低大交路列车满载率的非均衡性，提高车辆运用效率，且小交路发车频率越大，改善效果越明显。

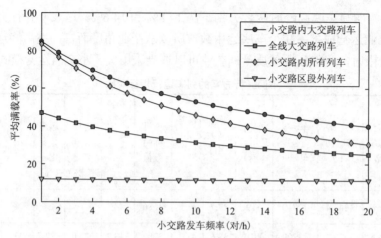

图 10-9　发车频率对不同区段列车平均满载率的影响

图 10-10 为小交路列车采用不同编组时，发车频率对小交路区段列车平均满载率的影响，仍以早高峰最优开行方案为基础，其他参数不变。由图 10-10 可知，随着发车频率的增大，小交路列车的平均满载率均呈现下降趋势。在相同的发车频率下，列车编组辆数越小，平均满载率越大。与大交路列车（小交路区段内）的平均满载率相比可以发现，当小交路列车编组辆数小于 5 辆时，小交路列车平均满载率区间为 [41%，141%]，均高于大交路列车满载率；而当编组辆数大于 7 辆时，小交路列车平均满载率区间为 [25%，80%]，均低于大交路列车满载率。与大交路列车平均满载率相比，当编组辆数等于 6 辆时，随发车频率的增加，小交路列车平均满载率呈现先高后低的特点，两者在发车频率为 9 对/h 时基本相等。这表明在均匀发车间隔下，小交路采用过大或过小的列车编组都会导致大、小交路两种类型列车满载率的不均衡。因此，在大、小交路运营模式下，为保证服务水平和车辆运用效率，运营企业要保证大、小交路列车编组辆数相差不宜过大。

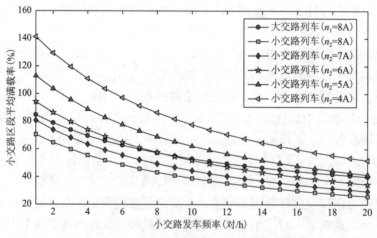

图 10-10　发车频率对小交路列车平均满载率的影响

（2）折返位置对开行方案的影响

在大、小交路模式下，小交路折返站位置对开行方案影响较大。以早高峰为例，固定其他参数，改变小交路折返位置，结果如表 10-7 所示。

小交路折返站位置对最优列车开行方案的影响　　　　　　　表 10-7

运营时段	交路模式	列车编组	小交路折返站	发车频率（对/h）		乘客等待时间(h)	列车走行公里（列车公里）	车辆运用数（辆）	单目标函数值	乘客等待时间变化率(%)	列车走行公里变化率(%)	车辆运用数变化率(%)	单目标函数值变化率(%)
				大交路	小交路								
早高峰	单一交路	8A	—	18	—	3242.4	2226.2	519	3686				
	大、小交路	8A	(1, 25)	10	8	3367.2	1963.8	458	3444	+3.8	−11.8	−11.7	−6.6
			(3, 23)	10	8	3592.8	1859.2	435	3414	+10.8	−16.5	−16.2	−7.4
			(4, 22)	**10**	**8**	**3670.2**	**1713.6**	**401**	**3282**	**+13.2**	**−23.0**	**−22.7**	**−11.0**
			(6, 19)	13	5	3933.1	1815.8	425	3495	+21.3	−18.4	−18.1	−5.2
			(9, 16)	13	5	4214.1	1708.8	400	3483	+30.0	−23.2	−22.9	−5.5

注：加粗的一行为最优开行方案。

由表 10-7 可知，随着小交路区段的缩短，乘客等待时间均有所增加，且小交路区段越短，等待时间增加越多，表明小交路区段长度越短，对乘客越不利。列车走行公里和车辆运用数均有所减少，但并非小交路区段越短，其减少量越大。当小交路折返站分别为（4，22）和（9，16）时，列车走行公里和车辆运用数减少量基本相等，约为 23%，但前者乘客等待时间仅增加 13.2%，后者增加了 30%，表明小交路区段越短，并不能使企业成本节省越多，反而可能造成乘客利益的更大损失。总体来看，小交路区段长度过短和过长都不能使乘客和企业双方利益最大化。因此，在实际运营组织中，合理选择小交路折返站，对节省企业成本具有重要意义。

（3）小交路区段客流量比例的影响

固定小交路折返站为（4，22），保持总客流量不变，调整 OD 结构，使小交路区段客流量占总客流的比例从 5%～95% 变化，求解最优发车对数（此处不取整），从而可得到发车对数和比例随小交路区段客流量比例的变化关系，如图 10-11 和图 10-12 所示。

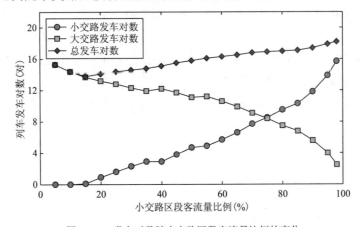

图 10-11　发车对数随小交路区段客流量比例的变化

由图 10-11 可知，随小交路区段客流量比例的增大，大交路列车发车对数呈下降趋势，小交路列车发车对数呈增长趋势。当小交路区段客流比例小于 15% 时，为单一交路运营模式；当比例大于 75% 时，小交路发车对数开始大于大交路发车对数。从图 10-12 也可以看出，随小交路区段客流量比例的增大，大、小交路发车比例呈单调递增趋势。在客流比例为 75% 时，发车比例为 1∶1，当客流比例为 90% 时，发车比例接近 1∶2。表明客流分布越集中，即客流在空间上的分布越不均衡，越适合开行大、小交路。当某区段内客流比例大于 75% 时，则该区段非常有必要开行小交路，以提高服务水平。

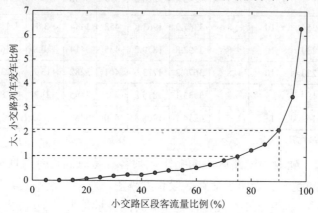

图 10-12　大小交路列车发车比例随小交路区段客流量的变化

10.5　小　　结

城市轨道交通多交路列车开行方案是平衡客流空间差异、节省列车运用数的重要途径。通过上述研究可以得出以下结论：

① 城市轨道交通多交路运营方案涉及乘客和运营企业两方面利益；开行多交路可以有效降低企业运营成本，减少车辆运用数。相同列车公里时，多交路可能会增加长距离（大交路）乘客的等待时间。一般来说，多交路运营模式可以缓解小交路区段拥挤状况，降低大交路区段列车满载率的非均衡性，同时改善郊区满载率较低、运力浪费的现象，提高车辆运用效率。

② 在早高峰期行车间隔接近最小值时，开行小交路列车可能影响线路通过能力；因此，能力利用率接近设计值时，高峰期采用多交路列车方案需要经过能力验算。

③ 平峰时段多交路可以提高全线列车平均满载率，降低车公里成本，提高车公里平均收益。

第 11 章

快慢列车结合运行组织方法

快慢列车（下文简称"快慢车"）结合运行组织是在长距离线路为提高长距离出行乘客旅行速度并兼顾短距离乘客直达性的一种运输组织方法。本章从快慢车结合运行组织的概念与模式出发，从乘客与运营企业角度分析开行快慢车的社会经济效益；探讨有越行和无越行两种模式下快慢车开行方案的条件与优化方法；结合案例阐述影响快慢车开行方案的主要因素。

11.1 快慢车结合运行组织概念

11.1.1 概述

根据线路在城市中的位置及其服务的客流，城市轨道交通线路一般可分为市区线和市域线。其中，市区线主要服务于市区短途客流，而市域线主要服务于长距离的通勤通学客流。市域线的客流具有两类需求特性，一方面，从郊区到市中心的长距离通勤乘客希望提高旅行速度、减少出行时间；另一方面，沿线各站间乘客希望无换乘地直达目的地。因此，站站停列车难以满足不同乘客的出行需求，需优化停站方案。

快慢车结合运行组织是城市轨道交通市域线常用的运输组织形式，是从运输组织适应客流特征的角度出发，根据线路的长、短途客流特点和通过能力利用状况，在开行站停慢车（以下简称"慢车"）的基础上，同时开行越站、直达快车（以下简称"快车"）的列车开行方案，从而使运输组织适应不同客流特征的一种运行组织技术（毛保华，2011）。多交路运营和快慢车结合网络化运营方法的一般形式如图 11-1 所示。

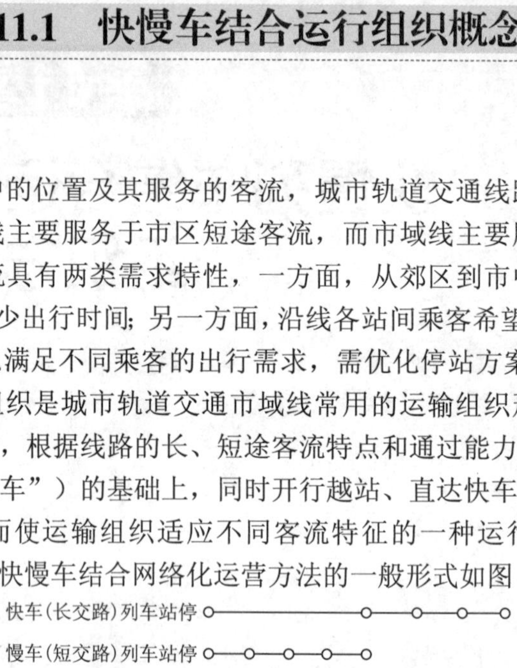

快车（长交路）列车站停 ○——○——○——○——○
慢车（短交路）列车站停 ○—○—○—○—○

图 11-1 多交路运营和快慢车结合示意

从轨道交通线路适应运输需求的特征来看，位于市区范围内的轨道交通线路，各站的旅客乘降量大且分布较为均衡，通常采用站站停的开行方案；而在市域快轨一类的长线路上，各区段断面客流分布常为阶梯形或凸字形，断面客流不均衡程度较大，单一的站站停开行方案难以满足乘客的出行需求。

从提高轨道交通线路的运输供给能力来看，一方面，为了充分发挥轨道交通的作用，要求设置足够数量的车站；另一方面，列车频繁地停站降低了旅行速度，也延长了旅客出行时间，其运行效率以及对线路的客流吸引力降低。因此，增设车站与缩短旅行时间是一对矛盾，这种矛盾随着线路增长而加剧。开行快慢车可以有效减小轨道交通线路不同区间客流特征及列车频繁停站对线路运输的影响。

轨道交通线路开行快车后，能提高列车旅行速度，为长距离旅客提供更高水平的服务；同时可提高列车的运营效率，减少运营车辆数。但也会带来一定的负面影响，如由于列车越站运行，被越行车站的客运服务水平将有所下降，平均候车时间增加；在列车密度较高的情况下，快慢列车间将发生越行，降低了线路的通过能力。此外，过多的越行站会导致工程难度与工程造价的增加；而过少的越行站必然会影响线路的通过能力及列车的始发均衡性。因此，需要研究在满足一定的通过能力条件下，快慢车的发车间隔组合、越行站数量以及越行地点选择等问题。

城市轨道交通线路快慢车运营下，快车在部分车站不停，以提高旅行速度，减少乘客旅行时间，满足乘客对快速性的需求；而慢车则能够满足乘客的直达需求。我国城市轨道交通市域线中，快慢车运行组织尚处于应用初期。2016年，上海地铁16号线组织了快慢车运营，单程运行时间较站站停慢车缩短约12min；北京地铁1号线于2014年在早高峰时段开行了从苹果园至玉泉路的快车，6号线于2016年在早高峰时段开行了在草房、常营站跨站通过的快车，快慢车的比例为1：3。我国城市轨道交通市域线多数采用无越行模式的快慢车，但发车频率较高时，受线路通过能力约束，快车跨站数量受限而难以发挥快慢车的效果；同时，北京地铁6号线、广州地铁21号线等多条线路在部分车站均预留了越行配线，为有越行模式的快慢车提供了线路条件。

11.1.2　快慢车运营模式

根据线路是否具有越行条件，可将快慢车运营模式分为无越行模式和有越行模式，两者的线路条件、适用客流条件、运行组织方法不同。

1）无越行模式

我国城市轨道交通市域线通常采用复线形式，且不具备越行条件。在客流平峰时段，市域线的发车频率较小、发车间隔较大，并且市域线具有线路较长、站间距较大的特点，因此具备开行少数车站跨站不停的快慢车的可能性。

当客流空间分布不均衡且不均衡程度较为分散时，此种客流特征适合开行快慢车。此时，快车跨站位置根据客流特点，非连续地分布在线路上。当该线列车间隔较大、跨站数量较少时，在保证安全追踪间隔的基础上，后行快车在前行慢车后面追踪运行，而不会影响前行慢车。

因此，无越行条件下，在客流平峰期发车间隔较大时，市域线可能具备开行快慢车的条件；在高峰期发车间隔较小时，可能不再具备开行快慢车的条件，或者快车的跨站数量减少。能否开行快慢车，以及快车跨站数量的取值范围，受到客流特征、始发间隔、各类追踪间隔和停站时间等因素的影响。

2）有越行模式

根据市域线的线路条件和越行方式，越行分为区间越行和车站越行两类。区间越行通常发生在线路条件具备三线、四线的情形下，在日本和欧洲一些城市有所应用；而我国城市轨道交通市域线路通常为复线，且仅在部分车站预留越行配线，所以车站越行更符合我国实际运营情况。

当发车频率较高、快车跨站数量较多时，需采用越行模式开行快慢车。由于后车旅行速度较快，导致与前车的距离逐渐缩短，当不满足安全追踪距离时，后车不再具备与前车追踪运行的条件,而需要在车站越行前车。因此,在发车频率较高、通过能力较为紧张时,比起无越行条件,有越行条件提高了开行快慢车的可能性。当发车频率极高、通过能力紧张时,开行快慢车的条件还待探讨。

(1) 站间越行

此类越行方式,一般要求越行区段为三线(双向共用越行线)或四线,快慢列车在线路的部分区段追踪运行,快车通过越行线越行慢车。

RER-B 线北段的 Aulnay 至 Gare du Nord 是四线区段,即是采用站间越行的方式,且快慢车在该区段停靠不同站台,从而实现快慢车之间的越行。

(2) 车站越行

此类越行方式,要求越行车站配备侧线。越行车站股道的一般设置方式如图 11-2 所示,包含 2 条正线(股道 I、II)和 2 条侧线(股道 3、4)。

图 11-2 越行车站基本站线设置示意

根据快车是否通过侧向道岔进入侧线(股道 3、4)越行,还可以进一步分为两种类型:正线越行、侧线越行。从便于运行组织和保障快车运行速度的角度考虑,一般采用正线越行。

一般而言,在城市轨道交通系统中,由于受工程难度和造价的影响,很难做到在每一个可能发生越行的车站设置越行线。因此,可以通过调整列车在始发站的间隔来改变列车的越行地点。这种方法可以既保证能力,又能保证列车在合适的车站越行。另外,列车在上下行区间需要设置的越行站不一定是同一车站,可以根据需要考虑在某些车站设置单方向的越行线。

11.1.3 客流适用性

市域线上针对不均衡客流最常用的运行组织方式有快慢车和多交路两种。

根据不均衡客流的分布特征,快慢车适用于不均衡客流分布比较分散的线路,其典型客流示意图如图 11-3a)和 b)所示,此时可以开行在车站 2、5、8、11 跨站不停的快车;而多交路适用于不均衡客流分布比较连续的线路,其典型客流示意图如图 11-3c)和 d)所示,此时可以开行车站 3～8 之间的小交路。

因此,针对客流需求的差异性,快慢车结合运行组织可以满足不同出行需求的乘客:快车在部分车站跨站不停,从而提高旅行速度,满足长距离乘客的快速需求;慢车在每个车站都停车,满足沿线客流的直达需求。

符合客流的空间分布特征是快慢车开行方案制订的基本原则之一。越站、直通快车只有在线路较长、存在长距离出行需求(如远郊通勤、跨城出行等)时,才有必要研究设置。下面以东京地铁 5 号线(东西线)为例,阐述快车越行站与客流空间分布特征的关系。东西线路线自东京都中野区的中野站至千叶县船桥市的西船桥站。东西线的快慢车站停方案如图 11-4 所示。

该线各个车站的旅客乘降量如表 11-1 所示。

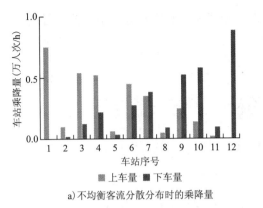

a) 不均衡客流分散分布时的乘降量　　　b) 不均衡客流分散分布时的断面流量

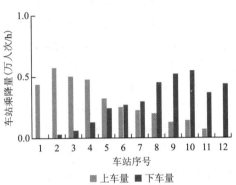

c) 不均衡客流连续分布时的乘降量　　　d) 不均衡客流连续分布时的断面流量

图 11-3　不均衡客流不同分布形式下的示意图

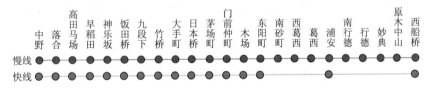

图 11-4　东京地铁 5 号线（东西线）的站停方案

2007 年东京地铁 5 号线（东西线）各站日均旅客乘降量　　　　表 11-1

车站	中野	落合	高田马场	早稻田	神乐坂	饭田桥	九段下	竹桥
乘降量（人次）	—	21380	187458	70524	39209	166617	147422	51633
车站	大手町	日本桥	茅场町	门前仲町	木场	东阳町	南砂町	西葛西
乘降量（人次）	294236	174483	125004	106733	69830	126542	52660	99629
车站	葛西	浦安	南行德	行德	妙典	原木中山	西船桥	
乘降量（人次）	96422	75414	50652	54919	44666	22613	—	

可以看出，位于东京都中心区的东阳町站（含）以西的区段，无论快慢车，均全程站站停开行，以满足城市地铁的运营需求；快车在东阳町站以东的车站越行，以满足郊区快速出行的需求。其中，东阳町站与南砂町站的乘降量变化急剧，从日均 126542 人次骤降至 52660 人次。越行车站的乘降人数明显较少，特别是浦安与西船桥之间的车站，日均乘降量均仅为 5 万人次左右。

综上所述，对于跨越市郊边缘区的长线路，全线各站乘降量分布不均衡，可设置快慢车结合开行；从旅客乘降量上看，日均乘降量 10 万人次以上的车站一般设为快车经停站，日均乘降量 5 万人次及以下的车站设为快车越行站，经停慢车。

11.2 开行快慢车的社会经济效益分析

开行快慢车的运营效益主要体现在降低运营公司成本与乘客出行费用两方面。

11.2.1 运营成本

城市轨道交通在列车方面的运营成本，主要是车底使用与列车能耗。对于前者，与慢车相比，开行快车能加快车底周转，从而提高车辆运用经济性，降低运营成本。随着地铁列车性能的提高，开行快车更能充分发挥列车的技术速度优势，经济效益更加明显。

对于后者，分析列车运行中电能实际消耗的决定因素，主要有线路与车站类型、目标运行速度、列车牵引重量、机车性能、停靠站情况、操纵策略等。就这些因素而言，在同一线路上，快车与慢车的差异性主要为停靠站情况及其相应的操纵策略的变化，具体表现为运行过程中快车的牵引与制动工况较慢车大大减少，从而极大地降低了运行能耗。

以下基于某城市的实际轨道交通线路，分别模拟站站停和中途不停站的直达（以下简称直达）这两种开行方案，比较其能耗的差异并作分析。

设定如下的列车牵引计算模拟运行基本信息：

① 线路全长 5.1km，设 4 个车站，记为 A、B、C、D，站间距分别为 1.45km、2.15km、1.50km。

② 区间限速：80km/h。

③ 列车：扬子江 WG6100E 型地铁列车，列车牵引重量为核定载重。

图 11-5 是采用由北京交通大学研发的"城市列车运行计算系统"计算得到的结果。可以看出：采用跨 2 站的越行方案比站站停的运行方案节约能耗 11.7%。比较两种方案各种工况的能耗，直通方案较之于站站停方案，在各区间均有牵引与制动能耗低而惰行能耗高的情况；比较直通方案下的三个区间的能耗，有牵引能耗递减的现象。由此可见，越行方案通过采用更多的惰行工况，减少了牵引和制动的能耗，从而降低了总能耗。

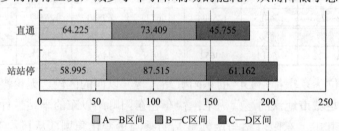

图 11-5 两种开行方案下的区间能耗对比（单位：kW·h）

从两种开行方案下各区间的能耗可以看出，直通方案较之于站站停方案，在 A—B 区间的能耗略大，而在 B—C、C—D 区间的能耗均明显较小，且缩小幅度有所增大：B—C 区间节能 16.1%，C—D 区间节能 25.2%。因此，从这一趋势来看，随着越行车站数的增加，快车的节能比例提高。

11.2.2 乘客出行

旅行时间是决定乘客出行广义费用的主要因素；开行快车，即是通过缩短旅行时间，以降低乘客出行广义费用。

在一条线路上，快车与慢车的旅行时间差，决定了快车的乘客获得的时间效益，是衡量快车开行方案的重要指标。该时间差一般理解为慢车在被越行车站的停站时间；另外，它还应包括慢车进出站时加减速所导致的区间运行时间较快车的延长值。

假设一条开行快车的线路，由 m 个越行区间（单个越行站或多个连续越行站的相邻上下游车站之间的线路区间）组成，每个越行区间包含 k 个越行站，则该线路上快车与慢车的旅行时间差为：

$$\Delta t = \sum_{j=1}^{m}\left[\sum_{i=0}^{k}(t_{sji}-t_{qji})+\sum_{i=1}^{k}t_{pji}\right] \quad (i=0,1,2,\cdots,k;\ j=1,2,\cdots,m) \quad (11\text{-}1)$$

式中：Δt ——一条线路上的快车与慢车的旅行时间差，s；

t_{qji} ——快车在越行区间 j 从车站 i 到车站 $i+1$ 的旅行时间，s；

t_{sji} ——慢车在越行区间 j 从车站 i 到车站 $i+1$ 的旅行时间，s；

t_{pji} ——慢车在越行区间 j 的车站 i 的停站时间，s。

采用和上例相同仿真软件和技术参数，比较站站停和直达这两种方案下的旅行速度的差异并作分析。

为强调单纯由于进出站的因素导致工况变化对全程运行时间的影响，此处简化站站停方案的时间曲线为不含停站时间。两方案的列车运行速度与时间曲线，如图 11-6 和图 11-7 所示。可以看出，相同的线路上，采用同样的地铁列车，分别采用站站停和直达的开行方案，列车的速度—时间曲线差异明显。

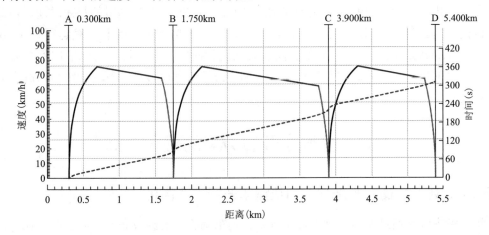

图 11-6　站站停的速度—时间曲线

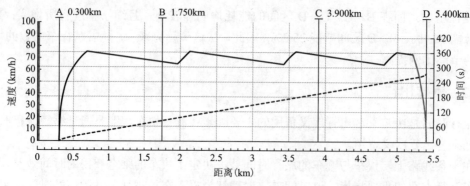

图 11-7 直达的速度—时间曲线

站站停运行的全程运行时间为314s，站间平均运行速度（总里程与全程运行时间的比值）为58.08km/h；假设两站停站时间均为90s，则全程旅行时间496s，平均旅行速度37.02km/h。直达的平均旅行速度（即站间平均运行速度）为65.85km/h，比站站停提高了28.83km/h（77.8%）。

两种开行方案下的运行时间如表11-2所示。进一步分析在运行区间长度不同的情况下，缩短的运行时间占慢车运行时间的比例和单位公里运行时间缩短值。

两种开行方案下的时耗对比　　　　　　　　　表11-2

开行方案	区间	距离（km）	运行时间（s）	时耗缩短比例（%）	单位公里缩短时间（s）
站站停	A—B	1450	91	—	—
	B—C	2150	129	—	—
	C—D	1500	94	—	—
	总计	5100	314	—	—
直通	A—B	1450	83	8.79	5.52
	B—C	2150	110	14.73	8.84
	C—D	1500	85	9.57	6.00
	总计	5100	278	11.47	7.06

可以看出，开行快车避免了在中间站进站时的制动时间和出站时的加速时间，由此在各个区间缩短的运行时间达到了慢车区间运行时间的10%左右；全程压缩运行时间36s，缩短时耗11.47%。进一步地，从各区间缩短的运行时间占慢车运行时间的比例来看，随着区间距离的增大，缩短比例明显提高；从单位公里快车比慢车运行时间缩短情况上看，也有相同的结论。

11.3 快慢车开行方案的优化方法

11.3.1 无越行均衡发车条件下的快慢车开行方案优化

综合考虑线路通过能力、列车发车频率、列车满载率等约束条件，结合乘客在快慢车之间的换乘行为，细致刻画乘客的选择、换乘和滞留行为，以乘客出行感知时间、企业车底购置费用和车公里费用三者最小为目标，构建无越行均衡发车下的快慢车开行方案多目标优化模型，设计相应的求解算法。

1）问题描述

根据快慢车运营模式的特点，研究问题可以归纳为：已知城市轨道交通线路沿线客流 OD 分布及相关运营参数，如何确定是否需要开行快慢车；如果开行快慢车，如何确定快慢车各自的发车频率、快车的不停站位置，以达到乘客出行感知时间、企业车底购置费用和车公里费用三者综合最小的目标。

为便于刻画研究问题和确定研究边界，根据快慢车运营特点，提出以下假设：

①始发站均衡发车。

②线路为复线，且不具备越行条件。

③快车与慢车的发车频率互为整数倍。

④在快车不停站的车站，慢车不允许有滞留。

⑤除了因多列连续快车不停而滞留的乘客外，其他乘客最多接受一次滞留。

⑥乘客乘坐快车后，如果快车不能直达，则在终点站前最后一个快车停站的车站换乘慢车。

⑦乘客乘坐慢车后，不再换乘，将一直乘坐到终点。

另外，为方便描述，研究问题的决策变量定义如下：

f_1——慢车发车频率，决策变量；

f_2——快车发车频率，决策变量；

N——每列快车跨站不停的车站数量，决策变量；

$y_{i,j}$——列车 i 在车站 j 是否停站，决策变量，$y_{i,j}=1$ 时停站，$y_{i,j}=0$ 时不停站。

其他符号和参数描述如下：

j——车站序号；

K——车站数量；

i——列车序号；

T_R——研究时段；

T_c——研究时段内最小循环周期；

n——快慢车发车频率的倍数关系；

$d_{i,j}$——列车 i 在车站 j 的出发时刻；

$a_{i,j}$——列车 i 在车站 j 的到达时刻；

$r_{i,j}$——列车 i 在区间 j（即车站 j 与 $j+1$ 之间）的运行时间，s；

s_j——区间 j 的站间距，m；

$v_{i,j}$——列车巡航速度，m/s；

$a_{i,j}^{acc}$——列车加速度，m/s^2；

$a_{i,j}^{dec}$——列车减速度，m/s^2；

I_{dd}——在同一车站，前车发车且后车发车时的最小追踪间隔时间，s；

I_{aa}——在同一车站，前车到达且后车到达时的最小追踪间隔时间，s；

I_{dt} —— 在同一车站，前车发车且后车通过的最小追踪间隔时间，s；
I_{da} —— 在同一车站，前车发车且后车到达的最小追踪间隔时间，s；
I_{ta} —— 在同一车站，前车通过且后车到达的最小追踪间隔时间，s；
I_{tt} —— 在同一车站，前车通过且后车通过的最小追踪间隔时间，s；
$ts_{i,j}$ —— 列车 i 在车站 j 的停站时间，s；
Δt_1 —— 快车跨站不停导致始发站发车间隔需增加的时间，s；
Δt_2 —— 终点站到达间隔约束导致始发站发车间隔需增加的时间，s；
T_{min} —— 快车跨站数量为 N 时，始发站的最小发车间隔时间，s；
T —— 快车跨站数量为 N 时，始发站的平均发车间隔时间，s；
$w_{i,j}^{wati}$ —— 在车站 j 等候列车 i 的乘客数量，人；
$w_{i,j}^{want}$ —— 愿意乘坐当前列车的乘客数量，人；
$q_{i,j,k}$ —— 出行起讫点分别为车站 j 和 k 的乘客遇到列车 i 时的乘车概率；
$n_{i,j}^{remain}$ —— 列车 i 离开车站 j 时的列车剩余能力，人；
z —— 单位列车定员，人；
$\lambda_{i,j,k}$ —— 车站 j 上车并将在车站 k 下车的乘客到达车站 j 的速率，人/h；
$n_{i,j}^{alight}$ —— 列车 i 在车站 j 下车的乘客数量，人；
$n_{i,j}^{board}$ —— 在车站 j 实际乘坐列车 i 的乘客数量，人；
$w_{i,j}$ —— 列车 i 离开车站 j 后在车站 j 的滞留乘客数量，人；
$n_{i,j}$ —— 列车 i 离开车站 j 后的在车人数，人；
$transfer_{i,j}^{e-l}$ —— 乘坐快车 i 不能直达而在 j 站换慢车的乘客数量，人；
$t_{i,j}^{wait}$ —— 乘客候车时间，s；
r_{wait} —— 乘客候车感知时间系数；
$t_{i,j}^{in\text{-}vehicle}$ —— 乘客在车时间，s；
c_v —— 列车平均购置费用，百万元；
c —— 列车平均走行公里费用，万元；
q_{jmax} —— 研究时段 T_R 最大断面区间的客流量，人；
η_{min} —— 列车在最大断面区间平均满载率的最小值；
η_{max} —— 列车在最大断面区间平均满载率的最大值；
f_{min} —— 最小法定发车频率；
E_{total} —— 研究时段内的车底运用费用，百万元；
C_{total} —— 研究时段内的车公里费用，万元；
t_{total} —— 研究时段 T_R 内的乘客出行时间，s；
$E_{total,nom}$ —— 车底购置费用的标准值；
$C_{total,nom}$ —— 列车满载率均衡性的标准值；
$t_{total,nom}$ —— 乘客出行感知时间的标准值；
α —— 企业效益的权重系数；
β —— 乘客效益的权重系数；

Z—— 加权目标函数。

2) 模型构建

已知线路条件，列车序号记为 i，研究时段为 T_R，慢车发车频率 f_1，快车发车频率 f_2。用 $y_{i,j}$ 表示列车 i 在车站 j 是否停站，停站时取值为 1，不停站时取值为 0。本节研究均衡发车的快慢车开行方案的优化模型。决策变量为：慢车发车频率 f_1，快车发车频率 f_2，以及快车跨站位置（即 $y_{i,j}$ 为 0 的车站序号）。

(1) 时间参数描述

快车不停站时，快车与慢车之间的追踪间隔时间受到快车不停站数量、停站时间、区间运行时分等因素的影响，导致始发站的发车间隔增加。因此，当线路发车频率较高时，快慢车运行组织方式会影响线路的通过能力，需要判断适应客流需求的开行方案下，其发车间隔是否具备快慢车的开行条件。

当快慢车发车比例不为 1:1 时，采用密集发车方式，即同种列车连续发车，可以在一定程度上减小对通过能力的影响。因此，研究时段 T_R 可以分成若干个最小循环周期 T_c，每个循环周期内有 I 列车，快慢车发车比例为 $1:n$ 或 $n:1$ 时，$I=1+n$。

均衡发车模式下，只需计算第一列快车与前一列慢车间的发车间隔，其他快车或慢车与同类列车追踪运行按照此间隔发车即可，列车 1 为慢车，列车 2 为快车，列车 3 根据发车比例判断其类型，如图 11-8 所示。

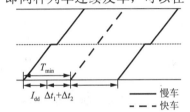

图 11-8 无越行均衡发车条件下，快车跨站后的始发站发车间隔

① 列车到发时刻。

a. 区间运行时间。运行时间与快慢车在该区间前后端车站的停站情况有关，如式（11-2）所示。

$$r_{i,j} = \frac{s_j}{v_{i,j}} + y_{i,j} \cdot \frac{v_{i,j}}{2a_{i,j}^{\text{acc}}} + y_{i,j+1} \cdot \frac{v_{i,j}}{2a_{i,j}^{\text{dec}}} \tag{11-2}$$

b. 列车在各站的到发时刻。某站出发时刻由该站到达时刻和停站时间决定，某站到达时刻由前一站出发时刻和前一区间运行时间决定，如式（11-3）、式（11-4）所示。

$$d_{i,j} = a_{i,j} + y_{i,j} \cdot ts_{i,j} \tag{11-3}$$

$$a_{i,j+1} = d_{i,j} + r_{i,j} \tag{11-4}$$

c. 各类追踪间隔时间约束。列车在车站的状态分为到达、通过和出发三类，根据前后列车在车站状态的不同组合，其最小间隔时间的类型和取值不同，如式（11-5）所示。

$$a_{i,j} - d_{i-1,j} \geq y_{i-1,j} y_{i,j} I_{\text{da}} + (1-y_{i-1,j}) y_{i,j} I_{\text{ta}} + y_{i-1,j}(1-y_{i,j}) I_{\text{dt}} + (1-y_{i-1,j})(1-y_{i,j}) I_{\text{tt}} \tag{11-5}$$

② 始发站发车间隔。

快慢车运营下，前后列车的停站状态不同时，两者之间最小间隔时间可能不同。因此，有必要分析快车跨站位置和终点站的追踪间隔时间约束，计算因此导致始发间隔的增加量，以便计算后行快车与前行慢车在始发站的最小发车间隔，满足此间隔才可能具备开行该快慢车方案的条件。

a. 快车跨站位置对始发间隔的影响。当快车在多个车站跨站不停时，计算最后一个快车跨站位置对始发间隔的影响即可，用 $i=1$ 代表慢车，$i=2$ 代表快车，如式（11-6）～式（11-8）所示。

$$d_{2,j} - d_{1,j} = I_{dd} - (N-1)ts_{i,j} - 0.5Nt_{dec} - 0.5(N-1)t_{acc} \tag{11-6}$$

$$d_{2,j} - d_{1,j} \geqslant I_{dt} \tag{11-7}$$

$$\Delta t_1 = I_{dt} - I_{dd} + Nts_{i,j} + 0.5Nt_{dec} + 0.5(N-1)t_{acc} \tag{11-8}$$

式（11-6）描述前行慢车发车且后行快车通过车站 j 时两列车的追踪间隔时间，单位为 s；式（11-7）确保列车在此站的间隔时间满足安全间隔时间要求。

b. 终点站到达间隔对始发间隔的影响。列车在终点站的到达间隔需满足追踪间隔约束，否则需增加始发间隔，如式（11-9）～式（11-11）所示。

$$d_{2,K} - d_{1,K} = I_{dt} - 0.5t_{acc} \tag{11-9}$$

$$d_{2,K} - d_{1,K} \geqslant I_{aa} \tag{11-10}$$

$$\Delta t_2 = \begin{cases} I_{aa} + 0.5t_{acc} - I_{dt}, & d_{2,K} - d_{1,K} < I_{aa} \\ 0, & d_{2,K} - d_{1,K} \geqslant I_{aa} \end{cases} \tag{11-11}$$

式（11-9）描述列车在终点站的到达间隔时间，单位为 s；式（11-10）确保列车在此站到达间隔时间满足安全间隔要求。

c. 均衡发车模式下始发站发车间隔计算。

综上，计算始发站后行快车与前行慢车的最小发车间隔如式（11-12）所示，由于研究问题是在始发站均衡发车的条件下，因此各列车的始发间隔均相等。

$$T_{\min} = I_{dd} + \Delta t_1 + \Delta t_2 \tag{11-12}$$

$$T = \frac{T_R}{f_1 + f_2} \tag{11-13}$$

$$T_{\min} \leqslant T \tag{11-14}$$

$$d_{i+1,1} = d_{i,1} + T \tag{11-15}$$

式（11-14）保证平均发车间隔 T 满足因快车跨站而增加的最小始发间隔 $T_{\min}$，否则该开行方案不具备快车跨站数量为 N 的开行条件；式（11-15）描述均衡发车模式下各列车的始发时刻。

（2）乘客参数描述

乘客参数包括候车乘客数量、在车乘客数量、滞留乘客数量、换乘乘客数量以及乘客乘降量等，从首站开始定义各站的乘客参数，具体如下。

①首站候车乘客数量。

均衡发车模式下，首站候车乘客数量的计算如式（11-16）所示。

$$w_{i,1}^{\text{wait}} = \sum_{k=1}^{K} [\lambda_{i,1,k}(d_{i,1} - d_{i-1,1})] \tag{11-16}$$

$$w_{i,1}^{\text{want}} = \sum_{k=1}^{K}(\lambda_{i,1,k} \times q_{i,j,k})(d_{i,1} - d_{i-1,1}) \tag{11-17}$$

式中：$d_{i,1}$-$d_{i-1,1}$——前后行列车在首站的始发间隔时间，s;

$q_{i,j,k}$——出行起讫点分别为车站 j 和 k 的乘客遇到列车 i 时的乘车概率（考虑乘客乘车意愿的前提下），取值范围 $[0, 1]$。

② 在车乘客数量，滞留乘客数量。

均衡发车模式下，在车乘客数量和滞留乘客数量的计算如式（11-18）~式（11-21）所示。

$$n_{i,j} = n_{i,j-1} - n_{i,j}^{\text{alight}} + n_{i,j}^{\text{board}} \tag{11-18}$$

$$n_{i,j}^{\text{remain}} = z - n_{i,j-1} + n_{i,j}^{\text{alight}} \tag{11-19}$$

$$n_{i,j}^{\text{board}} = \min(n_{i,j}^{\text{remain}}, y_{i,j} \cdot w_{i,j}^{\text{want}}) \tag{11-20}$$

$$w_{i,j} = w_{i,j}^{\text{wait}} - n_{i,j}^{\text{board}} \tag{11-21}$$

③ 换乘乘客数量。

均衡发车模式下，换乘乘客数量的计算如式（11-22）所示。

$$transfer_{i,j}^{e-l} = \sum_{l=1}^{j}\sum_{l'=j+1}^{m-1}[\lambda_{i,l,l'}(d_{i,l} - d_{i-1,l})]$$

$$\sum_{l'=j+1}^{m-1} y_{i,l'} = 0, \ y_{i,l} \cdot y_{i,j} \cdot y_{i,m} = 1 \tag{11-22}$$

式中，快车在 j 站的上一个停站位置是车站 m'，下一个停站位置是车站 m。根据假设⑥，从车站 $[1, j-1]$ 乘坐快车去往车站 $[j+1, m-1]$ 的乘客均在 j 站换乘慢车。

④ 各站的候车乘客数量。

衡发车模式下，各站的候车乘客数量的计算如式（11-23）~式（11-24）所示。

$$w_{i,j}^{\text{wait}} = w_{i-1,j} + \sum_{k=j+1}^{K}[\lambda_{i,j,k}(d_{i,j} - d_{i-1,j})] \tag{11-23}$$

$$w_{i,j}^{\text{want}} = w_{i-1,j} + \sum_{k=j+1}^{K}(\lambda_{i,j,k} \times q_{i,j,k})(d_{i,j} - d_{i-1,j}) \tag{11-24}$$

（3）目标函数

优化模型的目标函数应包括企业费用和乘客出行感知时间两个方面，其中企业费用包括车底购置费用和车公里费用。

① 车底购置费用。

快慢车运行组织方式减少了快车的周转时间，从而减少车底运用数量。因此，车底购置费用能够反映车底周转时间的变化，通过快车和慢车周转时间除以各自的平均始发间隔，并与列车购置费用乘积得到车底购置费用，如式（11-25）所示。

$$E_{\text{total}} = \begin{cases} \left(\dfrac{a_{1,K} - d_{1,1}}{T_c} + \dfrac{a_{2,K} - d_{2,1}}{T_c/n}\right) \times c_v, & f_1 : f_2 = 1 : n \text{ 时} \\ \left(\dfrac{a_{1,K} - d_{1,1}}{T_c/n} + \dfrac{a_{2,K} - d_{2,1}}{T_c}\right) \times c_v, & f_1 : f_2 = n : 1 \text{ 时} \end{cases} \tag{11-25}$$

② 车公里费用。

车公里费用包括能耗和维修养护费用等,是列车单位走行公里费用、走行公里数与发车频率的乘积,能够反映发车频率对企业成本的影响,如式(11-26)所示。

$$C_{\text{total}} = \sum_{j=1}^{K-1} s_j \cdot (f_1 + f_2) \cdot c \tag{11-26}$$

③ 乘客出行感知时间。

乘客出行时间由乘客候车时间和乘客在车时间构成,候车时间需要根据乘客是否乘坐当前列车分类计算,将换乘乘客的换乘候车时间也计算在此部分中;在车时间根据在车乘客、区间运行时间和停站时间等参数计算。

通常情况下,乘客对候车时间的感知大于在车时间的感知,故引入乘客候车感知时间系数,计算乘客候车时间、在车时间和出行感知时间,如式(11-27)~式(11-29)所示。

$$t_i^{\text{wait}} = \sum_{j=1}^{K-1} \left[w^{\text{wait}}_{i,j} \cdot \frac{1}{2}(d_{i,j} - d_{i-1,j}) + w_{i,j} \cdot (d_{i+1,j} - d_{i,j}) + \text{transfer}_{i,j}^{e-l} \cdot (d_{i+1,j} - a_{i,j}) \right] \tag{11-27}$$

$$t_i^{\text{in-vehicle}} = \sum_{j=1}^{K-1} [n_{i,j} \cdot r_{i,j} + y_{i,j}(n_{i,j} - n_{i,j+1}^{\text{alight}}) \cdot ts_{i,j}] \tag{11-28}$$

$$t_{\text{total}} = \frac{T_R}{T_c} \sum_{i=1}^{I} (r_{\text{wait}} \cdot t_i^{\text{wait}} + t_i^{\text{in-vehicle}}) \tag{11-29}$$

(4)多目标优化模型

针对研究问题,优化目标包括乘客出行感知时间和企业成本两方面,由于计算单位不同,采用线性加权法将多目标优化问题转化为单目标优化问题。为了衡量运营效果,计算各目标函数的标准值并加权求和,其中,企业成本由车底购置费用和车公里费用构成,两者采用相同权重。以乘客和企业成本最小为总目标,加权目标函数如式(11-30)所示。

$$\text{Min } Z = \alpha \cdot \frac{E_{\text{total,nom}} + C_{\text{total,nom}}}{2} + \beta \cdot t_{\text{total,nom}} \tag{11-30}$$

$$X_{\text{nom}} = \frac{X - X_{\min}}{X_{\max} - X_{\min}} \tag{11-31}$$

$$\alpha + \beta = 1 \tag{11-32}$$

模型约束条件如下:

① 最小追踪间隔约束,保证列车发车间隔不大于线路的最小发车间隔。

$$f_1 + f_2 \leqslant \frac{T_R}{I_{\text{dd}}} \tag{11-33}$$

② 满载率上下限约束,保证列车最大断面区间的平均满载率在一定范围内。

$$\frac{q_{j\max}}{z \cdot \eta_{\min}} \geqslant f_1 + f_2 \geqslant \frac{q_{j\max}}{z \cdot \eta_{\max}} \tag{11-34}$$

③ 最小法定发车频率约束,保证慢车发车频率不小于法定发车频率。

$$f_1 \geqslant f_{\min} \tag{11-35}$$

④发车频率倍数关系，满足假设③，保证快慢车的发车频率互为整数倍关系，以减少对线路通过能力的影响，以及方便周期性运行图铺画。

$$(f_1 = nf_2) \cup (f_2 = nf_1) \tag{11-36}$$

3）算法设计

模型中决策变量包括快车和慢车发车频率、快车跨站位置等，问题规模较大。遗传算法具有适用于规模较大、寻优速度较快的特点，因此设计适用于该模型的遗传算法，算法的说明如下：

步骤 1　根据客流 OD 和区间断面流量，考虑满载率约束和慢车最小法定发车频率，以及快慢车发车频率互为整数倍关系的约束，即式（11-33）～式（11-36），确定快、慢车各自发车频率 f_1 和 f_2 的多种组合。

步骤 2　根据发车频率随机生成快车的跨站数量和序号，即生成 $y_{i,j}$ 的取值，包括快慢车方案和非快慢车方案，计算时间参数，得到快慢车在各站的到发时刻 $a_{i,j}$ 和 $d_{i,j}$。

步骤 3　判断此开行方案是否满足模型中如下各约束条件：

$a_{i,j} - d_{i-1,j} \geqslant y_{i-1,j} y_{i,j} I_{da} + (1-y_{i-1,j}) y_{i,j} I_{ta} + y_{i-1,j}(1-y_{i,j}) I_{dt} + (1-y_{i-1,j})(1-y_{i,j}) I_{tt}$;

$d_{2,j} - d_{1,j} \geqslant I_{dt}$;

$d_{2,K} - d_{1,K} \geqslant I_{aa}$;

$T_{\min} \leqslant T$;

如果满足，转步骤 4；如果不满足，转步骤 2。

步骤 4　记录此开行方案，判断记录的开行方案是否到达规定的数量；如果满足，转步骤 5；如果不满足，转步骤 2。

步骤 5　将记录的开行方案作为遗传算法的初始种群，计算乘客参数，包括 $w^{\text{wait}}_{i,j}$、$n^{\text{board}}_{i,j}$、$n^{\text{alight}}_{i,j}$、$transfer^{e-l}_{i,j}$ 等，以及各方案的目标函数 E_{total}、C_{total} 和 t_{total}，以及适应度函数，适应度函数采用可行解目标值的最大值与当前可行解目标值的差，由于目标函数越小越好，因此适应度函数越大该目标值越优。

步骤 6　进行交叉操作和变异操作，交叉操作采用单点交叉，变异操作采用单点变异，判断算法中止条件；如果满足，转步骤 7；如果不满足，转步骤 6。

步骤 7　得到最优解，并输出相关评价指标以便对比分析。

11.3.2　无越行非均衡发车条件下的快慢车开行方案优化

快慢车运行组织受到追踪间隔时间的约束，快车不停站导致始发间隔增加；采用非均衡发车模式，在满足最小发车间隔的基础上调整始发间隔，将提高快慢车运营的灵活性，提高快车跨站数量和旅行速度，进一步发挥运营效果。

1）问题描述

研究问题可以归纳为：已知市域线沿线客流 OD 分布及相关运营参数，确定是否开行快慢车，求解企业成本、乘客出行时间等目标最优的快慢车开行方案，决策变量包括快慢车发车频率、快车跨站位置、列车在始发站的发车间隔等参数。

为便于刻画研究问题和确定研究边界，根据快慢车运营特点，提出以下假设：列车在始发站不均衡发车。其他假设与均衡发车模式下相同，参见第 11.3.1 节的 1）。

另外，在无越行均衡发车条件下的快慢车开行方案优化模型的基础上，增加以下决策变量，其他决策变量和参数描述参见第 11.3.1 节的 1）。

T_{l-e} —— 后行快车与前行慢车在始发站的发车间隔，s；

T_{e-l} —— 后行慢车与前行快车在始发站的发车间隔，s；

T_{e-e} —— 前后行快车在始发站的发车间隔，s；

T_{l-l} —— 前后行慢车在始发站的发车间隔，s。

2）模型构建

通过调整各列车在始发站的发车间隔，研究非均衡发车模式下快慢车开行方案。将后行快车与前行慢车在始发站的发车间隔 T_{l-e} 作为首要调整对象，然后调整后行慢车与前行快车在始发站的发车间隔 T_{e-l}；当快慢车发车比例不为 1∶1 时，其他同种类列车之间的发车间隔保持均衡，包括前后行快车在始发站的发车间隔为 T_{e-e}，以及前后行慢车在始发站的发车间隔为 T_{l-l}。

决策变量为：慢车发车频率 f_1，快车发车频率 f_2，快车跨站位置（即 $y_{i,j}$ 为 0 的车站序号），以及快慢车在始发站的发车间隔 T_{l-e}、T_{e-l}、T_{e-e} 和 T_{l-l}。

（1）时间参数描述

非均衡发车模式下，区间运行时间、列车到发时刻以及某跨站数量下始发站最小发车间隔与均衡发车下计算方式相同，参见第 11.3.1 节的式（11-2）~式（11-11）。

计算某跨站数量下后行慢车与前行快车的最小始发间隔后，通过非均衡发车方法，调整各列车的始发间隔。为方便运营安排，研究时段内快慢车发车间隔最多采用三种取值。以慢车与快车发车比例为 1∶n 时为例说明，如图 11-9 所示。

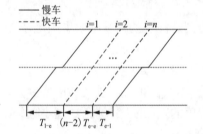

图 11-9 非均衡发车模式下的列车始发间隔

调整后的各类始发间隔、始发时刻计算如下所示。

①后行快车与前行慢车的始发间隔 T_{l-e}

调整后行快车与前行慢车在始发站的发车间隔 T_{l-e}，在上述计算得到最小发车间隔 $T_{\min}$ 后，增加量为 x，如式（11-37）~式（11-39）所示。

$$T_{\min} = I_{dd} + \Delta t_1 + \Delta t_2 \tag{11-37}$$

$$T_c = \frac{T_R}{f_1 + f_2} \cdot (1+n) \tag{11-38}$$

$$T_{l-e} = T_{\min} + x \tag{11-39}$$

②后行慢车与前行快车的始发间隔 T_{e-l}。

快慢车运行组织中，通常快车后面的慢车因为承担前车的滞留而满载率较高，因此将后行慢车与前行快车之间的间隔时间相应减小，如式（11-40）、式（11-41）所示。

$$T_{e-l} = T_c - T_{l-e} - (n-1)T_{e-e} \tag{11-40}$$

$$T_{\min} + (n-1) \cdot I_{dd} \leqslant T_c \tag{11-41}$$

式（11-40）保证该开行方案的最小循环周期 T_c 能满足始发间隔的约束，即不小于始发间隔最小值 I_{dd}，否则不具备该跨站数量快慢车的开行条件。

③同类列车的始发间隔 T_{e-e} 或 T_{l-l}。

如果开行比例不为 1:1，则其他同种类列车之间的发车间隔包括 T_{e-e} 和 T_{l-l} 保持均衡；以上调整均基于所有列车的发车间隔最小取值均为 I_{dd}。

$$T_{e-e} = \frac{T_c}{n+1} \tag{11-42}$$

$$T_{l-l} = \frac{T_c}{n+1} \tag{11-43}$$

④各列车的始发时刻。

综上，前后列车的类型决定前后车间隔时间，分别根据式（11-40）～式（11-43）取值。非均衡发车模式下，列车的始发时刻与前车始发时刻、前后列车的类型有关，其计算公式如式（11-44）所示。

$$d_{i+1,1} = \begin{cases} d_{i,1} + T_{l-e}, \sum_{i=1}^{K} y_{i,j} = K \cap \sum_{i=1}^{K} y_{i+1,j} < K \\ d_{i,1} + T_{e-e}, \sum_{i=1}^{K} y_{i,j} < K \cap \sum_{i=1}^{K} y_{i+1,j} < K \\ d_{i,1} + T_{l-l}, \sum_{i=1}^{K} y_{i,j} = K \cap \sum_{i=1}^{K} y_{i+1,j} = K \\ d_{i,1} + T_{e-l}, \sum_{i=1}^{K} y_{i,j} < K \cap \sum_{i=1}^{K} y_{i+1,j} = K \end{cases} \tag{11-44}$$

$\sum_{i=1}^{K} y_{i,j} = K$ 表示该列车为站站停慢车，$\sum_{i=1}^{K} y_{i+1,j} < K$ 表示该列车为跨站停快车。

(2) 乘客参数描述

乘客参数包括候车乘客数量、在车乘客数量、滞留乘客数量、换乘乘客数量，以及乘客乘降量等参数，非均衡发车模式下，模型描述方法与均衡发车相同，参见第 11.3.1 节的式（11-16）～式（11-24）。

(3) 目标函数

与均衡发车下的优化模型相同，非均衡发车下的优化目标包括企业费用和乘客出行感知时间两个方面，其中企业费用包括车底购置费用和车公里费用。

非均衡发车模式下，虽然快车和慢车之间的发车间隔不均衡，但同类列车之间的发车间隔仍保持均衡，以快慢车发车比例 1:1 时为例说明，如图 11-10 所示。

均衡发车和非均衡发车模式下，同类列车的发车间隔不变；计算车底数量时，分别计算快车和慢车的车底购置数量。因此，非均衡发车模式下，车底购置费用的计算公式与均衡发车模式下的车底购置费用计算方法相同，参见式（11-25）。

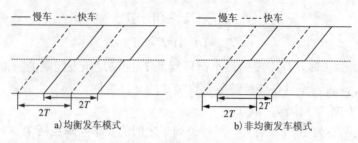

图 11-10 无越行条件下不同发车模式下的列车发车间隔

同理，非均衡发车模式下的车公里费用和乘客出行感知时间均与均衡发车模式下的公式相同，参见式（11-26）~式（11-29）。

(4) 多目标优化模型

考虑乘客出行时间和企业成本两方面，采用线性加权法将多目标优化问题转化为单目标优化问题，如式（11-45）所示。

$$\text{Min } Z = \alpha \cdot \frac{E_{\text{total,nom}} + C_{\text{total,nom}}}{2} + \beta \cdot t_{\text{total,nom}} \tag{11-45}$$

s.t.

$$式（11\text{-}37）\sim式（11\text{-}44）$$

除上述约束条件外，式（11-46）为间隔约束条件，

$$T_{e-l} \geqslant I_{dd} \tag{11-46}$$

式（11-46）与式（11-41）共同保证非均衡发车方式下，始发间隔均满足最小追踪间隔的要求。另外，上述多目标优化模型的基本约束条件还包括式（11-31）~式（11-36）。

无越行非均衡发车下的快慢车开行方案的多目标优化模型求解算法及步骤与无越行均衡发车的模型求解算法相同，参见第 11.3.1 节的 3）。

11.3.3 考虑越行的快慢车开行方案优化

无越行条件下，快车只能在慢车后面追踪运行，快慢车的运营效果有限。而且客流需求较大时，无越行的快慢车对线路通过能力影响较大。考虑越行的快慢车开行方案对企业和乘客的影响，研究如何确定快慢车开行频率、快车跨站位置、列车在各站发到时刻，以及快车越行慢车的位置。

1）问题描述

本章研究的问题可以归纳为：已知市域线沿线客流 OD 分布及相关运营参数，确定是否需要开行有越行的快慢车，求解企业成本、乘客出行时间等目标最优的快慢车开行方案，决策变量包括快慢车各自的发车频率、快车跨站位置、快车越行位置以及列车在各站发到时刻等参数。列车越行前后的运行组织如图 11-11 所示。

为便于刻画研究问题和确定研究边界，根据列车越行的特点，提出以下假设：

① 列车在始发站不均衡发车。

② 线路为复线，所有车站均具备越行条件，但区间不具备越行条件。

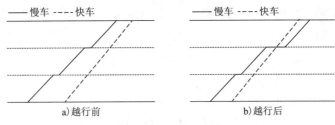

图 11-11 考虑越行的后行快车越行前行慢车过程

③快车越行慢车时采用不停站越行方式，以减少对通过能力的影响。

④每列慢车最多被快车越行一次，每列快车最多越行慢车一次。

其他假设参见第 11.3.1 节的 1）中的③～⑦。

另外，为方便描述，在无越行均衡发车条件下的快慢车开行方案优化模型的基础上，增加以下参数，其他决策变量和参数描述参见第 11.3.1 节的 1）和第 11.3.2 节的 1）。

I_{at}——发生越行时，前车到达、后车通过的最小追踪间隔时间；

I_{td}——发生越行时，前车通过、后车发车的最小追踪间隔时间；

$o_{i,j}$——列车 i 在车站 j 是否越行前面某列车，决策变量；如果 $o_{i,j}=0$ 时，列车不越行，如果 $o_{i,j}=1$ 时，列车越行；

O——每列快车越行前车的次数，决策变量；

$ts_{\min}$——列车在车站的最小停站时间。

2）模型构建

研究考虑越行的快慢车开行方案，允许始发站的发车间隔不均衡，后行快车与前行慢车在始发站的发车间隔为 $T_{l\text{-}e}$，后行慢车与前行快车在始发站的发车间隔为 $T_{e\text{-}l}$。当快慢车发车比例不为 1∶1 时，前后行快车在始发站的发车间隔为 $T_{e\text{-}e}$，前后行慢车在始发站的发车间隔为 $T_{l\text{-}l}$。用 $y_{i,j}$ 表示列车 i 在车站 j 是否停站，停站时取值为 1，不停站时取值为 0；用 $o_{i,j}$ 表示列车 i 在车站 j 是否越行前面某列车，越行时取值为 1，不越行时取值为 0。

决策变量为：慢车发车频率 f_1，快车发车频率 f_2，快车跨站位置（即 $y_{i,j}=0$ 的车站序号），快车越行位置（即 $o_{i,j}=1$ 的车站序号），以及快慢车在始发站的发车间隔 $T_{l\text{-}e}$、$T_{e\text{-}l}$、$T_{e\text{-}e}$、$T_{l\text{-}l}$ 和在各站的发到时刻。

（1）时间参数描述

越行方式下，区间运行时间、列车到发时刻，与均衡发车下的计算方法相同，参见第 11.3.1 节中的式（11-2）～式（11-5）。

①始发站发车间隔。

采用非均衡发车方法，当快慢车发车比例不为 1∶1 时，采用密集发车方式，同种列车连续发车，以减小对通过能力的影响。研究时段 T_R 可以分成若干个最小循环周期 T_c，每个循环周期内有 I 列车，快慢车发车比例为 1∶n 或 n∶1 时，$I=1+n$。

后行快车与前行慢车在始发站的发车间隔为 $T_{l\text{-}e}$，后行慢车与前行快车在始发站的发车间隔为 $T_{e\text{-}l}$；如果开行比例不为 1∶1，则其他同种类列车之间的发车间隔包括 $T_{e\text{-}e}$ 和 $T_{l\text{-}l}$ 保持均衡。以上调整基于所有列车的发车间隔最小取值均为 I_{dd}。

各列车的始发间隔时间如式（11-47）~式（11-51）所示。

$$T_c = \frac{T_R}{f_1 + f_2} \cdot (1+n) \tag{11-47}$$

$$T_{e-e} = \frac{T_c}{n+1} \tag{11-48}$$

$$T_{e-l} = T_c - T_{l-e} - (n-1)T_{e-e} \tag{11-49}$$

$$T_{l-e} \geq I_{dd} \cap T_{e-l} \geq I_{dd} \tag{11-50}$$

$$d_{i+1,1} = \begin{cases} d_{i,1} + T_{l-e}, & \sum_{i=1}^{K} y_{i,j} = K \cap \sum_{i=1}^{K} y_{i+1,j} < K \\ d_{i,1} + T_{e-e}, & \sum_{i=1}^{K} y_{i,j} < K \cap \sum_{i=1}^{K} y_{i+1,j} < K \\ d_{i,1} + T_{l-l}, & \sum_{i=1}^{K} y_{i,j} = K \cap \sum_{i=1}^{K} y_{i+1,j} = K \\ d_{i,1} + T_{e-l}, & \sum_{i=1}^{K} y_{i,j} < K \cap \sum_{i=1}^{K} y_{i+1,j} = K \end{cases} \tag{11-51}$$

式（11-50）保证各列车始发间隔均不小于最小值 I_{dd}；式（11-51）描述在上述调整后，根据前后车的类型计算始发站各列车的发车时刻。

②越行条件判定。

根据列车的到发时刻，判断快车是否需要越行慢车。根据列车在终点站 K 的到达间隔是否满足最小追踪间隔，判断运行过程是否发生越行，如式（11-52）所示。

$$t_K^{i-1,i} = T_{l-e} + (a_{i,K} - d_{i,1}) - (a_{i-1,K} - d_{i-1,1}) - I_{aa} \tag{11-52}$$

式中：$t_K^{i-1,i}$ 为列车 i 与 $i-1$ 在终点站 K 站的到达间隔时间是否满足最小追踪间隔的判断值，$t_K^{i-1,i}$ 小于 0 时，在 1~K 站之间存在越行，否则不存在越行。当发生越行时，需判断越行发生位置；判断条件分为两类，满足任何一类都会产生越行。

a. 当前后列车在 j 站的发车间隔满足要求，但在 $j+1$ 站的到达间隔不满足要求时，快车需在 j 站越行慢车。根据快车在 j 站是否停站可分为两类，分别如图 11-12a）和 b）所示；根据列车在 j 站的间隔时间种类计算判断条件，如式（11-55）所示。

b. 当前后列车在 j 站的到达间隔满足要求，但在 j 站的发车间隔不满足要求时，快车需在 j 站越行慢车。根据快车在 j 站是否停站可分为两类，分别如图 11-12c）和 d）所示；根据列车在 j 站的间隔时间种类计算判断条件，如式（11-56）所示。

$$taa_j^{i-1,i} = a_{i,j} - a_{i-1,j} \tag{11-53}$$

$$tdd_j^{i-1,i} = d_{i,j} - d_{i-1,j} \tag{11-54}$$

$$o_{i,j} = \begin{cases} 1, & tdd_j^{i-1,i} \geq y_{i,j}I_{dd} + (1-y_{i,j})I_{dt} \cap taa_{j+1}^{i-1,i} < I_{aa} \\ 0, & tdd_j^{i-1,i} \geq y_{i,j}I_{dd} + (1-y_{i,j})I_{dt} \cap taa_{j+1}^{i-1,i} \geq I_{aa} \end{cases} \tag{11-55}$$

$$o_{i,j} = \begin{cases} 1, & taa_j^{i-1,i} \geq y_{i,j}I_{aa} + (1-y_{i,j})I_{at} \cap tdd_j^{i-1,i} < y_{i,j}I_{dd} + (1-y_{i,j})I_{dt} \\ 0, & taa_j^{i-1,i} \geq y_{i,j}I_{aa} + (1-y_{i,j})I_{at} \cap tdd_j^{i-1,i} \geq y_{i,j}I_{dd} + (1-y_{i,j})I_{dt} \end{cases} \tag{11-56}$$

$$O = \sum_{j=1}^{j} o_{i,j} \qquad (11\text{-}57)$$

式中：$taa_j^{i-1,i}$——列车 i 在 j 站与前车的到达间隔时间，s；

$tdd_j^{i-1,i}$——列车 i 在 j 站与前车的发车间隔时间，s。

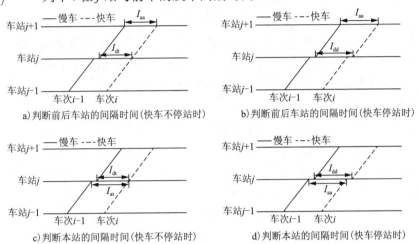

图 11-12　越行条件判断

式（11-55）是越行位置的判断条件，根据快车是否停站，前后列车在 j 站的发车间隔分为连发 I_{dd}、发通 I_{dt} 两类间隔，当前后列车发车间隔满足最小追踪间隔要求，但在 $j+1$ 站的到达间隔 I_{aa} 不满足要求时，则后车在 j 站越行前车。另外，式（11-56）同样是越行位置的判断条件，根据快车是否停站，两列车在 j 站的到达间隔分为到通 I_{at}、连到 I_{aa} 两类间隔，出发间隔分为发通 I_{dt}、连发 I_{dd} 两类间隔，当前后列车在 j 站的到达间隔满足最小追踪间隔，但出发间隔不满足最小追踪间隔时，则后车在 j 站越行前车。

③发生越行后的调整。

非均衡发车模式下，如果发生越行，需要调整前后列车在越行站的到发时刻。根据快慢车开行比例，越行后调整过程中受到各类间隔时间约束如图 11-13 所示。

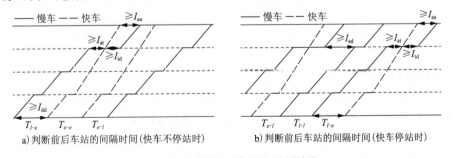

图 11-13　安排越行后各间隔时间的变化

越行行为会影响前后列车到达、离开此站的最小间隔时间以及被越行列车的停站时间。当 $o_{i,j}=1$ 时，结合假设③，列车在越行站的发到时刻如式（11-58）～式（11-61）所示。

$$d_{i,j} - a_{i-1,j} \geq I_{at} \tag{11-58}$$

$$d_{i-1,j} - a_{i,j} \geq I_{td} \tag{11-59}$$

$$ts_{i-1,j} \geq I_{at} + I_{td} \tag{11-60}$$

$$a_{i+1,j} - d_{i,j} \geq I_{ad} \tag{11-61}$$

慢车被越行时停站时间增加,为了提高服务质量,在各列车始发间隔均满足最小连发间隔的基础上,尽量使式(11-58)取等号,从而减少慢车被越行时的停站时间,同时更新慢车到达此站前在各站的到发时刻,提高慢车的旅行速度。

(2)乘客参数描述

乘客参数包括候车乘客数量、在车乘客数量、滞留乘客数量、换乘乘客数量以及乘客乘降量等参数,非均衡发车模式下,模型描述方法与均衡发车相同。

未发生越行时,列车在时空上的前后顺序与其车次编号一致,编号越小,发生越早;发生越行后,列车在时空上的前后顺序与其序号不再一致,根据假设④,则快车 i、慢车 i-1 以及后续列车 i+1 的相关乘客参数描述会受到影响,受到影响的列车数量与快慢车比例有关。当快慢车发车比例为 1:1,定义前行慢车和后行快车的相关参数即可,如式(11-62)~式(11-65)所示;当发车比例不为 1:1 时,需增加后行快车后一列车的相关参数,如式(11-66)~式(11-67)所示。

$$\Delta t_{i,j} = d_{i,j} - d_{i-2,j}, o_{i,j'} = 1 \text{且} j \geq j' \text{时} \tag{11-62}$$

$$\Delta t_{i-1,j} = d_{i-1,j} - d_{i,j}, o_{i,j'} = 1 \text{且} j \geq j' \text{时} \tag{11-63}$$

$$w_{i,j}^{wait} = w_{i-2,j} + \sum_{k=j+1}^{K}[(\lambda_{i,j,k}(d_{i,j} - d_{i-2,j})], o_{i,j'} = 1 \text{且} j \geq j' \text{时} \tag{11-64}$$

$$w_{i-1,j}^{wait} = w_{i,j} + \sum_{k=j+1}^{K}[(\lambda_{i,j,k}(d_{i-1,j} - d_{i,j})], o_{i,j'} = 1 \text{且} j \geq j' \text{时} \tag{11-65}$$

$$\Delta t_{i+1,j} = d_{i+1,j} - d_{i-1,j}, o_{i,j'} = 1 \text{且} j \geq j' \text{时} \tag{11-66}$$

$$w_{i+1,j}^{wait} = w_{i-1,j} + \sum_{k=j+1}^{K}[(\lambda_{i,j,k}(d_{i+1,j} - d_{i-1,j})], o_{i,j'} = 1 \text{且} j \geq j' \text{时} \tag{11-67}$$

(3)目标函数

优化模型的目标函数应包括企业费用和乘客出行感知时间两个方面,其中企业费用包括车底购置费用和车公里费用,两者的计算方法参见第 11.3.1 节的 2)。

关于乘客出行感知时间,考虑越行时,列车空间关系发生变化,因此乘客候车时间的计算方法与无越行条件不同,乘客出行感知时间公式如下所示。乘客候车时间、乘客在车时间和乘客出行感知时间的计算方法如式(11-68)所示。

$$t_i^{wait} = \sum_{j=1}^{K-1}\left[w_{i,j}^{wait} \cdot \Delta t_{i,j} + w_{i,j} \cdot \Delta t_{i+1,j} + transfer_{i,j}^{e-l} \cdot (d_{i+1,j} - a_{i,j})\right] \tag{11-68}$$

$$t_i^{\text{in-vehicle}} = \sum_{j=1}^{K-1}[n_{i,j} \cdot r_{i,j} + y_{i,j}(n_{i,j} - n_{i,j+1}^{\text{alight}}) \cdot ts_{i,j}] \tag{11-69}$$

$$t_{\text{total}} = \frac{T_R}{T_c}\sum_{i=1}^{I}(r_{\text{wait}} \cdot t_i^{\text{wait}} + t_i^{\text{in-vehicle}}) \tag{11-70}$$

（4）多目标优化模型

模型构建中，考虑乘客出行时间和企业成本两方面，采用线性加权法将多目标优化问题转化为单目标优化问题，如式（11-71）所示。

$$\text{Min } Z = \alpha \cdot \frac{(E_{total,\text{nom}} + C_{total,\text{nom}})}{2} + \beta \cdot t_{total,\text{nom}} \tag{11-71}$$

s.t.
式（11-56）～式（11-61）

式（11-58）～式（11-61）保证越行后列车间各类间隔时间均满足各类追踪间隔最小值的要求。除上述约束条件外，式（11-72）为间隔约束条件，保证各列车间的始发间隔均满足最小追踪间隔的要求。

$$T_{l-e} \geqslant I_{dd} \cap T_{e-l} \geqslant I_{dd} \tag{11-72}$$

另外，上述多目标优化模型的基本约束条件还包括式（11-31）～式（11-36）。

3）算法设计

考虑越行的快慢车开行方案多目标优化模型的求解算法说明如下：

步骤 1　根据客流 OD 和区间断面流量，考虑满载率约束和慢车最小法定发车频率，以及快慢车发车频率互为整数倍关系的约束，即公式（11-33）～式（11-36），确定快、慢车各自发车频率 和 的多种组合。

步骤 2　根据发车频率随机生成快车的跨站数量和跨站序号，即生成 $y_{i,j}$ 的取值，包括快慢车方案和非快慢车方案，在均衡发车基础上以不同方式调整发车间隔，生成列车始发间隔不同的多种组合，包括 T_{l-e}、T_{e-l}、T_{e-e} 或 T_{l-l}，并计算列车在各站的到发时刻 $a_{i,j}$ 和 $d_{i,j}$。

步骤 3　判断快车在某站是否满足下式所示的越行前车条件：

$$\dot{o}_{i,j} = \begin{cases} 1, & tdd_j^{i-1,i} \geqslant y_{i,j}I_{dd} + (1-y_{i,j})I_{dt} \cap taa_{j+1}^{i-1,i} < I_{aa} \\ 0, & tdd_j^{i-1,i} \geqslant y_{i,j}I_{dd} + (1-y_{i,j})I_{dt} \cap taa_{j+1}^{i-1,i} \geqslant I_{aa} \end{cases}$$

$$o_{i,j} = \begin{cases} 1, & taa_j^{i-1,i} \geqslant y_{i,j}I_{aa} + (1-y_{i,j})I_{at} \cap tdd_j^{i-1,i} < y_{i,j}I_{dd} + (1-y_{i,j})I_{dt} \\ 0, & taa_j^{i-1,i} \geqslant y_{i,j}I_{aa} + (1-y_{i,j})I_{at} \cap tdd_j^{i-1,i} \geqslant y_{i,j}I_{dd} + (1-y_{i,j})I_{dt} \end{cases}$$

如果 $o_{i,j}$ 为 1 时，转步骤 4；如果 $o_{i,j}$ 为 0 时，转步骤 2。

步骤 4　调整慢车在此站的到发时刻，重新计算后续车站的到发时刻 $a_{i,j}$ 和 $d_{i,j}$，并根据对被越行慢车始发时刻的调整，重新计算慢车在越行站之前的到发时刻 $a_{i,j}$ 和 $d_{i,j}$，转步骤 5。

步骤 5　判断此开行方案是否满足模型中如下各约束条件：

$$a_{i,j} - d_{i-1,j} \geq y_{i-1,j} y_{i,j} I_{da} + (1-y_{i-1,j}) y_{i,j} I_{ta} + y_{i-1,j}(1-y_{i,j}) I_{dt} + (1-y_{i-1,j})(1-y_{i,j}) I_{tt}$$

$$d_{2,j} - d_{1,j} \geq I_{dt}$$

$$d_{2,K} - d_{1,K} \geq I_{aa}$$

如果满足，转步骤6；如果不满足，转步骤2。

步骤6 由于每列车最多发生一次越行或被越行的约束，越行发生后，快车越过慢车，而上一个最小循环周期的慢车变为此快车的前行慢车，判断该快车是否会越行该慢车，即按照步骤3中的公式计算和判断；是，转步骤2；否，转步骤7。

步骤7 记录此开行方案，判断是否所有可能的调整方式均已记录；如果满足，转步骤8；如果不满足，转步骤2。

步骤8 将记录的开行方案作为遗传算法的初始种群，计算乘客参数，包括 $w_{i,j}^{wati}$、$n_{i,j}^{board}$、$n_{i,j}^{alight}$、$transfer_{i,j}^{e-l}$ 等，以及各方案的目标函数 E_{total}、C_{total} 和 t_{total}，以及适应度函数，适应度函数采用可行解目标值的最大值与当前可行解目标值的差，由于目标函数越小越好，因此适应度函数越大该目标值越优。

步骤9 进行交叉操作和变异操作，交叉操作采用单点交叉，变异操作采用单点变异，判断算法中止条件；如果满足，转步骤10；如果不满足，转步骤9。

步骤10 得到最优解，并输出相关评价指标，以便对比分析。

11.4 案例研究

11.4.1 案例背景及相关参数

（1）案例背景

以某城市轨道交通市域线 YZ 线为例，该线路连接郊区与城市中心区，如图11-14所示。选取该线路某从郊区到城市中心的方向（上行方向）作为研究案例，某日单位小时该方向的客流 OD 见表11-3，小时车站乘降量和小时断面流量分别如图11-15和图11-16所示，线路站间距见表11-4。

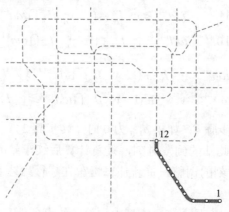

图11-14 案例线路图

客流 OD 矩阵（单位：人次/h） 表 11-3

车站序号	1	2	3	4	5	6	7	8	9	10	11	12
1	0	216	1080	1260	108	648	1296	216	1224	972	108	432
2	0	0	180	216	72	36	144	72	72	36	72	108
3	0	0	0	720	108	972	648	72	900	612	108	1296
4	0	0	0	0	72	900	900	144	792	1152	72	1224
5	0	0	0	0	0	180	72	36	36	144	36	108
6	0	0	0	0	0	0	756	288	864	972	180	1404
7	0	0	0	0	0	0	0	72	1260	828	108	1224
8	0	0	0	0	0	0	0	0	108	144	72	180
9	0	0	0	0	0	0	0	0	0	972	108	1404
10	0	0	0	0	0	0	0	0	0	0	108	1260
11	0	0	0	0	0	0	0	0	0	0	0	216
12	0	0	0	0	0	0	0	0	0	0	0	0

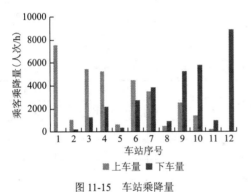

图 11-15 车站乘降量

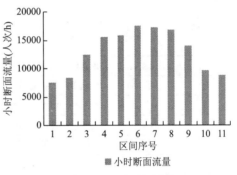

图 11-16 区间断面流量

线路各区间的站间距 表 11-4

区间序号	1	2	3	4	5	6	7	8	9	10	11
站间距（m）	1050	1832	1786	2086	2265	1030	1354	1280	1544	992	1975

车站 1 至车站 12 方向是市域线郊区到城市中心的方向，在此方向上，乘客上车量大致呈现下降趋势，乘客下车量大致呈现增加趋势，在郊区的车站 1～6 上车量基本大于下车量，靠近城市中心的车站 7～12 下车量基本大于上车量，符合市域线的客流特征。另外，线路的车站乘降量呈现不均衡的客流特点，而且不均衡性的分布比较分散，例如在车站 2、5、8、11 的乘降量明显较少。因此，根据客流特征，初步判断该线路适合开行快慢车，可通过开行在部分车站跨站不停的快车来提高列车旅行速度，满足乘客减少出行时间的需求，同时开行站站停慢车来满足客流的直达需求。

（2）参数取值

根据城市轨道交通市域线的实际运营情况，参考列车技术参数，案例的参数取值见表 11-5。需要说明的是，目标函数包括企业效益和乘客效益两部分，为保证两者同样受到重视，案例研究中采用相同权重，即 $\alpha=\beta=0.5$。

案例的参数取值 表11-5

参数	含义	取值	单位
T_R	研究时段	1	h
$v_{i,j}$	列车巡航速度	80	km/h
$a_{i,j}^{acc}$	列车加速度	0.8	m/s²
$a_{i,j}^{dec}$	列车减速度	0.8	m/s²
I_{dd}	前车发车、后车发车的最小追踪间隔时间	120	s
I_{aa}	前车到达、后车到达的最小追踪间隔时间	120	s
I_{dt}	前车发车、后车通过的最小追踪间隔时间	150	s
I_{da}	前车发车、后车到达的最小追踪间隔时间	90	s
I_{ta}	前车通过、后车到达的最小追踪间隔时间	120	s
I_{tt}	前车通过、后车通过的最小追踪间隔时间	120	s
I_{at}	前车到达、后车通过的最小追踪间隔时间	60	s
I_{td}	前车通过、后车发车的最小追踪间隔时间	90	s
$ts_{i,j}$	列车 i 在车站 j 的停站时间	45	s
$ts_{\min}$	列车在车站不被越行时的最小停站时间	45	s
z	单位列车定员	1468	人
r_{wait}	乘客候车感知时间系数	1.2	—
c_v	列车平均购置费用	48	百万元/列
c	列车平均走行公里费用	0.018	万元/(列·km)
α	企业效益的权重系数	0.5	—
β	乘客效益的权重系数	0.5	—
$\eta_{\min}$	最大断面区间平均满载率最小值	0.55	—
$\eta_{\max}$	最大断面区间平均满载率最大值	0.75	—
$f_{\min}$	慢车的最小法定发车频率	6	列/h

当遇到慢车时，乘客都选择乘车；当遇到快车时，能直达的乘客均乘车，不能直达的乘客按照一定比例 $q_{i,j,k}$ 选择乘车。均衡发车下，快车的满载率低于慢车，且乘客乘坐快车后换乘慢车的时间与等候慢车相比，并未增加。假设乘客在快车停靠站遇到列车都上车，根据假设⑥，快车非直达乘客在目的地前最后一个快车停靠站换乘慢车，因此乘客选择行为参数 $q_{i,j,k}$ 的取值定义如下：

$$q_{i,j,k}=\begin{cases} 1, & y_{i,j}=1 \cap y_{i,k}=1 \\ 1, & y_{i,j}=1 \cap y_{i,k}=0 \\ 0, & y_{i,j}=0 \end{cases}$$

11.4.2 结果对比分析

根据上述案例及参数取值，采用11.3中构建的无越行均衡发车条件下、无越行非均衡发车条件下、考虑越行的3种快慢车开行方案优化模型及算法，求解模型的最优解，并与非快慢车运营模式对比，分析乘客出行感知时间和企业成本的变化。相关结果见表11-6。

不同快慢车运行模式下的效果对比　　　　表 11-6

快慢车模式	非快慢车	无越行		有越行
		均衡发车	非均衡发车	
发车频率（列/h）	16	16	16	16
慢车发车频率（列/h）	—	8	8	8
快车发车频率（列/h）	—	8	8	8
不停站序号	—	8	5,8	2,5,8,11
越行站序号	—	—	—	2
$T_{l\text{-}e}$（s）	225	225	312	120
$T_{e\text{-}l}$（s）	225	225	318	330
发车间隔（s）	225	225	—	—
车底购置费用（百万元）	326.3	310.8	310.8	313.2
车公里费用（万元）	5.6	5.6	5.6	5.6
乘客出行感知时间（h）	6546	6441	6297	6191
乘客候车时间（h）	1013	1073	1148	1125
乘客在车时间（h）	5331	5154	4920	4841
慢车旅行速度（km/h）	46.0	46.0	46.0	41.5
快车旅行速度（km/h）	—	48.3	50.9	56.9

通过上述对比分析，在发车频率为 16 列/h 的情景下，考虑越行的最优开行方案中，快车跨站数量为 4，其中在车站 2 不停站越行慢车。无越行的快慢车开行方案中，受到追踪间隔约束条件的影响，均衡发车时快车最大跨站数量为 1，非均衡发车时快车最大跨站数量为 2，而考虑越行时快车跨站数量提高为 4。

随着快车跨站数量增加，与站站停列车、无越行均衡发车、非均衡发车相比较，有越行时快车旅行速度从 46.0km/h、48.3km/h、50.9km/h 提高为 56.9km/h，分别提高了 23.5%、17.6% 和 11.7%；无越行时慢车与站站停列车速度相同，有越行时慢车被越行而增加了停站时间，导致速度从 46.0km/h 降低到 41.5km/h，降低了 9.9%。可见，越行能够提高快车跨站不停的数量和快车旅行速度，虽然慢车旅行速度有所降低，但仍保持可接受的水平。

与非快慢车方案、无越行均衡、非均衡快慢车相比较，有越行快慢车的乘客出行感知时间分别减少了 5.4%、3.9% 和 1.7%，其中乘客在车时间分别减少了 9.2%、6.1% 和 1.6%，乘客候车时间分别增加 11.1%、增加 4.8%、减少 2.0%。分析原因，快车跨站数量增加、速度提高减少了乘客在车时间，但非均衡发车模式提高了列车在车站到发时刻的不均衡性，从而乘客候车时间增加 11.1%、4.8%；而有越行比无越行降低了此种不均衡性，从而乘客候车时间减少 2.0%；因此，在候车时间和在车时间综合作用下，有越行时乘客效益最优。

由于发车频率相同，因而车公里费用相同；从车底购置费用上看，有越行快慢车开行方案优于非快慢车方案和无越行均衡快慢车方案，但劣于无越行非均衡快慢车方案，车底购置费用比非快慢车方案和无越行均衡快慢车方案分别减少了 4.0% 和 1.7%，比无越行非均衡方案增加了 0.8%。分析原因，越行虽然提高了快车旅行速度而减少了快车周转时间，但降低了慢车旅行速度而增加了慢车周转时间，两者综合作用下，快车节省时间不及慢车增加时间，从而提高了车底购置数量。

综上所述，与非快慢车模式、无越行快慢车相比，有越行快慢车对企业费用提升较小的情况下，提高快车旅行速度、减少乘客出行时间，提高乘客服务水平。

11.4.3 快慢车运营模式的客流适应性分析

乘客需求变化时，在一定满载率要求下，列车发车频率和发车间隔发生变化。因此，本节研究客流需求的灵敏度，得到客流需求变化下快慢车开行方案最优解，并提出非快慢车模式、无越行和有越行快慢车运营模式对不同客流的适用范围。

(1) 快车跨站数量的取值范围

分析客流条件的灵敏度，案例的客流 OD 由减少 30% 逐渐到增加 40%，在满载率取值 65% 的条件下，以快慢车开行比例取值 1∶1 时为例，得到各客流条件对应的列车开行数量，见表 11-7，对应的快车最大跨站数量如图 11-17 所示。

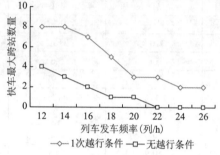

图 11-17 不同发车频率下快车最大跨站数量

客流需求变化时对应的发车频率　　表 11-7

客流变化比例	-30%	-20%	-10%	0%	+10%	+20%	+30%	+40%
发车频率（列/h）	12	14	16	18	20	22	24	26

当客流由减少 30% 变化为增加 40%，发车频率由 12 列/h 增加为 26 列/h。为保证服务水平，限制每列车最多发生一次越行或被越行。当发车频率增加时，列车发车间隔减小，有越行条件下快车最大跨站数量由 8 减少为 2；而无越行条件下快车最大跨站数量由 4 减少为 0。同时，当发车频率达到 22 列/h 及以上时，无越行的线路条件下不再具备开行快慢车的条件。

(2) 最优解的对比

客流由减少 30% 逐渐变化到增加 40%，且满载率取值 65% 时，对应发车频率下分别计算有越行、无越行快慢车和非快慢车方案等三种模式下的最优解。有越行快慢车开行方案中，越行位置为"跨站序号"中加粗序号，每种客流的最优解在"加权目标值"中加粗显示，如表 11-8 所示。

客流需求变化时有快慢车不同运营模式的最优开行方案　　表 11-8

客流变化	发车频率（列/h）	快车列数（列/h）	慢车列数（列/h）	运营模式	跨站序号	车底购置标准值	车公里标准值	乘客感知时间标准值	加权目标值
-30%	12	6	6	有越行快慢车	2,5,**8**,9,10,11	0.26	0	0.11	0.12
		6	6	无越行快慢车	2,5,8,11	0.20	0	0.00	0.05
		6	6	非快慢车方案	—	0.93	0	0.15	0.31
-20%	14	7	7	有越行快慢车	2,5,**8**,10,11	0.44	0	0.03	0.13
		7	7	无越行快慢车	2,5,8	0.38	0	0.01	0.10
		7	7	非快慢车方案	—	0.93	0	0.15	0.31

续上表

客流变化	发车频率（列/h）	快车列数（列/h）	慢车列数（列/h）	运营模式	跨站序号	车底购置标准值	车公里标准值	乘客感知时间标准值	加权目标值
-10%	16	8	8	有越行快慢车	2, 5, 7, 8, 9, 10, 11	0.00	0	0.23	0.11
		8	8	无越行快慢车	5, 8	0.47	0	0.05	0.14
		8	8	非快慢车方案	—	0.92	0	0.17	0.32
+0%	18	9	9	有越行快慢车	2, 5, 8	0.62	0	0.00	0.15
		9	9	无越行快慢车	8	0.56	0	0.11	0.20
		9	9	非快慢车方案	—	0.75	0	0.18	0.28
+10%	20	10	10	有越行快慢车	2, 5, 8	0.13	0	0.00	0.03
		10	10	无越行快慢车	8	0.00	0	0.13	0.07
		10	10	非快慢车方案	—	0.42	0	0.23	0.22
+20%	22	11	11	有越行快慢车	2, 5	0.37	0	0.00	0.09
		11	11	非快慢车方案	—	0.28	0	0.23	0.19
+30%	24	12	12	有越行快慢车	2, 5	1.00	0	0.00	0.25
		12	12	非快慢车方案	—	0.00	0	0.24	0.12
+40%	26	13	13	有越行快慢车	2	0.51	0	0.00	0.13
		13	13	非快慢车方案	—	0.00	0	0.11	0.05

通过对比分析表 11-8 中不同快慢车运营模式的效果，可知当客流由减少 30% 变化为减少 20% 时，对应的发车频率为 12～14 列/h，最优解为无越行的快慢车开行方案。此时客流较小，发车频率较低，列车之间间隔较大，无越行条件下快车跨站数量可达到 3～4，当快车跨站数量较多时才具备开行有越行快慢车的条件。有越行条件下，快车跨站数量为 6～7，提高了快车的旅行速度，但慢车被越行时增加了停站时间，两者综合作用下，快车提高的效益不及慢车损失的效益，无越行快慢车的车底购置费用、乘客出行感知时间均较少。因此，无越行快慢车方案更优。

当客流由减少 10% 变化为增加 20% 时，对应的发车频率为 16～22 列/h，最优解为有越行下的快慢车开行方案。此时客流适中，具备多种越行快慢车开行方案的开行条件。与无越行快慢车方案相比较，越行可以提高列车在各站到发时间的均衡性，因而乘客候车时间略有减少；同时，快车跨站数量较多而提高了快车旅行速度，虽然慢车被越行而降低了旅行速度，两者综合作用下快车提高效益更多；与非快慢车方案相比较，越行减少了快车的周转时间，降低了车底购置费用，提高了快车旅行速度，减少了乘客在车时间。因此，有越行快慢车方案更优。

当客流由增加 30% 变化为增加 40% 时，对应的发车频率为 24～26 列/h，最优解为无越行下的开行方案，且均为站站停列车。此时，发车频率较高，几乎达到线路最小发车间隔的限制，因此无越行条件下不再具备开行快慢车的条件，而且有越行下快车的跨站数量受到限制而较少，导致快车跨站节省的时间不及慢车被越行增加的时间，不能降低车底购置费用、乘客在车时间等。因此，非快慢车模式的开行方案更优。

综上，当客流较小时，列车间隔较大，无越行快慢车即可提高乘客和企业的效益；当客流适中时，有越行快慢车方案的优化效果更明显，提高开行方案的总体效益；但客流较大时，发车频率过高、列车间隔过小，由于线路通过能力和各类追踪间隔的限制，有越行快慢车的跨站数量受限，此时越行增加的效益不及损失的效益，反而非快慢车模式更优。

因此，当客流较小、发车频率小于 16 列 /h 时，无越行的快慢车模式效果更优；当客流适中、发车频率在 16～22 列 /h 时，有越行的快慢车模式效果更优；当客流较大、发车频率大于 22 列 /h 时，站站停模式效果更优。

第 12 章

多编组与变编组列车运行组织方法

列车编组是决定线路输送能力的重要因素，也直接决定运用列车数量即运营成本。本章介绍了改变列车编组的两种方法，即多编组与变编组方法；结合案例，研究了多编组方法对服务质量效果的影响；探讨了变编组在不同线路条件下的应用模式与效果；最后从客流、行车条件、硬件水平等角度分析了多编组与变编组方法的适用性。

12.1　多编组与变编组的概念及作用

多编组是指针对城市轨道交通线路客流在不同时段或不同区段的差异，由车辆基地事先设计并发出的，具有不同编组长度列车的运营组织技术。变编组是指针对城市轨道交通线路在不同区段所具有的客流差异性，在运行过程中改变列车编组形式的运行组织技术。当列车运行到设定的改变编组站点时，需要将一列车拆分为多列车或将多列车合并成一列车，并继续运行到目标站。

从城市轨道交通形式出现到现在，国内外就城市轨道交通运输组织进行了大量的研究，多编组与变编组技术在城市轨道交通列车运输组织方面得到了实际应用。如上海地铁16号线在高峰时期采用大、小编组列车混跑的运输组织方式。维也纳地铁2号线列车采用6节编组（4动2拖），但可根据需要进行解编，通过改变列车编组，加上调节行车密度，可以适应不同时期和不同时段客流量变化的需要。

12.1.1　多编组技术

随着线网规模的扩大，城市轨道交通客流呈现急剧增长和全日客流分布不均衡的特征。一方面，由于经济水平等条件的限制，轨道交通车辆供给可能难以满足快速增长的客流需求，部分线路在运营初期使用小编组、远期在车辆配属足够的情形下采用大编组，以尽可能地满足客流需求。另一方面，由于轨道交通客流时间分布呈现明显的不均衡性，尤其是市域轨道交通线路，其客流具有明显的时间分布不均衡特征，单一编组运营模式在平峰时段为保证发车间隔不过长而可能存在运能浪费的情况。多编组运营组织模式在某种程度上可以缓解上述问题。

多编组是对于某些线路在不同时期具有的不同客流特征，按照大编组、小编组或大小编组混跑的方式来组织运营的一种编组方法。与单一编组相比，多编组在运输经济性和服务水平上均有显著的优势。多编组可以根据不同时段的客流需求开行具有不同编组长度的列车，使运能与客流的时间分布规律相匹配，提高运营效率。客流低谷期开行频率较高的小编组列车，在满足运能需求的前提下，既能保证较短的发车间隔，以提高城市轨道交通竞争力，又能避免列车满载率过低，从而有利于减少列车运行成本。此外，受车辆配置数量及初期客流相对较低的影响，不少线路在运营初期采用小编组、远期采用大编组的运输组织策略，可以有效缓解车辆供给不足情形下服务水平较低的问题。

目前，城市轨道交通多编组运营线路主要分为两类：基于不同时期客流量变化的多编组和基于全天不同时段客流变化的多编组。

（1）基于不同时期客流变化的多编组

基于不同时期客流变化的多编组运营组织策略一般包括两种情形。

第一种情形是指运营决策部门根据线路初、近、远期客流量的差异，决定在不同时期采用列车编组辆数不同的编组方案。由于列车编组受站台长度的限制，这种多变组运营组织策略需要在设计之初预留远期编组的空间。比如，上海地铁1号线早期都采用6节编组。在客流需求不断增加和车辆供应问题得到解决后，上海地铁1号线已全部采用8节编组。北京地铁八通线从2008年5月25日起，由4节编组改为6节编组运营。广州地铁3号线从2010年4月28日起，由3节编组改为6节编组运营。因此，当线路不同运营时期的客流量差异较大时，可以考虑在不同时期采用不同的列车编组，以适应不断变化的客流需求。

第二种情形是指针对客流可能出现较大的季节性波动的情况，组织灵活编组列车，采用扩编、解体插编等方法改变车辆编组大小，以满足旅客需求的一种编组形式。这里不同时期客流量是指在节假日或是客流有大幅波动的时期，而不是一天内的客流高峰与低峰。实际运营表明，城市轨道交通客流量在节假日期间会有较大的波动，探亲访友、旅游等高峰期客流大幅增长。因此，有必要时需在节假日重新设计列车编组方案，以适应客流的变化。

（2）基于全天不同时段客流变化的多编组

基于全日不同时段客流变化的多编组是指根据城市轨道交通线路客流在全天不同时段或不同区段的差异，由车辆基地事先设计并发出的具有不同编组长度的列车，其在运行过程中不进行拆解或重联的运营组织技术。

对于北京、上海、广州等大城市来说，每天的客流量在不同时段有很大不同，超低峰、低峰、平峰、次高峰、高峰各时段每小时客流量的比大约为1∶3∶5∶10∶14。针对这种情况，既要采用比较短的列车运行间隔，保证一定的服务水准，还要保证较高的载客率，达到降低运营成本的目的。低峰、超低峰时段乘客稀少，应采用比较长的列车运行间隔来保持较高的载客率；亦可采用特小列车编组，以减小列车运行间隔。基于全日不同时段客流变化的多编组可以解决每日不同时段客流分布不均衡的问题。

一般而言，采用多编组运营模式的线路大多为较长线路，且符合市域轨道交通线路的特征，也正是由于市域轨道交通线路客流具有通勤特性，才决定了线路各时段客流需求的差异性，为采用多编组模式提供了条件。当轨道交通线路全日客流时间分布不均衡程度较高时，适宜采用多编组运营组织方式，在高峰时期开行大编组列车或大小编组混跑，满足乘客需求，而在平峰时期开行小编组列车，减小列车的运行间隔同时，保证较高的载客率。

多编组的优点是可满足不同时段的客流需求，减少车辆走行公里，促进运能和需求匹配，提高运输服务水平和运营效益；缺点是在规划建设阶段就需预见性地统筹设备购置计划。多编组一般适用于客流时段不均衡性明显的线路。

12.1.2 变编组技术

变编组是针对较长线路在不同区段具有差异化的客流特征,将列车在某一车站或在其运行线路上进行拆分改编,形成两列或两列以上的列车进入不同的运行线路或到达不同的车站。按照拆分地点的不同,变编组分为以下两种情况。

(1) 在站台的变编组

当列车的拆分作业发生在某车站时,该过程称为在站台的变编组。如图 12-1 所示,列车在车站进行拆改,然后分别去往两个方向。变编组模式在国外轨道交通系统中应用普遍,例如日本的 JR 线列车在大月站的拆改情况。在站台拆改要求该站台具有一定的改编作业能力,拆改完成后的车辆根据实际要求有两种去向。拆分的一部分车辆在该站的车辆段进行检修或者驶入其他车站进行车辆检修,剩余车辆部分编入其他列车运行或直接驶入其他线路。JR 线的列车在大月站进行拆分作业后,部分车辆继续前往河口湖站进行车辆检修或集结,另一部分则直接驶入富士急行线。

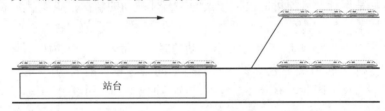

图 12-1　在站台的变编组

(2) 在线路上的变编组

当拆改作业发生在某条线路上时,该过程称为在线路上的变编组,如图 12-2 所示。线路上的拆分作业应该在不影响整体运营的前提下,在支线上完成,并且整个拆分作业应该具有可操作性。若拆改作业时间过长或是对支线的正常运营造成影响,则不宜采用变编组技术。

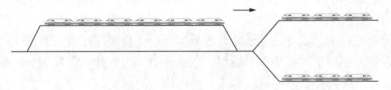

图 12-2　在线路上的变编组

从客流组织的角度,变编组又可分为带客拆改和不带客拆改。

(1) 带客拆改

带客拆改是指在整个拆改的过程中,乘客不离开车厢,拆改作业完成后,乘客随新编列车去往相应的线路。该过程可以发生在有技术条件的某个车站,也可发生在某特殊线路(如 Y 形线路)有客流分叉的点。在拆分前的客流组织工作中,列车工作人员应将列车拆分去向通知乘客,避免因坐错车厢而导致乘客不能到达目的地。需指出的是,采用带客拆改需考虑客流量的大小和拆改需要的时间。客流量过大会导致客流组织复杂,拆改时间长会导致乘客延误时间长,这都会影响变编组的实施效果。

（2）不带客拆改

不带客拆改是指拆分的车厢内没有乘客，拆分过程根据客流的需要进行，拆分后的车厢可编入其他列车去往相应客流密集线路或是在车站等待重新编组。

变编组的优点是各运行区段服务水平均较高，可结合不同交路以减少车辆走行公里；缺点是改编作业需一定操作时间，增加乘客旅行时间，易引起乘客误乘，运营难度较大。一般来说，变编组适合多方向线路上不同方向客流不均衡的情形。

12.2 多编组运行组织方法及案例分析

12.2.1 多编组运行组织方法

（1）基于不同时期客流变化的多编组运行组织

我国城市轨道交通很多项目均采用了近期小编组，远期大编组的形式，对车站等土建工程按照大编组设计预留，远期进行扩编。下面以 4 辆 B 型车扩编至 6 辆为例介绍扩编的方法。4 辆编组列车由 2 个动力单元车组组成，如图 12-3 所示。

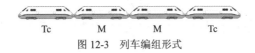

图 12-3 列车编组形式

列车由 4 辆扩编为 6 辆编组有两种可行方案。

方案一是利用 4 辆编组列车解体插编。

本方案是把 4 辆编组的列车拆分为 2 个单元车组，分别插到 2 列 4 辆编组的列车中间，改编成 2 列 6 辆编组的列车，如图 12-4 所示。采用这一改造方法，其他车辆都不动，只对插在列车中间带司机室的车辆进行局部改造。

图 12-4 解体插编后列车编组形式

对带司机室的头车的改造内容：

①带司机室的车前端为半自动车钩，需更换为半永久牵引杆及增加列车风管的连接，拆除头车前端的排障器、裙板、车载 ATC、电笛等设备。

②带司机室的车前端没有 108 芯接线箱、交流电源电气连接器与接线箱，需要在其前端增加各种电气连接器和接线箱，在车下前端增设各电气连接器、接线箱，并对车下配线配管进行改造。

③对带有折棚车厢之间的通过台，需加装车门。如果用户在车辆招标文件中，明确远期采用此方案扩编为 6 辆编组，那么厂家在车辆设计中做一些预留，使列车扩编改造时容易一些。

方案二是在 4 辆编组列车中间增加一个新造的动车组。本方案是保持 4 辆编组的列车不动，在中间增加一个新造的动车组，由此扩编为 6 辆编组，如图 12-5 所示。新造的动车没有司机室，因而可以保持全列车贯通，便于乘客疏散。

图 12-5　新车插编后列车编组形式

6 辆编组的列车，一般设置 2 台空气压缩机组和 2 台 SIV 辅助电源。如果初、近期在采购 4 辆编组列车时，其空气压缩机和 SIV 辅助电源的容量按 6 辆编组设计，预计每辆车的平均价格约增加 2.5%～3%，由此可以减少将来列车扩编时的工作量；否则，远期扩编时有些设备需要扩容，扩编的难度大一些，所花的费用也更多。因为本方案中新造的动车组没有司机室，拖车上没有空气压缩机和 SIV 辅助电源及其配套设备，车辆采购价格比 4 辆编组 B 型车要低 7%～8%。

采用基于不同时期客流变化的多编组方案时，线路初期的土建工程须按远期列车编组考虑，如车站站台长度、车站公共区的设备和管理用房、车辆段或停车场内运用库、检修库长度等均需按远期编组设计。此外，车辆段内与列车编组相配套的检修工艺设备可按近期编组配置，但检修工艺设备的土建需按远期列车编组预留。在对原有车辆进行扩编时，应尽可能借用原有车辆的设计，仔细核对与原有车辆的接口关系，最大限度地要求新增车辆满足已有车辆的接口，实在无法协调时再更改原有车辆。

（2）基于全天不同时段客流变化的多编组运行组织

适应全日客流变化的运营组织方案可分为全部解编和部分解编两种列车组织形式。

①全部解编。

运营期高峰或平峰时段，只运行单一编组种类的列车，如高峰时期开行大编组列车，平峰时期开行小编组列车。投入运营的列车在车辆段全部由大编组列车解体为小编组列车或由小编组列车编组为大编组列车，然后投入线路进行使用，除大小编组过渡时期外，没有大小编组列车混跑情形。对一般的轨道交通线路来说，由于早高峰之前仅有两个小时的运营时间，且平、高峰之间还要考虑加、减车的过渡，因此每天开行小编组列车的时段可为 10 时～17 时、19 时～24 时，不同城市根据客流情况的不同会有差异，大致都为每日 2 次集中解车和 1 次集中编车。

②部分解编。

根据运营需要，部分大编组列车解体为小编组列车或部分小编组列车组合为大编组列车，大小编组列车同时混跑运行。

为适应客流变化，根据客流需要，部分列车解体或编组成大编组列车，进行大、小编组列车混跑。为保证输送能力且适应初、近、远期客流的变化，混跑列车的比例可以根据客流变化进行调节。

多编组运营的形式可以较好地解决全天不同时段客流差异较大的问题，使得运营更加经济，但同时也存在车辆扩编改造或不同编组混跑的问题。关于是否采用多编组运行方案，还需要从运营管理、列车性能与要求、设备要求等方面予以考虑。下面具体介绍一下多编组列车运行组织过程中的一些注意事项。

①乘客适应性问题。由于采用不同编组的列车运行，当列车在站台停靠时，乘客的候车位置会相应产生变化。为了提高乘车效率，需要对乘客进行引导和信息提示，如可以通

过在候车区上方设置红绿指示灯的方式引导乘客选择正确的候车位置。

②车辆段出入线要求。多编组列车在车辆段进行解、编作业，因此在平峰与高峰过渡时段需要同时进行高频率的列车出入段作业，这就要求车辆段出入线的作业能力要满足能力需求，避免车辆出、入段作业与其他作业之间的干扰。配线设置需要保证列车出、入段作业同时进行且互不干扰，并可以双方向收、发车。

③编组方案的选择。4/6 编组的运营方案存在车型较多及需要技术改造的问题，而 3/6 编组运营方案则保持了设备完整性和一致性，无论是设备效率还是维修周期都有明显优势，但具体的编组方案还需根据客流情况进行相应的选择。

④设备要求。在小编组到大编组或大编组到小编组过渡的过程中，列车信号系统的一致性、车站导向系统的引入是必要的，需要在行车组织设计中予以体现。例如，对普遍采用 ATO 信号控制的新线来说，在采购招标中应强调 ATO 系统具备列车解编和识别的功能，这样既能减少城市轨道交通运营企业的成本，又可以最大限度地发挥设备效能。

12.2.2 案例分析

为了更好地分析城市轨道交通多编组运行组织方法，基于不同时期和全天不同时段的客流变化，分别以上海地铁 2 号线与 16 号线为例进行详细介绍。

（1）基于不同时期客流变化——上海地铁 2 号线

地铁 2 号线是上海市轨道交通网络中构成线网主要骨架的 4 条市域线之一，是一条东西向的直径线，连接青浦、虹桥机场、市中心、浦东机场和铁路浦东客站，它由既有的 2 号线以及后续建设的西延伸段和东延伸段三大部分构成。该线建立起市中心和两个国际机场之间的便捷客运通道，连接市区的主要活动中心和大型客流集散点。规划线路总长 116km，在城市交通中发挥了重要作用。

随着城市的人口规模日益膨胀，市民的出行总量日益增加，上海地铁 2 号线自开通运营后的 11.94 万人次/日增长为 2007 年的 57 万人次/日，增长率为 4.7 倍，如图 12-6 所示。作为整个轨道交通骨干网络的 2 号线，6 节编组形式已远远不能满足市民的出行需求及整个城市扩展的规模需求。尤其在早晚高峰时段，2 号线运能与运量的矛盾更加突出，

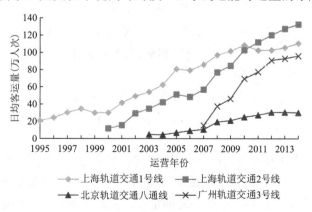

图 12-6　多编组运营线路客流增长趋势（戎亚萍，2017）

已到了超饱和的状态。再加之原有信号系统的设计缺陷和折返系统的有限条件，已不能仅通过增加列车数量的方式来解决运能的问题。为了更好地适应客流变化的情况，上海地铁于 2007 年起开展"6 改 8"的项目，由 6 节编组 A 型车扩编为 8 节编组 A 型车。

基于线路初建时的客流分析及城市的整体发展规划，在建设上海地铁 2 号线时，车站的土建规模是按接发 A 型车 8 节编组列车的能力来确定的，车站一步建成到位。实际采购时，列车为 6 节编组，预留了今后扩编的可能性。

经过相关部门的反复研讨与技术论证，最终决定采用自扩编加增扩编的方法。所谓自扩编，就是在现有的 6 节编组列车的基础上增加 2 辆动车，达到扩编目的；所谓增扩编，就是新购置 6 辆动车，再增配 2 辆经自扩编后剩余的拖车，组成编组为 8 节的列车，改编方案如图 12-7 所示。此方案的优点是自扩编列车改造涉及面较小，对运营影响较小，而增扩编列车可委托车辆供货商实施改造，整改周期较短，成本也较低，同时可以借机改造原有的牵引系统和原有的设备系统，技术条件更为先进（朱沪生，2012）。

图 12-7 "6 改 8"扩编后列车编组

（2）全天不同时段的客流变化——上海地铁 16 号线

上海地铁 16 号线北起龙阳路站，南至滴水湖站。全长 58.96km，共设车站 13 座，是一条市域通勤铁路。该线路采用快慢车加多编组运营的组织方式，列车为时速 120km 的 A 型车，快慢车停站方案如图 12-8 所示。其中快车开行时段覆盖工作日、节假日，龙阳路至滴水湖双向运行，但在工作日早高峰期间，由于客流较大，在去往龙阳路方向慢车已上线 6 节编组列车，采用 3/6 编组混跑增加运力，同时受线路通过能力的限制，在该方向不开行快车。

图 12-8 上海地铁 16 号线快慢车停站方案

地铁 16 号线主要为通勤客流，现以 2016 年 9 月 19 日（周一）16 号线分时断面数据为基础，以主客流方向为例，分析其全日客流时间分布的不均衡性，16 号线全日客流量以及断面客流分布特征如图 12-9 所示。

由图 12-9 可以看出，16 号线目前单日的客流量在上海现有 14 条轨道交通线路中位居第 13 位，但客流潮汐现象非常突出，早高峰往龙阳路方向非常拥挤，晚高峰则相反，其他时段客流较少。

上海地铁 16 号线现有 3 节编组列车共 46 列，如果为了满足高峰时期的客流需求将 3 节编组全部改为 6 节编组，将导致总配车数量减少为 23 列，列车数量的减少在一定程度上会导致行车间隔增大，使乘客的等待时间增加，同时全部开行大编组列车在平峰时期也会造成运能的浪费。

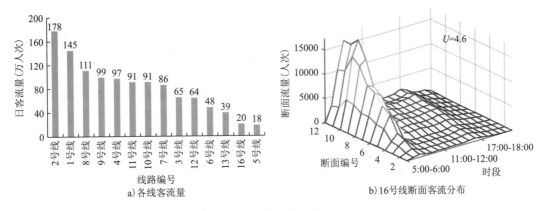

图 12-9 上海轨道交通客流量分析

针对 16 号线的客流特征，同时考虑到列车数量的限制，16 号线现实行多编组的运行组织方法，在高峰时段采用 3/6 编组混跑，在平峰时段全线双向都采用单一 3 编组。16 号线全线共有两个停车场，分别是位于罗山路站的川杨河停车场和位于惠南东路站的治北停车场。在早高峰时期部分列车在治北停车场进行连挂作业，然后从停车场出发上线运行，经龙阳路站折返后逐渐下线停放在治北停车场或解编为 3 节编组重新上线运行。当客流量大且车体保有量有限时，部分 6 编组列车在正线上继续运行一两圈再回段。晚高峰时段也类似，列车从治北停车场发车，高峰时期结束后在治北停车场进行收车作业。采用列车 3/6 编组方案保持了设备完整性和一致性，在进行车辆维修时较为方便；同时在遇到大客流时，能快速实现两列 3 节编组的连挂，变成 6 节编组，缓解高峰时期的客流压力。另外由于采用两列 3 节编组列车连挂后，两节车厢无法走通，因此需要提醒乘客要注意进站列车的编组，在站台均匀候车，防止车厢拥挤度不均。为了方便乘客的出行，16 号线在车站内设置了 3 节编组和 6 节编组的导向标志，并通过广播提醒乘客，提高了乘车效率。

12.3 变编组运行组织方法及案例分析

变编组是在线路能力相对富裕并且不同区段客流需求差异较大的前提下所采用的运输组织模式。在实际运行组织过程中，为了更好地兼顾客流在空间分布上的不均衡性，通常将其与其他运输组织模式结合使用，组合方式主要包括变编组与共线运行、变编组与多交路两种。

12.3.1 变编组与共线运行组合模式

共线运行中，共线区段的车站车流量较密集，列车发车频率高，不共线的分支区段受共线区段通过能力影响，列车发车频率较低。因此，一般将共线区段设置在市中心，分支区段由市中心向郊区发散，这就为变编组与共线运行的组合运行组织模式创造了条件。在客流集中的城区共线区段，一般采用多组列车重联运行。在郊区站，列车联挂或拆解，分别在非共线区段的线路上独立运行，以满足郊区较为分散的客流，也就是德国、日本及美国轨道交通中较为常见的"翼型列车"，如图 12-10 所示。

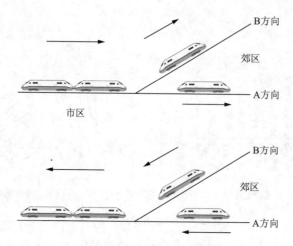

图 12-10 变编组与共线运行组合模式示意图

这种组织方法能兼顾客流在时间和空间上的分布不均衡性，促进运能与客流匹配，充分利用区段通过能力和列车客座能力。同时，还可以缓解线路终端换乘站的换乘压力，最大限度提高旅客直通比例，减少旅客换乘次数。但该种运输组织方法的运用也需满足一定条件，具体表现在客流条件、运输组织与设备设施三个方面。

1）客流条件

变编组与共线运行组合运营模式下，共线区段的大编组列车运行至郊区站会拆解成两列小编组列车在非共线路段上独立行驶。不过，这种方法虽可保证各路段具有相同发车频率，但受列车编组数的影响，相较于共线区段，非共线区段上列车运力有所下降，难以适应与其相同的客流需求。因此，在客流条件方面，该种运行组织方法适用于一定客流量范围内，共线区段客流相对较大，非共线区段客流相对较少的线路。

2）运输组织

运输组织上，这种模式要求上下行两个方向均能独立完成列车连挂、解体作业，具体作业流程如下。

（1）列车连挂作业

①列车控制系统首先收到信号系统发送的连挂消息，并向连挂监视传递该消息。

②连挂监视收到消息后，向列车控制系统发出列车停车点信息，列车开始监视停车点条件，一旦满足停车点条件，列车立即停车。

③列车控制系统发出列车安全消息，经过消息传递，连挂控制收到后向制动系统。

④行调发布加挂命令，列车进行移动编组，在编组移动前先释放制动，由连挂控制向制动系统发出制动缓解消息，当连挂控制收到制动缓解消息后，列车将以一定的速度移动，在连挂部件检测到编组距离时，开始进行编组。

⑤发出全制动与停放制动消息，当编组距离为 0 时，完成机械联挂和电气连挂。

⑥当列车结合在一起时，首先会产生列车完整性丢失的信息，此时两列车都实施紧急制动。随后通过通信系统，列车获取编组后的列车完整性信息，同时列车控制系统进行系

统重置。

⑦完成控制系统重置后列车上客发车。

(2) 列车解体作业

①列车进入解体模式，由信号系统发送一条解体消息给列车控制系统。

②列车控制系统在收到解体消息后先检查列车安全，同时连挂监视在收到列车控制系统的列车安全消息后，将此消息转发给联挂控制。

③连挂控制收到该消息后给制动系统发送一条施加全制动或停放制动消息。

④制动系统得到消息后实施全制动或停放制动。

⑤连挂控制向连挂监视、列车控制系统回应列车安全消息。

⑥司机执行解体列车指令，组合编组列车实施解体命令，完成电气解体和机械解体。

⑦后车向后开行一定的距离。

⑧完成解体后，列车控制系统自动施加常用制动或停放制动，两列车进行控制系统重置。

⑨完成系统重置后需要继续运行的车辆上客发车。

在列车解编过程中，还要保证较高的解编效率，一般全程不超过 5min，以减小列车解编对前、后列车运行线铺画及线路通过能力的影响。

3) 设备设施

设施设备方面，解编站应设置专门的解编设备，按照解编需求设置解编线，同时需配置相应的信号系统在列车连挂、解编后完成对其编组变化的识别，识别方法如下。

①对列车完整性的检查。在 3 节编组列车中，车辆通过列车线提供一个高电平给信号与车辆的接口，此信号代表列车机械状态连挂的完整性，即列车是完整的、没有丢失车厢的。若出现低电平则表示列车状态丢失，车载人机界面会给出报警信息。两列 3 节列车开展连挂作业后，信号系统首先会出现低电平，随即两列车的车钩通过电气连挂沟通列车线，给出车辆状态完整的信息。

②完成列车车载信号与轨旁 ATP 系统的通信。在列车信号系统中，3 节编组的列车一般会设置两套车载控制器及车地通信天线。两套车载控制器互为热备。轨旁 ATP 系统通过检测主用车载控制器的状态，来识别列车的身份并开展通信，完成对车载控制器命令的传送和列车状态的回采。实现 6 节连挂后，共有四套车载控制器，其中一套为主用，其他三台处于热备状态。轨旁 ATP 通过检测主用车载控制器的状态，来识别列车的身份并开展通信。

③将轨旁 ATP 集中设置在中央控制室的车辆控制中心内，为两列车的连挂和解编设置保护。接收调度员指令并命令车载控制器工作，同时接受车载控制器的反馈。

从理论上来说，信号系统的功能及其实现效率可以满足以上识别方法的技术要求，但在实际操纵中，信号系统的技术实现还存在一些难点（唐玉川，2014）。

①运营中列车编组的不固定，车辆牵引与制动性能发生变化，列车各种参数发生变化，使牵引计算更加复杂，导致 ATP/ATO 驾驶列车时，列车的精确停车调试工作量会大幅增加。

②运营中列车编组的变化，会引起正线联锁区内被控列车数量的变化，运控系统需与之匹配，系统设计复杂。

③列车编组变化时，贯通连接器需要保持电气贯通，并且能够检查是否贯通，因此保

证贯通连接器的电气特性十分重要。

④如设置不同的停车点,列车的制动曲线也不同,种类繁多,车载 ATP/ATO 系统会更加复杂。

12.3.2 变编组与多交路组合模式

多交路行车可以在节约列车资源的同时提高列车运能利用率,但由于其中某些列车会在中间站折返,所以部分径路的直达性较低。而对于变编组而言,列车在运行过程中拆解会涉及被拆解列车的运行路径问题。只要在设计其运行径路时,令一列车继续向前行驶,另一列车在解编车站折返,就可以形成不同交路,即可以通过变编组将列车的折返作业与解编作业相接续。如图 12-11 所示,当大编组组合列车 A 进入解编站,完成解体作业后,列车 B 沿原路径继续行驶,而列车 C 在当前车站折返,驶入上行站台,停车上客。

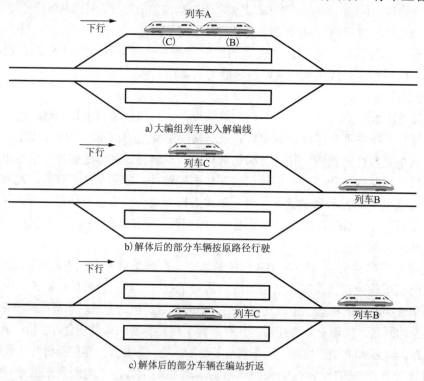

图 12-11 变编组与多交路组合模式示意图

利用这种运行组织方法,可以减少乘客的换乘次数,提高线路的运营水平和服务效率,但其中涉及的解编作业和折返作业均会对运行线的铺画产生影响,当某列车发生晚点时,后续列车运行恢复的难度会更大。因此,该组合模式的实施会面临诸多困难,并且对列车解编作业和折返作业的效率要求很高,实际运营中采用较少。

12.3.3 案例分析

目前,我国城市轨道交通尚未采用变编组模式,大部分采用固定编组,少部分采用在车辆段进行解编作业的大小编组模式，所以此部分案例介绍主要围绕国外轨道交通线路的变编组运营模式展开。

（1）日本JR成田线空港支线东京站

日本成田机场主要靠JR东日本和京城电铁两家企业提供轨道交通服务，分别是JR东日本的成田空港支线，京成电铁的skyline和经京成本线的机场列车。

JR成田线空港支线全场10.8km，通过与JR旗下的其他线路直通运营可直达JR东海道本线的所有重要站点。此外，成田空港支线提供特级、快速和普通3种列车服务。其中特急N'EX是这个轨道交通系统中最快速、最舒适的列车，它并没有独立的轨道设施，而是使用成田线、总武本线、总武快速线、山手线（山手货物线）、横须贺线、中央本线、东北本线等JR东日本的既有线路行驶。机场端点为成田机场站，至东京站后分为三大方向，分别连接至大船/横滨、高尾/新宿、大宫/池袋等市区端点站。

2010年东京都市圈东京区部通勤通学总量为943万，其中96%以上居住在以东京站为圆心的50km范围内，通勤通学人群在距东京站30km范围内分布广泛，而在30～50km范围内主要集中在放射性轨道沿线。受通勤通学客流影响，早晚高峰期间东京站客流量巨大，日均客流量为384024人次/日，在东日本站点中客流量排名第六。

为缓解东京站客流组织压力，提高乘客换乘效率，JR成田空港支线列车采用在东京站连挂车辆的变编组运营模式（刘龙胜，2013）。成田空港支线列车在东京站将不同起点驶至的两列列车合并为一列后发往成田国际机场；反之，由成田国际机场发出的列车在东京站进行分解后驶往不同的终点。其中，14对6节编组特急N'EX列车（由不同起点驶出）抵达东京站后（每对列车前后间隔4min内抵达）合并为14列12节编组列车驶往成田国际机场，因此，特急N'EX两列车经过东京站后总班列由31班缩减至17班；反之亦然。

（2）日本JR东京—河口湖线路大月站

日本JR线东京—河口湖线路中也存在变编组的运营模式，列车解编连挂作业通常在线路中的大月站完成。

大月车站位于日本山梨县大月市，是东日本旅客铁道（JR东日本）与富士急行线共用的铁路车站，JR东日本的主要干线铁路中央本线与地方私有铁路富士急行线的交会与转运车站，同时也是大月市的中央车站，与以东京车站为中心，行驶于中央本线上的快速列车中央快速线的停靠站之一。设置情况如图12-12所示。为更好地满足客流需求，提高乘客出行效率，大编组列车运行至该站时，原有列车会解体为两列小编组列车，其中一列驶入富士急行线，另一列驶入中央本线的终点站河口湖站。

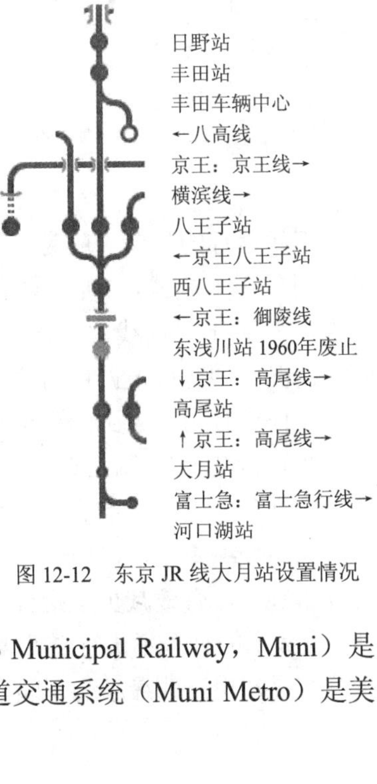

图12-12 东京JR线大月站设置情况

（3）旧金山轨道交通系统

成立于1912年的旧金山城市铁路公司（San Francisco Municipal Railway，Muni）是美国历史最悠久的公交运营公司之一，其运营的旧金山轨道交通系统（Muni Metro）是美国轨道交通变编组技术运用的典型代表。

旧金山 Muni Metro 由有轨电车系统升级而来，共有 6 条线，分别是 T、J、K、L、M 和 N 线，如图 12-13 所示。其中，T 线是干线，从 Sunnydale 站出发，沿市场街（Market Street）地下向西南运行，在 Van Ness 站转为地面运行，并在 Duboce & Church 站分出 N 线和 J 线，在 West Portal 站分出 K 线、L 线和 M 线。

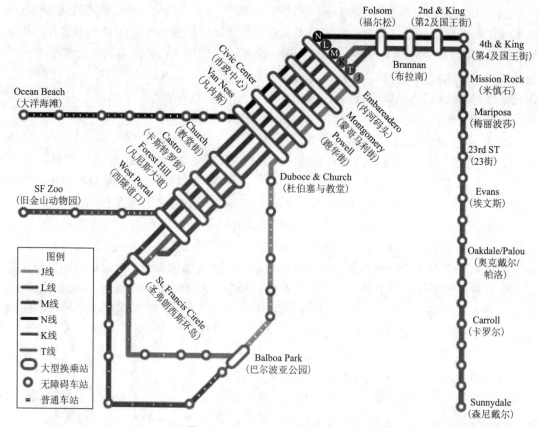

图 12-13　旧金山 Muni Metro 概况

干线运行的列车一般为 3 节编组，在 Duboce & Church 站摘解为 2 列车，其中 2 节编组的列车开往 N 线，1 节编组的列车开往 J 线；在 West Portal 站摘解为 3 列车，均为 1 节编组，分别开往 K 线、L 线和 M 线。干线车站的站台上有滚动信息提示列车各车厢前方到站情况，乘客可根据目的地选择乘坐相应的车厢。

反向运行时，先到的列车在分岔站等候来自另外支线的列车，之后编组为新的列车继续运行。为减少某线路列车晚点对其他线路列车的影响，站线和站台设计为可以容纳 4 节编组的列车，这样晚点的车辆可以编组到下一列车中。

利用变编组设计，旧金山轨道交通系统中分岔后的线路与分岔前的线路可以拥有同样的发车频率，有效减少了乘客候车时间，从而保证了服务水平；反之，若不采用变编组设计，支线上的列车不进行合并编组而是都独立驶入干线，则必然会导致干线列车间隔较小，十分容易超出干线最小列车间隔的极限，甚至导致事故的发生。

12.4　多编组与变编组的适用性

列车编组方案应根据不同线路或车站的具体情况确定，并且在应用时还需考虑是否具备相应的适用条件。其中，多编组与变编组虽然都属于非固定编组方案的一种，概念上存在着某些相似性，但其实施的复杂性和适用条件不尽相同。此处主要通过客流需求、行车条件、设施设备和运力资源四个方面对其进行分析。

12.4.1　客流需求

城市轨道交通的服务对象是乘客，客流需求是确立轨道交通运营组织模式的重要影响因素。城市轨道交通在多编组或变编组模式下，主要根据客流分布的不均衡性制订列车开行方案，以期更好地匹配运能和需求。

多编组运营模式的采用需要根据全日客流分布特征和不同时期客流分布特征两方面来确定。若某条线路的全日客流具有明显的时间不均衡性，如市郊线、半环线等客流潮汐现象明显的线路，采用单一的编组形式难以适应不同时间段的客流波动，会导致非高峰期运能虚靡，服务水平低的问题。这时就可以采用多编组运营组织模式，在不同时段开行不同编组的列车，提高运能与需求的匹配程度的同时，还可以提高乘客服务水平。此外，对于开通运营后，初、近、远期客流量不断变化的城市轨道交通线路，也可以通过增加列车编组的方法适应客流量的变化。在开通初期采用小编组，近远期根据客流情况逐步加入大编组（由新购置的小编组列车与既有小编组列车重联而成）列车形成两种编组列车混跑，直至远期全部采用大编组列车，可以有效适应不同时期的客流需求，同时减少车辆购置数和运营成本。

是否采用变编组运营模式主要根据客流空间分布特征来确定，当城市轨道交通线路的客流在某些断面分布较不均衡时，可根据断面客流具体分布情况，在高客流断面和低客流断面节点处附近进行列车编组调整，采取变编组或"翼型列车"的运输组织方案。

12.4.2　行车条件

行车条件是轨道交通列车安全运行的基础，也是编制列车编组方案的重要制约条件，主要包括通过能力及站台长度等。

（1）通过能力

城市轨道交通系统的通过能力是指在一定的车辆类型、信号设备和行车组织条件下，轨道交通线路上的各项固定设备在单位时间内（通常指高峰小时内）单方向所能通过的最大列车数，主要反映现存硬件系统所具备的运转功能指标。

在采用多编组的同时往往伴随着对列车发车频率的调整，会在某种程度上改变列车的到发间隔，进而影响线路通过能力。而对于变编组而言，由于涉及列车在车站的解编作业，解编过程对线路通过能力也会产生一定影响，所以一般情况下，无论是采用多编组还是变编组，都要求线路的通过能力相对富裕。

（2）车站条件

站台是轨道交通列车停站的位置，也是供乘客乘降、换乘和候车的场所，列车编组数量和多编组方案的实施将直接受站台长度的限制。站台长度大，工程造价也会随之增高；反之，站台长度过小，将不利于适应远期的增长，也会造成改扩建上的困难。所以，在规划初期就应该统筹考虑造价、客流等多方面的因素，尽量避免改造情况的发生。

对于计划采用多编组的线路，在设计阶段就要考虑站台长度的预留，否则当通过能力达到上限后，必须通过站台改造才能满足扩编需求，实施较为困难。而变编组的采用除要求预留站台长度外，还要求车站设置相应的解编线/到发线，且其有效长度需满足列车解编作业要求。

12.4.3 设施设备

设施设备是指城市轨道交通系统中的信号设备、屏蔽门设备和车辆设备等。为保证多编组或变编组运营模式下的列车运行安全及拆解灵活，信号系统、屏蔽门系统和车辆设备均需具备一定条件。

（1）信号系统和屏蔽门系统

城市轨道交通作为大运量的公共交通工具，早晚高峰期具有客流规模大、列车发车频率高、站台拥挤等特点。

当城市轨道交通采用多编组或变编组的运营模式时，为保障列车运行和乘客上下车安全，一方面，信号系统和屏蔽门系统的设计应满足不同编组列车的运营要求，并和站台屏蔽门、列车车门等实现可靠联控，从而使站台屏蔽门的开关数量与列车编组数一致；另一方面，站台应设置信息显示屏显示车辆到达间隔、列车编组辆数及列车目的地，同时通过信息提示系统以及在候车区上方设置红绿指示灯的方式引导乘客到相应位置候车，从而避免由乘客候车无序、焦急引起的安全问题。

此外，由于变编组列车需要实现在线解编及列车编组数量的识别，其对列车信号系统的配置提出了更高的要求：

① 系统应在列车编组变化时，即车辆牵引与制动性等发生变化时，保证列车运行安全和旅行速度要求；

② 由于编组变化导致列车数量变化，系统应能适应正线联锁区内控制列车的数量变化；

③ 列车重新编组后，系统的车载设备需保持电气贯通。

（2）轨道交通车辆

城市轨道交通车辆是指可编入列车中运行的单节车，分为动车和拖车两种。多编组运营模式下，大编组列车由新购置的小编组列车与既有小编组列车重联而成，这就需要列车具有灵活编组的特性。通常情况下，全动车编组列车、动拖混合编组列车和动拖单元编组列车这三种类型的列车具有编组灵活的特点，适用于多编组运营模式。其中，全动车编组列车是指各车辆均为动车，且配置基本相同且独立的列车，各车辆可灵活拆解；动拖混合编组列车是指列车由独立的动车和拖车混合编成，且车辆间采用半自动车钩连接；动拖单元编组列车由两个以上的动拖单元编成，各固定单元由动车和拖车通过半永久车钩连接，单元间相互独立可拆解。

对于变编组运营模式而言，列车除具有灵活编组的特性外，还需具备完成在线灵活解体和连挂作业的配套技术条件，主要体现在车钩缓冲装置的结构尺寸设计上，要求每个单元编组的首尾端列车采用全自动钩缓装置。该装置在列车解体时司机仅需按下控制台上的一个解钩按钮，首尾相连的两个编组列车的车钩能够自动脱开，实现列车解列。同时，在连挂过程中，当两列车低速滑行相遇，自动车钩可自动关联，实现列车物理连挂，随后实现机械连接、电气连接、气路（压缩空气）连接。

12.4.4　运力资源

（1）运用车辆数

运用车辆数是指为完成日常运输任务所必须配备的、技术状态良好的可用车辆数，它与列车编组、列车周转时间和高峰小时开行的最大列车对数等因素相关。由于城市轨道交通列车价格昂贵，所以在运用多编组或变编组的运营模式时，应在不降低乘客服务水平的前提下，尽量节省列车购置成本。

（2）运营组织复杂性

多编组运营模式的复杂性主要体现在合理确定大、小编组列车发车间隔，过渡时段的列车运用以及恰当安排"重联列车"的检修时间等方面。首先，采用多编组运营模式时，高峰时段由于列车编组的不同，需要通过调整发车间隔实现不同编组列车的满载率均衡性。其次，由于高峰与平峰采用的列车编组不同，需安全平稳地实现列车编组的过渡，这增加了运营组织的复杂性。最后，由于一部分大编组车辆是由小编组列车重联而成，这给检修管理带来了困难。

同样的，变编组也面临着检修管理的困难。此外，列车在线解编作业的过程中，由于解体后至列车在担当运行线之前会一直占用解编线，可能出现作业时间的干扰，要合理安排列车完成解体与连挂作业的场所，必要时需设置存车线。同时，变编组运营方式中，列车在线解编作业的完成需要一定的操作时间，会在某种程度上增加乘客的旅行时间，而且在变编组列车解体后，解体列车往往会驶向不同的目的地，很容易引起乘客的焦急情绪，导致乘客误乘，因此在变编组运营模式下，还需要向乘客提供相应的信息提示和有序引导，运营组织比多编组更为复杂。

（3）经济成本

多编组或变编组的采用都会产生一定的经济成本。对于多编组运营模式而言，大、小编组不同的组合形式，经济成本也会有所不同。在发车间隔一定时，可以通过大、小编组发车频率的合理组合节省运用车辆数和车辆走行公里，从而减少车辆购置费用和运营能耗费用，但同时也要考虑乘务人员的人工成本变化。变编组虽然可以在一定程度上节约车底购置和运营能耗费用，但也以一定的经济支出为代价，如乘客的时间价值和车站配线工程及线路相关作业成本。因此，应对不同运营组织模式的相关技术经济指标进行全面权衡，根据具体情况确定是否应用多编组或变编组的运营模式。

如表 12-1 所示为多编组与变编组的适用性对比。

多编组与变编组适用性对比　　　　　　　　　表 12-1

编组形式	客流需求	行车条件		设施设备		运力资源	
		通过能力	车站条件	信号系统和屏蔽门	车辆	运营组织复杂性	经济成本
多编组	不同时段具有不均衡客流	相对富裕	站台长度满足大编组列车要求	满足不同编组列车要求	灵活编组	比较复杂	节约车辆走行费用
变编组	不同区段具有不均衡客流	相对富裕	站台长度满足要求，设解编线/到发线	适应并识别列车在线解编编组数量的变化	灵活编组，可在线解体、连挂	复杂	节约车辆走行费用，但车站工程、线路作业成本增加

第13章

列车过轨运行组织方法

城市轨道交通列车过轨是减少过轨旅客换乘次数、提供更多换乘站点选择的重要方法，对增加网络运行便捷性具有重要意义。本章分析了城市轨道交通过轨组织的概念，研究了常用的过轨组织企业合作模式及其客流效果；从旅客与运营企业角度提出了过轨组织方案的评估与选择方法。

13.1　列车过轨的概念

"过轨"一词在铁路行业一般用来指不同的铁路运营机构之间的直通运输。1951年4月1日，我国铁路与苏联铁路之间开办了联运业务。开办之初，两国铁路各自的列车并不直接运行到对方的线路上，出入境的旅客需要分别购买中国段和苏联段的车票，并在满洲里换乘。1954年1月31日，北京至莫斯科间的直通旅客列车正式开行，列车在满洲里过境到对方铁路上运行，乘客不再需要换乘。之后，我国铁路陆续开通了与朝鲜等国铁路间的直通运输，这种两国铁路间的列车直通运输，被称为过轨运输或过轨。考虑到两国铁路之间在运价水平、成本核算方法等方面的差异，组织过轨运输时需要两国铁路运营机构就收入和费用的清算方法协商一致。组织过轨运输时，两国铁路运营机构需要商定列车的技术作业标准。以轨距为例，如果两国铁路轨距相同，例如我国与朝鲜，列车直接过轨；如果两国铁路轨距不同，例如我国与俄罗斯，旅客列车一般不能直接进入对方的线路上行驶，而是需要在过轨车站更换客车的走行部。此外，还需要对旅客的通关流程等事项做出安排。

除了用在国际铁路联运外，过轨运输也用于称呼我国国内不同的铁路运营机构及特殊运价区段间的直通运输。我国铁路运输行业是实行价格管制的行业，国家铁路的运价率由国务院铁路主管部门制定，地方铁路和合资铁路有一定的定价自主权。此外，还存在一些执行特殊运价的线路区段。列车在这些不同的运营机构和特殊运价区段之间直通运输时，由于运价率不同，会涉及收入和费用的清分问题，部分类似两国铁路之间的相互运输，因此也被称为过轨运输。

上述过轨运输开展于拥有各自的线路和机车车辆的两家铁路运营机构之间，在货物运输领域还有一种过轨运输形式，即参与过轨运输双方中的一方并不是铁路运营机构。我国铁路把企业自备车进入或通过国家铁路所完成的装车、编组、运行、卸车和回空挂运等运输过程，称为自备车经国家铁路过轨运输。这里的企业不是铁路运营机构，仅拥有车辆。

在城市轨道交通领域，过轨运输的历史更为悠久。早在1900年以前，德国卡尔斯鲁厄市交通运营公司便通过采用轻轨、市域铁路及城际铁路过轨运输来扩张轨道交通网络。1960年，日本东京地铁公司的浅草线与市郊铁路公司的京成押上线之间开通了列车直通运营（即过轨运输）的服务，之后过轨运输在日本得到了广泛的应用。以东京为例，目前东京 13 条地铁线路中有 10 条参与了与市郊铁路间的过轨运输。这些过轨运输的实施，大大减少了通勤客流的换乘行为，在缓解换乘站压力的同时也提高了乘客的旅行速度。

随着我国经济社会的快速发展，城市面积不断扩大，特别是围绕几个特大型城市形成了较为典型的都市圈。都市圈的聚集效应给交通出行带了巨大的压力。如何充分利用都市圈内的轨道交通资源，更好地发挥轨道交通在缓解都市圈居民出行压力方面的作用，已经成为当前及今后一段时间内一个重要的研究领域。过轨运输作为一种能够提高轨道交通服务水平的形式，对交通结构的影响不容忽视，值得进行深入研究。目前，我国城市轨道交通领域中过轨运输的实施除了在物理层面需要考虑不同线路间技术制式的差异外，在运营管理层面还需要考虑如何协调参与过轨机构间的经济关系以及如何跨越管理体制的鸿沟。本章将从运营管理层面，对过轨运输的组织模式以及适用性进行探讨，希望能够为建立符合我国国情的城市轨道交通过轨运输形式提供有益的借鉴。

13.2 过轨运输组织模式

13.2.1 过轨运输的可行性和必要性

过轨运输的可行性是指从技术的层面，是否能够实现列车在不同线路上的直通运行。过轨运输涉及不同的轨道交通运营机构，这些机构所采用的技术制式和标准不尽相同，而技术制式和标准的兼容是相互之间开展过轨运输的首要条件。参与过轨运输的运营机构在轨距、限界、信号、通信、牵引供电、车站设计等方面均必须具备技术可行性。例如，轨距是否相同是组织过轨运输时需要考虑的重要因素。对于不同轨距间的过轨运输，可以采用铺设第三轨、更换走行部、甚至采用可变轨距的走行部等。这些方式技术可行，但是对于城市轨道交通来说，考虑到线路改造增加的投资或列车过轨时额外增加的作业时间，在经济上往往并不合适。因而目前在城市轨道交通领域，过轨运输的案例均以轨距相同为前提。又例如，牵引供电制式是否兼容是组织过轨运输时需要考虑的另一个重要因素。不同牵引供电制式线路间组织过轨运输时，同样的列车在不同的线路上都必须获得稳定的电力供应。随着双流制列车的出现，这一问题从技术层面获得了很好的解决。关于技术可行性的探讨往往需要以实际的过轨运输案例为背景，这方面的文献可以参考 Novales 等和 Griffin，前者以有轨电车与国有铁路间的过轨运输为背景，后者则直接以英国桑德兰地铁与轻轨间的过轨运输案例为背景。

过轨运输的必要性是指从乘客的角度，能够获得较之换乘更大的经济效益和社会效益。与过轨运输的可行性研究主要集中在技术层面不同，过轨运输的必要性研究需要考虑网络设计、城市布局、客流需求、运输组织模式以及服务效果等方面的影响。客流特征分析是这一领域的研究重点，将过轨后直通运营的效果与过轨前的独立运营效果相对比，是学者们常用的研究方法。东京集中了丰富的过轨运输案例，成为学者们分析的热点。例如，毛保华等、叶霞飞和明瑞利等。他们的研究以城市轨道交通所提供的服务应与乘客出行特征相匹配为原则，验证了东京地铁与市郊铁路间过轨运输的必要性。在这些研究的基础上，本章下一节将提出一个综合考虑乘客和运营机构利益的社会效用最大化模型，用来判别过轨运输的必要性。

13.2.2 必要性判别模型

过轨运输的受益者既包括乘客，也包括运营机构。此外，过轨运输所带来的社会效益也不容忽视。乘客方面，过轨运输减少了换乘次数、节省了出行时间；运营机构方面，过轨运输缓解了换乘压力、诱增了客流量、增加了收入；社会方面，过轨运输提高了轨道交通分担率、缓解道路交通拥堵。这其中，乘客出行时间的节省是过轨运输必要性的最直观体现和最本质影响因素。基于此，本节以过轨客流量为基本变量，综合考虑乘客和运营机构的利益，建立过轨运输必要性判别模型。

（1）模型

从过轨运输带来的社会总效用角度来说，列车过轨的社会效用包含两方面：一是节省的乘客旅行时间效用；二是增加的投资（包括土建、设备改造等）效用（负效用）。过轨的社会总效用如式（13-1）所示：

$$U = U_T + U_I \tag{13-1}$$

式中：U——社会总效用，$U>0$，则宜采用过轨运输；$U \leqslant 0$，则不适合过轨；

U_T——乘客节省的时间效用；

U_I——增加的投资效用。

假设一次投资进行的土建工程的使用年限为 δ 年，则节省的时间效用为节省的换乘时间与 δ 年内的过轨客流的乘积，再乘以时间价值，如式（13-2）所示：

$$U_T = \sum_{i=1}^{\delta} \eta T_h Q \frac{(1+\lambda)^{i-1}}{(1+\gamma)^{i-1}} \tag{13-2}$$

式中：η——乘客时间价值；

T_h——过轨站平均换乘时间；

Q——投资年的年过轨客流量，即换乘模式下的换乘客流；

γ——各年节省的时间效用折算到投资年的资金折现率；

λ——客流增长率。

增加的投资效用主要为满足过轨运输条件而增加的改造费用 C_b，如式（13-3）所示：

$$U_I = -C_b \tag{13-3}$$

将式（13-2）、式（13-3）代入式（13-1），可得过轨运输获得的总效用 U 为：

$$U = \sum_{i=1}^{\delta} \eta T_h Q \frac{(1+\lambda)^{i-1}}{(1+\gamma)^{i-1}} - C_b \tag{13-4}$$

（2）过轨运输客流条件分析

基于过轨运输必要性判别模型，在社会总效用 $U=0$ 的情况下，根据式（13-4）计算得到的过轨客流量 Q 即为过轨运输所需要的最低过轨客流量。本节研究不同情况下过轨运输所需要的最低过轨客流量。

假设使用年限 δ 为 50 年，资金折现率取 $\gamma=5\%$，平均年过轨客流增长率为 $\lambda=2\%$。参考上海某实际实施过轨运输线路的建设成本，取过轨运输工程改造费 $C_b=217538$ 万元。计算得到不同时间价值下最低日均过轨客流量、最低高峰小时过轨客流量随换乘时间的变化规律，分别如图 13-1a)、图 13-1b) 所示，其中，高峰小时系数取为 1.4。

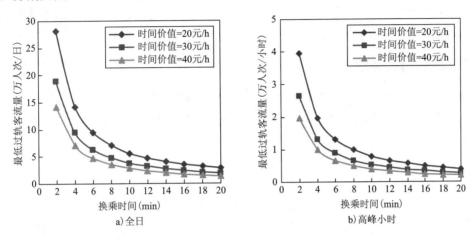

图 13-1　不同时间价值下最低过轨客流量随换乘时间的变化规律

由图 13-1 可以看出，随着换乘时间的增加，过轨运输所需的最低过轨客流量逐渐下降，且乘客时间价值越高，所需的最低过轨客流量越少。进一步分析可发现，过轨运输带来的乘客时间节省的效用相当可观，若换乘模式下换乘站的换乘时间为 5min，乘客的时间价值为 30 元/h，则高峰小时换乘量超过 1.1 万人次即有必要采用过轨运输。

此外，考虑到不同地区、不同情况下实施过轨运输的改造成本不同，此处分析乘客时间价值为 30 元/h，改造成本在 $C_b=217538$ 万元的基础上下调 50%、20%，上调 20%、50% 情况下，最低日均过轨客流量、最低高峰小时过轨客流量随换乘时间的变化规律，分别如图 13-2a)、13-2b) 所示。

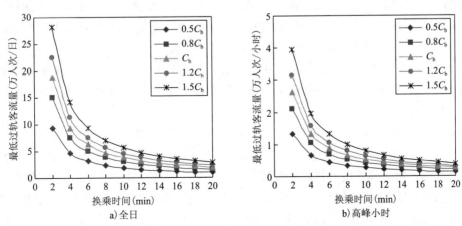

图 13-2　不同改造费下最低过轨客流量随换乘时间的变化规律

由图 13-2 可以看出，实施过轨运输增加的投资越小，所需的最低过轨客流量越少。为此，若在线路规划设计阶段考虑为过轨运输预留条件，则可以减少实施过轨运输时的工程改造费用，过轨运输的社会总效用将更加显著。

综上可得，过轨运输需要的最低过轨客流量随换乘时间的增加而降低，且乘客时间价值越高、工程改造费用越小，所需要的最低过轨客流量越小。为此，若市郊铁路和地铁间的换乘客流量越大，换乘时间越长，则越有必要采用过轨运输。此外，在线路规划设计阶段宜考虑为过轨运输预留条件。

13.2.3 过轨运输模式

过轨运输组织中，包括列车等移动设备和线路等固定设备在内的各种设备的使用产生成本，所提供的服务由乘客使用，产生票款收入。过轨运输行车组织方式以及参与方分担成本与分配收入的方案称为过轨运输模式。这里以两家公司参与过轨运输为例，将过轨运输模式划分为租车、租线和线路互用三种典型模式。

（1）租车过轨运输模式

简称"租车模式"，本线运营公司（对线路拥有所有权，其本身可能也拥有车辆也可能只拥有线路）租赁其他公司过轨到本线的列车，组织过轨运输区间的所有列车的运行。该模式下过轨区间所有票款归本线运营公司所有，但要向提供车辆的运营公司缴纳车辆使用费。

（2）租线过轨运输模式

简称"租线模式"，运营公司租用对线路拥有所有权的公司的线路组织列车在过轨区间运行。该模式下过轨区间所有票款收入由参与运营的公司按客运量清分，租用线路的运营公司向线路拥有所有权的公司缴纳线路使用费。

（3）线路互用过轨运输模式

简称"线路互用模式"，过轨双方路轨互相接通，将己方列车驶进对方区间。该模式下过轨双方一般不再支付任何费用。这里对过轨运输模式划分的主要根据是过轨列车承担的客流量在过轨区间那部分的票款（人公里与单位人公里票价的乘积）的所属权。以 A 公司列车过轨到 B 公司线路上为例，若过轨列车承担的客流量在过轨区间的票款归 B 公司，则为租车模式，且过轨列车在过轨区间由 B 公司组织运营，B 公司向 A 公司缴纳车辆使用费，如图 13-3a）所示；若过轨列车承担的客流量在过轨区间的票款归 A 公司，则为租线模式，且过轨列车在过轨区间由 A 公司组织运营，A 公司向 B 公司缴纳线路使用费，如图 13-3b）所示。

若 A 公司列车和 B 公司列车相互进入对方线路，则为线路互用模式，过轨列车承担的客流量在过轨区间的票款分别归属过轨区间所在线路方，如图 13-3c）所示。线路互用模式下，双方过轨区间长度和过轨列车数量一般相同，以避免复杂的经济交易及票款清分。

开行方案的制定和优化与经营模式密切相关。表 13-1 列举了三种过轨运输模式下双方运营公司利益关系和乘客时间变化，本章 13.3 节将以租车模式为例，探讨过轨运输的适用性。

第13章 列车过轨运行组织方法 | **257**

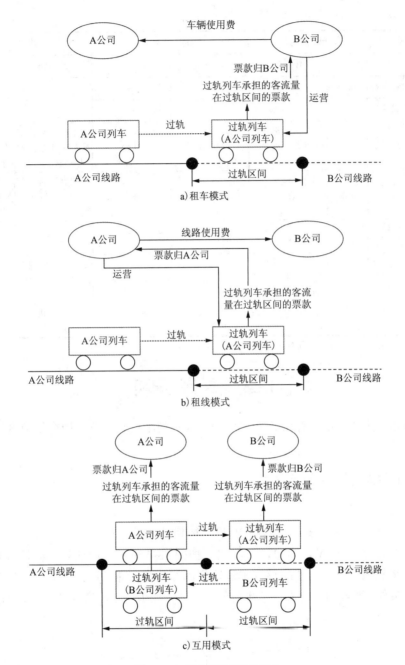

图 13-3 三种典型过轨运输模式

三种过轨运输模式各主体利益关系　　　表 13-1

过轨运输模式	租 车		租 线		线路互用	
运营公司	A公司	B公司	A公司	B公司	A公司	B公司
过轨列车运营组织者	—	√	√	—	√	√

续上表

过轨运输模式		租车		租线		线路互用	
运营公司		A公司	B公司	A公司	B公司	A公司	B公司
与过轨前相比，过轨后双方运营公司各费用变化	租车费	获得	缴纳	—	—	—	—
	租线费	—	—	缴纳	获得	—	—
	运营费	不变	根据过轨列车数和本线减少的列车数计算	增加	减少	根据过轨列车数和本线减少的列车数计算	根据过轨列车数和本线减少的列车数计算
	车辆数	增加	减少	增加	减少	根据过轨列车数和本线减少的列车数计算	根据过轨列车数和本线减少的列车数计算
	过轨区间票款	—	获得	根据客运量清分	根据客运量清分	获得	获得
与过轨前相比，过轨后乘客出行时间变化	本线乘客	不变	过轨区间内的减少，非过轨区间内的增加	不变	过轨区间内的减少，非过轨区间内的增加	过轨区间内的减少，非过轨区间内的增加	过轨区间内的减少，非过轨区间内的增加
	过轨乘客	根据过轨列车数和乘客出行区间范围计算		根据过轨列车数和乘客出行区间范围计算		根据过轨列车数和乘客出行区间范围计算	

注：租车、租线模式下为A公司列车过轨到B公司线路上。

13.3 案例分析

本节以租车模式下的地铁线路和市郊铁路线路列车过轨为例，研究过轨区间及发车频率的确定方法。

13.3.1 问题描述与变量定义

（1）问题描述

地铁线路和市郊铁路线路在车站 N_1 相互衔接，地铁车站集合 $S_U=\{1, 2, \cdots, N_1\}$，市郊铁路车站集合 $S_R=\{N_1, N_1+1, \cdots, N\}$，如图 13-4 所示。地铁列车从车站 1 运行到车站 N_1 后，市郊铁路运营公司租用该列车过轨到市郊铁路上继续运行，在车站 N_2 折返后（假设具备折返条件）再运行至车站 1（此列车为"过轨列车"），$N_1 \sim N_2$ 区段为过轨区间，N_2 为过轨终点站。

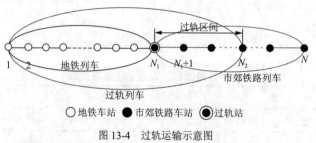

图 13-4 过轨运输示意图

开行方案的确定涉及运营公司和乘客两方面的利益。运营公司总是希望在满足乘客基本出行需求的前提下，尽可能地降低成本，增加收入；乘客总是希望过轨区间长度越长越好，这样更多的乘客能享受到过轨列车便捷服务。

因此，这里的问题就是确定过轨列车的过轨范围（即确定 N_2 的位置）和发车频率。为便于刻画本章研究问题，这里提出以下假设：

①地铁列车、市郊铁路列车和过轨列车均为站站停运行模式。

②实际情况下，过轨乘客出行选择行为有差异。这里假设一部分过轨乘客选择无偏好，来车就上；另一部分过轨乘客直到等到过轨列车才上车。

③各站间的客流 OD 已知。

（2）变量定义

本节用到的相关符号、变量和参数定义如下：

①符号：

S_U——地铁车站集合，$S_U=\{1, 2, \cdots, N_1\}$；

S_R——市郊铁路车站集合，$S_R=\{N_1, N_1+1, \cdots, N\}$；

N_1——过轨车站；

N_2——过轨列车终点站；

T——研究时段，本书研究时段为 1h；

$[.]$——向上取整符号。

②变量：

V——市郊铁路运营公司利益；

v_c——市郊铁路运营公司减少的车辆固定费用；

v_o——市郊铁路运营公司减少的运营费用；

v_p——市郊铁路公司因过轨客流增加而增加的票款收入；

v_r——市郊铁路运营公司缴纳的租车费；

U——地铁运营公司利益；

u_r——地铁运营公司获得的租车费；

u_p——地铁运营公司因过轨客流增加而增加的票款收入；

u_c——地铁运营公司增加的车辆固定费用；

x——过轨终点站判断矩阵，各元素取值为 0，1，若为 1 则该站为过轨终点；

t_{ij}——车站 i，j 间的运行时间，为车站 i，j 间距离与列车平均运行速度的比值；

Z——乘客利益，即为所有乘客节省的总时间；

$z_1(+)$——所有受益乘客节省的总旅行时间；

$z_2(-)$——所有受损失乘客增加的总旅行时间；

f_r'——过轨运输前，研究时段内市郊铁路列车发车频率，根据市郊铁路线路最大断面客流量计算得到，$f_r' = p_{r,\max}/Q_r\zeta$；

f_r——过轨运输后，研究时段内市郊铁路列车发车频率；

f_t——研究时段内地铁列车过轨到市郊铁路线路上的发车频率；

q_{ij}——车站 i，j 间的客流量；

$p_{r,\max}$——过轨运输前市郊铁路线路研究时段内最大断面客流量。

③参数：

α——单位列车单位里程租车费；

l_r——市郊铁路线路平均站间距；

l_s——地铁线路平均站间距；

λ——过轨客流增加比例；

β——票价率，本文假设地铁和市郊铁路票价率一样；

γ_s——研究时段内单位地铁车辆固定费用；

γ_r——研究时段内单位市郊铁路车辆固定费用；

w_s——地铁列车编组数；

w_r——市郊铁路列车编组数；

Q_t——过轨列车设计载客能力；

Q_r——市郊铁路列车设计载客能力；

ε——市郊铁路列车单位车辆公里运营费用；

η——地铁单位车辆公里运营费用；

θ——等待过轨列车的过轨乘客比例；

t_z——列车折返时间；

t_h——过轨车站地铁到市郊铁路平均换乘走行时间；

t_h'——过轨车站市郊铁路到地铁平均换乘走行时间；

ζ——市郊铁路列车设计满载率，本文取 0.9；

A——固定常数，地铁运营公司利益不低于此值；

π_i——没有乘坐过轨列车的过轨乘客在过轨区间各站的换乘概率；

$f_{\max}$——过轨区间线路通过能力；

$f_{\min}$——研究时段内市郊铁路线路本线列车满足服务水平的最低发车频率。

13.3.2 企业和乘客利益双目标规划模型构建

租车模式下，市郊铁路运营公司组织过轨列车运营，因此，这里以市郊铁路运营公司利益和乘客利益最大化为目标函数，以地铁公司利益大于某值、断面客流量小于容量、线路能力等为约束，建立租车模式下确定过轨区间的双目标规划模型。其中，决策变量为：过轨列车终点 N_2、过轨列车发车频率 f_t 和市郊铁路本线列车发车频率 f_r。

1）运营公司和乘客利益分析

租车模式下，市郊铁路公司租用地铁公司车辆组织过轨运输，该模式下，过轨区间票款收入归市郊铁路公司。因此，过轨乘客出行范围在地铁段的票款归地铁公司，出行范围在市郊铁路段的票款归市郊铁路公司。以下分别分析租车模式下过轨运输后市郊铁路公司利益、地铁公司利益和乘客利益的各构成部分。

（1）市郊铁路运营公司利益

过轨运输后市郊铁路运营公司利益包括：减少的车辆固定费，减少的运营费，增加的票款收入，增加的租车费。市郊铁路运营公司利益可由式（13-5）得到：

$$V = v_c + v_o + v_p - v_r \tag{13-5}$$

由于过轨列车也可以承担市郊铁路本线客流，因此，市郊铁路本线开行列车数将减少。减少的车辆固定费 v_c 可由式（13-6）得到：

$$v_c = \gamma_r w_r [f_r'(2t_{N_1N} + 2t_z) - f_r(2t_{N_1N} + 2t_z)] \tag{13-6}$$

减少的运营费 v_o 包括因本线列车数减少而减少的运营费和组织过轨列车运营增加的运营费，可由式（13-7）得到：

$$v_o = 2\varepsilon w_r T(f_r' - f_r)(N - N_1)l_r - 2\eta w_s T f_t \sum_{i=N_1}^{N} x_i(i - N_1)l_r \tag{13-7}$$

过轨运输后，运营公司的票款收入会因过轨客流的增加而增加。增加的票款收入 v_p 包括上、下行增加的过轨客流量在市郊铁路段的票款，可由式（13-8）得到：

$$v_p = \sum_{k=N_1}^{N} x_k \left[\sum_{i=1}^{N_1-1} \sum_{j=N_1+1}^{k} \lambda q_{ij} \beta(j - N_1)l_r + \sum_{i=N_1+1}^{k} \sum_{j=1}^{N_1-1} \lambda q_{ij} \beta(i - N_1)l_r \right] \tag{13-8}$$

增加的租车费 v_r 与过轨列车数量、过轨区间长度、单位列车单位里程的租车费有关，可由式（13-9）得到：

$$v_r = \alpha T f_t \sum_{i=N_1}^{N} 2x_i(i - N_1)l_r \tag{13-9}$$

（2）地铁运营公司利益

过轨运输后地铁运营公司利益包括：获得的租车费，增加的票款收入，增加的车辆固定费用。地铁运营公司的利益可由式（13-10）得到：

$$U = u_r + u_p - u_c \tag{13-10}$$

获得的租车费 u_r 与过轨列车数量、过轨区间长度、单位列车单位里程的租车费有关，可由式（13-11）得到：

$$u_r = \alpha T f_t \sum_{i=N_1}^{N} 2x_i(i - N_1)l_r \tag{13-11}$$

过轨运输后，运营公司的票款收入会因过轨客流的增加而增加。增加的票款收入 u_p 包括上、下行增加的过轨客流量在地铁段的票款，可由式（13-12）得到：

$$u_p = \sum_{k=N_1}^{N} x_k \left[\sum_{i=1}^{N_1-1} \sum_{j=N_1+1}^{k} \lambda q_{ij} \beta(N_1 - i)l_s + \sum_{i=N_1+1}^{k} \sum_{j=1}^{N_1-1} \lambda q_{ij} \beta(N_1 - j)l_s \right] \tag{13-12}$$

地铁列车过轨到市郊铁路线路上会增加列车周转时间，进而增加车辆运用数，因此，增加的车辆固定费 u_c 可由式（13-13）得到：

$$u_c = \gamma_s w_s \left[\left(\sum_{i=N_1}^{N} 2x_i t_{1i} + 2t_z \right) f_t - (2t_{1N_1} + 2t_z) f_t \right] \tag{13-13}$$

（3）乘客利益

乘客利益为所有乘客节省的总旅行时间，其包括两部分，一部分为乘坐过轨列车的乘客节省的旅行时间；另一部分为过轨区间之外的乘客因候车时间增加而增加的旅行时间。乘客利益可由式（13-14）得到：

$$Z = z_1(+) - z_2(-) \tag{13-14}$$

过轨运输后，乘客的出行范围可分为三部分，分别为地铁线路部分、市郊铁路过轨区间部分和市郊铁路非过轨区间部分，用 I，II，III 分别表示各部分区间范围，其中 I={1, ..., N_1}，II={N_1+1, ..., N_2}，III={N_2+1, ..., N}，如图 13-5 所示。

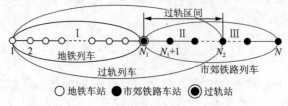

图 13-5 过轨运输下各部分乘客区间范围

各部分间乘客的旅行时间有所差异，用 T_{ij}^+（T_{ij}^-）表示过轨运输后上行（下行）所有乘客出行起点（O）在第 i 个区间范围 $d(i)$，终点（D）在第 j 个区间范围 $d(j)$ 的总旅行时间变化值，其中 d={I，II，III}。根据过轨列车覆盖范围可得到 $z_1(+)$ 和 $z_2(-)$ 的表达式如式（13-15）、式（13-16）所示：

$$z_1(+) = T_{12}^+ + T_{22}^+ + T_{21}^- + T_{22}^- \tag{13-15}$$

$$z_2(-) = T_{13}^+ + T_{23}^+ + T_{33}^+ + T_{31}^- + T_{32}^- + T_{33}^- \tag{13-16}$$

2）双目标规划模型

根据以上分析，建立租车模式下确定过轨区间及发车频率的双目标规划模型：

$$\max V = v_c + v_o + v_p - v_r \tag{13-17}$$

$$\max Z = z_1(+) - z_2(-) \tag{13-18}$$

s.t.

$$\begin{cases} U > A \tag{13-19} \\ (1+\lambda)\sum_{m=1}^{N_1-1}\sum_{l=i+1}^{k} P_{tml} + \sum_{m=1}^{N_1-1}\sum_{l=k+1}^{N} P_{tml}\sum_{j=i+1}^{k}\pi_j + \sum_{m=N_1}^{i}\sum_{l=i+1}^{k} P_{tml} \leq Q_t f_t \tag{13-20} \\ \quad \forall x_k = 1, \forall k \in \{N_1,...,N\}, \forall i \in \{N_1,...,k-1\} \\ \sum_{m=i+1}^{k}\sum_{l=1}^{N_1-1}(1+\lambda)P_{tml} + \sum_{m=i+1}^{k}\sum_{l=N_1}^{i} P_{tml} \leq Q_t f_t \quad \forall x_k = 1, \forall k \in \{N_1,...,N\}, \forall i \in \{N_1,...,k-1\} \tag{13-21} \\ \sum_{m=1}^{N_1-1}\sum_{l=i+1}^{k}(1+\lambda)P_{rml} + \sum_{m=1}^{N_1-1}\sum_{l=k+1}^{N}\left(P_{rml} + P_{tml}\sum_{j=N_1}^{i}\pi_j\right) + \sum_{m=N_1}^{i}\sum_{l=i+1}^{N} P_{rml} \leq Q_r f_r \tag{13-22} \\ \quad \forall x_k = 1, \forall k \in \{N_1,...,N\}, \forall i \in \{N_1,...,k-1\} \\ \sum_{m=i+1}^{k}\sum_{l=1}^{N_1-1}(1+\lambda)P_{rml} + \sum_{m=i+1}^{k}\sum_{l=N_1}^{i} P_{rml} + \sum_{m=k+1}^{N}\sum_{l=1}^{i} P_{rml} \leq Q_r f_r \tag{13-23} \\ \quad \forall x_k = 1, \forall k \in \{N_1,...,N\}, \forall i \in \{N_1,...,k-1\} \end{cases}$$

$$\begin{cases} \sum_{m=1}^{i}\sum_{l=i+1}^{N}q_{ml} \leqslant Q_r f_r \quad \forall x_k=1, \ \forall k \in \{N_1,...,N\}, \ \forall i \in \{k,...,N-1\} & (13\text{-}24) \\ \sum_{m=i+1}^{N}\sum_{l=1}^{i}q_{ml} \leqslant Q_r f_r \quad \forall x_k=1, \ \forall k \in \{N_1,...,N\}, \ \forall i \in \{k,...,N-1\} & (13\text{-}25) \\ f_t + f_r \leqslant f_{max} & (13\text{-}26) \\ f_r \geqslant f_{min} & (13\text{-}27) \\ \sum_{i=N_1}^{N} x_i = 1 \quad \forall i \in \{N_1,...,N\} & (13\text{-}28) \\ x_i \in \{0,1\} \quad \forall i \in \{N_1,...,N\} & (13\text{-}29) \\ f_t \in Z^+, f_r \in Z^+ & (13\text{-}30) \end{cases}$$

式（13-17）表示市郊铁路运营公司利益最大化，式（13-18）表示所有乘客节省的时间最大化。式（13-19）为地铁公司利益约束，式（13-20）、式（13-21）分别为上、下行过轨区间各断面过轨列车容量约束。式（13-22）、式（13-23）分别为上、下行过轨区间各断面市郊铁路列车容量约束，其中 P_{tij} 为车站 i，j 间乘坐过轨列车的乘客数量，P_{rij} 为车站 i，j 间不乘坐过轨列车的乘客数量。式（13-24）、式（13-25）分别为上、下行非过轨区间各断面市郊铁路列车容量约束。式（13-26）为过轨区间线路能力约束。式（13-27）为市郊铁路本线列车最低发车频率约束。式（13-28）表示过轨终点站只有一个。式（13-29）表示过轨终点站求解变量为 0，1 变量。式（13-30）为列车发车频率正整数约束。

13.3.3 代数加权法和遗传算法相结合的求解算法

多目标规划模型，在求解时往往需要将其转化为单目标问题。本书使用代数加权法来进行转换，该方法具有应用简单、可操作性强的特点。具体步骤如下：

步骤 1 分别求式（13-17）、式（13-18）的单目标最优解，建立最优目标矩阵，如表 13-2 所示。U_1 和 L_1 分别为式（13-17）的上下界；U_2 和 L_2 分别为式（13-18）的上下界。

最优目标矩阵　　　　　　　　　　　表 13-2

	$V(x)$	$Z(x)$	x
max V	$V(x_1^*)$	$V(x_1^*)$	x_1^*
max Z	$Z(x_2^*)$	$Z(x_2^*)$	x_2^*
L_1=min($V(x_1^*)$，$V(x_2^*)$) U_1=max($V(x_1^*)$，$V(x_2^*)$)		L_2=min($Z(x_1^*)$，$Z(x_2^*)$) U_2=max($Z(x_1^*)$，$Z(x_2^*)$)	

步骤 2 归一化处理

$$u_1(x) = \frac{V(x)-L_1}{U_1-L_1} \tag{13-31}$$

$$u_2(x) = \frac{Z(x)-L_2}{U_2-L_2} \tag{13-32}$$

步骤 3 建立单目标规划模型

$$\max[au_1(x)+bu_2(x)] \tag{13-33}$$

s.t.

$$式(13\text{-}19) \sim 式(13\text{-}30) \tag{13-34}$$

式中：a、b——分别为两个目标函数的权重，且 $a+b=1$。

虽然上述步骤1和步骤3求解问题为单目标问题，但由于该问题求解变量多、规模大，且模型具有非线性特点，为保证在给定时间内得到满意的可行解，这里采用已被广泛用于解决交通运输优化问题的遗传算法求解。

本节设计的遗传算法分为两个阶段，阶段 I 设定编码过程、交叉规则和变异规则，阶段 II 为遗传算法优化过程。

（1）阶段 I：相关规则设定

租车模式过轨运输的求解变量包括确定过轨终点、过轨列车发车频率和市郊铁路发车频率，根据各求解变量的取值范围进行编码，各变量对应的染色体合并成遗传算法的过程中的染色体，如图 13-6 所示。

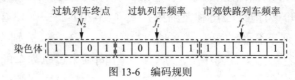

图 13-6　编码规则

交叉过程采用单点交叉规则（图 13-7），变异过程采用单点变异规则（图 13-8）。

图 13-7　单点交叉规则

图 13-8　单点变异规则

（2）阶段 II：遗传算法优化过程

遗传算法的优化过程主要包括以下七个步骤。

步骤1　初始化。设定种群规模 $popsize$、最大进化代数 $Max\_generation$、交叉概率 pc 及变异概率 pm。初始化进化代数 $generation=1$。

步骤2　随机产生 $popsize$ 个染色体作为初始种群。

步骤3　计算第 $generation$ 代的适应度函数值并记录最大适应度函数值。

将各染色体对应的解代入到适应度函数中，得到各染色体对应的适应度函数值。若第 $generation$ 代的最大适应度函数值优于 $generation$ -1 代，则保留最大适应度函数值对应的染色体，否则，用 $generation$ -1 代最大适应度函数值对应的染色体替代 $generation$ 代最大适应度函数值对应的染色体。这样保证每次迭代的最优解不差于上一代。本节将目标函数作为遗传算法的适应度函数，即有：

$$Fit(X_k) = Z(x) \quad \forall k=1,2,...,popsize \tag{13-35}$$

式中：$Fit(X_k)$——染色体 X_k 对应的适应度函数值。

步骤4　选择操作。

采用轮盘赌的方法从父代染色体种群中选出 $popsize$ 个染色体，组成子染色体种群。

步骤如下：

步骤 4.1　令 $cumsum\_P_0=0$，计算累积选择概率 $cumsum\_P_k$

$$cumsum\_P_k = \frac{\sum_{i=1}^{k} Fit(X_k)}{\sum_{i=1}^{popsize} Fit(X_k)} \quad \forall k=1,2,...,popsize \qquad （13\text{-}36）$$

式中：$cumsum\_P_k$——第 k 个染色体的累积选择概率。

步骤 4.2　随机生成（0，1] 的实数 a，选出染色体 k（满足 $cumsum\_P_{k-1}<a< cumsum\_P_k$）加入到子染色体种群。

步骤 4.3　若已选出 $popsize$ 个染色体，则选择操作结束，输出子染色体种群；否则，转步骤 4.2。

步骤 5　交叉操作。

步骤 5.1　从步骤 4 中选择出来的子染色体种群中随机选择两个染色体，随机生成（0，1] 的实数 b，若 $b \leqslant pc$，则根据单点交叉规则，随机产生交叉位，对两个染色体进行交叉。

步骤 5.2　判断交叉后得到的两条染色体对应的解是否满足约束条件，若满足，则替代交叉前的两条染色体加入到子染色体种群，否则，子染色体种群不变。

步骤 6　变异操作。

步骤 6.1　从步骤 4 中选择出来的子染色体种群中随机选择一个染色体，随机生成（0，1] 的实数 c，若 $c \leqslant pm$，则根据单点变异规则对染色体进行变异。

步骤 6.2　判断变异后的染色体是否满足约束条件，若满足，则替代变异前染色体加入到子染色体种群，否则，子染色体种群不变。

步骤 7　算法终止条件判断。若 $generation=Max\_generation$，算法结束，输出最优染色体及对应的目标函数值；否则，$generation = generation+1$，转步骤 3。

13.3.4　算例

为验证上述模型算法的有效性，选取一个地铁线和市郊铁路线过轨运输的算例，在给定的客流下，确定最优的过轨区间及过轨列车发车频率，并分析过轨区间、乘客利益和双方运营公司利益随相关参数及过轨客流分布特征变化的规律。

1）算例设计

设地铁线路有 12 个车站，市郊铁路线路有 14 个车站，地铁车站集合 $S_U=\{1, 2, …, 12\}$，市郊铁路车站集合 $S_R=\{12, 13, …, 26\}$，地铁线路和市郊铁路经车站 12 实现过轨运输，如图 13-9 所示。假定市郊铁路各站均有折返条件，即过轨终点站的取值范围为车站 13～车站 26。

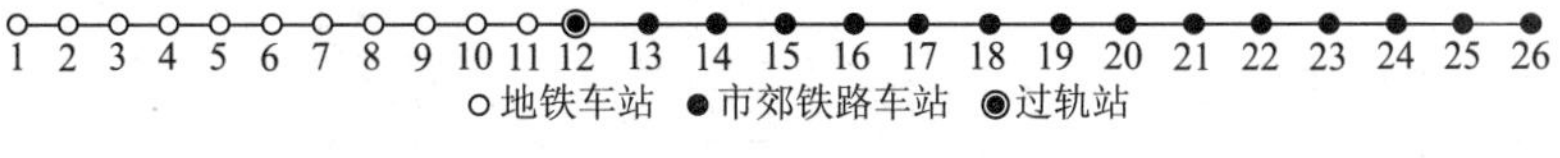

图 13-9　算例线路

各站间的研究时段内（1h）的客流 OD 如表 13-3 所示，其他参数及遗传算法各参数取值分别如表 13-4 和表 13-5 所示。

客流 OD 矩阵

表 13-3

O\D	1	2	3	4	5	6	7	8	9	10	11	12	13	14	15	16	17	18	19	20	21	22	23	24	25	26
1	0	0	1	1	4	3	9	12	10	34	64	39	41	54	51	13	19	21	24	16	19	18	8	13	12	15
2	2	0	6	3	6	18	15	52	43	103	207	173	303	320	331	276	255	240	246	242	276	252	237	233	239	218
3	10	1	0	3	9	11	15	24	20	60	126	85	283	286	284	290	242	235	235	236	257	237	247	225	231	227
4	3	1	2	0	6	14	0	25	34	21	29	18	15	13	13	17	21	8	5	6	10	5	8	16	2	5
5	21	13	10	0	0	6	2	1	7	26	36	75	72	54	51	6	25	38	32	64	38	28	12	40	34	40
6	20	7	15	0	3	0	9	11	45	72	64	56	33	35	27	39	46	48	41	48	41	45	44	38	45	45
7	40	18	26	4	3	2	0	7	22	57	97	108	251	255	262	255	262	252	232	242	263	262	251	235	237	228
8	15	11	5	1	0	1	0	0	25	52	52	257	267	262	262	252	255	244	253	281	263	264	245	258	251	—
9	37	15	14	1	5	4	8	4	0	9	43	74	47	45	42	96	92	105	105	125	84	104	85	106	108	92
10	57	19	33	6	14	9	13	15	3	0	35	118	283	283	285	332	355	351	352	331	320	330	348	342	322	352
11	55	17	26	3	16	18	18	12	11	0	49	281	289	285	332	350	345	370	347	315	363	397	415	417	420	—
12	34	13	15	6	10	7	13	11	10	17	21	0	105	157	202	85	192	355	189	394	199	465	39	55	110	—
13	5	66	67	0	0	2	67	70	2	68	72	10	0	5	7	0	16	109	89	66	93	43	128	5	4	18
14	4	67	64	1	4	0	67	65	6	69	73	24	6	0	6	25	4	12	0	12	55	25	81	1	0	10
15	9	62	65	0	7	4	64	62	2	69	76	24	0	12	0	10	2	10	4	6	4	4	15	31	21	55
16	2	64	67	0	7	2	66	65	0	67	78	10	1	5	20	0	8	0	45	30	70	4	39	106	3	8
17	8	64	64	1	2	3	65	65	1	68	78	15	1	6	0	6	0	6	7	3	4	0	4	17	15	54
18	7	64	64	1	1	1	68	67	4	68	73	9	1	28	2	4	0	0	24	11	19	12	31	3	1	10
19	11	61	66	1	8	3	63	62	0	68	76	23	0	0	6	7	3	0	4	5	2	6	6	1	30	18
20	6	63	62	2	1	3	63	69	0	66	85	61	12	16	34	57	6	24	15	0	3	1	13	1	0	—
21	11	59	68	2	8	0	65	62	0	65	74	11	9	19	25	21	6	0	12	0	0	24	0	0	4	—
22	0	76	76	0	0	0	63	63	0	63	82	3	3	1	1	11	1	3	1	0	7	0	27	1	0	2
23	4	65	70	1	0	0	70	69	0	65	77	13	10	48	45	30	5	16	7	13	0	26	0	0	7	17
24	5	61	65	1	0	5	59	63	5	68	87	20	6	51	46	46	7	17	1	12	12	21	0	0	3	5
25	3	61	64	0	3	0	72	69	4	63	82	34	15	24	49	52	15	21	9	4	12	10	14	0	0	5
26	0	58	63	0	5	0	63	68	0	68	95	15	6	12	25	21	8	16	9	10	1	7	0	0	0	0

算例参数取值 表13-4

参数	含义	取值	单位
l_r	市郊铁路线路平均站间距	3	km
l_s	地铁线路平均站间距	1	km
w_r	市郊铁路列车编组	6	辆
w_s	地铁列车编组	6	辆
λ	过轨客流增长比例	10%①	—
t_z	折返时间	2	min
t_h	过轨车站地铁到市郊铁路平均换乘走行时间	8	min
t_h'	过轨车站市郊铁路到地铁平均换乘走行时间	8	min
β	票价率	0.3②	元/人·km
η	地铁单位车辆公里运营费用	25③	元/辆·km
ε	市郊铁路列车单位车辆公里运营费用	25	元/辆·km
γ_s	研究时段内（1h）地铁车辆固定费用	360③	元/辆
γ_r	研究时段内（1h）市郊铁路车辆固定费用	360	元/辆
α	租车费	50④	元/列·km
θ	等待过轨列车的过轨乘客比例	50%⑤	—
π_i	需要换乘的乘客在过轨区间 $N_1 \sim N_2$ 内车站 i 的换乘概率	$1/(N_2-N_1)$	—
Q_r	市郊铁路列车设计载客能力	1440	人/辆
Q_s	地铁列车设计载客能力	1440	人/辆
v_r	市郊铁路线路上列车平均旅行速度	45	km/h
v_s	地铁线路上列车平均旅行速度	35	km/h
f_{max}	过轨区间（市郊铁路）线路通过能力	24	列/h
f_{min}	市郊铁路列车满足服务水平最低发车频率	12	列/h

注：①实际中过轨客流量增长比例需要根据过轨运输后各种交通方式出行广义费用的变化重新进行客流分配，但此不是本文的重点。本文参考东京过轨后客流量增加比例等相关资料，取 $\lambda=10\%$。
②票价率参考北京市轨道交通平均票价率，根据2015年北京市交通发展年度报告[13-15]，2014年轨道交通乘客平均乘距为17.8km，该距离下票价为5元，平均票价率为0.28元/人·km。
③参考文献中的取值，且假设地铁与市郊铁路该参数的取值相同。
④1978地铁公司租用东急电铁公司年租车费约为585日元/（列·km）[13-17]，根据汇率及通货膨胀率计算得到租车费约为46元/（列·km）。此外，根据相关资料，国内地铁车辆价格在500～800万元/辆左右，按700万元/辆计算，6节编组的列车价格为4200万元/列，车辆走行公里达100万km则需要大修（厂修），则列车的折旧费为42元/列·km，按20%的利润计算，租车费为50.4元/（列·km）。因此，本文租车费取50元/（列·km）。
⑤等待过轨乘客的比例和乘客属性、列车开行方案等相关因素有关，本文取该比例为50%作为计算输入条件以验证本文模型。后续研究将根据乘客行为调查及建模分析进一步研究该值得确切值。

遗传算法参数取值 表13-5

参数	含义	取值	参数	含义	取值
popsize	种群规模	20	pcrossover	交叉概率	0.95
Max-generation	最大迭代次数	100	pmutation	变异概率	0.1

2）结果分析
（1）不同权重下的优化结果

目标函数权重取值不同，优化结果不同。此处以目标函数权重 $a=b=0.5$，式（13-29）的单目标问题为例，说明遗传算法收敛过程，如图13-10所示。

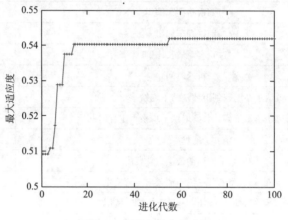

图13-10　遗传算法收敛过程

由图13-10可得，基于代数加权的遗传算法具有较强的收敛性，优化结果在65代后开始收敛，求解效率较高。收敛后的最大适应度 [即双目标转换为单目标问题后式（13-29）的最大值] 为0.542。对应的最优结果为：过轨终点为车站20，研究时段内过轨列车发车频率为9对/h，市郊铁路本线列车发车频率为13对/h。最优解对应的市郊铁路公司利益为8.82万元，地铁公司利益为0.5万元。所有受益乘客节省的总旅行时间为2010 h，所有受损失乘客增加的总旅行时间为270 h。

目标函数不同权重下的最优解如表13-6所示。

不同权重下优化结果　　　　　　　　　　　　　　表13-6

最优解	(a, b)						
	(0, 1)	(0.2, 0.8)	(0.4, 0.6)	(0.5, 0.5)	(0.6, 0.4)	(0.8, 0.2)	(1, 0)
V（万元）	5.15	5.15	7.46	8.82	8.82	8.82	8.93
U（万元）	0.50	0.50	0.48	0.50	0.50	0.50	0.18
Z（千h）	2.66	2.66	2.24	1.74	1.74	1.74	1.06
受益乘客节省的总时间（千h）	2.87	2.87	2.51	2.01	2.01	2.01	1.32
受损失乘客增加的时间（千h）	0.21	0.21	0.26	0.27	0.27	0.27	0.26
过轨终点车站编号	22	22	21	20	20	20	18
f_t（对/h）	12	12	11	9	9	9	7
f_r（对/h）	12	12	12	13	13	13	15

由表13-6可以得出，总体上来看，随着企业权重 a 增加，过轨区间长度减小，过轨列车数量减小，市郊铁路公司利益增加，地铁公司利益影响不大，受益乘客节省的总时间减小，受损失乘客增加的总时间小幅度增加。

目标函数仅考虑乘客的利益（$a=0$）时，此时过轨区间长度最长，过轨终点站为车站22，受益乘客节省的总时间为2870 h，受损失乘客增加的总时间为210 h；市郊铁路公司和地铁公司利益分别为 5.15 万元、0.5 万元。目标函数仅考虑企业利益（$a=1$）时，此时过轨终点站为车站 18，受益乘客节省的总时间为 1320 h，受损失乘客增加的总旅行时间为 260 h；市郊铁路公司和地铁公司利益分别为 8.93 万元、0.18 万元。当企业利益和乘客利益权重相等时，过轨终点站为车站 20，受益乘客节省的总时间为 2010 h，所有受损失乘客增加的总旅行时间为 270 h；市郊铁路公司和地铁公司利益分别为 8.82 万元、0.5 万元。

（2）不同租车费下的优化结果

租车模式下，租车费是影响双方运营公司利益的重要因素，进而影响过轨区间的确定。此处取目标函数权重 $a=b=0.5$，其他参数与表 13-3 至表 13-5 相同，研究优化结果随租车费的变化规律，分别如图 13-11a）、图 13-11b）、图 13-11c）所示。

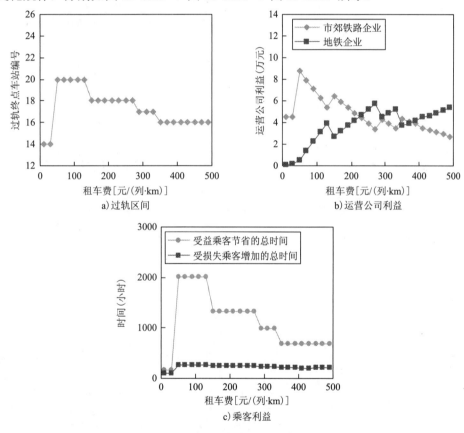

图 13-11 优化结果随租车费的变化规律

① 由图 13-11a）可以看出，租车费较低时 [小于 50 元 /（列车·km）]，因地铁运营公司获得的租车费难以平衡因列车运行距离延长而增加的车辆固定费用，过轨区间长度较小。随着租车费的增加，地铁运营公司获得的租车费大于其因列车运行距离延长而增加的车辆固定费用，此时，过轨区间长度随租车费的增加先增加后呈阶梯减小。主要原因为，租车费增加，市郊铁路公司利益减少，但车辆数的变化是以整数离散变化的，因此呈阶梯性减小变化。

② 由图 13-11b）可以看出，市郊铁路运营公司利益随着租车费的增加而分段减小，地铁运营公司利益随租车费的增加而分段增加。当租车费高于 230 元 /（列车·km）时，地

铁运营公司利益将大于市郊铁路运营公司利益。分段变化的原因主要是过轨区间长度分段跳跃变化。

③由图 13-11c）可以看出，受益乘客节省的总时间和受损失乘客增加的总时间随租车费的变化规律与过轨区间类似，且受损失乘客增加的总时间远小于受益乘客节省的总时间，为其 10%～20% 左右。乘客的利益与过轨区间长度相关，过轨区间长度越长，受益乘客越多，节省的总时间越大，受损失乘客数越少。

综上可得，市郊铁路和地铁运营公司利益受租车费的影响较大，过轨区间长度和乘客利益随租车费的变化规律相同，总体上随租车费的增加阶梯减小。租车费在一定范围内变化时，不影响过轨区间和乘客利益。

第 14 章

网络客流预测方法与限流技术

城市轨道交通系统客流的动态变化对列车运行组织具有重要影响。本章分析了网络条件下线路客流与车站客流的相互作用，建立了车站客流与列车客流的推算模型；结合网络列车负荷的差异，以短期客流预测为依托，提出了均衡化列车负荷的运输组织方法；以实际案例为背景，研究了客流过大条件下不同车站限流方案的效果以及优化限流方案的方法。

14.1　网络条件下线路与车站客流的相互影响

随着城市轨道交通网络规模的不断扩大，网络的客流需求分布更加复杂化，具体来说主要表现在两个方面：一是乘客可选的出行路径不断增多，轨道交通网络各断面既有的供需平衡不断被打破，需要重新调整运输计划以满足运输需求；二是随着可选路径的增多，在 30min 或 15min 等较小时间尺度下，短时客流选择不同出行路径的随机性增强，乘客实际出行路径选择概率与根据历史数据得到的客流预测结果可能存在较大差距，需要根据实时客流状况在线推算线路和车站的客流分布，以调整实时客流管控措施。

在网络化运营条件下，路网中的线路与车站客流的相互影响更为复杂，其中以换乘客流尤为显著。换乘客流是城市轨道交通网络化运营的重点研究对象，线网内重大枢纽的换乘客流是决定线网运营组织方案的基本依据。换乘客流具有脉冲特征。在早晚高峰期间，脉冲式到达的换乘客流使得站内设施和列车的能力利用不均衡尤为突出，同时也使得局部客流的波动在线路或路网中的传播过程更为复杂。为准确推算列车在换乘车站的上下车人数，以确定列车在各断面以及车站各部分的负荷，本节通过研究乘客刷卡进站或下车后在轨道交通车站付费区内的实时集疏散过程，实时推算连续到达的进站客流以及脉冲式到达的换乘和出站客流在各站内设施（包括楼梯、自动扶梯、换乘通道）以及这些设施连接处的排队过程。

14.1.1　车站排队网络的定义

乘客在轨道交通车站付费区内的流线主要包括三种：进站、出站和换乘。由于轨道交通车站一般都有多个出入口，因此乘客的进站过程可以看成是合流过程，出站过程可以看成是分流过程，而乘客换乘时通常先与出站乘客分流，然后再与进站乘客合流。这其中分流过程一般不会产生拥挤，因此本节主要研究乘客的进站和换乘过程，并对出站过程做一定程度的简化。

不失一般性，本节以两线换乘站为例（非换乘站可在此基础上去除换乘流线，多线换乘站可在此基础上增加换乘流线），假设该换乘站连接 A 和 B 两条线路，其中连接 A 线的为侧式站台，连接 B 线的为岛式站台，两条线路的站台通过楼扶梯和换乘通道连接。则乘客的进站、出站和换乘流线如图 14-1 所示。由于轨道交通车站付费区内一般没有单独的进出站通道，因此本节研究的站内设施仅包括楼梯、自动扶梯、换乘通道。

基于排队网络理论，本节将图 14-1 中的每一个楼梯、自动扶梯、换乘通道都看成一个排队系统,并将上述多个排队系统串并联成排队网络。由于一般轨道交通换乘站中 A 线换乘 B 线的流线和 B 线换乘 A 线的流线都是隔离的,因此不失一般性。本节首先分析进站和换乘乘客去往 A 线站台的过程(进站和换乘乘客去往 B 线站台的过程与此类似),得到如图 14-2 所示的排队网络拓扑结构。

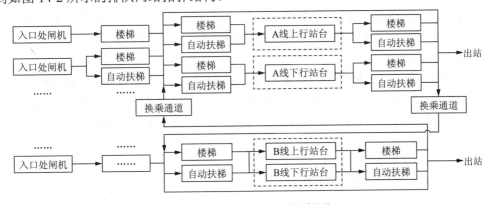

图 14-1 站内乘客进出站和换乘流线

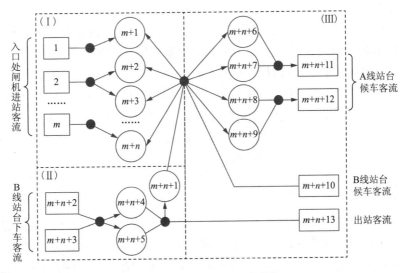

图 14-2 车站排队网络拓扑结构

根据客流到达形式不同,图 14-2 中的排队网络可划分为 3 个区域,其中 I 区域内的进站客流可看成是连续到达的;II 区域内的换乘客流可看成是以脉冲形式到达的(脉冲周期与列车发车间隔相关);III 区域内为上述两种到达形式的叠加客流。图 14-2 中左侧的白色方块表示排队网络的客流输入节点;右侧的白色方块表示排队网络的客流输出节点;中间的每个白色圆圈表示一个排队系统节点,对应图 14-1 中的每一个节点设施(楼梯、自动扶梯或换乘通道);中间的黑色圆点表示客流的合流或分流节点。整个排队网络中客流的进出站和换乘过程可分为 3 个部分。

①排队网络的输入客流到达分布:对于与车站进站闸机口连接的排队系统(如节点 $m+1$ 至 $m+n$),其进站客流的到达分布可以通过 AFC 系统实时获取。对于与车站站台连

接的排队系统（如节点 $m+n+4$ 和 $m+n+5$），其换乘客流的到达分布可参考历史同时段数据，也可以通过线路列车实时客流推算获取。

②节点设施内的服务时间分布：楼梯和换乘通道的服务时间（乘客走行时间）分布与该节点设施的客流拥挤程度相关；而自动扶梯的服务时间分布仅与自动扶梯的转速相关。

③节点设施间的客流合并和分解：将先前排队系统（如节点 $m+1$ 至 $m+n+1$）的客流离去分布进行叠加并按照一定比例进行分解，作为后续排队系统（如节点 $m+n+6$ 至 $m+n+10$）的客流到达分布。

综上所述，本节通过将轨道交通车站付费区内的楼梯、自动扶梯、换乘通道等设施抽象成一个个排队系统，并将这些排队系统按照其物理连接顺序组成排队网络，使得网络中的先前排队系统的输出可以作为后续排队系统的输入。继而本节根据排队网络理论推算各个时段车站站台的进站客流和换乘客流的到达分布。

14.1.2 站台进站到达客流推算方法

除了少数几种分布形式，例如指数分布或者 Phase-type 分布（PH 分布），由其他分布所建立的排队系统一般都不服从马尔可夫（Markov）过程，因此很难建立排队系统的解析模型，一般只能用于行人微观仿真模拟。而由此建立的排队网络微观仿真模型的计算量大，很难满足实时客流推算要求。许心越、陈绍宽等采用 M/G/C/C 排队网络模型研究了轨道交通车站内的乘客平均走行时间或平均走行速度与设施客流密度的关系。胡路在此基础上假设设施的服务时间服从简化 PH 分布，进而采用 PH/PH（n）/C/C 排队网络模型研究了乘客走行时间分布或走行速度分布的离散程度（标准离差率）与设施客流密度的关系。简化 PH 分布仅包含两个分布参数：均值 μ 和标准差 σ。本节采用上述 PH/PH（n）/C/C 排队模型推算乘客在车站付费区内的楼梯、自动扶梯、换乘通道等节点设施内的走行过程。

乘客在轨道交通站内楼梯或通道的走行时间分布与该设施当前的客流密度相关，当楼梯或通道的客流密度发生变化时，乘客通过该设施的走行时间分布也会随之发生变化；已有不少学者研究建立了设施当前客流密度 ρ 与设施当前服务时间分布参数间的推算方法。

①陈绍宽等认为地铁楼梯或通道的客流密度 ρ 与乘客走行速度均值 μ 的关系，以及客流密度 ρ 与乘客走行速度标准差 σ 的关系都可以用指数模型表示。因此根据设施当前的客流密度 ρ 可推算乘客当前走行速度均值 μ 和标准差 σ。轨道交通车站通道内的客流密度 ρ 与乘客走行速度的均值 μ 和标准差 σ 的关系可采用指数模型拟合：

$$\mu = \mu_{\text{free}} \cdot \exp\left[-\left(\left(\rho \cdot S - 1\right)/\beta_\mu\right)^{\alpha_\mu}\right] \tag{14-1}$$

$$\sigma = \sigma_{\text{free}} \cdot \exp\left[-\left(\left(\rho \cdot S - 1\right)/\beta_\sigma\right)^{\alpha_\sigma}\right] \tag{14-2}$$

式中：α_μ——$\alpha_\mu = \ln\left[\dfrac{\ln\left(\mu_{\rho'}/\mu_{\text{free}}\right)}{\ln\left(\mu_{\rho''}/\mu_{\text{free}}\right)}\right] \Big/ \ln\left(\dfrac{\rho' S - 1}{\rho'' S - 1}\right)$；

α_σ——$\alpha_\sigma = \ln\left[\dfrac{\ln\left(\sigma_{\rho'}/\sigma_{\text{free}}\right)}{\ln\left(\sigma_{\rho''}/\sigma_{\text{free}}\right)}\right] \Big/ \ln\left(\dfrac{\rho' S - 1}{\rho'' S - 1}\right)$；

β_μ——$\beta_\mu = (\rho' S - 1) / \left[\ln\left(\mu_{\rho'} / \mu_{\text{free}} \right) \right]^{1/\alpha_\mu}$；

β_σ——$\beta_\sigma = (\rho' S - 1) / \left[\ln\left(\sigma_{\rho'} / \sigma_{\text{free}} \right) \right]^{1/\alpha_\sigma}$；

S——设施面积；

μ_{free}、σ_{free}——分别为设施内只有一个乘客时的速度均值和标准差；

$\mu_{\rho'}$、$\sigma_{\rho'}$——分别为密度为 ρ' 时乘客速度均值和标准差，这里一般取 ρ' 为 2 人/m²；

$\mu_{\rho''}$、$\sigma_{\rho''}$——分别为密度为 ρ'' 时乘客速度均值和标准差，这里一般取 ρ'' 为 4 人/m²。

站内楼梯的乘客走行速度均值 μ 和标准差 σ 也可通过公式（14-1）和公式（14-2）计算得到，但公式中的设施面积 S 取楼梯在水平面的投影面积，而公式中的 6 个参数 μ_{free}、σ_{free}、$\mu_{\rho'}$、$\sigma_{\rho'}$、$\mu_{\rho''}$、$\sigma_{\rho''}$ 还需根据楼梯坡度 φ_{stair} 修正。以参数 μ_{free} 为例，修正后楼梯内只有一个乘客时的速度均值为 μ'_{free}，根据胡路的研究可得：

$$\mu'_{\text{free}} = \mu_{\text{free}} \cdot \exp(-\gamma \cdot \varphi_{\text{stair}}) \tag{14-3}$$

式中 γ 需根据上下行楼梯分别标定，其余 5 个参数也同理。

② 赵宇刚的研究表明，乘客在地铁站内通道的走行速度可由对数正态分布拟合。设乘客走行速度 v 服从对数正态分布，则其概率密度函数 $f(v)$ 可表示为：

$$f(v) = \frac{1}{v\sigma_v\sqrt{2\pi}} e^{\frac{(\ln v - \mu_v)^2}{2\sigma_v^2}} \tag{14-4}$$

式中 μ_v 和 σ_v 表示概率密度函数的两个参数。乘客走行速度分布的均值 μ 和标准差 σ 可表示为：

$$\mu = e^{\mu_v + \sigma_v^2/2} \tag{14-5}$$

$$\sigma = \left(e^{\sigma_v^2} - 1\right)\mu^2 \tag{14-6}$$

根据对数正态分布性质，若随机数服从对数正态分布，则其倒数也服从对数正态分布。因此乘客在站内通道的走行时间也服从对数正态分布。设 L 表示乘客在通道内的走行距离，则其走行时间对数正态分布的参数 μ_t 和 σ_t 可表示为：

$$\mu_t = \ln L - \mu_v \tag{14-7}$$

$$\sigma_t = \sigma_v \tag{14-8}$$

根据 μ_t 和 σ_t 可以得到乘客走行时间分布的均值 μ' 和标准差 σ'。同理根据胡路的研究，乘客在站内楼梯的走行速度也服从对数正态分布。因此其走行时间分布的均值和标准差也可以由走行速度分布的均值和标准差得到。

③ 上述站内通道或楼梯的服务时间分布的整个计算流程如图 14-3 所示。

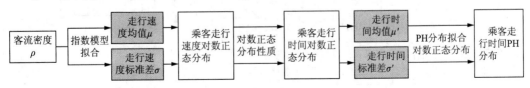

图 14-3　站内设施的服务时间分布计算流程

对于自动扶梯排队系统，当乘客禁止在扶梯内行走时，乘客以恒定的扶梯转速通过设施，其服务时间的标准差为 0，服务时间服从定长分布。胡路用 30 阶的简化 PH 分布拟合轨道交通车站自动扶梯的服务时间分布，取得了较好的效果。本节也采用该方法拟合自动扶梯的服务时间分布。

在排队网络中，前一节点的排队系统的输出客流是后一节点的排队系统的输入客流，并且多个节点的排队系统的输出客流还可能合并或分解。胡路基于排队论中的生灭过程理论，假设轨道交通站内设施的乘客到达和离去时间间隔以及服务时间均服从简化 PH 分布，从而给出了轨道交通站内的 PH/PH（n）/C/C 排队网络模型的建立过程。本节也采用 PH/PH（n）/C/C 排队模型表示车站付费区内的楼梯、自动扶梯、换乘通道等节点设施的排队系统。

14.1.3 站台换乘到达客流推算方法

由前可知，进站、换乘、出站客流在节点设施间的分流和合流过程如图 14-4 和图 14-5 所示。图中连续到达的进站客流通过多个进站闸机口后，一部分去往 A 线的侧式站台候车，另一部分去往 B 线的岛式站台候车。图 14-4 中从 B 线岛式站台下车的换乘客流与去往 A 线站台的进站客流汇合后，分上下行两个方向到达 A 线的两个侧式站台候车。图 14-5 中从 A 线上下行两个方向的侧式站台下车的换乘客流与去往 B 线站台的进站客流汇合后，到达 B 线的岛式站台的上下行方向候车。

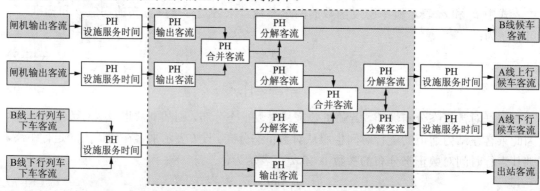

图 14-4　从岛式站台下车的换乘乘客与进站乘客的合流过程

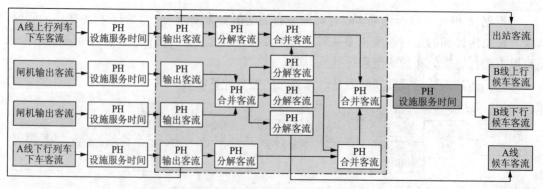

图 14-5　从侧式站台下车的换乘乘客与进站乘客的合流过程

(1) 考虑脉冲式到达客流的站内排队过程推算

本节定义这部分在换乘节点设施入口处排队时间超过一个周期的乘客为滞留乘客。这里假设高峰期脉冲式到达的下车客流通过车站设施后可能会存在滞留乘客,但滞留乘客人数并不会无限增加。当前时段的瓶颈点滞留人数只与前一时段的滞留人数相关,各周期末的滞留人数服从 Markov 过程,可以通过离散时间 Markov 链来分析。在每一个周期内,本节通过将前一周期的滞留客流和当前周期的到达客流汇合后作为一股混合客流通过设施,并利用 PH/PH(n)/C/C 排队模型求解混合客流通过节点设施后的离去时间间隔分布,进而得到当前周期内节点设施输出的乘客人数分布,并最终得到当前周期末节点设施滞留的乘客人数分布。待转入下一个周期后继续将前一周期的滞留客流和当前周期的到达客流汇合,如此迭代进行。

车站付费区内的实时客流推算过程如图 14-6 所示。客流推算过程主要包括:

①外层:基于离散时间 Markov 链的各周期末节点设施滞留人数分布推算模型。
②内层:基于 PH/PH(n)/C/C 的当前周期节点设施排队模型。

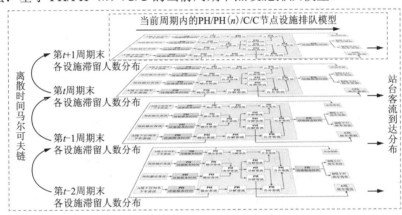

图 14-6 车站客流推算模型结构

(2) 基于离散时间 Markov 链的换乘设施排队模型

本节利用离散时间 Markov 链分析脉冲式到达的下车客流、连续到达的进站客流以及两者的混合客流在楼梯入口处排队时间超过一个周期的滞留乘客人数,进而得到当前周期楼梯的排队性能指标(自动扶梯和换乘通道的计算方法类似)。

①岛式站台层通往站厅层的楼梯的排队过程推算

将一个发车间隔拆分为两个脉冲周期 I' 和 $I-I'$,其中 I 表示同一方向的两列车先后到达站台的时间间隔,I' 表示上下行方向的两列车先后到达站台的时间间隔。

定义离散时间 Markov 链中的状态 i 表示某一脉冲周期结束时在楼梯入口处有 i 个滞留乘客。定义状态转移概率 p_t^{ij} 表示从前一周期 $t-1$ 的状态 i 转移至当前周期 t 的状态 j 的概率,则有:

$$p_t^{ij} = \begin{cases} \sum_{d_{t,\text{up}} \in D_{\text{up}}} \left[P_{t,\text{up}}(d_{t,\text{up}}) P_{t,s}\left(s_t = d_{t,\text{up}} + i - j \mid i, d_{t,\text{up}}\right) \right] & t=2n, n \in Z \\ \sum_{d_{t,\text{up}} \in D_{\text{down}}} \left[P_{t,\text{down}}(d_{t,\text{down}}) P_{t,s}\left(s_t = d_{t,\text{down}} + i - j \mid i, d_{t,\text{down}}\right) \right] & t=2n+1, n \in Z \end{cases} \quad (14\text{-}9)$$

式中：s_t——当前周期楼梯输出的乘客人数；

$d_{t,\text{up}}$——当前周期上行方向列车在本站的下车人数；

$d_{t,\text{down}}$——当前周期下行方向列车在本站的下车人数；

D_{up}——$d_{t,\text{up}}$ 的取值范围；

D_{down}——$d_{t,\text{down}}$ 的取值范围；

$P_{t,\text{up}}$——当前周期上行方向列车在本站的下车人数的概率分布函数；

$P_{t,\text{down}}$——当前周期下行方向列车在本站的下车人数的概率分布函数；

$P_{t,s}$——前一周期的滞留人数为 i 且当前周期的到达人数为 $d_{t,\text{up}}$ 或 $d_{t,\text{down}}$ 时，楼梯排队系统在当前周期内输出人数为 s_t 的概率分布函数。

定义 Pr_{t-1}^i 表示前一周期末状态 i 发生的概率，定义 Pr_t^j 表示当前周期末状态 j 发生的概率，则有：

$$Pr_t^j = \sum_{i \in R} \left(Pr_{t-1}^i \cdot p_t^{ij} \right) \tag{14-10}$$

因此下车客流通过楼梯后的各项性能指标如下：

$$PC_t = 1 - Pr_t^0 \tag{14-11}$$

$$EN_t = \sum_{j \in R} \left(j \cdot Pr_t^j \right) \tag{14-12}$$

$$ET_t = \begin{cases} ET'_t + PC_t \cdot I' & t=2n, n \in Z \\ ET'_t + PC_t \cdot (I-I') & t=2n+1, n \in Z \end{cases} \tag{14-13}$$

$$P_{t,\text{out}}(s_t) = \begin{cases} \sum_{j \in R} \sum_{i \in R} \left[Pr_t^j Pr_{t-1}^i P_{t,\text{up}} \left(d_{t,\text{up}} = s_t + j - i \right) \right] & t=2n, n \in Z \\ \sum_{j \in R} \sum_{i \in R} \left[Pr_t^j Pr_{t-1}^i P_{t,\text{down}} \left(d_{t,\text{down}} = s_t + j - i \right) \right] & t=2n+1, n \in Z \end{cases} \tag{14-14}$$

式中：PC_t——当前周期末在楼梯入口处的阻塞概率；

EN_t——当前周期末在楼梯入口处的滞留乘客人数的期望；

ET_t——当前周期内乘客通过楼梯的平均时间；

ET'_t——当前周期内非滞留乘客通过楼梯的平均时间；

$P_{t,\text{out}}$——当前周期内楼梯排队系统输出的离去乘客人数的分布函数，也就是当前周期内后续排队系统的到达乘客人数的分布函数。

②侧式站台层通往站厅层的楼梯的排队过程推算。

按照同一方向的两列车先后到达站台的时间间隔，将一个发车间隔定义为一个脉冲周期。此时状态转移概率 p_t^{ij} 可表示为（以上行方向下车客流为例）：

$$p_t^{ij} = \sum_{d_{t,\text{up}} \in D_{\text{up}}} \left[P_{t,\text{up}}(d_{t,\text{up}}) P_{t,s} \left(s_t = d_{t,\text{up}} + i - j \mid i, d_{t,\text{up}} \right) \right] \tag{14-15}$$

由此通过状态转移概率 p_t^{ij} 可以得到当前周期末各状态发生的概率，进而得到楼梯入口处的阻塞概率 PC_t、滞留乘客人数的期望 EN_t、乘客通过楼梯的平均时间 ET_t 等各项性能指标，其计算方法与上文一致。

③站厅层通往站台层的楼梯的排队过程推算。

假设在站厅层通往站台的楼梯入口处有换乘客流与进站客流的合并，则此时状态转移概率 p_t^{ij} 可表示为（以上行方向下车客流为例）：

$$p_t^{ij} = \sum_{d_{t,tf} \in D_{tf}} \sum_{a_{t,in} \in A_{in}} \left[P_{t,tf}(d_{t,tf}) \cdot P_{t,in}(a_{t,in}) \cdot P'_{t,s}(s_t = d_{t,tf} + a_{t,in} + i - j \mid i, d_{t,tf}, a_{t,in}) \right] \quad (14-16)$$

式中：$d_{t,tf}$——当前周期换乘客流的到达人数，D_{tf} 表示其取值范围；

$a_{t,in}$——当前周期进站客流的到达人数，A_{in} 表示其取值范围；

D_{tf}——$d_{t,tf}$ 的取值范围；

A_{in}——$a_{t,in}$ 的取值范围；

$P_{t,tf}$——当前周期换乘客流的到达人数的分布函数；

$P_{t,in}$——当前周期进站客流的到达人数的分布函数；

$P'_{t,s}$——前一周期的滞留人数为 i、当前周期的换乘到达人数为 $d_{t,tf}$、进站到达人数为 $a_{t,in}$ 时，楼梯排队系统在当前周期内输出人数为 s_t 的概率分布函数。

当进站客流来自于多个进站闸机口处，且站厅层与站台层之间有多个楼梯时，需先将多股进站客流合并和分解成一股去往当前楼梯的进站客流。假设有 n 股进站客流的到达时间间隔的均值和标准离差率为 μ_i 和 c_i（$i \in [1,n]$），这 n 股进站客流汇合后的总客流的到达时间间隔的均值和标准离差率为 μ 和 c，根据 Sadre 等的研究：

当 n 股进站客流合并成 1 股进站客流时：

$$\mu = \frac{1}{\sum_{i=1}^{n} \left(\frac{1}{\mu_i} \right)} \quad (14-17)$$

$$c^2 = \mu \sum_{i=1}^{n} \left(\frac{c_i^2}{\mu_i} \right) \quad (14-18)$$

当 1 股进站客流分离成 n 股进站客流时：

$$\mu_i = \frac{\mu}{p_i} \quad (14-19)$$

$$c_i^2 = p_i \cdot c^2 + (1 - p_i) \quad (14-20)$$

式中：p_i——进站客流去往不同楼梯的分离概率。

由此通过状态转移概率 p_t^{ij} 可以得到当前周期末各状态发生的概率，进而得到楼梯入口处的阻塞概率 PC_t、滞留乘客人数的期望 EN_t、乘客通过楼梯的平均时间 ET_t 等各项性能指标，其计算方法与上文类似，这里不再重复论述。

④整个排队网络的排队过程推算

以换乘客流由岛式站台→楼梯→换乘通道→楼梯或自动扶梯→侧式站台，进站客流由闸机→楼梯或自动扶梯→侧式站台为例，客流推算过程如图 14-7 所示。

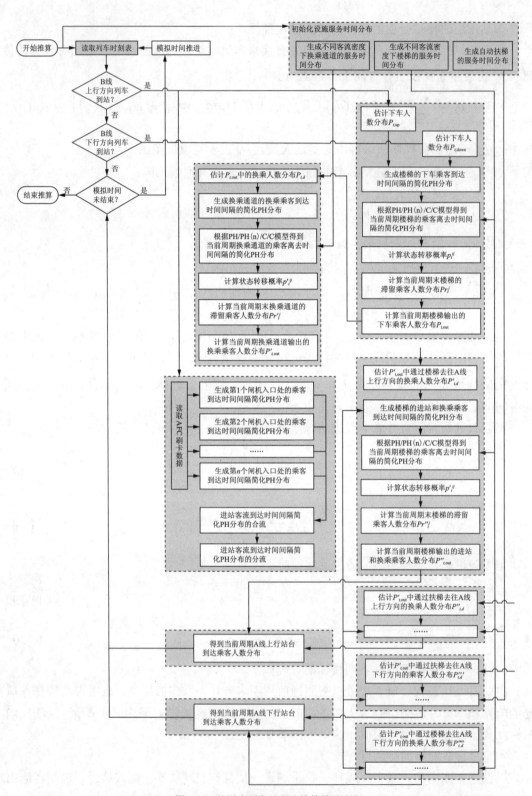

图 14-7 轨道交通车站客流推算算法流程

步骤 1　初始化各节点设施在不同客流密度下的服务时间分布；

步骤 2　若当前时刻有列车到站则转步骤 3，否则继续推进模拟时间至结束；

步骤 3　从连接站台的节点设施开始依次推算后续节点设施的排队过程，一直推算至进站客流和换乘客流的合流点为止；

步骤 4　从连接进站闸机口的节点设施开始依次推算后续节点设施的排队过程，一直推算至进站客流和换乘客流的合流点为止；

步骤 5　从合流点开始依次推算后续节点设施的排队过程，直至客流到达站台为止，计算统计指标，推进模拟时间后转步骤 2。

14.2　线路客流推算方法

根据推算的乘客进出站和换乘走行过程，建立单线多站的动态客流推算模型，如图 14-8 所示。

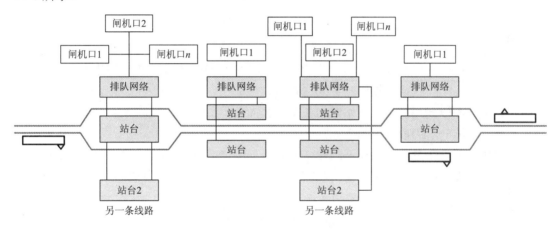

图 14-8　轨道交通线路客流推算模型

图中的客流推算模型包括 2 个输入源：各站的进站客流、换乘站的换入客流。进站和换乘乘客在车站付费区内合流后，步行通过排队网络的各节点设施（包括楼梯、自动扶梯和换乘通道），到达本线上行或下行站台候车，并按照到达站台的顺序先后上车。列车按照固定的时刻表运行。上述客流推算模型包括 2 个输出：各站的出站客流、换乘站的换出客流。

客流推算模型包括 5 类车站设施：进站闸机、楼梯、自动扶梯、换乘通道和站台。不同车站设施排队系统客流到达分布和服务时间分布特征如表 14-1 所示。上一节已经基于 PH/PH（n）/C/C 排队系统建立了楼梯、自动扶梯、换乘通道的排队模型。而乘客在进站闸机入口的排队过程与乘客在自动扶梯入口的排队过程类似。本节仍采用上一节的 PH 分布排队模型推算进站闸机口的乘客排队过程，其与自动扶梯排队模型的服务时间分布均可以用简化 PH 分布拟合，且服务时间分布与客流拥挤程度无关，主要区别仅在于设施服务时间分布参数的取值不同。

车站设施排队系统特征　　　　　　　　　　　　　　表 14-1

序号	车站设施	排队系统客流到达分布特征	排队系统服务时间分布特征
1	进站闸机	连续到达客流	设施服务时间分布与客流拥挤程度无关，客流拥挤主要出现在设施入口处
2	自动扶梯	连续或者脉冲式到达客流	设施服务时间分布与客流设施拥挤程度相关
3	楼梯		
4	换乘通道		
5	站台		设施服务时间分布与列车时刻表相关

乘客在站台的排队过程推算重点在留乘人数的计算上。乘客在站台的排队过程的服务时间分布是脉冲式的，与上述每个脉冲周期末的楼梯、自动扶梯、换乘通道入口处滞留人数推算模型类似。本节也采用离散时间 Markov 链计算站台的乘客-列车交互过程，从而得到各时段的站台留乘人数分布。以列车发车间隔划分脉冲周期，定义状态 i' 表示某一脉冲周期末列车离站时的站台留乘人数为 i'。定义状态转移概率 $p_{t'}^{i'j'}$ 表示从前一脉冲周期 $t'-1$ 的状态 i' 转移至当前脉冲周期 t' 的状态 j' 的概率，则有：

$$p_{t'}^{i'j'} = \begin{cases} P_{t'}(a_{t'} = \theta_1 \cdot \theta_2 \cdot \theta_3 - s_{t'} - d_{t'} - i' + j') & j' > 0 \\ P_{t'}(a_{t'} \leqslant \theta_1 \cdot \theta_2 \cdot \theta_3 - s_{t'} - d_{t'} - i') & j' = 0 \end{cases} \quad (14-21)$$

式中：　　$P_{t'}$——当前周期的站台客流到达分布，由上一节车站排队网络模型推算得到；

$a_{t'}$——当前周期的站台到达乘客人数；

$s_{t'}$——当前列车到站时的在车乘客人数；

$d_{t'}$——当前列车的下车乘客人数；

θ_1、θ_2、θ_3——分别为列车编组数（节）、车辆定员（人/节）、列车满载系数。

定义 $Pr_{t'-1}^{i'}$ 表示前一周期末状态 i' 发生的概率，定义 $Pr_{t'}^{j'}$ 表示当前周期末状态 j' 发生的概率，令 R 表示站台留乘人数的取值范围，则有：

$$Pr_{t'}^{j'} = \sum_{i \in R} \left(Pr_{t'-1}^{i'} \cdot p_{t'}^{i'j'} \right) \quad (14-22)$$

则当前脉冲周期的留乘乘客人数为 $\sum_{j \in R} \left(j \cdot Pr_{t'}^{j} \right)$。

14.3 网络负荷均衡方法

本节通过推算连续到达的进站客流和脉冲式到达的换乘客流，在轨道交通车站和列车内的实时集疏散过程，对进站闸机口以及换乘设施的客流控制措施进行优化，在满足列车最大满载率、站台最大候车人数等限制条件下，使得研究时段内的乘客总延误时间尽可能小，从而指导轨道交通运营部门根据现场客流情况和模型优化结果及时采取行之有效的站内客流控制措施。

14.3.1 负荷均衡模型

轨道交通车站早晚高峰期间的客流量较大，车站运营部门一般采取进站客流控制。由于本节的负荷均衡基于从车站进出站闸机获取的 AFC 刷卡数据，因此本节仅分析车站付费区内（以进出站闸机为边界）的车站基础设施和列车的负荷控制，而非付费区的人工售票处、安检等设备不做研究。

（1）目标函数

本节仅考虑在进站闸机口控制进站客流。将轨道交通早晚高峰运营时段以 Δt 等间隔划分为若干时段。本节客流控制优化模型的目标函数为：所有研究时段内乘客的总延误时间 ΔT_{delay} 最小：

$$\min \Delta T_{\text{delay}} = \sum_{t=1}^{t_{\max}} \sum_{i=1}^{N_{\text{sta}}} \Delta T_{\text{delay}}^{i}(t) \tag{14-23}$$

$$\Delta T_{\text{delay}}^{i}(t) = \sum_{s'=1}^{S_i'} \Delta T_{\text{gate}}^{i,s'}(t) + \sum_{s''=1}^{S_i''} \left[\Delta T_{\text{point}}^{i,s''}(t) - \Delta \tilde{T}_{\text{point}}^{i,s''} \right] + \sum_{s'''=1}^{S_i'''} \Delta T_{\text{plat}}^{i,s'''}(t) \tag{14-24}$$

式中：i——车站编号；

s'——车站进站闸机口编号；

s''——车站付费区内节点设施（楼梯、自动扶梯、换乘通道）编号；

s'''——车站站台编号；

N_{sta}——本线的车站总数；

S_i'——车站 i 的进站闸机口总数；

S_i''——车站 i 的付费区内节点设施总数；

S_i'''——车站 i 的站台总数；

$t_{\max}$——当前时刻至研究时段结束时刻划分的时段总数；

$\Delta T_{\text{delay}}^{i}(t)$——在 t 时段内进站和换入车站 i 的乘客的总延误时间；

$\Delta T_{\text{gate}}^{i,s'}(t)$——$t$ 时段进站乘客在车站 i 的进站闸机口 s' 的总排队时间；

$\Delta T_{\text{point}}^{i,s''}(t)$——$t$ 时段进站和换乘乘客通过车站 i 的节点设施 s'' 的总走行时间；

$\Delta \tilde{T}_{\text{point}}^{i,s''}$——乘客在自由流状态下通过车站 i 的节点设施 s'' 的总走行时间，这里走行时间根据乘客在自由流状态下的走行速度分布（由走行速度均值 μ_{free} 和标准差 σ_{free} 确定）以及节点设施的长度得到；

$\Delta T_{\text{plat}}^{i,s'''}(t)$——$t$ 时段候车乘客在车站 i 的站台 s''' 的总候车时间，包括乘客到达站台与列车到站时刻之间的候车时间，以及乘客因留乘而额外增加的候车时间。

（2）决策变量

决策变量取控流强度 $\omega_{\text{gate}}^{i}(t)$，表示车站 i 的进站闸机口在 t 时段内因控流而受延误的客流量占实际客流需求的比例：

$$\omega_{\text{gate}}^{i}(t) = \frac{\tilde{q}_{\text{gate}}^{i}(t) - q_{\text{gate}}^{i}(t)}{\tilde{q}_{\text{gate}}^{i}(t)} \tag{14-25}$$

式中：$q_{\text{gate}}^{i}(t)$——t 时段内该进站闸机口的实际刷卡进站客流量；

$\tilde{q}_{\text{gate}}^{i}(t)$——$t$ 时段内该进站闸机口的进站客流需求。

(3) 约束条件

①区间输送能力约束

区间输送客流量太大会造成列车过于拥挤或者站台乘客留乘，从而可能导致运营事故发生，因此各个时段内站台候车乘客发生留乘的概率需满足：

$$p_{\text{plat}}^{i,s}(t) \leqslant p_{\text{plat,limit}} \quad i \in [1, N_{\text{sta}}], s \in [1, S_i] \tag{14-26}$$

式中：i——车站编号；

s——车站某方向站台候车区编号；

S_i——车站 i 的站台候车区总数；

N_{sta}——本线车站总数；

$p_{\text{plat}}^{i,s}(t)$——车站 i 的站台候车区 s 在 t 时段内的平均留乘概率，由站台留乘人数的离散时间 Markov 链模型计算得到；

$p_{\text{plat,limit}}$——$p_{\text{plat}}^{i,s}(t)$ 的取值范围上限。

②站内基础设施输送能力约束

站内基础设施（楼梯、自动扶梯、换乘通道）过于拥挤也可能导致运营事故发生，因此各个时段内上述设施发生阻塞的概率需满足：

$$p_{\text{point}}^{i,s'}(t) \leqslant p_{\text{point,limit}} \quad i \in [1, N_{\text{sta}}], s' \in [1, S_i'] \tag{14-27}$$

式中：s'——车站基础设施编号；

S_i'——车站 i 的基础设施总数；

$p_{\text{point}}^{i,s'}(t)$——车站 i 的基础设施 s' 在 t 时段内的平均阻塞概率，由本节车站排队模型计算得到；

$p_{\text{point,limit}}$——$p_{\text{point}}^{i,s'}(t)$ 的取值范围上限。

③客流控制措施调整时间间隔约束

由于实际运营中导流栏和闸机的开关不适合频繁调整，因此连续两次客流控制措施的调整应有最短时间间隔的要求。

$$\Delta \tilde{t}_{\text{gate}}^{i}(t) \geqslant \Delta \tilde{t}_{\text{gate,min}} \tag{14-28}$$

式中：$\Delta \tilde{t}_{\text{gate}}^{i}(t)$——连续两次闸机调整时间间隔；

$\Delta \tilde{t}_{\text{gate,min}}$——取值范围下限。

14.3.2 负荷均衡的离线优化方法

本节控流强度优化模型的目标函数和约束条件都是非线性的，用数值算法求解较为困难，适合采用启发式算法。由于遗传算法具有强大的全局搜索和局部搜索能力，因此本节采用遗传算法求解上述客流控制优化问题。

(1) 编码结构

本节遗传算法的基因编码结构如下：

$$\left[\omega_{\text{gate}}^{1}(1), \ldots, \omega_{\text{gate}}^{i}(t), \ldots, \omega_{\text{gate}}^{N_{\text{limsta}}}(t_{\max}) \right] \tag{14-29}$$

式中：N_{limsta}——采取进站闸机口客流控制的车站总数；

$t_{\max}$——以时间间隔Δt划分的时段总数。

（2）搜索流程

算法初始种群：

步骤1 根据 AFC 刷卡数据和推算的乘客进出站和换乘走行过程，将各时段的 OD 量加载到线路的每列车上；

步骤2 随机生成各时段各车站控流强度$\omega_{\text{gate}}^{i}(t)$；

步骤3 令时段序号 $t=1$；

步骤4 令车站序号 $i=1$；

步骤5 若 t 时段车站 i 的站内设施（站台、楼扶梯、换乘通道）的阻塞概率均满足公式（14-26）和公式（14-27）所示的约束则转步骤8，否则转步骤6；

步骤6 减小车站 i 的进站客流控制变量$\omega_{\text{gate}}^{i}(t)$，使得 t 时段车站 i 的站内设施的阻塞概率满足约束；

步骤7 若 $t=N_{\text{sta}}$ 转步骤8（N_{sta} 为车站总数），否则令 $i=i+1$ 转步骤5；

步骤8 若 $t=R$ 结束（R 为时段总数），否则令 $t=t+1$，然后转步骤4。

上述调整过程中，如果有$\omega_{\text{gate}}^{i}(t)$减小后不满足公式（14-28）的时间间隔约束，则停止其继续减小；若当前调整过程中所有$\omega_{\text{gate}}^{i}(t)$均无法再继续减小且仍有设施的阻塞概率不满足约束，则重新随机生成该时段内所有$\omega_{\text{gate}}^{i}(t)$，然后转步骤4。

算法迭代过程：采用标准遗传算法的搜索流程；遗传算法的适应度函数取模型目标函数的倒数，采用轮盘赌的方式选择适应度大的染色体遗传，并每次选择适应度最大的两个染色体不经过交叉变异直接遗传至下一代；对染色体采用两点交叉和两点变异，当染色体每次交叉变异后不满足约束条件时，需进行上述步骤3至步骤8的调整。

算法终止条件：当遗传算法迭代至其设定的最大迭代次数，或连续 N_s 次迭代最优解不变时，算法终止。

14.3.3 负荷均衡的在线修正方法

既有文献一般根据历史客流数据离线优化早晚高峰期间的轨道交通车站限流方案。早晚高峰期间，实时和历史的进站客流在较小的统计时间尺度下存在一定偏差。因此离线优化的限流方案可能存在如下问题：

①离线优化的限流方案相对于实时客流需求过于保守，乘客在各个限流控制点的滞留时间较长，但站台和列车的客流量在满足运营安全的条件下未达到饱和，导致运力浪费。

②离线优化的限流方案相对于实时客流需求过于激进，乘客在各个限流控制点的滞留时间较短，但到达站台和进入列车的客流量过多以至无法满足运营安全要求，可能导致运营事故发生。

上述遗传算法的求解时间很难满足实时客流推算的要求，本节考虑构建离线优化与在线修正相结合的控流方案实时求解算法。该算法的思想是首先根据实时客流数据采用启发式算法在线快速获取控流方案，然后利用该方案修正历史同时段的控流方案。本节采用

Zou 等提出的启发式算法在线快速获取控流方案。但该启发式算法并不能保证乘客的总延误时间最小。本节考虑在该启发式算法的基础上，采用基于状态空间的在线迭代算法，修正历史同时段的控流方案。定义状态变量 $\omega(t)$ 表示各个时段的控流强度：

$$\omega(t)=\left[\omega_{\text{gate}}^{1}(t),\ldots,\omega_{\text{gate}}^{i}(t),\ldots,\omega_{\text{gate}}^{N_{\text{limsta}}}(t)\right] \quad (14-30)$$

本节在线修正算法采用如下方法求解：

①利用启发式算法在线获得当前时段的控流强度 $\omega_{\text{heuristic}}(t)$，该控流强度与实际当前时段的最优控流强度并不一定相同；

②利用遗传算法离线获得历史同时段的控流强度，本节定义其为历史同时段的最优控流强度 $\omega_{\text{history}}^{*}(t)$；

③利用在线滤波算法对 $\omega_{\text{heuristic}}(t)$ 和 $\omega_{\text{history}}^{*}(t)$ 进行修正，获得修正后的当前时段的控流强度。

本节在线迭代估计算法的基本流程如图 14-9 所示。由于模型包含了动态客流推算过程，既有的 Kalman 滤波等算法均无法求解此类高度非线性的状态空间模型。本节考虑采用粒子滤波（Particle Filter）求解。粒子滤波是一种基于蒙特·卡洛仿真的状态估计算法，其核心思想是用一些离散随机采样点来近似决策变量的概率密度函数。

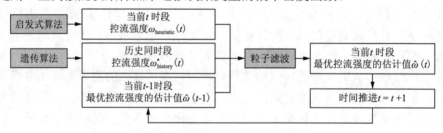

图 14-9 控流强度的在线迭代估计算法

设粒子滤波算法包含的粒子个数为 M。这里每一个粒子都代表一个当前时段的最优控流强度的估计值 $\hat{\omega}^{m}(t)$（$m \in [1,M]$），通过生成多个粒子可以得到最优控流强度的概率分布，从而得到最优控流强度的期望值。粒子滤波算法每次递推过程主要包括以下 4 个步骤（假设当前时段为 t 时段）：

步骤 1 粒子采样

根据上一步得到的粒子集合中的每个粒子 $\hat{\omega}^{m}(t-1)$，递推 t 时段的 $\hat{\omega}^{m}(t)$：

$$\hat{\omega}^{m}(t)=(1-\alpha)\cdot\omega^{m}(t-1)+\alpha\cdot\omega_{\text{history}}^{*}(t)+W\cdot randn \quad (14-31)$$

式中： α——历史信息的可信度；

W——系统噪声方差；

$randn$——生成服从均值为 0 方差为 1 的正态分布的随机数。

计算结束后若 $\hat{\omega}^{m}(t)$ 不满足模型约束条件，则按照上一节遗传算法中染色体每次交叉变异后的调整方法，调整 $\hat{\omega}^{m}(t)$ 使其满足模型约束条件。

步骤 2 计算粒子权重

对每个粒子 $\hat{\omega}^{m}(t)$，计算其权重 $\theta^{m}(t)$：

$$\theta^m(t) = \exp\left\{-\frac{\left[f(\omega_{\text{heuristic}}(t)) - f(\hat{\omega}^m(t))\right]^2}{2V}\right\} \tag{14-32}$$

式中：$f(\cdot)$——根据 t 时段的控流强度计算得到的 t 时段所有乘客的总延误时间，其计算方法见公式（5-2）；

V——测量噪声方差。

计算结束后对权重 $\theta^m(t)$ 作归一化处理。

步骤3 粒子重采样

粒子滤波算法需要对粒子进行"优胜劣汰"，而实现"优胜劣汰"的手段是重采样算法，即对所有粒子的权值 $\theta^m(t)$ 进行评估，复制大权值的粒子并减少小权值的粒子。由于残差系统重采样算法具有比较高的计算效率，因此本节采用残差系统重采样算法，其计算过程的伪代码如下：

初始化，随机产生一个区间 $[0, 1/M]$ 之间的随机数 U
for $m = 1: M$
计算第 m 个粒子的采样个数 $N^m = 1 + INT((\theta^m(t) - U)m)$（$INT$ 表示取整函数），更新 $U = U + N^m/M - \theta^m(t)$
end

残差系统重采样结束后，根据每个粒子的采用个数 N^m 重新生成粒子集合。

步骤4 输出

输出 t 时段最优控流强度的估计值 $\hat{\omega}(t)$：

$$\hat{\omega}(t) = \frac{\sum_{m=1}^{M} \hat{\omega}^m(t)}{M} \tag{14-33}$$

14.4 案例分析

选取某城市轨道交通的 W 线和 Y 线的客流数据作为案例。W 线两端都衔接大型居住片区，中间临近中央商务区，线路客流具有明显的潮汐现象。Y 线是 W 线的延长线，线路客流同样具有明显的潮汐现象。本节选取研究时段为工作日早高峰（7:00～9:00）。选取连续两个周一的 AFC 刷卡数据，前一个周一的刷卡数据作为历史客流数据，以生成离线控流方案。后一个周一的刷卡数据作为当前的实时客流数据，以生成在线控流方案。利用本节客流推算模型，早高峰及前后几个小时内的每列车的满载率变化如图 14-10 所示，可以看出：

① Y 线的客流拥堵时段主要出现在 7:00～9:00。Y 线从旧宫站开始至宋家庄站，8:00 前后部分列车的满载率超 100%，需要进行客流控制；

② W 线的客流拥堵时段也主要出现在 7:00～9:00。W 线从宋家庄站开始至雍和宫站间的大部分区间，列车满载率大于 60%，且 8:00 前后从蒲黄榆站开始至东单站的列车满载率持续超 100%，需要进行客流控制。

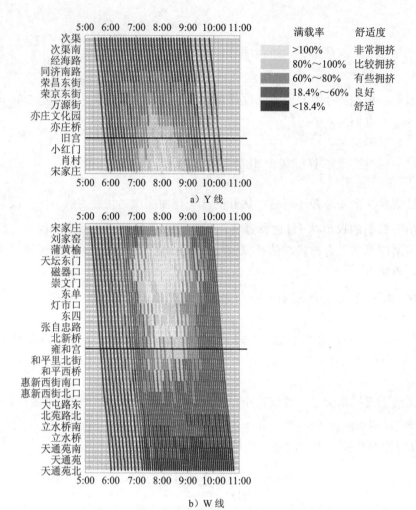

图 14-10 W 线和 Y 线某工作日早高峰列车分区间满载率

图 14-11 建立了以旧宫至雍和宫的 15 个车站的付费区内节点设施的排队网络模型。模型的其它参数取值如表 14-2 所示。此外遗传算法的交叉概率取 0.9，变异概率取 0.09，种群大小取 100，最大迭代次数取 80，算法连续 $N_s=6$ 次迭代最优解不变时终止。粒子滤波算法的粒子数取 100。

模型参数取值　　　　　　表 14-2

参　　数	取　　值
进站客流控制的决策时间间隔 Δt	15min
W 线和 Y 线的列车编组数 θ_1	6
W 线和 Y 线的车辆定员 θ_2	240
W 线和 Y 线的列车满载系数 θ_3	130%
车站站台允许的平均留乘概率上限 $p_{plat,limit}$	0.15
车站基础设施允许的平均阻塞概率上限 $p_{point,limit}$	0.10
连续两次调整进站闸机的最小时间间隔 $\Delta \tilde{t}_{gate,min}$	5min

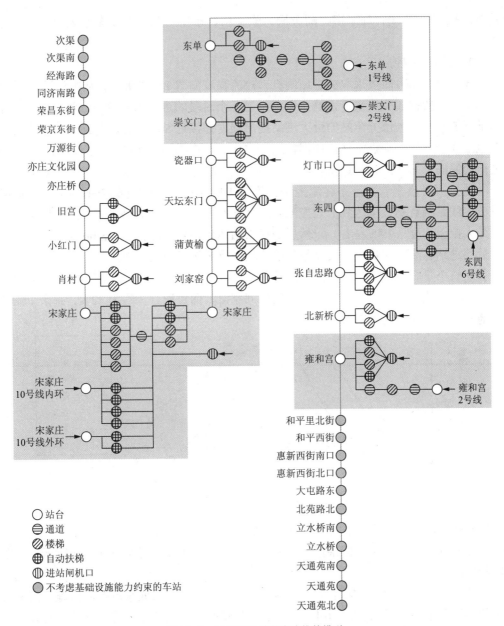

图 14-11 W 线和 Y 线的客流推算模型

模型的输入客流来源于 AFC 刷卡数据,是已被站外限流后的客流数据。本节采用放大系数法进行客流需求预测,将已被站外限流后车站的进站客流量放大 1.2 倍。本节模型通过调整进站闸机以及车站付费区内的客流控制点的控流强度,在满足区间和车站运营安全的条件下,进一步减小乘客因站内设施拥挤、站台留乘而增加的延误时间。

14.4.1 离线控流优化结果分析

根据模型优化结果,除宋家庄站采取进站客流控制外,Y 线仅有旧宫 1 个车站采取进站客流控制，W 线有刘家窑、蒲黄榆、崇文门、东单、东四 5 个车站采取进站客流控制措施。

(1) 进站客流控制

上述 7 个车站各时段采取的进站闸机口控流强度如图 14-12 所示。从中可看出：

① 从各时段控流强度来看，这 7 个车站在各个时段的进站闸机口控流强度均呈现先上升后下降的趋势，大部分车站的最大进站控流强度都接近 50%。这些控流强度较大的车站主要包括 3 种：线路端点站（例如旧宫、宋家庄）、换乘站（例如崇文门、东单）、换乘站之前紧邻的车站（例如蒲黄榆）。

② 从控流时段来看，进站客流控制强度最大的时段主要出现在 7:30～8:15。同时可以看出，线路端点站最早达到最大控流强度（7:30 左右），然后是换乘站之前紧邻的车站达到最大控流强度（7:45 左右），然后是换乘站达到最大控流强度（8:00 左右）。随着早高峰后期进站客流量的减少，大部分车站都减少或解除了控流措施。

③ 从整个早高峰的平均控流强度来看，中心城区的换乘站（例如崇文门、东单）最大，约为 24%。其次是线路起始段的车站（例如刘家窑、蒲黄榆），约为 22%。剩余车站的早高峰的平均控流强度约为 20%。

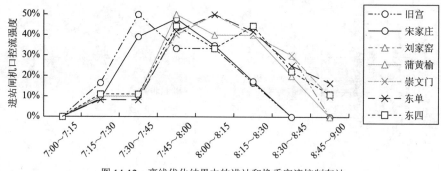

图 14-12 离线优化结果中的进站和换乘客流控制车站

(2) 站台候车乘客的留乘概率和留乘人数

早高峰各车站候车乘客留乘概率如图 14-13 所示，留乘人数如图 14-14 所示。从图中可以看出：

① 从留乘概率来看，从宋家庄至磁器口的 5 个车站中，采取客流控制措施后候车乘客发生留乘的概率下降了 2.4%～6.1%。由于本节模型的约束条件中将车站站台允许的平均留乘概率上限 $p_{plat,limit}$ 设定为 15%，因此图中蒲黄榆站和东单站的平均留乘概率均控制在 15%，其余车站则小于 15%。

② 采取客流控制措施后，留乘概率较大的车站主要为蒲黄榆、磁器口、东单 3 个。蒲黄榆站和东单站由于进站客流量较大，所有其留乘概率较大。而磁器口站虽然进站客流量较小，但是列车到站前的累计在车客流量就已经很大了，所有其留乘概率也较大。

③ 对于蒲黄榆站，采取客流控制措施后的早高峰站台留乘人数减少了 1281 人；对于东单站，采取客流控制措施后的早高峰站台留乘人数减少了 483 人。对于其他几个车站，由于未客流控制前留乘人数很少，采取客流控制措施后留乘人数基本不变。

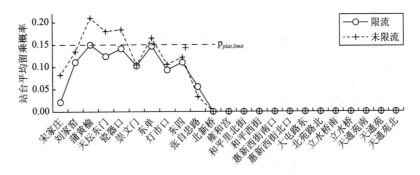

图 14-13 早高峰站台平均留乘概率

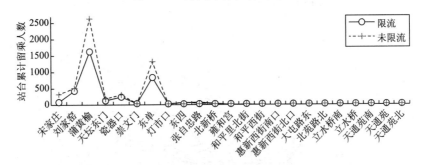

图 14-14 早高峰站台累计留乘人数

14.4.2 在线控流优化结果分析

根据图 14-13 和图 14-14 可以看出，蒲黄榆站是 W 线的宋家庄→天通苑北方向的所有车站中留乘概率最大且留乘人数最多的车站。为了提高在线优化算法的求解效率，本节在线控流强度调整仅针对旧宫→宋家庄→蒲黄榆区间内的车站，而其余车站则仍采用历史同时段的控流强度。旧宫→宋家庄→蒲黄榆区间内，旧宫、宋家庄、刘家窑、蒲黄榆这 4 个车站的早高峰进线客流量远大于周边车站，因此本节在线控流强度优化也仅针对这 4 个车站。

本节分析在线和离线客流控制方案对实时客流的客流控制效果，这里考虑 3 种不同客流控制优化方法得到的客流控制方案，如表 14-3 所示。表中客流控制方案一仅考虑了历史客流数据，应用于实时客流时可能不满足模型站台留乘概率或设施阻塞概率的约束条件，此时根据乘客到达该设施的先后顺序，先让一部分乘客在前一个设施等候，使得站台留乘概率或设施阻塞概率满足模型约束条件。

客流控制方案对比　　　　　　　　　　　表 14-3

客流控制方案	求 解 方 法	在线迭代求解时间
客流控制方案一	离线优化历史同时段 15min 间隔的控流强度	0
客流控制方案二	离线优化历史同时段 15min 间隔的控流强度 + 在线修正当前时段 15min 间隔的控流强度	< 2 min
客流控制方案三	在线优化当前时段 15min 间隔的控流强度	> 15 min

对模型约束条件中的站台平均留乘概率上限 $p_{plat,limit}$ 和站内设施（楼梯、自动扶梯、换

乘通道）平均阻塞概率上限$p_{point,limit}$分别取不同的值，如表 14-4 所示。

表 14-4 站台留乘和站内设施阻塞概率

参　数	取　值
站台平均留乘概率上限$p_{plat,limit}$	0.24、0.21、0.18、0.15、0.12、0.09、0.06
站内设施平均阻塞概率上限$p_{point,limit}$	0.14、0.12、0.10、0.08、0.06

分析上述 3 种客流控制方案下的乘客人均延误时间，如图 14-15 所示。从图中可以看出：

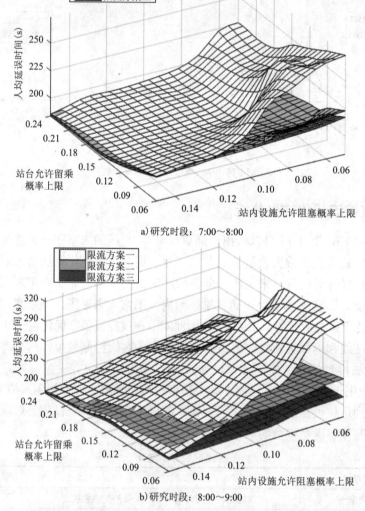

a) 研究时段：7:00～8:00

b) 研究时段：8:00～9:00

图 14-15 不同留乘和阻塞概率取值下的 W 线和 Y 线人均延误时间

① 根据上文客流需求分析，在 7:00～8:00 时段内，当前与历史同时段的进线客流量的偏差较小，从优化结果来看，当站台平均留乘概率上限$p_{plat,limit}$>0.15 且站内设施平均阻塞概率上限$p_{point,limit}$>0.1 时，3 种客流控制方案下的乘客人均延误时间基本稳定在 175s。此

后随着 $p_{\text{plat,limit}}$ 和 $p_{\text{point,limit}}$ 的增加，考虑实时客流数据优化得到的客流控制方案二和客流控制方案三对应的乘客人均延误时间仍控制在约 220s，但仅采用历史客流数据优化得到的客流控制方案一对应的乘客人均延误时间增加到了约 270s，这表明随着对站内设施运营安全的要求提高，采用本节提出的根据实时客流数据在线修正得到的客流控制方案有助于减少乘客因为客流控制而造成的延误时间，相对于仅采用历史客流数据优化得到的客流控制方案，乘客延误时间最大减少了 18.5%。

②根据上文客流需求分析，在 8:00～9:00 时段内，当前与历史同时段的进线客流量的偏差较大，从优化结果来看，受当前与历史同时段客流偏差的影响，客流控制方案一和客流控制方案二对应的乘客人均延误时间均大于客流控制方案三，但当站内设施平均阻塞概率上限 $p_{\text{point,limit}} < 0.12$ 时，根据实时客流数据在线修正得到的客流控制方案二仍比仅采用历史客流数据优化得到的客流控制方案一的效果好，客流控制方案一的最大乘客人均延误时间约为 320s，而采用本节提出的模型得到的客流控制方案二的最大乘客人均延误时间约为 240s，减少了 25%。

③在 8:00～9:00 时段内，当站内设施平均阻塞概率上限 $p_{\text{point,limit}} > 0.12$ 时，部分情况下本节提出的模型得到的客流控制方案二的优化效果不如仅采用历史客流数据优化得到的客流控制方案一。这是因为当 $p_{\text{point,limit}} > 0.12$ 时，本节模型已经不需要考虑站内楼梯、自动扶梯、换乘通道等设施的通行能力，当站台客流不满足约束条件时，直接让其延迟进入站台即可，因此客流控制方案一和客流控制方案二的客流控制原理是一致的。但由于客流控制方案二采用的在线修正策略可能包含了一下不必要的客流控制措施，因此其优化效果还不如仅采用历史客流数据优化得到的客流控制方案一。

第15章

网络列车运行计划编制与协调方法

城市轨道交通列车运行计划是以国家铁路列车运行计划编制方法为基础的。根据我国建国以来不同时期铁路列车运行计划编制的特点，提出将运行计划编制划分为四个阶段，并分析归纳了不同阶段编制方法的基本特征、主要成果及存在问题。然后，通过对列车运行计划集成编制的研究，提出了新一代列车运行综合计划编制的系统框架、需要突破的关键科学问题以及技术实现的要点，阐述了新一代列车运行综合计划系统的功能及其应用案例。最后，针对城市轨道交通网络末班车问题，分析不同线路末班车间的换乘衔接关系，提出网络末班车时刻表协调优化方法。

15.1　列车运行计划编制的历史沿革

成列运行的铁路运输具有"高度集中，大联动机，半军事化"的特点，其生产组织过程可以被认为是最严谨的陆地运输方式之一。铁路运输的生产组织流程，经历了从客货运输需求（客货流）、车流到列车流的过程，该过程每一个环节都需要进行详细规划。列车运行组织实施与监督过程具体来说，包括需求分析与预测、车流组织、客车开行方案与货物列车编组计划编制、列车运行图及相关计划编制、车站作业计划编制，以及为实施上述计划所采取的列车运行调整与调度指挥活动。图15-1给出了铁路运输生产组织具体过程的一个基本描述。

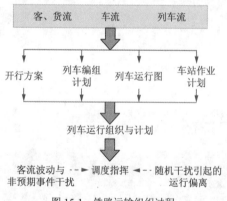

图15-1　铁路运输组织过程

列车运行计划也是铁路运输的综合计划。它对内是铁路运输系统中工务、机务、电务、车辆以及运输管理部门，各环节工作的基本依据，铁路运输的所有活动都必须围绕它来开展。以列车时刻表形式发布的铁路运行计划对乘客和货主是一种服务的承诺，很大程度上界定了铁路运输产品的性能与质量。

新中国成立以来，我国列车运行计划编制从方法及采用手段上可分为四个阶段（图15-2）。

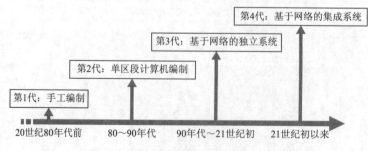

图15-2　不同时期铁路列车运行计划的编制

第一阶段是手工编制阶段，从新中国成立后到 20 世纪 70 年代末。这一阶段的基本特征是：基础数据准备时间长，重复性工作多；编制依靠手工，效率低；区段间的接续衔接与协调依靠人工谈判，优化效果差；每次编制需要 3 个月，周期二年。

第二阶段是单区段计算机编制阶段，时间大致从 20 世纪 80 年代初到 90 年代初，其特点是：以模拟手工编制过程为主，效率有提高；区段间的接续衔接与协调仍依靠谈判，长途列车优化效果难以保证；每次编制需要 3 个月，周期一年。

第三阶段始于 20 世纪 90 年代初，可称为"基于网络的独立系统编制阶段"，这一阶段的特点有两方面：一方面，采用分布式处理与并行计算技术，通过人机对话的半自动化方式提高了跨区段长途列车衔接与协调的优化效果；另一方面，该阶段计划编制与调整之间、列车运行组织与牵引供电、设备维修之间仍为独立系统、底层基础数据的一致性较差。

21 世纪以来，列车运行计划编制已进入"集成编制"的第四阶段。这一阶段面临的需求主要体现在两方面：一是出现了大规模网络条件下基于实时计算的列车群运行快速计算方法及实现技术，以及源于客运专线、高速铁路、城际铁路、城市轨道交通的列车运行计划快速、频繁的编制需求；二是在第三阶段基础上出现了基于实际经验的专家知识库及推理机的构建与实施技术，催生了提高系统智能化水平的需求。这也为编制高精细度、高可靠性、高服务质量的列车运行计划奠定了基础。

15.2 列车运行计划集成编制方法

与西方发达国家相比，我国轨道交通问题具有三个显著特点：一是运行负荷高，这使得运输过程中相关因素间的协调难度、建模难度呈几何级数增加；二是列车种类多，如国家铁路的客货混跑、夜间车的组织、城市轨道交通多交路与乘务计划以及高负荷下设备维修计划编制的协调等问题，极大地增加了计划编制过程的复杂性；三是网络结构变化快、设备种类多，其间涉及的协调大大增加了计划编制的复杂性。

15.2.1 技术需求

传统的运行组织系统中，各类计划是按顺序分别编制的，缺乏足够的反馈修正，全局优化效果与计划预见性不够理想，实际执行中兑现率低。这种状况难以适应现代轨道交通系统列车运行组织高速度、高密度的要求。因此，列车运行计划的编制需要从早期的"规划型"行车组织模式入手，解决具有"高精细度和高可靠性"特点的运输计划一体化编制技术。

与我国既有线路相比，高速铁路、客运专线和城市轨道交通系统对服务质量有了更高要求，因此列车运行计划编制方法需要考虑两个重要的需求特征：一是列车运行组织方案要更多地考虑需求特性，包括时间与空间规律；二是运行计划编制要求具备更高的稳定性、可靠性，这是保证计划实施过程质量的重要基础。因此，在计划编制过程中需要进行更高精细度的分析、验证和评估。

15.2.2 理论难点

轨道交通列车运行计划编制需研究的主要理论问题包括三方面：

①复杂线网上多种类列车运行计划实施的可靠性是运行计划质量的主要目标，列车在实际运行中难以避免会偏离预定轨迹。因此，列车运行计划中各环节运行裕量预留方法直接关系到这些偏离对整个列车运行秩序的冲击和影响。研究建立不同目标体系下的列车运行裕量分配与平衡模型，提出快速的模型求解方法，是繁忙网络多种类列车运行计划编制中的重要问题。

②要研究城市轨道交通衔接站多方式联合运输条件下面向旅客的运行计划编制理论及动态实施算法，建立多方式列车运行计划及调度调整模型，提出实用算法，尤其是大型中转枢纽基于多方式接续的列车运行计划编制及动态调整算法。

③要研究建立集列车运行计划编制与调度调整于一体的列车运行组织多目标优化模型，提出各种不同环境下列车运行计划编制的算法，最终建立列车运行计划编制与调度实施计划一体化编制理论体系。

因此，轨道交通列车运行计划编制方法需要解决三方面的关键科学问题：首先，要研究轨道交通网络客（货）流、车流、列车流的形成与作用机理，建立多类流并存条件下列车组织方案优化模型与算法；其次，要研究列车运行计划编制过程中专家知识表达与学习机理，建立计划编制过程中的专家知识积累模型；最后，要研究建立高负荷、有干扰条件下列车运行计划编制与运行调整中的多目标优化方法与快速协调模型，为列车运行计划的实施组织提供手段。

15.2.3 编制思路

第四代运行计划编制的基本思想起源于21世纪初。2005年，北京交通大学开始致力于研发轨道交通计划编制平台，到2008年基本建成了具有实用功能的计算机综合实验平台（图15-3）。

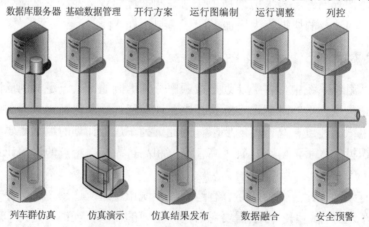

图 15-3 列车运行计划一体化编制平台

该平台需要突破的技术关键主要包括：

①以第三代计划编制技术为基础，在架构上需要寻求一种具有更好的可扩展性的通用

计划编制实验系统框架；

②突破传统数据结构模式，建立统一的集成数据服务平台，以支撑列车开行方案、列车运行计划、动车组周转计划、乘务周转计划、车站作业计划的一体化编制；

③鉴于列车运行环境的动态与复杂特性，需要研究采用多智能体技术、分布式并行处理等技术，解决列车群在复杂运行环境下整个移动过程的实时计算效率问题；

④计划编制过程涉及大量难以准确描述的复杂关系，需要研究采用人工智能方法建立系统的自学习机理，初步解决运行调整及车站多类列车冲突疏解中的专家知识积累难题，以便提高系统的智能化水平。

作为系统实施的基础，该平台研究解决了通过列车运行记录仪数据修正运动方程参数的技术，可实现运行参数的快速标定，为动态运行计划及其调整提供手段。

图15-4描述了一体化平台的算法逻辑与系统的主要功能。

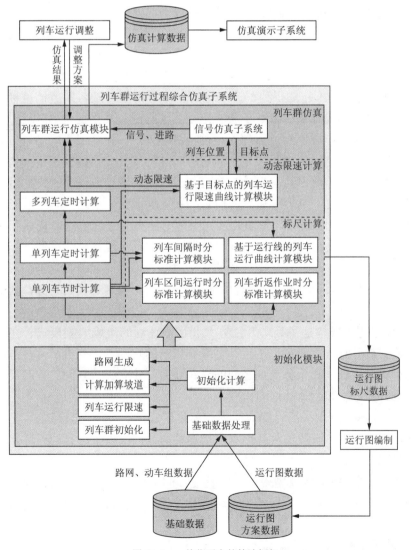

图15-4 一体化平台的算法框架

与过去的平台相比,该平台在技术上的具体思路主要有:

①搭建了具有良好可扩展性的通用实验系统框架;在算法方面,运用多智能体技术和分布式并行处理技术,提高了复杂运行环境下列车群实时计算的算法效率。

②针对列车运行中不确定性因素多、传统计划编制方法人工经验影响大的特点,通过人工智能等技术,在各模块中建立了自学习机理,一定程度上解决了运行调整及车站多类列车冲突疏解中的人工知识积累问题。

③在列车运行过程的建模过程中,利用列车车载运行数据记录仪的数据,建立了运动方程参数滚动修正模型,实现了运行计划参数的快速、实时标定,为动态运行计划及其调整提供了手段。

15.2.4 列车运行计划集成编制系统的实现

基于上述框架,该系统实现的主要功能包括以下几方面。

①系统以现代轨道交通运营实践为背景,融入了研制者建立的计划编制与调整、列车运行组织与过程计算、设备运用与维修一体化模型,建立了实用平台。这些算法及功能为研究轨道交通系统多工种、多岗位、跨专业的运输组织优化问题提供了理论与方法基础。

②在系统研制过程中,建立了列车流演化的动力学模型与旅客期望值目标规划模型,解决了旅客出行分布不确定条件下基于旅客出行需求与服务水平变化的开行方案编制优化问题。同时,研究了列车群运行计算理论与过程优化方法,建立了不同闭塞方式下站点布局、信号机设置优化模型;提出了固定站间运行时分的节能算法以及基于列车实际晚、早点状况的轨迹校正算法。这两点突破使列车运行计划及其调整方法从传统的静态模式发展到动态模式,为高精细度、高服务质量的计划编制提供了理论基础。

③系统研究提出了枢纽地区列车作业过程中时空冲突的疏解方法,构建了车站进路选择的 0-1 整数规划模型及逐步寻优的复合优化算法。可以实现高负荷条件下不同方向列车接入中转枢纽时的车站设备综合运用计划的优化编制。该突破显著强化了我国高负荷列车运营环境下运输计划的可靠性和可实施性,缩小了计划与实施过程的距离,提高了计划的可靠性。

④从一体化思想出发构建了列车开行方案和运输计划的集成编制模式。在分析现代轨道交通运营模式对开行方案和列车运行计划编制影响的基础上,剖析了开行方案、列车运行计划、动车组运用计划和乘务计划之间的内在联系,建立了计划间的自动反馈机制和一体化编制列车开行方案和运输计划的模型。

⑤研究了全天图与阶段(高峰期)计划一体化模式下的智能调整问题,建立了多级分层调度框架,便于实现多阶段、多线路调度指挥的协调,改善了运行调整优化问题的全局优化与局部优化的一致性。

⑥在运行调整的多智能体模型中,利用智能体间的交互与协调实现了调度系统中同层次的子系统之间相互协调,上下层的子系统进行仲裁决策的机制,对调整方案在全局寻优提供了有效方法。

⑦研究了轨道交通区段列车群运行过程的计算理论与相关优化算法,建立了列车运行

过程相关参数的优化模型,提出了不同闭塞方式下车站布局、信号机设置、列车运行行为优化方法。

⑧研究了两站间有给定运行时分约束时的节能运行算法,提出了根据列车实际运行状况(晚、早点)校正列车运行轨迹的算法,并在研制的系统中实时实现了相关算法,满足了机车实时操纵指导系统的要求。

图 15-5 给出了系统的部分界面。

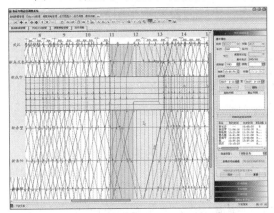

a) 列车站间运行与车站作业一体化协调模块　　　　b) 运行计划参数标定模块

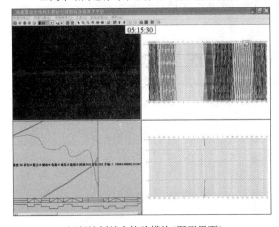
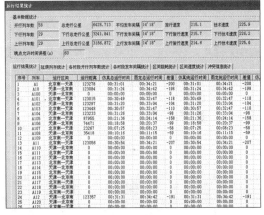

c) 运行计划综合校验模块(图形界面)　　　　d) 运行计划综合校验系统(表格界面)

图 15-5　列车运行计划集成编制平台界面

15.3　城市轨道交通网络末班车时刻表协调编制方法

在城市轨道交通系统中,受设施设备的夜间检修维护作业影响,一般难以实现全天候运营。末班车为城市轨道交通线路提供的最后一趟列车。随着城市轨道交通夜间客流需求的增加,如何协调编制网络末班车时刻表是城市轨道交通系统运营面临的重要课题。

在城市轨道交通网络,随着末班车的运行,线路与车站开始结束运营。当输送线路列车到达换乘站时,衔接线路末班车可能已经离站或者结束运营,则列车在线路间的换乘衔接开始失效，乘客换乘失败，给乘客出行带来不便。本节通过换乘冗余时间对末班车换乘衔接的成功性进行分析，并基于末班车换乘衔接优化提出网络末班车时刻表协调编制方法。

15.3.1 末班车换乘衔接分析

乘客能否换乘成功取决于其到达换乘站时的换乘冗余时间。换乘冗余时间由乘客到达换乘站时间、两线路间的乘客换乘走行时间与衔接线路末班车的出发时间决定。对于换乘站 s 内的换乘方向线路 l 至线路 l' （$l \rightarrow l'$）的乘客，不妨假设其乘坐倒数第 j 列车，其换乘冗余时间如式（15-1）所示：

$$TR_{sll'}^{j} = D_{sl'} - A_{sl}^{j} - W_{sll'} \tag{15-1}$$

式中：$TR_{sll'}^{j}$——线路 l 倒数第 j 列车上乘客在换乘站 s 换乘至线路 l' 的冗余时间；

A_{sl}^{j}——乘客到达换乘站 s 时间，即线路 l 倒数第 j 列车在换乘站 s 的到站时间；

$D_{sl'}$——线路 l' 末班车在换乘站 s 的出发时间；

$W_{sll'}$——乘客在换乘站 s 从线路 l 站台步行至线路 l' 站台的换乘走行时间。

当乘客步行至衔接线路站台不晚于衔接线路末班车的出发时间，则 $TR_{sll'}^{j} \geq 0$，乘客换乘成功；否则乘客到达站台时刻过晚，即 $TR_{sll'}^{j} < 0$，则换乘失败。

特别地，保证末班车换乘衔接成功即可保证该换乘方向所有列车衔接成功。对于换乘站 s 内的换乘方向 $l \rightarrow l'$，末班车乘客的换乘冗余时间如式（15-2）所示：

$$TR_{sll'} = D_{sl'} - A_{sl} - W_{sll'} \tag{15-2}$$

式中：$TR_{sll'}$——末班车乘客在换乘站 s 由线路 l 换乘至线路 l' 的冗余时间；

A_{sl}——末班车在换乘站 s 的到站时间。

对于换乘站 s 内一对换乘方向 $l \rightarrow l'$ 与 $l' \rightarrow l$，两末班车之间的换乘衔接成功性相互影响，如图 15-6 所示。

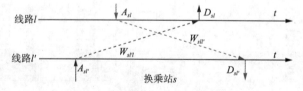

图 15-6 末班车双向换乘衔接示意图

（1）双向衔接成功

当两末班车之间的换乘方向对 $l \rightarrow l'$ 与 $l' \rightarrow l$ 同时换乘衔接成功时，两换乘方向的换乘冗余时间均需大于 0，即满足式（15-3）。

$$\begin{cases} TR_{sll'} = D_{sl'} - A_{sl} - W_{sll'} \geq 0 \\ TR_{sl'l} = D_{sl} - A_{sl'} - W_{sl'l} \geq 0 \end{cases} \tag{15-3}$$

由于 $D_{sl} = A_{sl} + H_{sl}$，通过数学变换，可得式（15-4），

$$\begin{cases} D_{sl'} - A_{sl} - W_{sll'} \geq 0 \\ D_{sl} - A_{sl'} - W_{sl'l} \geq 0 \end{cases} \Leftrightarrow \begin{cases} A_{sl'} + H_{sl'} \geq A_{sl} + W_{sll'} \\ A_{sl} + H_{sl} \geq A_{sl'} + W_{sl'l} \end{cases} \Leftrightarrow \begin{cases} H_{sl'} \geq A_{sl} - A_{sl'} + W_{sll'} \\ H_{sl} \geq A_{sl'} - A_{sl} + W_{sl'l} \end{cases} \tag{15-4}$$

式中：H_{sl}——线路 l 末班车在换乘站 s 的停站时间。

当存在解满足式（15-4）时，两末班车之间可实现双向衔接成功。即，末班车之间双向衔接成功的充要条件为两末班车的停站时间均不小于末班车到站时间差与乘客的换乘走行时间之和。显然，当两末班车同时到达时，即 $A_{sl}=A_{sl'}$，则末班车停站时间需等于乘客的换乘走行时间，如式（15-5）所示。

$$\begin{cases} D_{sl'}-A_{sl}-W_{sll'}\geq 0 \\ D_{sl}-A_{sl'}-W_{sl'l}\geq 0 \end{cases} \Leftrightarrow \begin{cases} H_{sl'}=W_{sll'} \\ H_{sl}=W_{sl'l} \end{cases} \tag{15-5}$$

当两末班车不同时到站时，对于早到末班车，其到站时间差为正值，不妨设线路 l' 末班车早到，即 $A_{sl}-A_{sl'}>0$，则要求线路 l' 末班车的停站时间需长于乘客的换乘走行时间，以保证换乘方向 $l\rightarrow l'$ 衔接成功。到站时间差越大，要求早到末班车的停站时间越长。

$$\begin{cases} D_{sl'}-A_{sl}-W_{sll'}\geq 0 \\ D_{sl}-A_{sl'}-W_{sl'l}\geq 0 \end{cases} \Leftrightarrow \begin{cases} H_{sl'}\geq W_{sll'}+(A_{sl}-A_{sl'}) \\ H_{sl}\geq W_{sl'l}-(A_{sl}-A_{sl'}) \end{cases} \tag{15-6}$$

（2）单方向衔接成功

当末班车在换乘站的停站时间短于乘客换乘走行时间时，即不存在解满足式（15-4），则不能实现双向衔接成功。此时，需要错开末班车到站时间，设 $A_{sl}-A_{sl'}>0$，使早到的线路 l' 末班车换乘衔接成功。在末班车时刻表协调编制过程中，若无法保证末班车间双向衔接成功，合理确定衔接成功方向是提升网络可达性的关键。

但当两末班车到站时间相差过大时，不妨设 $A_{sl}-A_{sl'}\gg 0$，在运行与停站时间可调范围内 $H_{sl}\geq W_{sl'l}-(A_{sl}-A_{sl'})$ 恒成立，$H_{sl'}\geq W_{sll'}+(A_{sl}-A_{sl'})$ 不成立。换乘方向 $l'\rightarrow l$ 衔接成功，而换乘方向 $l\rightarrow l'$ 必不可达。在此情形，可考虑调整末班车发车时间，实现换乘衔接成功。

（3）双方向同时衔接失败

两末班车之间同时衔接失败时，式（15-4）中两不等式均不成立，即式（15-7）。

$$\begin{cases} H_{sl'}<W_{sll'}+(A_{sl}-A_{sl'}) \\ H_{sl}<W_{sl'l}-(A_{sl}-A_{sl'}) \end{cases} \tag{15-7}$$

一般而言，此情形出现于两末班车到站时间接近、且停站时间较短。早到末班车乘客换乘至衔接线路时，晚到末班车也已经离站。在末班车时刻表编制时，应避免该情形的发生。

以深圳地铁为例，部分换乘站内末班车到发时间如表 15-1 所示。

部分换乘方向内的末班车可达性　　　　表 15-1

换乘站	换出线路	换入线路	末班换出到达	走行时间	末班换入出发	结果
老街	1 号线上行	3 号线上行	23:02:30	0:03:30	23:21:00	成功
	3 号线上行	1 号线上行	23:20:00	0:05:00	23:03:30	失败
大剧院	2 号线下行	1 号线下行	24:02:30	0:05:30	24:00:00	失败
	1 号线下行	2 号线下行	23:59:00	0:04:30	24:03:00	失败
世界之窗	1 号线上行	2 号线下行	23:26:00	0:04:30	23:30:00	失败
	2 号线下行	1 号线上行	23:29:00	0:04:30	23:27:00	失败

由表 15-1 可以看出，在老街站，1 号线上行末班车离站时间远早于 3 号线上行末班车到站时间，1 号线末班车可成功衔接至 3 号线，但 3 号线末班车衔接失败。因末班车运行、

停站时间调整范围有限,难以通过末班车时刻表协调使之衔接成功。当该方向客流需求较大,可考虑调整线路末班车发车时间来优化。

在大剧院站与世界之窗站的两对换乘方向中,换出线路末班车到达换乘站后,换入线路末班车刚刚出发,乘客恰好错过末班车,末班车均双向衔接失败。有必要通过协调末班车运行与停站时间,对末班车的换乘可达性进行优化。

15.3.2 网络末班车时刻表协调优化模型

城市轨道交通线路均为双向运营,线路的上、下行方向视为两条线路,线路集合设为 $L=\{l, l', l'', \cdots\}$。城市轨道交通网络车站包括换乘站与非换乘站。网络末班车时刻表协调主要关注末班车在换乘站的到发时间。为降低问题复杂程度,将网络中端点车站与换乘站定义为关键车站。研究仅考虑关键车站,并将关键车站间的区间与非换乘站合并虚拟为一个区间。在线路 l 上,关键车站集合 $S_l=\{0, 1, \cdots, s, \cdots, n_l\}$,车站 0 与 n_l 分别为线路起、终点站,其余车站均为换乘站。

城市轨道交通列车按事前制定的时刻表有序运行,并依次在各车站停靠。在编制列车时刻表时,需确定各列车在车站的到达时间和出发时间。针对末班车时刻表协调问题,研究以末班车为对象,在给定末班车发车时间基础上,通过调整末班车区间运行时间与停站时间,确定末班车在换乘站的到发时间,优化各线路末班车的换乘衔接成功性,以尽可能避免乘客在换乘站恰好错过末班车。

(1) 变量定义

为便于阅读,统一定义本节研究相关符号、参数与决策变量。

①符号:

$L=\{l, l', l'', \cdots\}$——城市轨道交通线路集合,线路的上、下行方向视为两条线路;

$S_l=\{0, 1, \cdots, s, \cdots, n_l\}$——线路 l 上关键车站集合;

i——换乘方向 $i=s_l \rightarrow s_{l'}$,表示换乘站 s 内由线路 l 至线路 l' 的换乘方向。

②参数:

D_{0l}——线路 l 末班车发车时间,即从起点站的出发时间;

$\underline{R}_{sl}$——线路 l 末班车从车站 $s-1$ 到 s 的最小运行时间,可在最小技术时间基础上增加部分冗余时间,以保证列车运行晚点调整能力;

$\overline{R}_{sl}$——线路 l 末班车从车站 $s-1$ 到 s 的最大运行时间;

$\underline{H}_{sl}$——线路 l 末班车在车站 s 的最小停站时间;

$\overline{H}_{sl}$——线路 l 末班车在车站 s 的最大停站时间;

r_{sl}——线路 l 末班车从车站 $s-1$ 到 s 的原始运行时间;

h_{sl}——线路 l 末班车在车站 s 的原始停站时间;

d_{sl}——末班车前行列车(即次末班车)的出发时间;

I_l——线路 l 列车最小追踪间隔时间;

I_l^{da}——线路 l 列车最小发到间隔时间;

W_i——换乘方向 i（换乘站 s 内乘客由线路 l 至线路 l'）的换乘走行时间；

P_i——换乘方向 i（换乘站 s 内乘客由线路 l 至线路 l'）的客流需求；

T_l——线路 l 末班车全程旅行时间限制。

③决策变量：

R_{sl}——线路 l 末班车从车站 $s-1$ 到 s 的区间运行时间，包含实际运行时间与非换乘站的停站时间，$\forall l \in L, s \in S_l \setminus \{0\}$；

H_{sl}——线路 l 末班车在车站 s 的停站时间，$\forall l \in L, s \in S_l \setminus \{0, n\}$；

A_{sl}——线路 l 末班车在车站 s 的到达时间，$\forall l \in L, s \in S_l \setminus \{0\}$；

D_{sl}——线路 l 末班车从车站 s 的出发时间，$\forall l \in L, s \in S_l \setminus \{n\}$；

TR_i——末班车乘客在换乘方向 i（换乘站 s 由线路 l 至线路 l'）的换乘冗余时间；

x_i：0-1 变量，换乘方向 i 的换乘可达性；

（2）基础模型 I

模型目标函数与约束条件如下所示。

①目标函数。

末班车时刻表协调优化的目标是最大程度保证末班车之间换乘衔接的成功。模型以换乘客流需求为权重，以换乘方向衔接成功数量加权和最大为目标。模型目标函数如式（15-8）所示：

$$\max f_1 = \sum_i P_i x_i \tag{15-8}$$

模型将所有乘客的换乘走行时间视为相同的定值，x_i 为 0-1 变量，表征末班车乘客在换乘站 s 由线路 l 至线路 l' 的换乘可达性，可用换乘冗余时间 TR_i 衡量，如式（15-9）所示：

$$x_i = \begin{cases} 1, & TR_i \geqslant 0 \\ 0, & TR_i < 0 \end{cases} \tag{15-9}$$

$$TR_i = D_{sl'} - A_{sl} - W_i$$

当换乘冗余时间大于等于 0 时，即两末班车到发时间之差大于换乘走行时间，该换乘方向衔接成功；否则，换乘冗余时间小于 0，换乘衔接失败。

②约束条件。

模型采用末班车发车时间 D_{0l}、末班车的区间运行时间 R_{sl} 与停站时间 H_{sl} 确定各线路末班车的车站到发时间。对线路 $l \in L$ 与车站 $s \in S_l \setminus \{0\}$，末班车到站时间可表示为式（15-10）：

$$A_{sl} = D_{0l} + \sum_{k=1}^{s} R_{kl} + \sum_{k=1}^{s-1} H_{kl} \tag{15-10}$$

对任意线路 $l \in L$ 与车站 $s \in S_l \setminus \{0, n\}$，末班车在车站的出发时间约束可表示为式（15-11）：

$$D_{sl} = A_{sl} + H_{sl} \tag{15-11}$$

受线路限速与列车牵引能力限制，列车在区间的运行时间需要满足最小运行时间 $\underline{R}_{sl}$ 约束。受牵引操纵的约束，区间运行时间也不能过长，需要满足最大运行时间 $\overline{R}_{sl}$ 约束。对任意线路 $l \in L$ 与车站 $s \in S_l \setminus \{0\}$，区间运行时分上下限约束如式（15-12）所示：

$$\underline{R}_{sl} \leqslant R_{sl} \leqslant \overline{R}_{sl} \tag{15-12}$$

列车停站时间同样需要满足最小停站时间 $\underline{H}_{sl}$ 约束，以保证充足的司机开关门与乘客上下车时间。考虑运营服务水平要求，列车停站时间需满足最大停站时间 $\overline{H}_{sl}$ 约束，以控制乘客在车等待时间。因此，对任意线路 $l \in L$ 与车站 $s \in S_l \setminus \{0, n\}$，列车停站时分的上下限约束如式（15-13）所示：

$$\underline{H}_{sl} \leqslant H_{sl} \leqslant \overline{H}_{sl} \tag{15-13}$$

为了确保行车安全，末班车时刻表应保证最小运行间隔的要求。即为保证区间行车安全，末班车与次末班车的发车间隔不应小于线路最小追踪间隔 $\underline{I}_l$。为保证车站作业安全，末班车在车站的到达时间与次末班车的出发时间不应小于最小发到间隔 $\underline{I}_l^{da}$。因此，对任意线路 $l \in L$ 与车站 $s \in S_l \setminus \{0, n\}$，末班车在车站的到发时分约束如式（15-14）、（15-15）所示：

$$D_{sl} - d_{sl} \geqslant \underline{I}_l \tag{15-14}$$

$$A_{sl} - d_{sl} \geqslant \underline{I}_l^{da} \tag{15-15}$$

考虑到列车夜间技术检修作业时间要求，应避免线路收车时间过晚，末班车全程旅行时间不能过长。因此，对任意线路 $l \in L$，末班车全程旅行时间应满足约束（15-16）：

$$\sum_{k=1}^{n_l} R_{kl} + \sum_{k=1}^{n_l - 1} H_{kl} \leqslant T_l \tag{15-16}$$

综上，末班车换乘衔接优化模型可表示为：

$$\max f_1 = \sum_i P_i x_i$$

s.t.

$$\begin{cases} \underline{R}_{sl} \leqslant R_{sl} \leqslant \overline{R}_{sl} \\ \underline{H}_{sl} \leqslant H_{sl} \leqslant \overline{H}_{sl} \\ \sum_{k=1}^{n_l} R_{kl} + \sum_{k=1}^{n_l-1} H_{kl} \leqslant T_l \\ A_{sl} = D_{0l} + \sum_{k=1}^{s} R_{kl} + \sum_{k=1}^{s-1} H_{kl} \\ D_{sl} = A_{sl} + H_{sl} \\ D_{sl} - d_{sl} \geqslant \underline{I}_l \\ A_{sl} - d_{sl} \geqslant \underline{I}_l^{da} \\ TR_i = D_{sl'} - A_{sl} - W_i \\ x_i = \begin{cases} 1, TR_i \geqslant 0 \\ 0, TR_i < 0 \end{cases} \end{cases}$$

根据上一节分析可知，末班车之间双向衔接成功的充要条件为两末班车的停站时间均不小于两末班车到站时间差与换乘走行时间之和。然而，由于末班车停站时间一般小于乘客换乘走行时间，难以实现末班车双向换乘成功。

不同的列车停站时间对应于不同的在车等待时间服务水平要求，进而影响乘客旅行时间。为考虑末班车间的双向衔接，尽可能满足乘客的换乘需求，可适度降低乘客等待时间服务水平，适当延长末班车换乘站停站时间。因此，模型可适当放大停站时间上限约束，以满足末班车间双向衔接成功的必要条件。然而，若停站时间上限约束值设置过小，则可能难以充分实现末班车间的双向衔接成功。停站时间上限约束值设置过大，尽管能实现双向换乘成功，但列车停站时间的过度延长可能会导致乘客在车等待时间的额外增加，也将降低城市轨道交通系统的服务水平。

（3）改进模型 II

若优先考虑末班车的换乘衔接，可通过延长末班车在换乘站的停站时间提高末班车的衔接成功性；其次考虑乘客在车等待时间与全程旅行时间服务水平，在满足乘客换乘需求后尽可能缩短末班车停站时间与乘客旅行时间。

因此，模型可不设置换乘站停站时间上限约束，以尽可能提高末班车换乘可达性。这是因为末班车时刻表与峰时时刻表不同。在峰时时刻表，列车停站时间不能过长，否则将影响后续列车的车站接车作业或影响后续车次的车底周转；但末班车停站时间延长并不影响末班车时刻表的技术可行性。因此，末班车停站时分需满足下限约束，如式（15-17）所示：

$$H_{sl} \geq \underline{H}_{sl} \tag{15-17}$$

停站时间直接影响乘客的在车等待时间。无上限约束可能导致停站时间过度延长，将引起乘客等待时间的增加，也将导致乘客旅行时间的增长，易引发乘客的不满。因此，模型将停站时间上限约束转化为第二优化目标，以对乘客在车等待时间进行控制。即，在优化换乘衔接成功性的基础上，尽可能减小末班车最大停站时间。模型 II 目标函数如式（15-18）所示。

$$\begin{aligned} \text{第一目标} \quad & \max f_{\text{II}}^1 = \sum_i P_i x_i \\ \text{第二目标} \quad & \min f_{\text{II}}^2 = \max_{s \in S_l/\{0,n\}} (H_{sl}) \end{aligned} \tag{15-18}$$

模型 II 其他约束不变，约束可设置为：

$$\begin{cases} \underline{R}_{sl} \leq R_{sl} \leq \overline{R}_{sl} \\ H_{sl} \geq \underline{H}_{sl} \\ \sum_{k=1}^{n_l} R_{kl} + \sum_{k=1}^{n_l-1} H_{kl} \leq T_l \\ A_{sl} = D_{0l} + \sum_{k=1}^{s} R_{kl} + \sum_{k=1}^{s-1} H_{kl} \\ D_{sl} = A_{sl} + H_{sl} \\ D_{sl} - d_{sl} \geq \underline{I}_l \\ A_{sl} - d_{sl} \geq \underline{I}_l^{da} \\ TR_i = D_{sl'} - A_{sl} - W_i \\ x_i = \begin{cases} 1, & TR_i \geq 0 \\ 0, & TR_i < 0 \end{cases} \end{cases}$$

对比模型 II 与模型 I 的差异，模型 I 通过设置停站时间上限约束控制乘客在车等待时间；而模型 II 则停站时间上限约束这一软约束转化为目标函数，以控制乘客在车等待时间，并优化乘客的旅行时间。

值得说明的是：在部分情形下，模型 II 优化后的停站时间仍然较大时，可增加约束 $H_{sl} \leq \overline{H}$，$\overline{H}$ 可取停站时间极限值，如 6min。

（4）模型求解

模型可转化为传统混合整数线性规划模型。求解混合整数线性规划问题的关键在于问题的规模。对于城市轨道交通网络，该模型决策变量的数量级在 10^3 以内。CPLEX 能够快速求解混合整数线性规划问题。该模型可以采用 CPLEX 里的分支切割算法进行求解。

15.3.3 算例分析

为验证模型与算法的有效性，以 2015 年某城市地铁网络为例，对其末班车时刻表进行优化。地铁网络拓扑结构如图 15-7 所示，包含 5 条双向运营线路，13 座两线换乘站（2 座端点换乘站），共 96 个换乘方向（44 对换乘方向）。各线路末班车发车时间为 23:00。

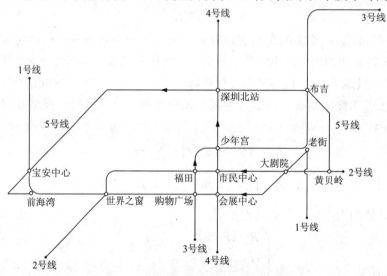

图 15-7 地铁网络结构

原始时刻表来源于地铁官网。末班车在换乘站的停站时间设为 1min。末班车在换乘站的停站时间下限设为 45s，以保证乘客上下车。考虑乘客在车等待时间，模型 I 末班车在换乘站的停站时间上限设为 75s。

末班车区间运行时间（两换乘站之间的运行时间）在最小技术时间基础上预留了约 10%～15% 的冗余时间。最小区间运行时间设为原始时间的 0.95 倍，以预留部分冗余时间、保证时刻表的列车晚点调整能力。最大区间运行时间设为原始时间的 1.2 倍，以避免区间运行速度过低。

为保证大部分乘客的出行要求，模型假设各换乘方向乘客的换乘走行时间均相同，取平均时间的 1.2 倍。各换乘方向的换乘走行时间范围在 3～5.5min。

为提高末班车换乘衔接效果，各线路末班车收车时间可在原始时刻表基础上增加 5min。

（1）优化结果

采用模型对末班车时刻表进行优化。末班车时刻表优化前后，模型结果如表 15-2 所示。

模型优化结果　　　　　　　　　　　　　表 15-2

	换乘衔接成功数量	双向衔接成功对数	换乘成功客流量	最大停站时间（min）
原时刻表	40	0	1014	1
模型 I	44	0	1130（+11.4%）	1.25
模型 II	49	4	1274（+25.6%）	5

由表 15-2 所知，模型 I 将换乘衔接成功数量由原始时刻表的 40 个提高至 44 个，优化后时刻表成功衔接了所有换乘方向对的其中一个。换乘成功客流量也随之增加。模型可有效提升末班车换乘衔接效果。但由于末班车停站时间上限约束小于乘客换乘走行时间，未能实现末班车间的双向衔接成功。

模型 II 未设置末班车停站时间上限约束，可将换乘衔接成功数量提高至 49 个，提升幅度更高，达 22.5%。末班车在部分换乘站停站时间适当延长，使得双向衔接成功对数也由原始时刻表的 0 对提高至 4 对。模型 II 可进一步提高末班车换乘衔接效果，显著提升末班车服务水平。模型优化后末班车最大停站时间增长至 5 分钟，乘客在车等待时间增长。但由于末班车全程旅行时间约束，乘客旅行时间变化并不明显。

（2）停站时间对换乘衔接的影响

为分析停站时间对末班车换乘衔接的影响，依次改变模型停站时间上限值，对末班车时刻表进行优化。停站时间上限值依次设为 1.25min、2 min、3 min、4 min、5 min 与 6 min，以及未设置停站时间上限。其余约束条件设置均相同。各情形下的模型优化结果如图 15-8 所示。图中括号内数字为末班车双向衔接成功对数。

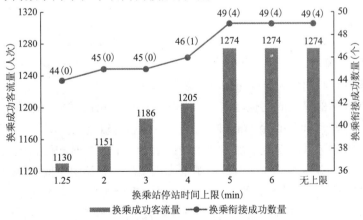

图 15-8　停站时间对换乘衔接优化的影响

由图 15-8 可以看出，末班车的换乘衔接成功数量与换乘成功客流量均随换乘站停站时间上限约束值的增加而逐步递增。这验证了，末班车在换乘站的停站时间对末班车换乘衔接具有重要影响。末班车在换乘站的停站时间越长，越有利于末班车间的换乘衔接成功性。

当停站时间上限约束值小于 3min 时，末班车间双向衔接成功对数为 0。而当停站时间上限约束值增加至 4min，则能够实现末班车间的双向衔接成功。这是因为，各换乘方向的换乘走行时间均大于 3min。这验证了，末班车间双向衔接成功的必要条件为末班车换乘站停站时间应大于换乘走行时间。当停站时间上限约束值增加至 5min 时，换乘成功客流量与换乘衔接成功数量均不再增加。

不同的末班车停站时间对应于不同的乘客在车等待时间服务水平。在优化换乘衔接的同时，末班车在换乘站的停站时间增长，会造成乘客在车等待时间增加。但对于末班车乘客而言，保证乘客出行的可达性比节省其等待时间更为重要。在实际运营过程中，可通过列车信息发布解释说明停站时间延长原因，以减少乘客对停站时间延长的不满。另一方面，时刻表优化是将列车虚拟区间内的旅行时间转移至换乘站停站时间，乘客的旅行时间实际上并不会有较大变化。

（3）停站时间对换乘衔接的影响

在实际运营过程中，由于末班车收车时间具有一定的灵活性，各线路末班车全程旅行时间可有一定程度的延长。末班车旅行时间的延长可以将更多时间分配至换乘站停站时间，换乘衔接的优化空间更大。这里分别设置末班车旅行时间在原时刻表基础上增加 0min、2min、3min、5min、8min、10min。在不设置停站时间上限约束下，模型 II 在各情形下的优化效果如表 15-3 所示。

末班车旅行时间约束对衔接效果优化的影响 表 15-3

末班车旅行时间（min）	换乘成功客流量	换乘衔接成功数量	最大停站时间（min）
+0	1142	45	1.55
+3	1260	48	5
+5	1274	49	5
+8	1274	49	5
+10	1589	51	13.2

表 15-3 表明，随着各线路末班车旅行时间的延长，模型 II 的换乘衔接优化效果均随之提高。末班车旅行时间越长，换乘成功客流量越大。

末班车在换乘站的停站时间也随着末班车旅行时间约束的增大而增大。对于模型 II，当线路末班车的收车时间延长至 5min 时，进一步推迟末班车收车时间，换乘成功客流量与换乘衔接成功方向数量均未能增加。而当线路末班车的收车时间延长至 10min 时，网络换乘衔接效果则可以再一次提高。但是，由于末班车时刻表调整空间的增大，最大停站时间也将增长至 13.2min，可能超过乘客的忍耐程度。在此情形下，可在模型中增加停站时间上限，如 6min，以避免末班车停站时间超过乘客的忍耐程度。

从企业角度来看，末班车全程旅行时间的增长，会引起线路收车时间的推迟，可能导致运营成本的增加。因此，末班车全程旅行时间的确定需兼顾网络服务水平与企业运营成本。

第16章
城市轨道交通节能优化

城市轨道交通系统一般以电力为动力，是城市公益性基础设施中重要的能耗系统，研究降低城市轨道交通的能耗具有重要意义。本章分析了城市轨道交通系统能耗的基本构成，从列车运行动力学角度建立了列车能耗 - 速度优化模型；探讨了再生技术在城市轨道交通列车运行中的应用；结合案例研究提出了列车节能与行车速度曲线设计的优化方法；相关成果可为城市轨道交通系统节能工作提供支撑。

16.1 概　　述

城市轨道交通作为城市公共交通的骨干，以其运能大、速度快、安全、准时、环保等特点，逐步被越来越多的大中型城市所采用。城市轨道交通不仅可以最大程度地吸引和疏散客流，也可极大地改善地面交通存在的各种问题和沿线交通环境，对于缓解城市交通拥堵问题具有非常重要的现实意义。

相对于其他城市交通工具而言，城市轨道交通的另一特点是以耗电为主。在城市轨道交通线路数量、运营里程和客流量激增的同时，运营能耗也在不断地攀升，并逐步成为城市供电的主要负荷之一。据统计，北京市轨道交通系统在2008—2015 年期间，耗电量由6.5 亿度增长到16.07 亿度，年耗电量平均增幅达20%。其中，城市轨道交通列车牵引供电系统和通风空调系统是轨道交通中最主要的用电大户，分别占到轨道交通系统总能耗的 1/2 和 1/3。按照目前我国城市轨道交通发展规划推算，未来几十年城市轨道交通的运营能耗将达到相当大的规模，这将成为制约城市发展的一道隐形枷锁。

面对如此巨大的能源消耗和不断增长的客流需求，如何在城市轨道交通运营过程中提高运载能力，降低运营能耗以实现轨道交通安全、高效、节能、环保的运营，已经成为城市轨道交通当前重要的发展方向。需要注意的是，轨道交通系统能耗和运营服务水平间存在密切联系。例如，缩短发车间隔可增加列车发车频率和运载能力，但也会导致能耗的激增；而在固定的运载能力下，较大发车间隔则会减少列车运营次数，增加了旅客等待时间，降低了乘客满意度，进而系统服务水平也会随之下降。因此，轨道交通节能目标是：在保证服务水平的前提下，通过优化列车运行策略，实现节能减排。

在实际运营中，列车牵引能耗与列车速度曲线密切相关，且列车运行图直接决定了列车的运营频次，因而可通过优化列车速度曲线及列车运行图来达到节能目的。此外，城轨列车采用再生制动时，电机可将其自身的动能转化为电能并反馈至接触网，进而供接触网上其他牵引列车和辅助设备利用。因此，高效且充分地回收利用再生能量对城市轨道交通系统节能运行同样具有重要作用。基于此，本章将从城轨列车速度曲线优化、再生能量利用、列车运行图与速度曲线协同优化三个方面分别展开论述。

16.2　城市轨道交通系统能耗分析

一般来说，城市轨道交通系统的能耗是指系统运营过程中，在保障完成旅客运输服务的前提下，各种设施、设备在运行过程中的电能消耗。总的来说，城市轨道交通系统能耗主要分为两部分：列车运行能耗以及车站能耗。其中，列车运行能耗是指列车在运行过程及相关辅助活动中由于机车特性及线路运行条件引起的能耗，主要体现在列车运行过程中的牵引能耗以及列车自身辅助设备（如：空调、照明、信号系统等）的能耗。车站能耗是指城市轨道交通系统车站及其配套设施发生的与列车运行相关的一切活动所需的能耗，主要体现在通风空调系统、照明系统、自动扶梯、弱电系统（包括通信系统、车站监控系统、信号系统等）、给排水系统等能耗。城市轨道交通系统能耗构成如图16-1所示。

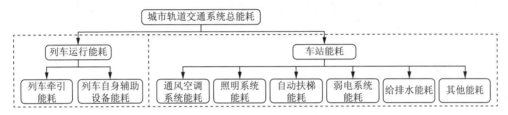

图16-1　城市轨道交通系统能耗构成（赵月想，2012）

上述各部分能耗组成了城市轨道交通系统的用电能耗。根据统计结果（龙潭，2010），以上各部分用电能耗尤其以列车牵引能耗最多，约占系统总能耗的40%～50%。其余能耗如通风空调系统能耗约占总能耗的25%～35%，自动扶梯能耗约占10%～14%，照明能耗约占8%～12%。由此可见，减少列车牵引能耗是降低城市轨道交通系统能耗最主要的途径之一。

针对列车节能运行的研究可从如下两方面入手：

①针对单列车，优化推荐速度曲线，减少损耗：合理规划列车的推荐速度曲线，优化排定列车牵引、巡航、惰行、制动的顺序和转换点，达到节能的效果。

②协同多列车运行，增加再生能量利用率：通过增加同一供电区间内列车同时牵引和制动的重叠时间，提高再生能量的即时利用率；通过协同列车调度，增加再生能量的存储和释放效率，提高延时利用率。

下面，将针对上述问题进行详细阐述。

16.3　城市轨道交通列车节能速度曲线优化

在城市轨道交通系统中，优化列车推荐速度曲线是减少列车运行能耗的主要方法之一。该方法是在确保列车精确停车、准点等前提下，合理确定列车运行工况的转换顺序、转换时间和地点，形成节能的列车推荐速度曲线，达到节能减排的目的。列车在实际运行时，行车工况主要分牵引、惰性、巡航和制动，其中不同运行工况会对应不同的能量消耗。例如，当列车采用牵引工况时，由于需要克服阻力做功，因而电能消耗较大；而当列车使用惰行工况时，列车基本不再消耗能量。此外，在不同线路条件下采用相同的运行工况，以达到相同的速度控制效果时，列车能耗也可能不尽相同。例如，当列车采用牵引工况上坡时，由于牵引力需要克服基本阻力和坡道阻力做功，因而列车消耗能量较多；相比之下，在下坡路段，由于牵引力和重力共同作用克服基本阻力，此时消耗的能量相对较少。因此，结合轨道交通线路特点，通过合理调整列车运行过程中各运行工况以及对应工况下的实际运行策略，找到满足列车运行需求的节能速度曲线是实现列车节能运行的一项重要举措。本节将详细介绍节能速度曲线的优化方法。

16.3.1 列车运行过程

在城市轨道交通系统中，推荐速度曲线是指导列车安全、高效运行的基础，其优化过程涉及多方面的影响因素。一方面需要考虑线路条件，如线路坡度、限速等参数；另一方面需要考虑乘客舒适性、运行安全性，同时还需要结合列车的牵引制动特性、负载等参数综合优化列车推荐速度曲线。在既有曲线的基础上，ATO 控制器或司机通过对比推荐速度曲线的输出参数与列车实际运行速度之间的差异进行决策，输出相应的控制命令以操控列车运行。具体过程如图 16-2 所示。

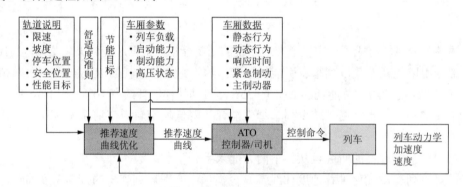

图 16-2 列车实际运行过程

图 16-3 给出了列车运行速度曲线的示意图。如图所示，在初始区间 $[0, S_1]$，列车采用了牵引工况驶离初始站点，并提高运行速度；在区间 $[S_1, S_2]$，列车通过牵引和惰行工况的交替使用，达到巡航运行的效果；在区间 $[S_2, S_3]$，列车采用制动工况将列车停靠在站点 S_3。在此过程中，能耗工况包括牵引和巡航，非能耗工况为惰行和制动。注意到，城市轨道交通站间距离一般较短，如北京地铁亦庄线最长站间距为 2631m。针对这种短站间运行，列车节能的运行过程一般采用牵引 - 巡航 - 制动，或者牵引 - 惰行 - 制动这两种运行模式。

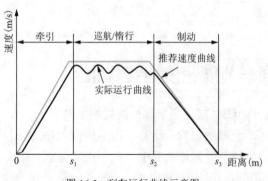

图 16-3 列车运行曲线示意图

在实际运营中，各站间运行速度曲线决定了列车在站间的运行时分和牵引能耗。不同的速度曲线可对应不同的站间运行时分和运行能耗；而在固定站间运行时间下，也存在多条速度曲线。因此，列车节能速度曲线优化问题即为：寻找站间最优速度曲线，以达到降低牵引能耗的目的。下面，将详细介绍列车在各工况的能耗情况。

城市轨道交通列车运行过程中，列车的牵引力、制动力是由列车运行工况、牵引控制比例 u_f 和制动控制比例 u_b 决定。其中，牵引控制比例 u_f 定义为实际输出牵引力与最大牵引力的比值，制动控制比例 u_b 定义为实际输出制动力与最大制动力的比值。此外，可结合列车运行阻力 $F_{res}(s)$ 计算列车运行过程中所受合力 F_a，即

$$F_a = u_f F(v) - u_b B(v) - F_{res}(s)$$

式中： v ——列车当前的运行速度；
s ——列车当前的运行位置；
$F(v)$、$B(v)$ ——分别为列车最大牵引力和最大制动力。

下面将分别介绍不同运行工况下各参数的取值及能耗情况 [Liu 等（2003）中给出了相关应用]。

（1）牵引工况

在牵引工况下，列车牵引控制比例 $u_f \in (0,1]$，制动控制比例 $u_b = 0$，列车所受合力为 $F_a = u_f F(v) - F_{res}(s)$。此时，可通过调节牵引控制比例 u_f 的大小来控制列车输出的牵引力，同时结合列车的运行阻力来决定列车加速、减速或匀速运动（又称巡航）。在此过程中，城轨列车将从供电系统吸收电能，从而提供列车牵引力并克服各种阻力做功，即列车处于耗能状态。

（2）巡航工况

在巡航工况下，列车匀速运行，所受合力 $F_a = 0$。此时，列车耗能与否和列车所受阻力情况密切相关。当列车运行阻力 $F_{res}(s) > 0$ 时，所受阻力与列车运行方向相反，因此需要部分牵引力来控制列车匀速运行。相应地，列车牵引控制比例 $u_f \in (0,1]$，制动控制比例 $u_b = 0$，列车处于耗能状态。当列车运行阻力 $F_{res}(s) < 0$ 时，所受阻力与列车运行方向相同，需要对列车采取制动措施。相应地，列车牵引控制比例 $u_f = 0$，制动控制比例 $u_b \in (0,1]$，列车不消耗电能。

（3）惰行工况

在惰行工况下，列车牵引控制比例与制动控制比例分别为 $u_f = 0$，$u_b = 0$，列车所受合力为 $F_a = -F_{res}(s)$。当列车运行阻力满足 $F_{res}(s) > 0$ 时，列车减速运动；当列车运行阻力满足 $F_{res}(s) < 0$ 时，列车加速运动（此种情况应尽量避免）。在此过程中，列车只受阻力作用，且未对列车施加控制力，列车运行不消耗能量。

（4）制动工况

在制动工况下，列车牵引控制比例 $u_f = 0$，制动控制比例 $u_b \in (0,1]$，列车所受合力为 $F_a = -u_b B(v) - F_{res}(s)$。当列车运行阻力满足 $F_{res}(s) > 0$ 时，列车减速运动。特别地，当列车运行阻力 $F_{res}(s) < 0$ 时（如下陡坡），需要根据 $|F_{res}(s)|$ 与 $|B(v)|$ 的大小来判定列车为加速或减速运动。在此过程中，列车不消耗能量，且自身动能可转化为电能并反馈至接触网供其他列车或辅助设备利用。

16.3.2 节能速度曲线优化模型

节能速度曲线的研究可追溯至上世纪 60 年代，最初的研究均假设列车在平直轨道上运行，提出了基本的节能速度曲线优化模型，并利用极大值原理分析得到最优节能曲线的工况序列为"最大牵引、巡航、惰行、最大制动"（Ichikawa，1968）。在此基础上，考虑列车在实际运行过程中的不同区间闭塞方式（Ke 等 2009，2012）以及坡度、弯道和限速等线路情况，一些学者进一步提出了求解列车节能运行工况的非线性优化方法（Howlett 等，1994；Liu 等，2003），以此确保优化速度曲线的实用性。同时，通过考虑节能效果以及算法的求解速度，一系列优化算法也陆续被应用于求解单车节能曲线优化问题，如解析算法、数值算法、智能算法、仿真算法等。

针对单车节能速度曲线优化问题，首先应基于线路特征和车辆特性生成最大限制速度曲线（如图 16-4 中长虚线所示），并在满足最大限速的前提下，通过组合不同的运行工况生成不同的推荐速度曲线。之后，以列车牵引能耗极小化为目标确定列车最优节能速度曲线。需要说明的是，在相同的线路条件以及相同站间运行时间下，不同运行工况的组合顺序将导致列车实际运行能耗的差异。例如，图 16-4 给出了 3 条推荐速度曲线。由于图中各曲线工况组合顺序和工况转换点的差异性，其对应的能耗也有所不同。因此，如何组合列车运行工况及工况下的实际运行策略成为列车节能速度曲线优化的主要研究方向。

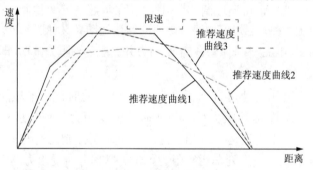

图 16-4 列车节能速度曲线生成示意图

在节能速度曲线的研究中，通常将列车处理为单质点（即忽略了列车车厢之间的相互作用），以牵引能耗最小化为目标，建立单车节能速度曲线优化模型，如下所示（Liu 等，2003）：

$$\min E(T)$$

s.t.

$$\begin{cases} M\dfrac{\mathrm{d}v}{\mathrm{d}t} = u_f F(v) - u_b B(v) - F_{\mathrm{res}}(s) \\ \dfrac{\mathrm{d}s}{\mathrm{d}t} = v, \\ v \leqslant V(s) \\ v(0) = V_0, v(T) = V_T, \\ s(0) = S_0, s(T) = S_T, \\ u_f \in [0,1], u_b \in [0,1] \end{cases} \quad (16\text{-}1)$$

式中： v ——列车当前的运行速度；
s ——列车当前的运行位置；
$E(T)$ ——牵引总能耗；
$F(v)$、$B(v)$ ——分别为列车最大牵引力和制动力；
u_f ——牵引控制比例；
u_b ——制动控制比例；
$F_{res}(s)$ ——列车运行阻力；
M ——列车质量；
$V(s)$ ——最大限制速度；
S_0、S_T ——分别为列车起点、终点位置；
V_0、V_T ——分别为列车起点、终点速度。

如式（16-1）所示，节能速度曲线优化模型是在满足列车运行距离及时间的前提下，以列车限速条件为约束，通过优化牵引、制动控制比例来调节列车的牵引、制动力，从而实现牵引能耗的最小化。在研究过程中，为便于求解计算，一般基于坡度、限速等线路特征来划分运行线路区段。如图 16-5 所示，在每一区段（共 8 个区段）内，由于线路特征保持不变（即限速及坡度均相同，列车的附加阻力不变），因而便于对该问题进行建模和求解。

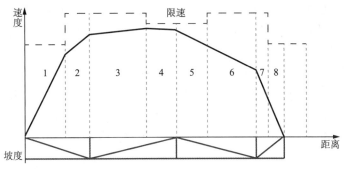

图 16-5 列车运行区段离散化示意图

16.3.3 节能速度曲线的优化方法

当前文献中，求解单车节能速度曲线优化模型的算法主要分为三类，即解析算法、数值算法和智能算法。下面将对上述算法做简要介绍。

（1）解析算法

该方法通常直接采用代数解析法求解相应的目标函数，具有求解速度快、易获得全局最优解的优点。但是，由于该方法以各种假设为前提，因此实际环境中的复杂变量极易增加建模和求解的难度。目前，最常见的解析算法包括极大值原理、动态规划等。

采用极大值原理可获得列车的最优运行工况序列，因而有效提高了求解精度。该方法利用连续或离散的最优化方程构造哈密尔顿函数，并在坡度和限速相同的小区间内，求解可使哈密尔顿函数极大化的操纵工况，进而计算出由该工况序列构成的最优列车速度

曲线。具体的,基于式(16-1)可将列车运行过程表述如下(Howlett 等,1994;Liu 等,2003):

$$\frac{\mathrm{d}v}{\mathrm{d}x} = \frac{u_\mathrm{f} F(v) + u_\mathrm{b} B(v) - F_\mathrm{res}(s)}{v}$$

以最小化列车运行牵引能耗为优化目标,基于拉格朗日乘子($L>0$)将目标函数转化如下:

$$J = \int_{x_0}^{x_\mathrm{T}} \left[u_\mathrm{f} F(v) + L/v \right] \mathrm{d}x$$

基于目标函数 J 给出哈密尔顿函数(其中,P 为共轭函数),表述如下:

$$H = -u_\mathrm{f} F(v) - \frac{L}{v} + \frac{P}{v} \left[u_\mathrm{f} F(v) + u_\mathrm{b} B(v) - F_\mathrm{res}(s) \right]$$

在此基础上,通过计算每个小区段内满足 $\frac{\partial L}{\partial x} = 0$ 和 $\frac{\partial P}{\partial x} = 0$ 条件下的最优控制序列,形成整条节能速度曲线。

动态规划是1951年由美国数学家贝尔曼等人提出的求解多阶段决策过程的有效方法。该方法首先将优化问题转换为一系列相互关联的单阶段问题,然后利用各阶段之间的关系逐个加以解决,最终由阶段决策构成整体决策的方式达到最佳决策效果。针对节能速度曲线问题,Ko 等(2004)、Miyatake 等(2010)、Calderaro 等(2014)采用将速度、时间和空间离散化的方法把初始问题转换成多阶段决策过程,在解空间中依次寻找满足约束条件的节能速度曲线。

如图 16-6 所示,采用动态规划求解时,首先需将距离和速度离散化,构建出刻画速度曲线可行解空间的速度-距离网络。其中网络中各节点代表速度和距离两类属性。节点间的弧段表示从当前速度状态到下一个速度状态的转移过程,其中弧段属性可包含时间、能耗、加速度等。该网络下采用动态规划算法可求得能耗最小最短路径,即最优节能速度曲线。

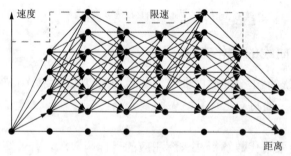

图 16-6 动态规划求解示意图

(2)数值算法

该算法一般采用搜索法对问题进行求解,其求解速度因算法的不同而存在差异。数值算法虽不能保证得到全局最优解,但可针对现实环境中的特殊因素设计模型和算法参数。常见的数值算法包括梯度法、序列二次规划等。

在城市轨道交通系统中，由于站间距较短，坡度变化较少，因此速度曲线优化模型中包含的决策变量个数通常不会过多，可采用序列二次规划方法对其进行快速求解。该方法可将优化过程转化为求解其二次规划子问题的过程（Gu 等，2014）。具体如下：

①将等式约束通过引入拉格朗日乘子代入目标函数之中，并将非线性不等式约束条件进行线性化，得到二次规划子问题；

②对二次规划子问题进行求解获得变量搜索方向，并通过线性搜索算法计算步长；

③根据搜索方向和步长构造新的决策变量和 Hessian 矩阵；

④若满足约束且目标函数值不再下降，搜索结束；若不满足约束条件或目标函数仍在下降，则基于上述步骤继续对二次规划子问题进行求解。

（3）智能算法

智能算法是一种基于人工智能和计算机技术的现代优化算法，该类算法可针对现实环境中的复杂变量进行仿真求解，应用较为广泛。智能算法主要包括遗传算法、蚁群算法、禁忌搜索算法等。下面基于相关论文研究（Chang 等，1997；马超云等，2010；Yang 等，2012），以遗传算法为例，简单介绍求解列车节能速度曲线的过程。

理论上，采用遗传算法求解列车节能速度曲线时，需要对模型的决策变量进行有效编码，并对初始种群、适应度函数、遗传操作算子（选择、交叉、变异）等进行合理设计，达到快速寻优的效果。以图 16-7 为例，首先将站间划分为坡度和限速相同的小区间。在每个区间上，基于列车运行工况及其对应的控制策略，将列车运行过程划为 8 个工况等级，并用数字 0～7 表示。当为每个区间赋值一个特定工况时，即可生成一个解。假设种群是由 N 个可行解构成，即 P_1，P_2，…，P_N。在此基础上，通过选择、交叉和变异操作算子生成解空间，并最终根据算法终止条件输出迭代过程中最优目标值对应的工况序列，形成列车最优节能速度曲线。

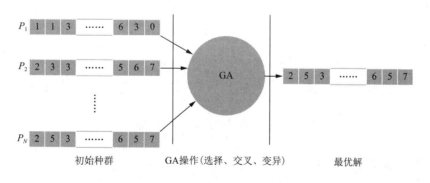

图 16-7　遗传算法求解列车节能速度曲线示意图

此外，Chang 等（1997）把遗传算法用于列车自动驾驶仿真过程中，在列车发车前计算出运行过程中最适宜的惰行转换点，以降低列车运行能耗。马超云等（2010）设计了基于实数编码的遗传算法，并将其嵌入到城市列车运行计算系统，实现了给定线路条件下站间最优惰行点的自动计算。Yang 等（2012）通过考虑列车之间的安全运行间隔，以多车运行能耗和运行时间为优化目标，采用遗传算法求解多车节能速度曲线。Liu 等（2015）

考虑列车实际运行速度曲线与推荐速度曲线之间存在的偏差，利用实际运行曲线计算列车能耗，并基于禁忌搜索等智能算法求解节能速度曲线。

16.4　城市轨道交通再生能量的优化利用

城市轨道交通列车依靠电力牵引运行，其所需的牵引能量由线路上的牵引变电站供应。然而，由于地铁站间距较短，列车运行过程中频繁的制动将会产生可观的再生能量。该部分再生能量可通过接触网传输至电网中，进而被临近的列车和辅助设备吸收利用。因此，提高再生能量的吸收利用率，是降低城市轨道交通系统能耗的又一重要途径，同时也是提高能源利用率、实现节能环保的重要举措。

16.4.1　再生能量的产生

制动是列车调速的重要手段，尤其在限速区间、下坡道及进站停车时，制动工况是必不可少的控制模式。按照城市轨道交通车辆动力控制模式，制动方式可分为三种：空气制动、电制动、电磁制动。其中，电制动是利用电机的可逆原理，在制动工况下将牵引电机转变为发电机，通过将列车的动能转化为电能使牵引电机轴上形成反向转矩，并作用在动轮上形成电制动力。当电制动所产生的电能转化为热能耗散到空气中时，称为电阻制动；若制动产生的电能重新反馈到电网再加以利用时，称为再生制动。图 16-8 给出了再生制动的原理示意图。在此，列车采用再生制动产生的电能称为再生制动能量，简称再生能量。

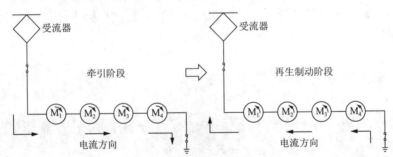

图 16-8　再生制动原理示意图（Hasegawa 等，1999）

16.4.2　再生能量的利用

在城市轨道交通系统中，列车优先采取再生制动方式控制列车的运行速度。一般地，列车制动产生的再生能量优先用于制动列车自身辅助系统（如通风、空调、照明等设备），剩余的再生能量一部分通过接触网直接传输给同一供电区间内其他列车使用，另一部分未被利用的再生能量通过电阻制动的方式将其转化为热能消耗掉。

由于列车自身辅助系统能耗相对于列车产生的再生能量较少，当列车运行密度较低时，被直接利用的再生能量只占很少部分，大部分再生能量因不能得到充分利用而通过制动电阻转化为热能扩散到空气中，额外增加了地铁通风系统的负担，造成了能源的进一步浪费。因此，如何有效地回收利用列车制动产生的再生能量，成为现代城市轨道交通亟待解决的关键问题，对降低城市轨道交通系统能耗具有重要的实际意义。

随着技术的发展，针对再生能量的吸收利用方式，逐步产生了电阻耗能型、逆变回馈型及能量存储型三种利用方式（Allegre 等，2010）。具体如下：

（1）电阻耗能型

电阻耗能型是通过电阻消耗多余的再生能量。具体地，当线路上有多辆列车制动时，反馈的大量再生能量可导致线网电压超过电压阈值，进而对供电系统造成破坏。此时，通过电阻消耗多余的再生能量可将线网电压控制在一定范围之内，起到稳定线网电压的作用。目前，该吸收方式因其控制简单、可靠性强、造价低而被广泛应用。但其缺点也十分明显：利用电阻发热的方式消耗多余的再生能量，造成了能源浪费，同时电阻耗能会导致环境温度升高，因而对通风、温控装置也有一定要求，又增加了能源的消耗。

此外，电阻耗能型吸收方式按照制动电阻安装位置的不同，可分为车载式制动电阻和地面式制动电阻。车载式制动电阻安装于列车地板下，其特点是便于检测且操控简单，但也增加了车辆负载并且需要占用列车有限的设备安装空间。地面型制动电阻一般集中安装于地铁变电所中。该种电阻耗能型方式由于热量集中，因此需要专用的散热环控设备，增加了建设成本。图 16-9 给出了电阻耗能型再生能量吸收方式原理示意图。

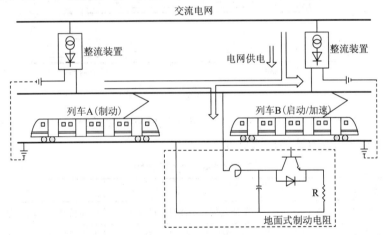

图 16-9　电阻耗能型再生能量吸收方式原理示意图（赵乐，2014）

（2）逆变回馈型

逆变回馈型是将列车制动时产生的再生电能通过逆变器转化成交流电反馈至交流电网以供其他列车和设备利用。相比于电阻耗能型吸收利用方式，该种方式不仅可以提高再生能量的利用率，减少牵引变电所输出的电能，也可避免电阻发热造成列车运行环境温度升高，减轻了空调通风设备的负担。因此，逆变回馈型是较为节能的一种能量吸收利用方式。目前，随着技术的成熟，城市轨道交通大都将逆变回馈技术作为再生能量吸收利用的首选方式，并逐步成为地铁节能减排的重要手段。图 16-10 给出了逆变回馈型再生能量吸收方式原理示意图。

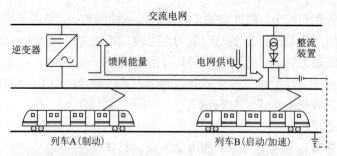

图 16-10 逆变回馈型再生能量吸收方式原理示意图（王成，2013）

（3）能量存储型

能量存储型是指利用储能装置将列车制动时产生的电能储存起来，并在电网需要能量的时候释放出来以供列车牵引使用。采用该种方式，可有效地抑制牵引电网电压的升高，提升再生能量的利用率，同时也避免了电能回馈到电网中对设备造成损坏。图 16-11 给出了能量存储型再生能量吸收方式原理示意图。

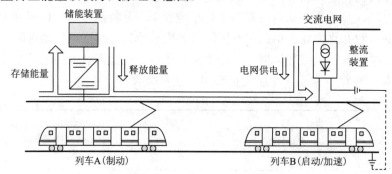

图 16-11 能量存储型再生能量吸收方式原理示意图（王成，2013）

根据储能原理的不同，储能方式可分为蓄电池储能、飞轮储能以及超级电容储能等。表 16-1 对几种储能吸收方式的优缺点进行了对比。

几种储能吸收方式的对比　　　　　　　　　　　　表 16-1

储能方式	优点	缺点
蓄电池储能	节能效果好、能量密度高	造价高、电池寿命短、污染环境
飞轮储能	充电快、寿命长、环保	系统复杂、工作环境要求高
超级电容储能	充放电快、寿命长、节能效果好	设备成本高

目前，随着环保意识的不断提高，蓄电池的弊端（废电池酸液中含有大量的铅和重金属元素）逐渐显现，蓄电池储能的性能不能满足城市轨道交通列车再生能量吸收利用的要求。飞轮储能充电快、环保，但其制造工艺以及工作环境要求较高，城市轨道交通列车的工作条件不适合飞轮储能装置使用。因此，飞轮储能方式也不能普遍适用于城市轨道交通系统对列车再生能量的回收利用过程。

相比于蓄电池储能和飞轮储能，超级电容储能兼具常规电容器功率密度大、蓄电池能量密度高的优点，已经发展成为一种新型、高效、实用的储能方式。根据安装位置的不同，超级电容储能装置又分为车载式超级电容储能装置（以下简称车载式储能装置）和置地式超级电容储能装置（以下简称置地式储能装置）。车载式储能装置安装于列车上，而置地式储能装置可安装于牵引变电所或车站，并与直流电网直接连接。近年来，鉴于车载式储能装置和置地式储能装置各具优点，不少学者结合实际场景将其引入到列车节能优化过程之中。

16.4.3 再生能量的计算

在城市轨道交通系统中，通过对再生能量的合理利用可以进一步减少从牵引变电站索取的牵引能量，进而减少地铁运营系统的总能耗。在计算系统总能耗时，需要计算列车的牵引能耗和产生的再生能量，下面将具体介绍计算过程。

在列车运行过程中，实际产生的再生能量 E_{br} 可表示为制动功率在服务时间上的积分。其中制动功率为制动力与速度的乘积。如下所示：

$$E_{br} = \int_{t \in T} P_{br}(t) dt = \int_{t \in T} F_{br}(v,t) \cdot v(t) dt \tag{16-2}$$

式中：$P_{br}(t)$ ——t 时刻列车的制动功率；

$F_{br}(v,t)$ ——t 时刻列车的制动力；

$v(t)$ ——t 时刻列车的速度。

其中，制动力可根据列车的减速度以及运行阻力计算得到，其计算公式为：

$$F_{br}(v,t) = M \cdot d(t) - F_{re}(v,t) \tag{16-3}$$

式中：M——列车的质量；

$d(t)$ ——t 时刻列车的减速度（标量）；

$F_{re}(v,t)$ ——t 时刻列车的运行阻力。

值得说明的是，列车在运行过程中所受阻力会根据列车运行速度的不同而发生变化。列车运行阻力可分为基本阻力和附加阻力两大部分。其中，基本阻力是列车运行中的固有阻力，是指列车在平直轨道上运行时所受到的阻力。附加阻力受列车自身影响较小，主要取决于列车运行的线路条件，包括坡道附加阻力、曲线附加阻力以及隧道附加阻力等。以下分别给出各种阻力的计算公式。

（1）列车基本阻力

列车基本阻力主要包括车轴与轴承之间的摩擦阻力、轮轨之间的滚动摩擦阻力以及钢轨接头对车轮的撞击阻力等。在实际运行过程中，由于复杂的运行环境，列车基本阻力很难应用理论公式进行精确计算，通常采用基于试验的经验公式进行计算。根据《列车牵引计算规程》，列车的单位基本运行阻力可表示为：

$$w_{bre}(v,t) = a + b \cdot v(t) + c \cdot v^2(t)$$

式中：$w_{bre}(v,t)$——列车单位基本阻力，N/kN；

a、b、c——由试验确定的经验系数。

（2）列车坡道附加阻力

坡道附加阻力产生于列车重力沿坡度方向的分力，该附加阻力会因坡度的正负（其中，上坡为正、下坡为负）而发生变化。当列车上坡运行时，重力沿坡度方向的分力与列车运行方向相反，此时坡道附加阻力将阻碍列车运行。当列车下坡运行时，重力沿坡度方向的分力与列车运行方向相同，此时坡道附加阻力有助于列车运行。根据《列车牵引计算规程》，坡道附加阻力的计算公式可采用如下经验公式：

$$w_{gre} = i$$

式中：w_{gre}——单位坡道附加阻力，N/kN；
i——线路坡度的千分数，‰。

（3）列车曲线附加阻力

列车在曲线线路上运行时，离心力会使轮缘与钢轨之间压力增大，轮轨间会产生额外的横向与纵向滑动，从而对运行中的列车造成一种附加阻力，即为曲线附加阻力。根据列《列车牵引计算规程》，曲线附加阻力的计算公式表述如下：

$$w_{cre} = \frac{c}{R}$$

式中：w_{cre}——单位曲线附加阻力，N/kN；
c——经验系数，通常取值为 600；
R——曲率半径，m。

（4）列车隧道附加阻力

列车隧道附加阻力主要是指隧道空气附加阻力。当列车在隧道内运行时，隧道内的空气因受列车挤压使得列车头部空气压力增大，尾部空气稀薄，进而形成压力差。隧道空气附加阻力与诸多因素相关，如列车运行速度、列车长度、迎风面积、隧道长度与截面积、隧道与列车表面粗糙程度等，一般采用试验归纳出的经验公式进行计算，具体如下：

$$w_{tre} = \begin{cases} L_s \cdot v^2(t)/10^7, & 有限制坡道 \\ 0.00013 \cdot L_s, & 无限制坡道 \end{cases}$$

式中：w_{tre}——单位隧道附加阻力，N/kN；
L_s——隧道长度，m。

综上所述，列车的运行阻力为基本阻力与附加阻力之和，具体计算过程如下：

$$F_{re}(v,t) = (w_{bre} + w_{gre} + w_{cre} + w_{tre}) \times g \times M / 1000 \tag{16-4}$$

式中：g——重力加速度常数，m/s²。

通过上述分析，列车制动时产生的再生能量可采用式（16-2）、式（16-3）、式（16-4）计算得出。需要说明的是，列车的运行阻力与列车运行状态息息相关，而列车运行状态的时变性增加了列车运行阻力的计算难度。因此，列车产生的再生能量通常可采用仿真模拟的方式进行计算。

16.4.4 再生能量的优化利用

城市轨道交通系统的实际能耗为列车牵引能耗和再生能量利用量之差。为实现系统能耗的最优化，下面将从两方面介绍再生能量的利用过程。

1) 优化再生能量的直接利用过程

当列车采取再生制动时,可将自身动能的 20%～60% 转变为电能(再生能量)并反馈到接触网中。此时,若该制动列车所在的供电区间内有其他列车正处于牵引工况时,产生的再生能量将直接传输给牵引列车使用;反之,若该制动列车所在的供电区间内没有其他列车处于牵引工况时,产生的再生能量将通过发热电阻转化为热能消耗掉。因此,只有合理地排定多列车的进出站时间以及列车的牵引、惰行、制动的转换时间,提高供电区间内列车同时牵引、制动的重叠时间,才能有效地提高再生能量的直接利用率(可参考 Yang 等,2013)。为清晰起见,下面将以图 16-12 给出的列车运行场景为例进行说明。

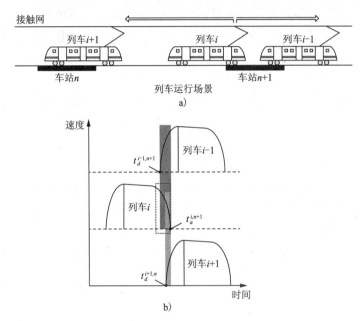

图 16-12 列车再生能量吸收利用示意图

如图 16-12a)所示,列车 i 正采用制动工况进入车站 $n+1$,此时,相邻列车 $i+1$ 和列车 $i-1$ 正处于牵引工况状态。假设车站 n 和车站 $n+1$ 属于同一供电区间,由再生能量的利用过程可知,列车 i 产生的再生能量可直接通过受电弓反馈到接触网供列车 $i+1$ 和列车 $i-1$ 吸收利用。

为具体地描述再生能量的利用情况,图 16-12b)刻画了列车 i 的制动工况与列车 $i+1$ 和列车 $i-1$ 的牵引工况重叠时间。在此,假设列车 $i-1$ 在车站 $n+1$ 的发车时刻为 $t_d^{i-1,n+1}$,列车 $i+1$ 在车站 n 的发车时刻为 $t_d^{i+1,n}$,列车 i 到达车站 $n+1$ 的时刻为 $t_a^{i,n+1}$。由图可知,在时间区间 $[t_d^{i-1,n+1}, t_d^{i+1,n}]$ 内,制动列车 i 产生的再生能量仅传输给列车 $i-1$ 利用,而在时间区间 $[t_d^{i+1,n}, t_a^{i,n+1}]$ 内,制动列车 i 产生的再生能量将同时传输给列车 $i-1$ 和 $i+1$ 利用。

根据再生能量的计算公式可知,制动列车 i 在时间区间 $[t_d^{i-1,n+1}, t_d^{i+1,n}]$ 内产生的再生能量可表示为 $E_{br}^1 = \int_{t_d^{i-1,n+1}}^{t_d^{i+1,n}} P_{br}^i(t) dt$,同时该时间区间内列车 $i-1$ 所需的牵引能量可表示为

$E_{\mathrm{tr}}^1 = \int_{t_d^{i-1,n+1}}^{t_d^{i+1,n}} P_{\mathrm{tr}}^{i-1}(t)\mathrm{d}t$，其中 $P_{\mathrm{br}}^i(t)$ 和 $P_{\mathrm{tr}}^{i-1}(t)$ 分别表示列车 i 和列车 $i-1$ 的制动功率和牵引功率。鉴于地铁站间距较短，在此我们不考虑再生能量的传输损耗。故该时间区间内再生能量的总利用量为 $U_1 = \min\{E_{\mathrm{br}}^1, E_{\mathrm{tr}}^1\}$，且直接利用率为 $(U_1/E_{\mathrm{br}}^1)\cdot 100\%$。同理，制动列车 i 在时间区间 $[t_d^{i+1,n}, t_a^{i,n+1}]$ 内产生的再生能量为 $E_{\mathrm{br}}^2 = \int_{t_d^{i+1,n}}^{t_a^{i,n+1}} P_{\mathrm{br}}^i(t)\mathrm{d}t$，此时列车 $i-1$ 和列车 $i+1$ 需要的牵引能量之和为 $E_{\mathrm{tr}}^2 = \int_{t_d^{i+1,n}}^{t_a^{i,n+1}} [P_{\mathrm{tr}}^{i-1}(t) + P_{\mathrm{tr}}^{i+1}(t)]\mathrm{d}t$。因此，时间区间 $[t_d^{i+1,n}, t_a^{i,n+1}]$ 内再生能量的总利用量为 $U_2 = \min\{E_{\mathrm{br}}^2, E_{\mathrm{tr}}^2\}$，且直接利用率为 $(U_2/E_{\mathrm{br}}^2)\cdot 100\%$。

综上所述，通过优化多列车进出站时间（即，结合列车运行图对多列车进行协同优化），极大化同一供电区间内相邻列车牵引、制动工况的重叠时间，可有效提高再生能量的直接利用率，减少系统总能耗。

2）优化再生能量的间接利用过程

在实际运营中，可采用能量存储再利用方式来进一步提高再生能量利用率。例如，可在线路或车站上安装置地式储能装置，以吸收列车在制动阶段产生但未被直接利用的再生能量，当列车加速启动时再将存储的能量反馈至接触网以供列车使用，从而实现再生能量的利用。

图 16-13 给出了再生能量利用的一个场景。其中，下行列车 1 正在车站停靠，而此时列车 2 正采用制动工况进站。由于列车 2 产生的再生能量不能被列车 1 直接利用，因而可存储于置地式储能装置中。当列车 2 停靠在车站时，列车 1 开始采用牵引工况驶离车站，此时储能装置中的再生能量将被释放，供列车 1 使用。由此可见，该过程涉及了再生能量的存储再利用，从而降低了系统总能耗。

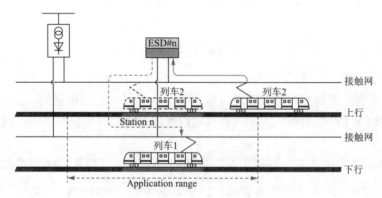

图 16-13 列车再生能量存储利用示意图（Liu 等，2018）

能量计算中，可优先考虑再生能量的直接利用，剩余的再生能量将采取存储再利用的方式进行处理。下面将针对这一过程，简要介绍一种基于置地式储能装置的地铁列车运行能耗仿真计算方法，步骤如下：

步骤 1 初始化初始时间 t、时间步长 δ、总仿真时间 T、储能装置的能量 E_n；

步骤 2 由 t 时刻下列车 i 的运行状态确定该列车的牵引能耗 E_{tr}^i、辅助能耗 E_{au}^i、产生

的再生能量 E_{br}^i；

步骤 3　由各储能装置 n 的应用范围 S_n，分别判定 S_n 内有无列车；

步骤 4　若 S_n 内无列车，则根据储能装置有无能量更新 E_n；

步骤 5　若 S_n 内有列车，由步骤 2 的结果，计算应用范围 S_n 内所有列车消耗的总能量 $\sum_i (E_{\text{tr}}^i + E_{\text{au}}^i)$、产生的总再生能量 $\sum_i E_{\text{br}}^i$，并判定两者之间的大小关系；

步骤 6　由步骤 5 的计算结果，根据储能装置有无能量确定出 S_n 内所有列车实际消耗的能量 E_{ac}^n、直接利用的再生能量 $\overline{E}_{\text{br}}^n$、间接利用的再生能量 $\hat{E}_{\text{br}}^n$，并更新 E_n；

步骤 7　统计不在任何储能装置应用范围内的所有列车消耗的总能量 E_{ac}'；

步骤 8　由步骤 6、7 的结果，计算出 t 时刻线路上所有列车实际消耗的总能量 $E_{\text{ac}}^t = E_{\text{ac}}' + \sum_n E_{\text{ac}}^n$、直接利用的总再生能量 $\overline{E}_{\text{br}}^t = \sum_n \overline{E}_{\text{br}}^n$、间接利用的总再生能量 $\hat{E}_{\text{br}}^t = \sum_n \hat{E}_{\text{br}}^n$，更新 $t = t + \delta$，重复以上步骤，直到 $t = T$ 时，结束计算。

通过以上分析可知，再生能量的直接利用过程需要结合列车运行图的优化来匹配加速列车和制动列车。而当列车运行过程中受到不利因素影响而不能按图运行时，将会影响列车再生能量的直接利用过程。此时，若采用车载式储能装置或置地式储能装置，未被直接利用的再生能量可通过储能装置吸收再利用，从而提高再生能量的利用率。因此，综合考虑再生能量的直接和间接利用过程对城市轨道交通系统节能具有重要的现实意义。

16.5　基于系统节能的列车运行图与速度曲线协同优化

本节将面向能效提升，简要介绍运行图和速度曲线的协同优化，并进一步考虑出行需求和系统节能之间的内在关系，给出一种基于时空网络的列车运行图与速度曲线协同优化方法。

列车运行图是轨道交通列车运输组织的基础，它规定了各次列车占用区间的顺序、列车在每个车站的到发时刻、列车在区间的运行时间、列车在车站的停站时间以及车底的折返等内容。实际中，列车运行图的编制方法主要包括以下两种：

（1）人工编制方法：依靠人工经验，利用 Excel 与 AutoCAD 等软件完成。事实上，采用这种方法编制一张运行图往往需要花费大量时间且工作量巨大，难以适应城轨列车运行图随客流需求、技术设备、运输组织方法的变化而调整的需要，也不适应城市轨道交通智能化发展的趋势。

（2）列控系统编制：列车运行控制系统（ATC）包括列车自动驾驶（ATO）、列车自动防护（ATP）与列车自动监控（ATS）等功能，是当前轨道交通发展的前沿技术。目前轨道交通的 ATS 系统嵌入了列车运行图编制功能模块，只需输入特定的线路、车辆和客流信息，即可生成相应的列车运行图。具体来说，列车运行图编制中包括两项重要的流程，即列车开行方案和列车运行时分编制。列车开行方案根据实际车辆段可用的列车数量以及线路整体的客运需求，从宏观层面上确定了每辆列车应执行的具体车次号和运输任务，以及每项运输任务的完成时间；列车运行时分从中观层面上确定了各个车次在每个区间的运行时分、车站停站时分、列车折返时分和调车时分等。在 ATS 编制运行图的基础上，进一步在每个运行区间嵌入多条 ATO 推荐速度曲线，其中每条速度曲线对应不同的区间运行时间，用于实际运行中列车的自动驾驶。

然而，当前的编图方法只是将轨道交通车辆资源尽可能分配到运行线路上，未充分考虑轨道交通客流的动态特性和列车的运行能耗。同时，编图过程也未与 ATO 速度曲线设计有机结合，忽略了列车运行过程中再生能量的吸收利用问题，使得该部分能量无法得到充分利用，导致部分再生能量需通过发热电阻损耗释放，从而造成了不必要的浪费。如图 16-14 所示，本节将面向能效提升，通过考虑运行图和速度曲线的协同优化，达到提高服务质量、降低能耗的目的。

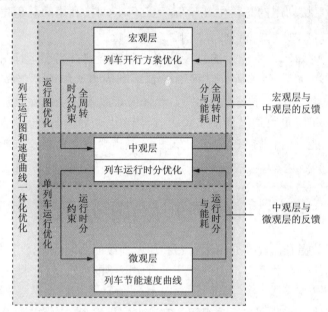

图 16-14　基于节能的列车运行图与速度曲线协同优化

16.5.1　列车运行图与系统能耗

城市轨道交通的客流需求呈现明显的动态特性，其中工作日的早晚高峰期间通勤人员较多，客流需求量大，而周末或平峰时分的客流需求相对较小。据统计，工作日的早高峰时分（7:00～9:00）占整个上午（6:00～12:00）客流量的 60% 以上。图 16-15 显示了北京地铁亦庄线宋家庄、肖村、小红门和旧宫站某一工作日的客流量随时间的变化情况，可以看出，这些车站客流量在早晚高峰达到极值，而在平峰时分客流需求相对较小。因此，地铁客流需求具有明显的"集中"和"动态"特性。

运营实践表明，列车的站间运行时间和牵引能耗具有直接关系，即降低列车站间运行速度会增加列车运行时间和全周转时间，但同时也会降低列车运行能耗。因此，在编制运行图和设计 ATO 推荐速度曲线的过程中可根据客流的动态需求，合理调整运行图中列车发车间隔和列车在各站间的运行时分,在保证乘客服务水平的前提下,进一步降低列车运行能耗。

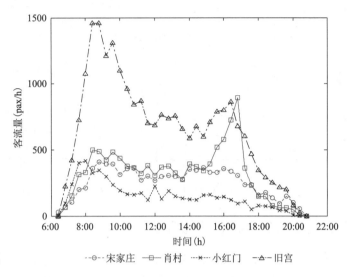

图 16-15 亦庄线车站的客流量统计

一方面,轨道交通线路的最大运力由发车间隔决定,发车间隔越大,则系统的最大运力越小,该关系可用如下公式表示:

$$C = \frac{3600}{h}$$

式中:C——单位小时线路的最大运力;

h——列车的发车间隔,s。

从该公式可以看出,发车间隔与系统运力呈现反比关系。高峰时分由于客运需求较大,需尽可能压缩列车运行间隔以增大系统运力;而在平峰时分,客运需求较低,因而不必保障线路最大运力,可适当增大列车发车间隔,通过减少线上列车数量来降低系统能耗。

另一方面,轨道交通列车站间运行时间和牵引能耗具有一定关系。在给定的运行区间内,列车最小的牵引能耗通常与运行时间呈现近似的反比关系,即运行时间越长,列车运行速度越低,牵引能耗越小;反之,运行时间越短,列车运行速度越高,牵引能耗越大。因此,在平峰时分,可以适当降低列车站间运行时间,通过牺牲"全周转时间"的方式来降低整个系统中列车的牵引能耗。

此外,从运行图设计的角度看,可通过调整上下行方向列车的发车时刻以及列车运行工况转换点,来提高再生能量的利用效率。图 16-16 给出了两种发车时刻下的列车时空位置与能耗之间的关系。当制动列车产生再生能量时,如果其附近没有列车实施牵引工况,产生的再生能量就会使网压升高,网压升高到一定值时,系统会启动过压保护,此时产生的再生能量会被发热电阻消耗掉。当制动列车与牵引列车匹配成功且两列车相距较近时,再生能量则可被吸收利用。

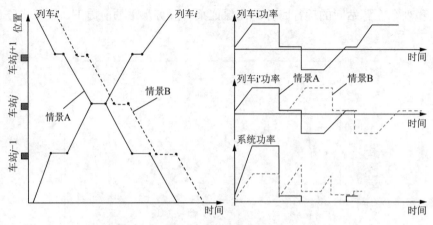

图 16-16　匹配发车时间提高再生能量利用率

16.5.2　基于时空网络的协同优化节能方法

时空网络表示方法是列车运行状态建模中的重要数学工具，该方法在设计列车节能运行图和速度曲线中具有非常重要的作用。下面将简要介绍基于时空网络的运行图设计和速度曲线协同优化方法。

（1）ATS 和车载 ATO 速度等级

在实际城市轨道交通列车运行控制系统中，ATS 和车载 ATO 系统会在每个运行区间依据不同的计划运行时间和路径，设计若干条 ATO 运行等级模式曲线，用于应对不同的运行场景。例如，图 16-17 所示的 ATO 运行曲线包括五个等级，分别对应不同的列车运行工况转换点和运行速度。在列车晚点时，可通过调用速度等级较高的曲线（如等级一）追回晚点时间；在列车早点时，可调用速度等级较低的曲线（如等级四或五），使列车降速运行，以节约牵引能耗。

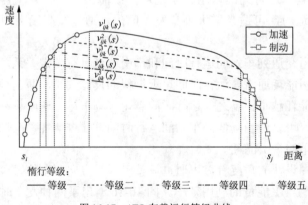

图 16-17　ATO 车载运行等级曲线

（2）基于多运行等级的时空网络表示方法

为构建协同优化模型，下面详细介绍基于多运行等级的列车时空路径网络表示方法。事实上，时空网络是物理网络在时间维度上的进一步推广，即在物理网络的基础上，加上时间轴的概念，进而生成时空网络。为合理刻画该网络的构建过程，首先将时间轴离散化为等距离的时间点，并将其对应的物理节点推广为时空节点。各时空节点可刻画两类属性，即节点的空间属性和时间属性，时空节点的连线即为时空弧段。在多运行等级下，可建立如图 16-18 的时空网络以刻画各列车可选的时空路径。该时空网络中包含两类时空弧段，即列车停站弧和列车运行弧。各时空弧段可用记号 (i, j, t, t') 来表示，其中 i 和 j 分别表示时空弧段的物理起终点，t 和 t' 分别表示时空弧段的时间起终点。显然，该时空弧段既表明了物理节点 i 和 j 之间的连接关系，又明确了列车占用站间 (i, j) 的时间区间，即 (t, t')。由于不同的运行等级曲线对应不同的站间运行时间，因此从同一节点出发的不同时空弧段即可表示不同的运行曲线。图 16-18 中，黑色实线、点断式虚线和普通虚线分别表示了时空网络中的列车停站弧、等级一运行弧和等级二运行弧。所有列车的到发时刻、运行曲线等级均可用时空网络的时空节点和时空弧段来表示。图中黑色粗线所示为列车选择的时空路径，当所有列车均在时空网络中选择了时空路径，且各列车间未发生冲突，相关的路径即构成了可行列车运行图。可以看出，在时空网络中，运行图的生成过程不仅考虑了列车的到发时刻，还进一步考虑了速度曲线的选择过程。因而该过程将运行图问题和速度曲线优化问题协同考虑，形成了一体化的研究思路，有利于生成基于系统优化的最佳行车方案。

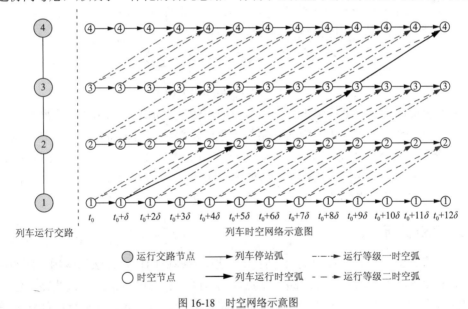

图 16-18 时空网络示意图

基于上述时空网络表示方法，当列车运行图确定后，可采用与时空弧段选择变量相关的线性表达式刻画运行图对应的总能耗和产生的再生能量，如下式所示：

$$F_a(u,t) = \sum_{k \in K} \sum_{\substack{(i,j,\tau,\tau') \in A, \\ \tau \leq t, \tau' > t}} \left[m_k \phi(i,j,u) x_{ij\tau\tau'}^k \sum_{y=t}^{t+1} F_{ij\tau\tau'}^k(y) v_{ij\tau\tau'}^k(y) \right]$$

$$R_b(u,t) = \sum_{k \in K} \sum_{\substack{(i,j,\tau,\tau') \in A, \\ \tau \leq t, \tau' > t}} \left[m_k \phi(i,j,u) x_{ij\tau\tau'}^k \sum_{y=t}^{t+1} B_{ij\tau\tau'}^k(y) v_{ij\tau\tau'}^k(y) \right]$$

式中：$F_a(u,t)$、$R_b(u,t)$——分别为所有列车在变电站 u 和时间段 t 内的牵引总能耗和再生能量；

k——列车；

A——所有时空弧段的集合；

m_k——列车质量；

$\phi(i,j,u)$——区间 (i,j) 是否在变电站 u 的范围内；

$x_{ij\tau\tau'}^k$——决策变量，表示列车 k 是否选择时空弧段 (i,j,τ,τ')；

$F_{ij\tau\tau'}^k(y)$、$B_{ij\tau\tau'}^k(y)$——分别为列车 k 在时空弧段上的牵引力和制动力；

$v_{ij\tau\tau'}^k(y)$——列车 k 在时空弧段上的瞬时速度。

由此可知，每个变电站 u 和时间段 t 内，系统能够吸收利用的再生制动能量可表示为再生制动能产生量和牵引能耗需求量之间的最小值，即

$$G_u(t) = \min\{F_a(u,t), c_a R_b(u,t)\}$$

式中：$G_u(t)$——变电站 u 和时间段 t 内系统再生能量利用量；

c_a——再生能量的利用率。

假设每辆列车 k 在每条时空弧段 (i,j,t,t') 的牵引总能耗为 $E_k(i,j,t,t')$，可将面向节能的运行图与速度曲线协同优化模型构建为如下形式：

$$\min_X Z = \sum_{k \in K} \sum_{(i,j,t,t') \in A} E_k(i,j,t,t') x_{ijtt'}^k - \sum_{t \in T} \sum_{u \in U} G_u(t)$$

$$\text{s.t.} \quad G_u(t) = \min\{F_a(u,t), c_a R_b(u,t)\}$$

式中：X 表示决策变量的可行解集，目标函数的左侧项表示所有列车在时空网络中运行的牵引总能耗，右侧项表示吸收利用的再生能量总和。同时需要注意的是，以上模型可转化为混合整数线性规划模型，在利用商业求解器（如 CPLEX，LINGO）求解时还需要加入网络流平衡约束、列车运行间隔约束、停站时间约束、车辆开行约束、动态客流下的列车容量约束等，具体可参考文献（Yin 等，2017）。

16.5.3 算例分析

下面，将给出一个数值算例说明运行图和速度曲线协同优化方法的应用。图 16-19 给出了该算例考虑的城市轨道交通线路、站点序列、区间和变电站辖区。该线路共包括上下行方向的八个车站和两个变电站，其中每个站间长度假设为 2km，各运行区间将考虑两个运行速度等级，其中等级 1 对应的站间运行时间为 120s，等级 2 对应的站间运行时间为

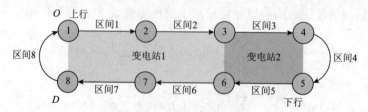

图 16-19 交通线路示意图

150 秒，表明等级 1 下列车的运行速度要高于等级 2，同时等级 1 下列车牵引能耗也更大。另外，动态客流量参数如表 16-2 所示。可以看出，该线路在 300～600s 和 4800～5400s 两个时间段内的客流量较大，而在其他时间段内的客流量相对较小。

动态客流数据　　　　　　　　　　　　表 16-2

时间段（s）	乘客平均到达率（人/min）	时间段（s）	乘客平均到达率（人/min）
0～300	1.50	4200～4800	3.00
300～600	4.50	4800～5400	4.50
600～1200	3.00	5400～6000	1.50
1200～2400	1.50	6000～7200	3.00
2400～3600	0.00	7200～8100	1.50
3600～4200	1.50	8100～9000	0.00

图 16-20 显示了在考虑五列列车和七列列车的情况下，通过优化列车的到发时分和区间速度曲线得到的列车运行图。图中，列车的发车间隔和区间运行速度都均得到了适当的调整，最终根据动态客流需求和再生能量的匹配利用，得到更为节能的列车运行策略。

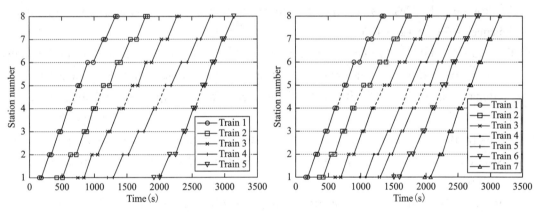

图 16-20　5 列列车和 7 列列车情况下的优化运行图

总的来说，在编制列车运行图的过程中，需要兼顾运营服务质量与列车运行能耗两方面因素，结合列车运行图和列车运行曲线进行协同优化。首先，根据历史记录的线路客流到发 OD 数据，在客流量大的时段尽量减少发车间隔，并且适当提高列车运行速度，以减小乘客在站台的等待时间；反之，在客流量较小的时间段，可以适当增大发车间隔，降低列车运行速度，减少列车运行的能量消耗与碳排放。此外，该运行图编制方法还进一步考虑了列车在运行过程中再生能量的优化利用，最大限度地降低了列车运行能耗。

参 考 文 献

[1] Allegre A L, Bouscayrol A. Energy storage system with super-capacitor for an innovative subway[J]. IEEE Transactions on Industrial Electronic, 2010, 57 (12): 4001-4012.

[2] Black A. A method for determining the optimal division of express and local rail transit service[J]. HRB Bulletin 347, Highway Res. Board. Washington, D. C., 1962.

[3] Borndörfer R, Neumann M, Pfetsch M. Models for fare planning in public transport[R]. Technical Report, ZIB Report 08–16, Zuse-Institut Berlin, 2008.

[4] Bookbinder J H, Désilets A. Transfer optimization in a transit network[J]. Transportation Science, 1992, 26 (2): 106-118.

[5] Calderaro V, Galdi V, Graber G, et al. An algorithm to optimize speed profiles of the metro vehicles for minimizing energy consumption[C]. Power Electronics, Electrical Drives, Automation and Motion (SPEEDAM), 2014 International Symposium on. IEEE, 2014: 813-819.

[6] Canca D, Barrena E, Laporte G, et al. A short-turning policy for the management of demand disruptions in rapid transit systems[J]. Annals of Operations Research, 2016, 246 (1-2): 145–166.

[7] Carpaneto G, Dell' amico M, Fischetti M, et al. A branch and bound algorithm for the multiple depot vehicle scheduling problem[J]. Networks, 1989, 19 (5): 531-548.

[8] Chalabianlou R, Lawrence A, Baxter B. A review and assessment of fare capping as a passenger incentive mechanism for Australia and New Zealand[C]//Australasian Transport Research Forum (ATRF), 37th, 2015, Sydney, New South Wales, Australia, 2015.

[9] Chang C S, Sim S S. Optimizing train movements through coast control using genetic algorithms[J]. IEE Proc. Electric Power Applications, 1997, 144 (1): 65–73.

[10] Coor G T. Analysis of the Short-Turning Strategy on High-Frequency Transit Lines[D]. M. S. thesis, Department of Civil and Environmental Engineering, Massachusetts Institute of Technology, 1997.

[11] 崔学忠, 贾文峥, 肖世雄, 等. 城市轨道交通蓝皮书: 中国城市轨道交通运营发展报告 (2017~2018) [M]. 北京: 社会科学文献出版社, 2018.

[12] Cury J E, Gomide F A C, Mendes M J. A methodology for generation of optimal schedules for

underground railway system[J]. IEEE Transactions on Automatic Control, 1980, 25 (2): 217-222.

[13] 陈垚, 柏赟, 冯旭杰, 等. 基于换乘站停站时间延长的城市轨道交通末班车时刻表优化[J]. 交通运输系统工程与信息, 2017, 17 (6): 228-234.

[14] Daduna J R, Voss S. Practical experiences in schedule synchronization[J], Comput. -Aided Transit Sched., Lect. Notes Econ. Math. Syst., 1995, 430, 39-55.

[15] Dell'Amico M, Fischetti M, Toth P. Heuristic algorithms for the multiple depot vehicle scheduling problem[J]. Management Science, 1993, 39: 115-125.

[16] Desaulniers G, Desrosiers J, Ioachim I, et al. A unified framework for deterministic time constrained vehicle routing and crew scheduling problems[C]. In T. G. Crainic & G. Laporte (Eds.), Fleet management and logistics (pp. 57-93). Norwell: Kluwer.

[17] 帝都高速度交通营团. 东京地下铁道半藏门线建设史: 涉谷～水天宫前[M]. 帝都高速度交通营团, 1999.

[18] Domschke W. Schedule synchronization for public transit networks[J]. Operations Research Spektrum, 1989, 11 (1): 17-24.

[19] Eisele, D. Application of zone theory to a suburban rail transit network[J]. Traffic Quarterly, 1986: 49-67.

[20] Feng J, Li X M, Mao B H, et al. Weighted complex network analysis of the Beijing Subway System: Train and passenger flows[J]. Physica A, 2017, 474: 213-223.

[21] Freyss M, Giesen R, Muñoz J C. Continuous approximation for skip-stop operation in rail transit[J]. Transportation Research Part C, 2013, 36 (11): 419-433.

[22] Furth, P. G. Short turning on transit routes[J]. Transportation Research Record, 1987 (1108): 42-52.

[23] 高自友, 吴建军, 毛保华, 等. 交通运输网络复杂性及其相关问题的研究[J]. 交通运输系统工程与信息, 2005, 5 (2): 79-84.

[24] Goverde R M B. Synchronization control of scheduled train services to minimize passenger waiting times. Transport, Infrastructure and Logistics; Competition, Innovation and Creativity: Proc. 4th TRAIL Annual Congress 1998, Part 2, TRAIL Conference Proceedings P98/1, Delft University Press, Delft, The Netherlands.

[25] Griffin T. Shared track-a new dawn?[J]. Proceedings of the Institution of Mechanical Engineers, Part F: Journal of Rail and Rapid Transit, 2002, 216 (1): 15-22.

[26] Gu Q, Tang T, Cao F, et al. Energy-efficient train operation in urban rail transit using real-time traffic information[J]. IEEE Transactions on Intelligent Transportation Systems, 2014, 15 (3): 1216-1233.

[27] Hasan S, Schneider C M, Ukkusuri S V, et al. Spatiotemporal patterns of urban human mobility[J]. Journal of Statistical Physics, 2013, 151 (1-2): 304-318.

[28] Hasegawa I, Uchida S. Braking systems[J]. Japan Railway and Transport Review, 1999, (20):

52-59.

[29] 何宗华，汪松滋，何其光. 城市轨道交通运营组织[M]. 北京：中国建筑工业出版社，2003.

[30] Ho C Q, Mulley C. Group travel & public transport use: the effect of fare discounts[C]// Australasian Transport Research Forum（ATRF），36th，2013，Brisbane，Queensland，Australia，2013.

[31] Howlett P G, Milroy I P, Pudney P J. Energy-efficient train control[J]. Control Engineering Practice，1994，2（2）：193-200.

[32] 胡晓嘉，顾保南，吴强. 城市轨道交通运营管理模式研究[J]. 城市轨道交通研究，2002，（04）：43-46，51.

[33] 黄荣. 城市轨道交通网络化运营的组织方法及实施技术研究[D]. 北京：北京交通大学，2010.

[34] Huisman D, Freling R, Wagelmans A P M. Multiple depot integrated vehicle and crew scheduling[J]. Transportation Science，2005，39，491-502.

[35] Ichikawa K. Application of optimization theory for bounded state variable problems to the operation of train[J]. Bulletin of JSME，1968，11（47）：857-865.

[36] Ito M. Through Service between Railway Operators in Greater Tokyo[J]. Japan Railway & Transport Review，2014，（63）：14-21.

[37] Kang L, Wu J, Sun H, et al. A case study on the coordination of last trains for the Beijing subway network[J]. Transportation Research Part B: Methodological，2015，72：112-127.

[38] Kang L, Zhu X, Wu J, et al. Departure time optimization of last trains in subway networks: Mean-variance model and GSA algorithm[J]. Journal of Computing in Civil Engineering，2014，29（6）：04014081.

[39] Ke B R, Chen M C, Lin C L. Block-layout design using MAX–MIN ant system for saving energy on mass rapid transit systems[J]. IEEE Transactions on Intelligent Transportation Systems，2009，10（2）：226-235.

[40] Ke B R, Lin C L, Yang C C. Optimisation of train energy-efficient operation for mass rapid transit systems[J]. IET Intelligent Transport Systems，2012，6（1）：58-66.

[41] Ko H, Koseki T, Miyatake M. Application of dynamic programming to optimization of running profile of a train[J]. Computers in Railways IX，WIT Press，2004，103-112.

[42] Lin J, Ban Y. Complex network topology of transportation systems[J]. Transport Reviews，2013，33（6）：658-685.

[43] 刘剑锋，陈必壮，马小毅，等. 城市轨道交通网络化客流特征及成长规律——基于京沪穗深城市轨道交通网络客流数据分析[J]. 城市交通，2013，11（6）：6-17.

[44] Lee K, Goh S, Park J, et al. Master equation approach to the intra-urban passenger flow & application to the metropolitan Seoul subway system[J]. Journal of Physics A，2011，44（11），115007，1-10.

[45] Lee K, Jung W S, Park J S, et al. Statistical analysis of the metropolitan Seoul subway

system: Network structure and passenger flows[J]. Physica A,2008,387(24):6231-6234.

[46] 刘龙胜,杜建华,张道海. 轨道上的世界[M]. 人民交通出版社,2013.

[47] 李明高,杜鹏,朱宇婷,等. 城市轨道交通换乘节点与网络运行效率关系研究[J]. 交通运输系统工程与信息,2015,15(2):48-53.

[48] 李明高. 地铁与市郊铁路过轨运营下列车开行方案优化方法[D]. 北京:北京交通大学,2016.

[49] Liu P, Yang L, Gao Z, et al. Energy-efficient train timetable optimization in the subway system with energy storage devices[J]. IEEE Transactions on Intelligent Transportation Systems, 2018, 1-17.

[50] 刘其斌,毛保华,等. 地铁运行方案评价及能力研究[C]//运输管理工程论文集. 北京:中国铁道出版社,1989,289-295.

[51] Liu S, Cao F, Xun J, et al. Energy-efficient operation of single train based on the control strategy of ATO[C]. 2015 IEEE 18th International Conference on. IEEE, 2015: 2580-2586.

[52] 龙潭. 地铁能源管理系统[J]. 城市轨道交通研究,2010,(2):77-79.

[53] Liu R, Golovitcher I M. Energy-efficient operation of rail vehicles[J]. Transportation Research Part A Policy & Practice, 2003, 37(10): 917-932.

[54] Latora V, Marchiori M. Efficient behavior of small-world networks[J]. Physical Review Letters, 2001, 87(19), 198701, 1-4.

[55] 马超云,丁勇,杜鹏,等. 基于遗传算法的列车节能运行惰行控制研究[J]. 铁路计算机应用,2010,19(6):4-8.

[56] 毛保华,刘明君,黄荣,等. 轨道交通网络化运营组织理论与关键技术[M]. 北京:科学出版社,2011.

[57] 毛保华,四兵锋,刘智丽. 城市轨道交通网络管理及收入分配理论与方法[M]. 北京:科学出版社,2007.

[58] 毛保华,张政,陈志杰,等. 城市轨道交通网络化运营组织技术研究评述[J]. 交通运输系统工程与信息,2017,17(6):155-163.

[59] 明瑞利,叶霞飞. 东京地铁与郊区铁路直通运营的相关问题研究[J]. 城市轨道交通研究,2009,12(1):21-25.

[60] Miyatake M, Ko H. Optimization of train speed profile for minimum energy consumption[J]. IEEJ Transactions on Electrical and Electronic Engineering, 2010, 5(3): 263-269.

[61] Morlok E K, Vandersypen H L. Schedule planning and timetable construction for commuter railroad operations[J]. J. Transp. Engrg., ASCE, 1973, 99(3): 627-636.

[62] Niu H M, Zhou X S, Gao R H. Train scheduling for minimizing passenger waiting time with time-dependent demand and skip-stop patterns: nonlinear integer programming models with linear constraints[J]. Transportation Research Part B, 2015, 76(6): 117-135.

[63] Niu H, Zhou X. Optimizing urban rail timetable under time-dependent demand and

oversaturated conditions[J]. Transportation Research Part C, 36 (11): 212-230.

[64] Naegeli L, Weidmann U, Nash A. Checklist for successful application of tram-train systems in europe[J]. Transportation Research Record, 2012, (2275): 39-48.

[65] Nesheli M M, Ceder A, Liu T. A Robust, Tactic-Based, Real-Time Framework for Public-Transport Transfer Synchronization[J]. Transportation Research Part C, 2015, 60 (11): 105-123.

[66] Novales M, Orro A, Bugarin M. Tram-train: new public transport system[J]. Transportation Research Record: Journal of the Transportation Research Board, 2002, 1793: 80-90.

[67] Pepin A S, Desaulniers A, Hertz D. A comparison of five heuristics for the multiple depot vehicle scheduling problem[J]. Journal of Scheduling, 2009, 12 (1): 17-30.

[68] 秦进, 史峰. 公交化城际列车时刻表优化[J]. 交通运输工程学报, 2005, 5 (2): 89-93.

[69] 戎亚萍. 城市轨道交通列车多编组运输组织技术研究[D]. 北京: 北京交通大学, 2017.

[70] Roth C, Kang S M, Batty M, et al. Structure of urban movements: Polycentric activity and entangled hierarchical flows[J]. PloS One, 2011, 6 (1), e15923, 1-8.

[71] Ruoran S, Zhichun L. Pricing of multimodal transportation networks under different market regimes[J]. Journal of transportation systems engineering & information technology, 2010, 10 (5): 91-97.

[72] Salzborn F. J. Time-tables for a suburban rail transit service[J]. J. Transpn. Engng, 1969 (109): 257-272.

[73] Soh H, Lim S, Zhang T, et al. Weighted complex network analysis of travel routes on the Singapore public transportation system[J]. Physica A, 2010, 389 (24): 5852-5863.

[74] Savage I. The dynamics of fare and frequency choice in urban transit[J]. Transportation Research Part A: Policy and Practice, 2010, 44 (10): 815-829.

[75] 史芮嘉. 城市轨道交通系统输送能力利用率测算及优化研究[D]. 北京: 北京交通大学, 2017.

[76] 邵伟中, 刘志刚, 吴强, 等. 上海城市轨道交通换乘枢纽运营管理模式研究[J]. 中国铁路, 2008, (10): 64-67.

[77] 宋键, 徐瑞华, 缪和平. 市域快速轨道交通线开行快慢车问题的研究[J]. 城市轨道交通研究, 2006, 9 (12): 23-27.

[78] 田振清, 梁衡义. 北京城市轨道交通资产管理模式研究[J]. 综合运输, 2010 (7): 27-30.

[79] 王成. 基于超级电容的置地式地铁再生制动能量回收技术研究[D]. 南京: 南京航空航天大学, 2013.

[80] 王郁. 东京城市轨道交通建设投融资体制浅析[J]. 日本学刊, 2007 (5): 96-107.

[81] Wong R C W, Yuen T W Y, Fung K W, et al. Optimizing timetable synchronization for rail mass transit[J]. Transportation Science, 2008, 42 (1): 57-69.

[82] 吴珂琪. 城市轨道交通定价及补贴策略研究[D]. 北京: 北京交通大学, 2016.

[83] Vuchic V R. Skip-stop operation as a method of transit speed increase[J]. Traffic Quarterly,

1973, 27(2): 307-325.

[84] Wilson N H M, Macchi R A, Fellows R E, et al. Improving service on the MBTA Green Line through better operations control[J]. Transportation Research Record, 1992(1361): 296–304.

[85] 伍勇, 刘思宁. 基于节能和面向旅客服务的列车编组方案研究[J]. 城市轨道交通研究, 2004, 7(6): 27-31.

[86] 许得杰. 城市轨道交通大小交路列车开行方案优化研究[D]. 北京: 北京交通大学, 2017.

[87] 徐锦帆, 梁广深. 地铁列车编组分期实施的合理性及扩编的可行性[J]. 都市快轨交通, 2007, 20(2): 94-99.

[88] 徐瑞华, 李侠, 陈菁菁. 市域快速轨道交通线路列车运行交路研究[J]. 城市轨道交通研究, 2006, 9(5): 36-39.

[89] 徐瑞华, 李璇. 城市轨道交通网络末班车衔接方案的综合优化[J]. 同济大学学报（自然科学版）, 2012, 40(10): 1510-1516.

[90] Xu Q, Mao B H, Bai Y. Network structure of subway passenger flows[J]. Journal of Statistical Mechanics, 2016, 033404, 1-18.

[91] Yang L, Li K, Gao Z, et al. Optimizing trains movement on a railway network[J]. Omega, 2012, 40(5): 619-633.

[92] 姚向明. 城市轨道交通网络动态客流分布及协同流入控制理论与方法[D]. 北京: 北京交通大学, 2014.

[93] Yen B T H, Tseng W C, Chiou Y C, et al. Effects of Two Fare Policies on Public Transport Travel Behaviour: Evidence from South East Queensland, Australia[J]. Journal of the Eastern Asia Society for Transportation Studies, 2015, 11: 425-443.

[94] Yin J, Yang L, Tang T, et al. Dynamic passenger demand oriented metro train scheduling with energy-efficiency and waiting time minimization: mixed-integer linear programming approaches[J]. Transportation Research Part B, 2017, 97: 182-213.

[95] 张雷, 段征宇, 刘靓. 城市轨道交通应急管理模式比较研究[J]. 综合运输, 2017, 39(10): 18-22.

[96] 赵乐. 基于再生制动的地铁列车时刻表优化模型与算法研究[D]. 北京: 北京交通大学, 2014.

[97] 赵欣苗. 城市轨道交通市域线快慢车开行方案优化研究[D]. 北京: 北京交通大学, 2016.

[98] 赵宇刚. 考虑服务水平的城市轨道交通换乘问题研究[D]. 北京: 北京交通大学, 2011.

[99] 赵月想. 城市轨道交通系统运营能耗研究[D]. 石家庄: 石家庄铁道大学, 2012.

[100] 中华人民共和国国家标准. 城市轨道交通运营指标体系（征求意见稿）[S]. 北京: 中国标准出版社, 2018.

[101] 中华人民共和国交通运输部. 中国城市客运发展报告2016[M]. 北京: 人民交通出版社股份有限公司, 2017.

[102] 周建军, 顾保南. 国外市域轨道交通共线运营方式的发展和启示[J]. 城市轨道交通研究,

2004, 7 (6) : 75-77.

[103] 周明东. 长三角区域轨道交通共线运营的可行性 [J]. 综合运输, 2009, (12) : 35-39.

[104] Zhu Y T, Mao B H, Bai Y, et al. A bi-level model for single-line rail timetable design with consideration of demand and capacity[J]. Transportation Research Part C, 85 (2017) : 211–233.

[105] 朱宇婷. 考虑乘客出行效率的城市轨道交通列车开行方案优化研究 [D]. 北京: 北京交通大学, 2016.

[106] Zou Q, Yao X, Zhao P, et al. Managing recurrent congestion of subway network in peak hours with station inflow control[J]. Journal of Advanced Transportation, 2018, 2018 (5) : 1-16.